|사무엘상 강해 설교집|

믿음의 사람이 가는 길

|사무엘상 강해 설교집|

믿음의 사람이 가는 길

펴낸날 2007. 5. 20.

지은이 권태진

발행처 도서출판 성빛

등록번호 제 96-21호

주 소 435-050 경기도 군포시 금정동 870-10

대표전화 031)397-6754 **팩스** 031)397-9241

홈페이지 www. gunpojeil.org

ISBN 978-89-87187-20-4 03230

|사무엘상 강해 설교집|

믿음의 사람이 가는 길

권태진 지음

서문

　믿음의 사람을 선택하여 세우시고 정해진 길을 마치기까지 보호하시고 인도하시는 하나님의 능력과 구체적인 방법을 잘 보여주는 사무엘상의 내용을 담은 설교집을 출판하게 되었습니다. 모든 것이 오직 하나님의 전적인 은혜로 가능하였습니다.

　더운 여름이 지나 가을이 오게 되면, 무성했던 잎들은 낙엽 되어 땅을 기름지게 하여 뿌리를 보호합니다. 이 자연의 원리는 세월이 흘러도 나무들을 건강하게 자라도록 하는 원동력이 됩니다. 이와 같이 지난 2년 동안 주일 낮 예배 시간에 강단을 통하여 선포된 사무엘상 말씀은 온 성도의 가정을 행복하게 했고 교회는 더욱 건강하게 되었습니다. 이제 그 영적 거름을 한권의 책으로 모아 사랑하는 성도들의 가정에 보급 될 수 있게 된 것이 저에게는 매우 큰 기쁨입니다.

　어느 시대마다 하나님의 일을 위한 도구로 택함 받아 영원한 나라의 상급을 쌓아가는 분들이 있습니다. 특별히 이번엔 권사취임, 안수집사 임직예배에 즈음하여 이 책을 출판하게 되어 더욱 기쁘게 생각합니다. 또한 결혼 30주년을 맞아 지금까지 아낌없이 헌신하고 협력한 아내에게도 진심으로 감사의 마음을 전하며 모든 영광을 하나님께 돌립니다. 이 설교집을 읽는 모든 분들이 성령의 도우심으로 놀라운 은혜를 체험하시기를 진심으로 바랍니다.

2007년 5월

권 태 진 목사

차례

제Ⅰ부 … 12
믿음의 사람을 택하심 (1장~7장)

제II부

··· 104

믿음의 길로 부르심 (8장~12장)

제III부

믿음의 사람을 세우심 (13장~18장) ··· 166

제IV부

믿음의 길로 이끄심 (19장~24장) ... 270

제V부
―――――――――――――――― ··· 356
믿음의 사람은 믿음의 길로 (25장~31장)

제I부
믿음의 사람을 택하심

행복의 주인 여호와께 기도하라

| 사무엘상 1:1-11 |

희망찬 새해가 시작되었습니다. 새 옷을 입으면 기분이 좋아지고 새 집에 이사하면 기쁜 것처럼 새해를 맞이하면서 큰 소망을 가져봅니다. 새로움에 대한 기대를 잃어버리면 발전과 성장을 이룰 수 없습니다. 성장하지 못하고 불행한 환경이 계속된다면 그 이유를 찾아야 합니다. 그래야 그 문제를 해결할 수 있습니다. 수년 전에 갑자기 정신을 잃은 성도를 데리고 응급실을 찾은 적이 있습니다. 제 마음은 급한데 의료진은 수액 한 병만 달아 놓고 이런 저런 검사를 했습니다. 그때 저는 빨리 깨어날 수 있도록 무언가 조치를 취해 주기를 바랐습니다. 그러나 의료진의 생각은 단순한 미봉책이 아니라 증상의 원인을 찾는 것이었습니다. 그것은 전문가다운 생각이었습니다. 이처럼 실패의 원인을 정확히 찾아서 고칠 수 있어야 실패를 딛고 성공할 수 있습니다.

사무엘서의 기록 연대는 B.C. 930년 이후 남북왕국으로 분열을 암시한 구절로 보아 솔로몬 사후에 기록된 것으로 봅니다.

(삼상 1:1-11) 에브라임 산지 라마다임소빔에 에브라임 사람 엘가나라 하는 사람이 있었으니 그는 여로함의 아들이요 엘리후의 손자요 도후의 증손이요 숩의 현손이더라 그에게 두 아내가 있었으니 한 사람의 이름은 한나요 한 사람의 이름은 브닌나라 브닌나에게는 자식이 있고 한나에게는 자식이 없었더라 이 사람이 매년 자기 성읍에서 나와서 실로에 올라가서 만군의 여호와께 예배하며 제사를 드렸는데 엘리의 두 아들 홉니와 비느하스가 여호와의 제사장으로 거기에 있었더라 엘가나가 제사를 드리는 날에는 제물의 분깃을 그의 아내 브닌나와 그의 모든 자녀에게 주고 한나에게는 갑절을 주니 이는 그를 사랑함이라 그러나 여호와께서 그에게 임신하지 못하게 하시니 여호와께서 그에게 임신하지 못하게 하시므로 그의 적수인 브닌나가 그를 심히 격분하게 하여 괴롭게 하더라 매년 한나가

❦ 아기스가 그 날에 시글락을 그에게 주었으므로 시글락이 오늘까지 유다 왕에게 속하니라(27:6)

사무엘서는 다양한 변화에 적응하는 지혜를 교훈하고, 또 변화 뒤에는 하나님의 특별한 주권이 있음을 알려줍니다. 오늘 본문을 통해 실패 속에서도 성공을 가져 온 엘가나와 한나의 지혜를 배우기를 바랍니다.

당시는 과도기적인 상황으로 영적으로나 육적으로 혼란한 시대였습니다. 당시 제사장들은 종교생활뿐만 아니라 도덕적으로도 이스라엘 백성에게 신뢰를 받지 못했습니다.

엘가나는 레위인으로 베냐민 지파에 속한 '라마다임소빔'에 살았습니다. 이곳은 예루살렘 북쪽에 위치해 있었습니다. 엘가나라는 이름은 '하나님께서 형성하셨다' 라는 뜻입니다. 엘가나를 소개함에 있어 그 조상들의 이름을 열거하는 것은, 그가 역사적으로 실제 인물이기 때문입니다. 엘가나는 사사시대에서 왕정시대로 넘어가는 시기에 살았습니다.

엘가나의 가정에는 평안보다는 괴로운 일이 더 많았습니다. 하나님께 예배드리고 기뻐해야 할 엘가나는 아내들 때문에 신경을 많이 써야 했습니다. 이러한 가정을 행복한 가정이라고 할 수는 없습니다. 오늘로 말하면 한 남자와 두 아내가 사는데, 한 여인에게는 자녀가 있었고, 다른 한 여인에게는 자녀가 없는 것입니다. 남편은 자녀가 없는 아내를 더 사랑해서 선물을 줄 때도 갑절을 주었습니다. 그럴 때마다 자녀 있는 아내가 자녀 없는 아내를 자극하고 무시했습니

I
믿음의 사람을 택하심

15

여호와의 집에 올라갈 때마다 남편이 그같이 하매 브닌나가 그를 격분시키므로 그가 울고 먹지 아니하니 그의 남편 엘가나가 그에게 이르되 한나여 어찌하여 울며 어찌하여 먹지 아니하며 어찌하여 그대의 마음이 슬프냐 내가 그대에게 열 아들보다 낫지 아니하냐 하니라 그들이 실로에서 먹고 마신 후에 한나가 일어나니 그 때에 제사장 엘리는 여호와의 전 문설주 곁 의자에 앉아 있었더라 한나가 마음이 괴로워서 여호와께 기도하고 통곡하며 서원하여 이르되 만군의 여호와여 만일 주의 여종의 고통을 돌보시고 나를 기억하사 주의 여종을 잊지 아니하시고 주의 여종에게 아들을 주시면 내가 그의 평생에 그를 여호와께 드리고 삭도를 그의 머리에 대지 아니하겠나이다

다. '자녀도 없는 것이!' 라고 했다면 어떻게 되었겠습니까? 두 여인이 갈등하며 싸우는 이유를, 이런 환경을 만든 엘가나에게서 찾아보아야 합니다.

엘가나는 열정적인 신앙을 가졌으나 시대와 타협했습니다

❧ 이 사람이 매년 자기 성읍에서 나와서 실로에 올라가서 만군의 여호와께 예배하며 제사를 드렸는데 엘리의 두 아들 홉니와 비느하스가 여호와의 제사장으로 거기에 있었더라 엘가나가 제사를 드리는 날에는 제물의 분깃을 그의 아내 브닌나와 그의 모든 자녀에게 주고 한나에게는 갑절을 주니 이는 그를 사랑함이라 그러나 여호와께서 그에게 임신하지 못하게 하시니(1:3-5)

"여호와께 예배하며 제사를 드렸는데"라는 기록에서 보듯 엘가나는 하나님과의 관계를 잘했습니다. 오늘날로 표현하면 주일성수하고 십일조하고 예배도 잘 드리는 자였습니다. 그러나 가정생활에서는 말씀을 떠난 부분이 있었습니다. 당시 일부다처의 시대적 상황에 편승했습니다. 그때나 지금이나 성도가 사회의 변화를 따라가다 보면 불행해 질 수 있습니다.

오늘날 우리의 변화와 사회상을 보면 놀랍습니다. 제가 어릴 적에는 '여필종부(女必從夫)' 라 하여 여자는 반드시 남편을 따라야한다고 가르쳤습니다. 그러나 지금은 변했습니다. 요즘 시대 젊은이들에게는 이혼이란 말이 너무 자연스럽고, '한 아내와 한 남편으로는 너무 지루하다' 고 공공연히 말하는 이들도 있습니다. 과거 같으면 입 밖으로 말할 수도 없는 말이 지금은 이해가 되는 시대입니다. 그러나 성도에게는 선악을 분별하는 기준이 시대 상황에 따라서 변하는 것이 아닌 진리가 되어야 합니다. 엘가나가 두 아내를 맞았다는 것은 말씀에 불순종했다고 볼 수 있습니다.

❧ 이러므로 남자가 부모를 떠나 그 아내와 연합하여 둘이 한 몸을 이룰지로다(창2:24)

남자와 여자는 한 인격 대 한 인격으로 결합합니다. 또 결합한 후의 관계는 비밀이 없고 마음도 하나가 되어야 합니다. 한 남자에게는 한 아내가 있는 것이 창조의 섭리입니다.

새해를 시작하면서 가정마다 불행의 씨를 찾아봅시다. 그리고 뽑아 버립시다. 해결할 수 없다면 해결하시는 주님께 기도하길 바랍니다. 혹시 여러분의 마음에 두 여자, 두 남자가 있지는 않습니까? 시대가 그렇다고 그 시대를 따라 간다면 불행의 씨를 심을 수밖에 없습니다.

엘가나의 사랑은 아름다운 사랑이었습니다

🐚 한나에게는 갑절을 주니 이는 그를 사랑함이라 그러나 여호와께서 그에게 임신하지 못하게 하시니(1:5)

엘가나는 자녀를 가진 브닌나 보다 자녀가 없는 한나를 갑절이나 사랑했습니다. 한나는 남편의 사랑을 받음으로 브닌나의 시기를 받았습니다.

🐚 여호와께서 그에게 임신하지 못하게 하시므로 그의 적수인 브닌나가 그를 심히 격분하게 하여 괴롭게 하더라(1:6)

때로는 한 사람의 사랑을 받을 때 다른 사람으로부터 시기를 받을 때가 있습니다. 또 하나님께 사랑받음으로 인해 사람에게 시기받을 때도 있습니다. 때로는 우상을 섬김으로 하나님의 질투의 대상이 될 때도 있습니다. 사람에게 질투를 받아도 하나님을 사랑하고, 또 사람에게 시기 받아도 하나님 잘 믿는 사람을 사랑하면 승리합니다.

두 아내 중에 아이를 가지지 못했지만 신앙이 있는 한나를 사랑하는 것이 엘가나의 행복이었습니다.

믿음 있는 자를 사랑하는 것은 실패 가운데 있더라도 성공하는 길입니다. 지금 여러분이 사랑하는 사람은 어떤 사람입니까? 하나님을 사랑하는 사람입니까? 올해는 내가 사랑할 대상과 도와줄 대상을 잘 분별하여 갑절로 사랑하고 돕는 위치에 머물기를 축원합니다.

한나는 모든 고통을 하나님 앞에서 해결했습니다 |

한나는 브닌나를 통해서 많은 자극을 받았습니다. 하나님께서 무자(無子)하게 했으므로 한나는 브닌나에게 업신여김을 받았습니다. 그녀는 가족과 사회 그리고 하나님으로부터 오는 고통을 당해야 했습니다. 오늘날 같으면 남편의 불신앙이나 경제적 어려움 등으로 고통을 당하는 것과 같습니다. 믿는 가정이나 안 믿는 가정이나 어려움이 있게 마련입니다.

얼마 전 한 여인이 이혼한 후 우울증으로 고생하다가 37세 나이로 아파트에서 뛰어내린 사건이 있었습니다. 살다보면 돈, 환경, 이성, 명예 등으로 심한 고통이 올 수 있습니다. 그러나 고통은 살아있는 자의 누림이요 두려움은 건강한 사람의 감각입니다. 죽은 사람에게는 고통이 없고, 정신이 온전하지 못한 자에게는 두려움이 없기 때문입니다.

한나도 무자함과 브닌나의 자극으로 마음이 괴로웠습니다. 이 때 한나는 고통스러운 마음을 부여안고 성막으로 왔습니다.

한나는 기도를 들으시는 하나님 앞에 나와 울부짖으며 기도했습니다. 한나는 분명한 기도제목을 가졌을 뿐 아니라 사용처까지 분명히 하였습니다.

여러분은 마음이 괴로울 때 어디로 가십니까? 누구를 상대로 마음을 열어 놓습니까? 기도하여 이루어지면 하나님께 얼마나 영광을 돌립니까?

브닌나의 자극은 한나에게 기도의 씨가 되었고 자녀를 얻겠다는 기도를 드리게 했습니다. 성도에게 어려운 일은 예수 그리스도의 능력을 체험하는 기회가 됩니다. 올해는 무자한 자가 자녀를 얻고 가난한 자가 부자가 되고 병든 자가 건강해지며 멸시받는 자가 하나님께 영광 돌리는 해가 될 것입니다. 실패를 성공으로 바꾸는 해가 될 것입니다. 예수님의 큰 권세가 임하는 해, 기도의 응답이 있는 해가 되길 주님의 이름으로 축원합니다.

2 근심의 빛이 없게 하라

| 사무엘상 1:12-18 |

　　사람은 누구나 환한 얼굴로 행복하게 살기를 원합니다. 그러나 환한 얼굴보다는 화난 얼굴, 찡그린 얼굴을 하고 사는 사람이 더 많은 것 같습니다. 오늘날처럼 사건 사고가 많고 서로를 불신하고 경제적 상황이 좋지 않는 시대에서는 더더욱 많은 사람이 괴로워하며 살고 있습니다. 지난 시간에는 한나의 남편 엘가나에 대해서, 브닌나에게 자극을 받은 한나가 성막에 나가 서원하고 기도하는 내용에 대해서 들었습니다.

　　오늘은 본문 속에서 환한 얼굴로 열매를 맺는 한나의 기도와 삶에 대해 말씀을 전하면서 함께 은혜를 받고자 합니다.

한나는 세상적으로는 참으로 행복한 여자 중 하나였습니다 ┃

사람이 살아가는데 있어서 행복의 조건이 있습니다. 첫째는 좋은 배우자를 꼽습니다. 아무리 재주가 뛰어나고 좋은 가정에서 자랐다할지라도 배우자를 잘못 만나면 결혼하는 그날부터 고생시작입니다. 인생을 경험한 부모들은 이것을 알기 때문에 자녀를 결혼시킬

(삼상 1:12-18) 그가 여호와 앞에 오래 기도하는 동안에 엘리가 그의 입을 주목한즉 한나가 속으로 말하매 입술만 움직이고 음성은 들리지 아니 하므로 엘리는 그가 취한 줄로 생각한지라 엘리가 그에게 이르되 네가 언제까지 취하여 있겠느냐 포도주를 끊으라 하니 한나가 대답하여 이르되 내 주여 그렇지 아니하니이다 나는 마음이 슬픈 여자라 포도주나 독주를 마신 것이 아니요 여호와 앞에 내 심정을 통한 것뿐이오니 당신의 여종을 악한 여자로 여기

때 가장 반듯한 배우자를 찾으려고 노력합니다. 남편을 잘 만나야 여자는 행복합니다. 한나는 남편을 아주 잘 만났습니다. 그녀는 아이를 못 낳는 아내를 배려하고 사랑해 주는 남편을 만났습니다.

둘째는 물질적으로 부요한 것을 꼽습니다. 사람들이 행복한 가정을 말할 때, 집이 유복한지, 의식주 문제에 위협을 받고 있지 않는지를 생각하게 됩니다. 가난을 스스로 선택하는 사람은 아무도 없습니다. 그러나 너무 빈곤하다보면 인생이 초라하게 됩니다. 때로는 사람노릇을 못할 때가 있습니다. 한나는 생활고의 염려가 없는 괜찮은 가정에 살았습니다. 남편 때문에 멍든 가슴을 안고 고민하는 것도 아니고, 가난 때문에 고통스러운 삶도 아니었습니다.

셋째는 건강을 꼽습니다. 중병이 들면 어떤 환경이 와도 좋은 것을 느끼지 못합니다. 옛말에 '몸보다 더 귀한 보물은 없다' 라는 말이 있습니다. 천금을 가지고 있다한들, 세계에서 제일 부자라고 한들, 불치병을 가지고 산다면 행복한 삶을 영위하는데 어려움이 있습니다. 그러나 한나와 엘가나는 건강한 사람이었습니다.

그렇다면 결혼도 잘하고 좋은 조건에서 살고 있는데 무슨 걱정이 있어서 한나는 고민하고 울었습니까?

> ✧ 그의 남편 엘가나가 그에게 이르되 한나여 어찌하여 울며 어찌하여 먹지 아니하며 어찌하여 그대의 마음이 슬프냐 내가 그대에게 열 아들보다 낫지 아니하냐 하니라(1:8)

사람들 중에 외면적으로는 걱정할 문제가 하나도 없는 사람으로 여겨지는데 얼굴에 수색이 가득한 사람들이 적지 않습니다. 내면에 고통이 있어서 얼굴이 어둡게 보이는 것입니다. 나아만 장군이 비단 옷으로 몸을 가린다할지라도, 한센병 때문에 그의 살이 썩고 있어서 행복하지 않았습니다. 오늘날도 많은 사람들이 행복이라는 베일을 뒤집어쓰고 살지만 속으로는 곪아터져 탄식의 눈물을 흘리고 사는 사람이 많습니다.

사람들이 볼 때 한나는 모든 행복의 조건을 가지고 있었지만 한 가지가 부족했습니다. 그녀에게는 자식이 없었습니다. 자식이 있는 사람은 '자식이 있어 봐야 귀찮기만 하지' 라고 말할지도 모르지만, 이 문제에 한이 맺혀있는 사람에게 물어 보면 모두가 다 고개를 끄덕일 것입니다. 유대 문화에서 자녀가 많은 것은 굉장한 축복이요 자식이 없는 것은 하나님의 저주로 여겨지곤 했습니다. 한나에게는 무자함이 견딜 수 없는 고통이었습니다.

한나에게 남편의 배려는 위로가 되지 못했습니다 | "내가 열 아들

보다 낫지 아니하냐" 라고 말하는 남편의 위로가 있었습니다. 그러나 한나에게는 조금도 위로가 되지 못했습니다. 물론 남편의 말은 거짓말이 아닙니다. 한나도 남편이 열 아들 보다 낫다는 것을 알고 있었습니다. 그러나 하나님으로부터 태(胎)의 축복을 받지 못한 것은 열 아들 보다 나은 남편으로도 메울 수가 없었습니다. 그래서 한나는 슬퍼하고 울면서 기도했습니다.

오늘날도 사람들에게는 남편이 채워줄 수 없는 자리, 건강이 채워줄 수 없는 자리, 많은 돈이 채워줄 수 없는 자리, 높은 지위가 채워줄 수 없는 빈자리가 있습니다. 인생의 성공을 추구했지만 만족이 없습니다. 인간이 채울 수 없는 오직 하나님만이 채워줄 수 있는 자리가 있습니다. 어거스틴은 하나님이 아니고는 내 공허를 채울 수 없다고 고백을 했습니다. 하나님만이 인생의 그 빈자리를 채울 수 있습니다.

누가복음 15장에 나오는 탕자의 이야기를 보십시오. 돼지는 쥐엄 열매만으로도 만족할 수 있지만, 탕자는 그것으로 만족할 수 없었습니다. 탕자는 아버지의 아들이었기에, 그를 채울 수 있었던 것은 아버지가 주는 양식이었습니다. 세상을 다 가졌다할지라도 그 속에 하나님 없는 인생은 언제든지 공허에 빠질 수밖에 없습니다. 이 공허는 세상의 어떠한 것으로도 메울 수가 없습니다. 이 땅에서 가장 큰 복은 하나님이 우리와 함께 하시는 임마누엘의 복입니다. 예수를 믿는 우리 모두는 미리 천국을 맛보며 살고 있습니다. 하나님보다 물질이나 세상을 더 귀하게 여기는 것은 기독교 신앙이 아닙니다. 믿음 안에서 하나님의 은총을 입으면서 사는 것이 가장 귀한 것입니다. 한나는 하나님으로부터 은총을 입지 못하는 것을 통한이 여겼습니다.

한나는 아름다운 기도를 올렸습니다 |

한나는 브닌나를 원망하지 않았습니다. 불임 때문에 남편을 원망하지도 않았습니다. '브닌나는 힘들이지 않고도 아들을 낳았는데, 왜 나에게는 아들을 주지 않습니까?'라고 하나님을 원망하지 않았습니다. 또한 자기 자신을 원망하지도 않았습니다. 한나는 당시의 모든 상황에 원망하지 않고 자기의 구할 것을 간절히 구했습니다. 울면서 오래 기도했고, 술 취한 듯 기도했고 자신의 심령을 물 쏟듯 기도했습니다. 이것이 아름다운 기도입니다. 우리도 이런 간절한 기도를 해야 합니다. 회개의 문을 열고 기도해야 합니다. 한나는 분명한 기도를 드렸습니다. 중언부언하지 않았습니다.

> 🐚 서원하여 이르되 만군의 여호와여 만일 주의 여종의 고통을 돌보시고 나를 기억하사 주의 여종을 잊지 아니하시고 주의 여종에게 아들을 주시면 내가 그의 평생에 그를 여호와께 드리고 삭도를 그 머리에 대지 아니하겠나이다(1:11)

철야하면서 돈을 많이 벌게 해달라고 기도하는 사람이 있습니다. 하나님이 돈을 벌어서 무엇을 하려고 그러느냐고 물으신다면 뭐라고 말하겠습니까? 대궐 같은 집을 짓고, 비싼 옷을 입고, 좋은 자가용을 굴리고 싶어서라면, 그 기도는 분명했는지 몰라도 목적은 선하지 못한 것입니다. 이것은 정욕을 위한 기도이기 때문에 응답되지 않습니다. 한나의 기도는 목적도 대상도 분명했습니다.

우리 기도의 목적이 하나님의 영광을 위하여 구하는 것이어야 합니다.

엘리제사장은 오랫동안 간절히 기도하는 한나의 모습을 보고 술 취한 것으로 오해해서 포도주를 끊으라고 했습니다. 원치 않게 주의 종에게 오해를 받았다면 여러분은 어떻게 처신하겠습니까? 눈물을 뚝뚝 흘리면서 억울하다고 하는 사람도 있을 것입니다. 또한 자기가 무언가를 했는데 공로가 다른 사람에게 갔다면 얼마나 억울하겠습니까? 한나는 기도하면서 받은 오해를 지혜롭게 극복했습니다.

> ♕ 한나가 대답하여 이르되 내 주여 그렇지 아니하니이다 나는 마음이 슬픈 여자라 포도주나 독주를 마신 것이 아니요 여호와 앞에 내 심정을 통한 것뿐이오니 당신의 여종을 악한 여자로 여기지 마옵소서 내가 지금까지 말한 것은 나의 원통함과 격분됨이 많기 때문이니이다 하는지라(1:15-16)

한나의 대답을 들은 엘리는 "평안히 가라 이스라엘의 하나님이 네가 기도하여 구한 것을 허락하시기를 원하노라"면서 복을 빌어주었습니다. 때로 성도들을 위해서 기도하다 보면 빌어준 복에 대하여 확신을 갖고 힘을 얻어 일어나는 사람이 있는가 하면, 기도 따로 생각 따로 마음 따로 가진 사람들도 있습니다. 약속을 믿는 사람의 표정과 약속을 믿지 않는 사람의 표정은 아주 다릅니다. 그러나 한나는 엘리의 축복 기도를 기쁘게 받았습니다. 그리고 확신을 가졌습니다. 그 기도를 받은 후에 얼굴에 수색이 가셨습니다. 그 전까지만 해도 한나는 한숨 쉬며 눈물 가득한 여인이었는데, 그 말을 듣자마자 아들을 낳아 품에 안은 것처럼 확신을 가지고 돌아갔습니다. 놀라운 일입니다. 우리도 이런 믿음을 가져야 합니다. 바른 기도는 기도제목이 이루어진 줄로 믿고 기도하는 것입니다.

목회하는데 있어서 일을 크게 하는 것 보다, 일을 하기 위해 한 두명의 믿음 있는 사람을 키우는 것이 더 어려웠습니다. 세상에서 가장 힘든 일이 사람을 움직이는 것이라고 생각합니다. 영혼구원이나 복지는, 하나님을 의존하지 않고 사람과 상의하면 결코 이룰 수 없다는 결론을 얻었습니다. 믿음 없는 사람은 환경 중심, 세상 중심으로 살기 때문에 오병이어의 기적을 믿지 않습니다. 영혼의 가치를 물질보다 더 귀히 여기는 사람들이 많지 않습니다. 그러기에 우리는 사람을 움직이시는 하나님 손에 모든 것을 부탁해야 합니다.

사랑하는 성도 여러분! 우리도 한나처럼 아름다운 기도를 합시다. 분명한 목표를 가지고 간절히 기도합시다. 기도 응답의 약속을 믿는 사람은 얼굴에 근심의 빛이 없을 것입니다. 그동안 우리 교회가 하나님의 축복을 많이 받았습니다. 이제는 우리 교회에게 주신 큰 비전을 놓고 기도합시다. 그리고 주께서 이루실 일들을 지켜보시길 바랍니다. 한나처럼 기도의 능력이 모두에게 있기를 주의 이름으로 축원합니다.

3 사무엘을 얻은 한나

어제는 하얀 눈이 온 대지를 뒤덮었습니다. 앙상한 나뭇가지도 눈꽃으로 만개되었습니다. 여름 동안 푸르름을 자랑했던 나무들이, 눈이 오니 하얀 드레스를 입은 것 같이 매우 아름답게 보였습니다. 하나님이 창조한 대자연, 모든 것이 보시기에 좋았더라는 창세기의 말씀이 확인되는 것을 느꼈습니다.

모든 만물 중에 사람이 가장 소중합니다. 그 소중한 사람을 구원하시기 위해 하나님께서는 독생성자 예수 그리스도를 이 땅에 보냈습니다.

하나님은 예수 그리스도를 통해 사람들이 구원받기를 원하십니다. 그러므로 이 땅에서 소중한 일은 사람을 태어나게 하는 일이요, 사람을 살리는 일이요, 구원에 이르도록 전도하며 키우는 일입니다.

예수님께서는 사람이 간구하신 것을 대부분 들어주셨습니다. 마리아와 마르다가 나사로의 죽음에 대하여 "주께서 여기 계셨더라면 내 오라버니가 죽지 아니하였겠나이다"라고 했을 때, 예수님은 나사로를 살려주셨습니다.

🔸 예수께서 이르시되 내 말이 네가 믿으면 하나님의 영광을 보리라 하지 아니하였느냐 하시니 돌을 옮겨 놓으니 예수께서 눈을 들어 우러러 보시고 이르시되 아버지여 내 말을 들으신 것을 감사하나이다 항상 내 말을 들으시는 줄을 내

(삼상 1:19-20) 그들이 아침에 일찍이 일어나 여호와 앞에 경배하고 돌아가 라마의 자기 집에 이르니라 엘가나가 그의 아내 한나와 동침하매 여호와께서 그를 생각하신지라 한나가 임신하고 때가 이르매 아들을 낳아 사무엘이라 이름하였으니 이는 내가 여호와께 그를 구하였다 함이더라

가 알았나이다 그러나 이 말씀 하옵는 것은 둘러선 무리를 위함이니 곧 아버
지께서 나를 보내신 것을 그들로 믿게 하려 함이니이다 이 말씀을 하시고 큰
소리로 나사로야 나오라 부르시니 죽은 자가 수족을 베로 동인 채로 나오는데
그 얼굴은 수건에 싸였더라 예수께서 이르시되 풀어 놓아 다니게 하라 하시니
라(요11:40-44)

그 뿐만 아니라 백부장의 간청을 들으시고 종을 고쳐주셨습니다.

🌂 예수께서 가버나움에 들어가시니 한 백부장이 나아와 간구하여 이르되 주여
내 하인이 중풍병으로 집에 누워 몹시 괴로워하나이다 이르시되 내가 가서 고
쳐 주리라(마8:5-7)

하나님이 기뻐하시는 기도는 다른 사람을 위해 기도하는 것입니다. 여러분
의 기도제목은 무엇입니까? 한번쯤 돌아보고 새롭게 되기를 바랍니다.

살다보면 부분적 불행이 전체 불행으로 연결되는 사람이 있는가 하면 부분
적 성공이 전체 성공으로 전환되어 행복하게 사는 사람도 있습니다. 한나를 보
면 무자한 것으로 인해 좋은 환경 전부가 묻혀버린 것을 볼 수 있습니다. 좋은
남편, 경제적 부요, 건강도 그녀를 행복하게 하지 못했습니다. 오히려 브닌나의
자극이 그녀를 극한 불행의 늪으로 빠지게 했습니다. 한나의 소원은 부도 명예
도 건강도 아니요 오직 자녀였습니다. 따라서 한나의 행복의 조건은 자녀가 최
우선이었을 것입니다. 자녀를 잉태하기 위해 하나님께 기도했습니다. 이처럼
한나는 균형 잡힌 신앙인이었습니다. 하나님께 은혜 입은 자가 되었고 당시 분
별력이 부족한 엘리 제사장에게도 인정을 받았습니다. 엘리의 마음에도 한나는
복 받을 만한 사람으로 인식되었습니다. 엘리는 그녀에게 이스라엘의 하나님이
너의 기도하여 구한 것을 허락하시기를 원한다고 했습니다.
　요즘 그리스도인들의 신앙생활에 있어 균형을 잡아야 될 부분이 있음을 발

견합니다. 하나님께는 영광을 돌리지만 사람은 멸시하거나 무관심 하는 이들이 있습니다. 예배에는 열심인데 교회생활에는 관심 없는 사람, 나름대로 기도는 하는데 주의 종과 담을 쌓는 사람이 있습니다. 고쳐야 합니다. 한나는 하나님 편에서 생각했습니다. 자신의 자존심과 가치관이 짓밟힐 때도 극복했습니다. 그리고 응답을 확신한 후에는 마음에 근심의 빛이 없었습니다. 평안과 화목은 성령의 역사입니다. 불안과 분쟁은 성령의 역사로 오는 것이 아닙니다. 기도한 것은 반듯이 응답될 줄로 믿고 얼굴에서 근심의 빛이 사라지기를 바랍니다.

한나는 아침에 일찍이 일어나 여호와께 경배했습니다

🐚 그들이 아침에 일찍이 일어나 여호와 앞에 경배하고 돌아가(1:19)

하나님 중심으로 하루를 시작하는 모습입니다. 성막에서 라마의 집까지는 상당히 먼 거리입니다. 그러나 한나의 신앙 열정은 거리를 극복하게 했습니다. 한나는 하나님께서 세우신 성막, 그 성막을 통해 하나님께서 제사를 받으시고 기도를 들으시는 것을 믿었습니다. 하나님만이 자신의 소원을 들어 줄 수 있다고 믿었기에 한나는 먼 거리를 마다하지 않았습니다. 여호와를 경배하는 생활은 심령의 낙이 있는 생활입니다. 하나님의 능력을 믿고 성령의 기름 부음을 받은 사람은 환경의 지배를 받을 수밖에 없는 상황에서도 박차고 일어납니다.

기도하면 사자굴에 던져진다는 것을 알면서도 기도했던 다니엘처럼 우리도 기도하기를 포기하지 말아야 합니다. 손양원목사님처럼 두 아들을 죽인 원수를 향한 분노라도 사랑실천하는 마음을 막을 수 없어야 합니다. 예배의 소중함을 아는 이들에게는 행사도 사람도 환경도 하나님께 예배하는 것을 막을 수 없습니다. 모든 일을 할 때 먼저 하나님과의 관계 회복이 있어야 합니다.

남편 엘가나와 동침할 때
여호와께서 한나를 생각하셨습니다 |

한나와 엘가나는 원만한 부부 생활함에도 불구하고 아기가 들어서지 않았습니다. 그 이유는 하나님께서 한나의 태를 닫아 놓았기 때문입니다. 그러나 이제는 하나님께서 잉태할 수 있도록 하셨습니다. 표면적으로는 부부사랑의 열매로 보이지만, 하나님의 특별한 개입이 있었습니다. 하나님께서는 때를 기다리셨습니다. 한나로 하여금 자녀를 갖고 싶은 소원을 갖도록, 또 하나님 앞에 바른 가치관을 가지고 기도할 때까지 기다리셨습니다.

하나님의 뜻 안에 있는 사람은 매우 행복한 사람입니다. 요한복음 21장에 베드로와 제자들이 밤이 맞도록 고기잡는 수고를 하였지만 한 마리도 잡지 못했습니다. 날이 새어갈 때 예수님이 나타나셨습니다.

예수께서 이르시되 얘들아 너희에게 고기가 있느냐 대답하되 없나이다 이르시되 그물을 배 오른편에 던지라 그리하면 잡으리라 하시니 이에 던졌더니 고기가 많아 그물을 들 수 없더라(요21:5-6)

순종했더니 그물을 들 수 없을 정도로 고기가 잡혔습니다. 기도하고 순종하는 것은 하나님을 우리의 삶 속에 개입시키는 것입니다. 어린이가 자신의 삶 속에 부모님을 개입시키고 상담하고 의지할 때 부모님의 실력으로 누리고 문제를 해결하는 것처럼, 전능자의 능력을 우리의 생활, 가정, 교회, 사회에 나타내면 큰 누림이 있습니다.

우리에게 해결하기 어려운 큰 문제가 있습니까? 혹시 어리석은 내용의 유서를 만들어 놓지는 않았습니까? 과거의 어떤 분은 자살하려고 가족들에게 유서를 남겼는데 그 내용은 '여보 미안하오' 였습니다. 미안하면 죽지 말고, 죽을 힘을 다해 살아야지요. 사업의 어려움, 직장의 어려움, 자녀의 어려움, 건강의 어려움 등 여러 가지 어려운 일이 있으면 기도하십시오. 작은 것에 실패했다고 인생까지 실패한다면 너무 원통하지 않습니까? 하나님께서는 무자한 한나의 기도를 들으시고 잉태의 복을 주셨듯이 간구하는 우리의 기도를 외면하시지 않습니다.

🐚 구하라 그리하면 너희에게 주실 것이요 찾으라 그리하면 찾아낼 것이요 문을 두드리라 그리하면 너희에게 열릴 것이니(마7:7)

때가 이르매 사무엘을 은혜의 선물로 주셨습니다

🐚 한나가 임신하고 때가 이르매 아들을 낳아 사무엘이라 이름하였으니 이는 내가 여호와께 그를 구하였다 함이더라(1:20)

오랜 세월 불임으로 고통당한 여인에게 큰 기쁨이 찾아왔습니다. 간절한 기도가 응답되었습니다. 하나님의 능력이 한나의 몸에 임했습니다. 절망에 빠진 한 여인이 소망 중에 기뻐했습니다. 하나님께 구하여 아들 사무엘을 가졌을 뿐 아니라 이스라엘 백성에게 경사가 된 것입니다. 믿음 있는 사람이 복을 받으면 그에게 속한 가정의 경사요 온 나라의 행복입니다. 사무엘이란 의미는 '내가 여호와께 그를 구하였다' 라는 의미입니다. 때가 이르매 하나님이 한나에게 사무엘을 주셨습니다.

18세기 초, 타락했던 영국 사회에 영적 새바람을 일으킨 요한 웨슬레 목사님이 있었습니다. 그가 위대한 지도자가 된 이면에는 위대한 어머니가 있었습니다. 웨슬레 목사님은 '나는 나의 어머니께서 만든 작품입니다. 내 인생의 영원한 스승은 성령님이셨고, 나를 이렇게 자라게 하신 분은 그 성령님의 지시를 따라 가르쳐 주신 나의 어머님이셨습니다' 라고 고백했습니다. 웨슬레의 어머니 수산나 여사는 경제적으로 가난하여 자녀들을 학교에 보내지 못했습니다. 그러나 가정교육과 신앙교육으로 자녀를 하나님과 국민으로부터 존경 받는 인물로 키워냈습니다.

사랑하는 성도 여러분! 하나님이 주시는 복을 거룩하게 사용하고 기도한대로 자녀를 키우는 성도가 되기를 바랍니다. 올해 우리는 한국 교회를 위해 기도하고 아름다운 삶으로 빛을 발할 것입니다. 기도할 수 있는데 무엇이 문제입니까? 24시간 특별기도가 진행중입니다. 교회에 오셔서 기도하십시오. 시대 속에 은혜입는 한나처럼 기도하시길 축원합니다.

서원을 갚는 한나

| 사무엘상 1:21-28 |

　타락한 인간에게 때로 가난 보다 부요가 위험할 수 있습니다. 또 간절한 소원을 품을 때 보다 응답되었을 때가 더 큰 시련이 올 수도 있습니다. 며칠 전 이런 기사를 보았습니다. 어느 학교 야구부 자모들이 3년 동안 화목하게 지냈다고 합니다. 그들은 힘든 삶을 역전시키기 위해 4명이 한 집에 모여 탁구공 45개에 번호를 매긴 뒤 1인당 10회분의 로또 번호를 골랐고 그렇게 고른 40개의 번호조합으로 로또를 구입하여 당첨되면 4등분 하여 나누기로 한다는 각서를 쓰고 헤어졌다고 합니다. 그 후 한 사람이 당첨되었는데, 약속을 지키지 않아 법정의 판결을 기다린다고 했습니다. 당첨되기 전에는 1/4만 가져도 좋겠다는 생각이었지만, 당첨이 되니 마음이 바뀌고 만 것입니다. 이것은 욕심으로 가득 채워진 인간의 모습입니다. 욕심이 우정을 갈라놓았습니다. 자녀들 보기에도 명예롭지 못하고 얻은 것 보다 잃은 것이 더 많게 되었습니다. 우리는 어떻습니까? 사람과의 관계를 얼마나 진실하게 유지시키고 있습니까? 균형 잡힌 신앙인은 약속을 중시합니다.

　한나는 '하나님은 전능하신 분이요, 자녀를 꼭 주시는 분' 이라는 것을 믿었

믿음의 사람이 가는 길

(삼상 1:21-28) 그 사람 엘가나와 그의 온 집이 여호와께 매년제와 서원제를 드리러 올라갈 때에 오직 한나는 올라가지 아니하고 그의 남편에게 이르되 아이를 젖 떼거든 내가 그를 데리고 가서 여호와 앞에 뵙게 하고 거기에 영원히 있게 하리이다 하니 그의 남편 엘가나가 그에게 이르되 그대의 소견에 좋은 대로하여 그를 젖 떼기까지 기다리라 오직 여호와께서 그의 말씀대로 이루시기를 원하노라 하니라 이에 그 여자가 그의 아들을 양육하며 그가 젖 떼기까지 기다리다가 젖을 뗀 후에 그를 데리고 올라갈새 수소 세 마리와 밀가루 한 에바와 포도주 한 가죽부

습니다. 그리고 엘리 제사장에게도 은혜를 받아야 한다고 생각했습니다. 그래서 "당신의 여종이 당신께 은혜 입기를 원하나이다"라고 했습니다. 또 한나는 남편의 사랑도 받았습니다. 그 결과로 아들 사무엘을 얻었습니다. 그 때부터 은혜 받은 가정이 행하여야 할 일들을 착실히 해나갔습니다.

한나는 서원제를 드리러 성막에 가는 엘가나에게 "아이를 젖 떼거든 내가 그를 데리고 가서 여호와 앞에 뵙게 하고 거기에 영원히 있게 하리이다"(1:22)라고 했습니다. 믿음 있는 한나는 자신의 계획을 남편에게 말했습니다. 그 때 남편의 대답은 "그대의 소견에 선한 대로 하여 그를 젖떼기까지 기다리라 오직 여호와께서 그 말씀대로 이루시기를 원하노라"(1:23)라고 말했습니다. 남편은 한나의 신앙을 믿었습니다. 신앙의 자유를 주었습니다. 그리고 한나로 하여금 하나님께 약속한 것을 갚도록 했습니다.

한나는 사랑 받는 아내였으며 엘가나는 좋은 남편이었습니다. 우리는 가정에서 종종 신앙의 갈등을 경험합니다. 아내가 신앙생활하는 것을 못마땅하게 생각하는 남편도 있습니다. 십일조 생활이나 주일성수하는 것을 방해하는 배우자도 있습니다. 여러분은 어떻습니까? 기도하여 얻은 아들을 하나님께 드린다면 그대로 하라고 하시겠습니까? 한나는 남편에게 신앙의 분량대로 행할 수 있는 자유를 얻었습니다. 그뿐 아니라 남편에게 축복기도를 받았습니다. 엘가나는 한나를 위해 기도했습니다. 아내의 신앙성장을 위해 기도하는 남편이 있습니까? 그 가정은 위대한 자녀를 키워 낼 수 있는 토양이 됩니다.

한나는 사무엘을 젖떼기까지 양육한 후 수소 셋과 가루 한 에바와 포도주 한 가죽 부대를 가지고 실로에 있는 여호와의 집에 갔습니다. 엘리제사장은 한나가 드리는 사무엘을 성막에서 자라게 했습니다.

🐚 이 아이를 위하여 내가 기도하였더니 내가 구하여 기도한 바를 여호와께서 내게 허락하신지라 그러므로 나도 그를 여호와께 드리되 그의 평생을 여호와께 드리나이다 하고 그가 거기서 여호와께 경배하니라(1:27-28)

한나는 기도 응답에 대한 감사로 하나님께 서원을 하였고 그대로 행하였습니다. 오늘 본문 속에서 몇 가지 교훈을 얻고 승리하시길 축원합니다.

하나님은 기도에 응답하십니다 |

하나님께서는 우리의 기도를 들으십니다. 갈멜산에서 엘리야 선지자가 바알과 아세라 선지자들과 대결을 하였습니다. 여호와와 바알 중에서 제단에 불을 내리는 신을 참 하나님으로 확정하는 대결이었습니다.

🐚 너희는 너희 신의 이름을 부르라 나는 여호와의 이름을 부르리니 이에 불로 응답하는 신 그가 하나님이니라 백성이 다 대답하되 그 말이 옳도다 하니라 (왕상18:24)

엘리야는 하나님의 영광을 위해 기도했습니다.

🐚 저녁 소제 드릴 때에 이르러 선지자 엘리야가 나아가서 말하되 아브라함과 이삭과 이스라엘의 하나님 여호와여 주께서 이스라엘 중에서 하나님이신 것과 내가 주의 종인 것과 내가 주의 말씀대로 이 모든 일을 행하는 것을 오늘 알게 하옵소서 여호와여 내게 응답하옵소서 내게 응답하옵소서 이 백성에게 주 여호와는 하나님이신 것과 주는 그들의 마음을 되돌이키심을 알게 하옵소서 하매 이에 여호와의 불이 내려서 번제물과 나무와 돌과 흙을 내우고 또 도랑의 물을 핥은지라(왕상18:36-38)

하나님의 살아계심을 나타내기 위한 기도에 하나님은 응답하십니다. 한나의 기도는 하나님께 좋은 아들을 드리기 위한 기도였습니다. 여러분 앞에 대적이 있습니까? 가난이 있습니까? 질병이 있습니까? 하나님의 영광을 위해 기도합시다. 예수님께서도 "구하라 그리하면 너희에게 주실 것이요 찾으라 그리하면 찾아낼 것이요 문을 두드리라 그리하면 너희에게 열릴 것이니"(마7:7)라고 하셨습니다. 주님의 약속은 분명합니다. 각서까지 쓰고도 어기는 사람과 같지 않습니다. 응답하시는 하나님께 큰 영광을 돌리시길 바랍니다.

서원하였으면 갚아야 합니다 │

한나는 기도의 열매를 가지고 엘리 제사장을 찾았습니다. "나의 기도한 바를 허락하신지라 나도 그를 여호와께 드리되 그의 평생을 여호와께 드리나이다"라고 했습니다. 지식이 사상으로 승화되고, 사상이 행동의 옷을 입을 때 아름다운 열매를 맺게 됩니다.

> ✤ 네가 하나님께 서원하였거든 갚기를 더디게 하지 말라 하나님은 우매한 자들을 기뻐하지 아니하시나니 서원한 것을 갚으라(전5:4)

서원은 하나님 앞에 맹세하고 서약하는 것입니다. 인간관계에서도 약속은 중요합니다. 하나님과의 약속은 더욱 큰 약속입니다. 하나님은 우리의 삶과 죽음을 좌우하시는 분이십니다. 법을 어기면 세상에서 불이익을 얻습니다. 우리는 하나님 앞에 많은 서원을 해 놓은 상태입니다. 세례 받을 때 서약했습니다. 결혼할 때 서약했습니다. 직분자가 될 때 서약했습니다. 어떤 분은 자녀를 낳기 위해 기도함으로써 얻은 가정도 있습니다. 물질이 없을 때 서원 기도를 하여 복을 받은 이들도 있습니다. 저도 하나님 앞에 서원한 일이 있습니다. 몸이 아팠을 때 고쳐 주시면 주의 일을 열심히 하겠다고 했습니다. 그 후에 건강해졌으나 서원을 잊어버리고 지냈던 때가 있었습니다. 다시 병이 도져서 매우 고생했습니다. 또 목회하겠다고 해 놓고 전도사 생활이 너무 힘들어 도망가려고 한 적이 있습니다. 그때 아내가 사경을 헤매게 되었는데 살려주시면 하나님의 뜻대로 살겠다고 서원한 후 26년 동안 변함없이 주의 일을 하고 있습니다. 그 결과로 하나님이 저에게 많은 복을 주시고 좋은 성도들을 보내주셔서 복지하는 교회가 되었습니다. 앞으로 노인복지 뿐 아니라 가난하고 소외된 이들을 보살피면서 행복을 일구는 건강한 교회가 되게 할 것입니다.

또 서원을 갚을 때는 협력자가 있어야 합니다. 사무엘을 하나님께 드리겠다는 서원을 갚는데 있어서 남편이 기쁘게 허락해야 흠 없는 제물이 됩니다. 또한 엘리 제사장이 성전에서 받아 키워주어야 됩니다. 서원을 갚은 한나는 자신의 욕심을 버리고 하나님과의 관계를 온전케 했습니다.

서원을 갚는 자를 하나님이 생각하십니다 | 사무엘은 한나의 믿음으로 성막에서 자라게 되었습니다. 세마포 에봇을 입고 여호와를 섬겼습니다. 한나는 매년제를 드리러 갈 때 마다 겉옷을 지어 입혔습니다. 이들의 신앙에 엘리가 감동되었습니다.

> 엘리가 엘가나와 그의 아내에게 축복하여 이르되 여호와께서 이 여인으로 말미암아 네게 다른 후사를 주사 이가 여호와께 간구하여 얻어 바친 아들을 대신하게 하시기를 원하노라 하였더니 그들이 자기 집으로 돌아가매 여호와께서 한나를 돌보시사 그로 하여금 임신하여 세 아들과 두 딸을 낳게 하셨고 아이 사무엘은 여호와 앞에서 자라니라(1:20-21)

목회생활하다 보면 축복해 주고 싶은 사람이 있습니다. 한나는 과거에 사무엘을 얻기 위해 기도했고 그 후에는 서원을 갚는 생활을 했습니다. 그 결과 구하지 않은 것까지 받았습니다. 두 부류의 사람들이 있습니다. 매일같이 달라는 사람이 있는가 하면, 주신 복 가지고 기도한대로 열심히 사는 사람이 있습니다. 서원한 것을 갚는 것은 뒷전이고 달라고만 한다면 그는 실패하고 말 것입니다.

그러나 한나는 서원한 것을 갚는 생활을 하였습니다. 서원한 사무엘을 드림으로 한나는 세 아들과 두 딸을 얻었습니다.

하나님은 서원을 갚는 자에게 큰 복을 주십니다. 하나님께 서원한 것을 잊어버리고 사는 사람은 자기를 잃어버리고 사는 사람입니다. 결혼서약을 잊어버리고 사는 사람들이 이 땅에 많이 있습니다. 하나님을 떠난 사람은 목적지를 잃어버리고 가는 사람과 같습니다. 삶의 목적이 없는 사람은 삶의 의미가 무엇인지를 알지 못하는 사람입니다.

저도 설교를 준비하면서 부흥을 주시면 온 성도들을 가족으로 여기며 섬기겠다는 서원을 하였습니다. 가정은 약자가 보호 받고 강자가 섬기는 곳입니다. 주 안에서 순종과 존경이 있는 교회가 되어야 합니다. 기도하는 것들을 행함으로 서원을 철저히 갚을 것입니다.

5

은혜 받은 한나의 찬송

오늘은 기도로 자신의 운명이 바뀌어진 한나의 승리의 찬송과 감사의 기도를 통해서 은혜를 받고자 합니다. 사람들 중에 어떤 일을 만나면 그 일을 해결하려고 하지 않고 일에 눌려 그 일 때문에 좌절하고 쓰러지는 사람이 있습니다. 그러나 성경은 문제가 있을 때마다 기도하고 하나님의 능력을 의지하라고 말하고 있습니다. 하나님은 전능자요, 권세자요, 무자한 자에게 자녀를 주시는 분이십니다.

한나는 결혼해서 자녀를 가지지 못했습니다. 5년 혹은 10년이 지났는지도 모릅니다. 한나는 자녀를 낳은 브닌나로 인하여 구박과 학대을 받으면서 매일 눈물로 세월을 보냈습니다. 그러나 남편은 한나를 변함없이 사랑했습니다. 유대인 문화에서는 아들을 낳지 못한 여자는 아무 권리도 자격도 없습니다. 그러므로 아들을 낳은 브닌나의 권세가 컸던 것입니다. 한나의 불행한 운명은 사랑하는 남편도 어찌할 수 없었습니다.

그러나 한나는 자신의 처지를 운명으로 받아들이기를 거부했습니다. 자신의 운명을 가지고 하나님의 전에 나아가 눈물로 기도했습니다. 하나님은 이 여인의 간절한 기도를 들으셨고 아들을 낳게 하셨습니다. 그 아들이 유명한 사무

(삼상 2:1-6) 한나가 기도하여 이르되 내 마음이 여호와로 말미암아 즐거워하며 내 뿔이 여호와로 말미암아 높아졌으며 내 입이 내 원수들을 향하여 크게 열렸으니 이는 내가 주의 구원으로 말미암아 기뻐함이니이다 여호와와 같이 거룩하신 이가 없으시니 이는 주 밖에 다른 이가 없고 우리 하나님 같은 반석도 없으심이니이다 심히 교만한 말을 다시 하지 말 것이며 오만한 말을 너희의 입에서 내지 말지어다 여호와는 지식의 하나님이시라 행동을 달아

엘입니다. 그는 유대 최고의 선지자이며 통치자가 되었습니다. 한나는 기도로 자신의 운명을 바꾼 것입니다. 우리가 믿는 하나님은 우리를 만드신 전능하신 분이시고 우리의 기도를 들으시고 불행한 운명을 행복하게 바꾸어 주시는 분이십니다. 하나님은 우리에게 구원과 부요와 기쁨을 주십니다.

지금 여러분의 삶은 어떻습니까? 나는 아무 것을 할 수 없다고 생각하십니까? 그것은 기도로 자신의 삶을 바꾼 한나와 다른 모습입니다. 한나는 하나님의 능력으로 자녀를 얻었습니다. 그리고 한나는 서원한 대로 사무엘을 하나님께 드렸습니다. 사람은 복을 받기 전과 받은 후의 삶이 같아야 합니다.

축복을 받은 후 관리를 잘해야 합니다 |

좋은 일이 있을 때 더 잘해야 합니다. 겸손해야 합니다. 많이 배울수록 배우지 못한 사람을 끌어안고 그 사람의 고통을 헤아려야 합니다. 물질을 많이 가졌으면 가난한 자에게 빚진 자인 줄 알고 그들을 기쁘게 하려고 노력해야 합니다. 권세를 가졌으면 백성들을 평안하게 해야 하나님이 오래 귀하게 여기십니다. 그리고 하나님 앞에 기도한 대로 행해야 합니다. 한나의 위대함은 아들을 얻은 후에 서원한대로 하나님 앞에 드린 것에 있습니다.

하나님은 사람의 운명을 바꾸어 놓았습니다. 그 후에 한나는 하나님을 향하여 찬송하며 기도합니다. 한나의 기도와 노래에는 하나님이 기도를 들어주시고 소원을 성취해 주신 것에 대한 감사와 찬양과 겸손이 있습니다. 얼마나 아름다운 모습입니까? 사람들은 환경이 좋아지면 오만해져서 안하무인격으로 되는 수가 있습니다. 그러므로 기도의 응답을 받으면 한나처럼 올바른 태도를 취해야 합니다. 기도가 응답된 후에 더 달라고 기도하는 것이 아니라 하나님께 영광 돌리는 기도를 하는 모습을 배워야 합니다.

> 한나가 기도하여 이르되 내 마음이 여호와로 말미암아 즐거워하며 내 뿔이 여
> 호와로 말미암아 높아졌으며 내 입이 내 원수들을 향하여 크게 열렸으니 이는
> 내가 주의 구원으로 말미암아 기뻐함이니이다(1:1)

사무엘을 얻은 것이 한나에게는 큰 힘이 되었습니다. 그로 인해 한나는 자신의 지위가 높아졌음을 알고 있었습니다. 아들을 얻지 못했을 때는 힘이 없고 자랑거리가 없었으나 힘을 주시고 자랑거리를 주신 하나님께 감사기도를 올린 것입니다.

우리들도 하나님께 기도의 응답을 받고 난 후 계속해서 기도의 생활이 계속되어야 합니다. 달라는 것만 기도가 아니라 하나님을 찬양하는 것도 기도입니다. 여러분은 얼마나 여호와로 인하여 힘이 생기고 높아졌습니까? 기도 응답을 받고 감사 기도를 지속적으로 올리는 여러분이 되길 축원합니다.

주를 더욱 높여야 합니다

> 여호와와 같이 거룩하신 이가 없으시니 이는 주 밖에 다른 이가 없고 우리 하
> 나님 같은 반석도 없으심이니이다(2:2)

하나님은 오직 한분이시며 찬양을 받으시기 합당하십니다. 예수 안에서 인생의 집을 짓는 것은 반석 위에 집을 짓는 것과 같습니다. 반석 위에 집을 지으면 창수가 나고 바람이 불고 비가와도 쓰러지지 않습니다. 기초가 든든한 곳에 집을 지으면 결단코 넘어지지 않습니다. 저는 우리 교회를 지을 때 튼튼하게 짓기 위해 철골을 사용하였습니다. 반석 위에 인생의 집을 짓는 것은 굉장히 중요합니다.

그러므로 주님만 높이고 그분에게만 기도해야 합니다. 한나는 기도 응답 후 하나님을 높이 받들어 섬겼습니다. 우리들도 하나님의 응답을 받고 나면 하나님을 높이 받들고 섬겨야 합니다. 얼마 전에 어느 아들이 부모의 유산을 받은 후에 부모를 모시지 않자 부모가 다시 유산을 돌려 달라는 소송을 한 일을 신문에서 보았습니다. 여러분! 양육 받은 자녀들이 부모님을 공경하고 공궤해야 하는 것은 마땅한 일입니다. 하나님의 사랑을 받은 사람들은 하나님의 뜻을 이루어야 합니다. 세상의 부모는 재산을 자녀에게 주었다가 다시 받으려고 하면 힘듭니다. 그러나 하나님은 주실 수도 있고 거두어 가실 수도 있습니다. 주를 높이 섬겨야 합니다. 그것만이 복을 관리하는 길입니다.

복을 받은 후에 겸손해야 합니다

🐚 심히 교만한 말을 다시 하지 말 것이며 오만한 말을 너희의 입에서 내지 말지어다 여호와는 지식의 하나님이시라 행동을 달아 보시느니라(2:3)

한나는 하나님의 능력 앞에 고개가 숙여 진 것입니다. 하나님 앞에 아무런 존재가 아님을 알게 된 것입니다. 하나님의 능력을 접하게 되면 교만할 수 없는 것입니다.

🐚 교만은 패망의 선봉이요 거만한 마음은 넘어짐의 앞잡이니라(잠16:18)

교만한 사람들에게는 장래가 없습니다. 그래서 겸손해야 합니다. 하나님은 기도의 응답을 받은 후에도 겸손한 사람에게는 오래 동안 그 자리에 머무르게 합니다. 교만한 사람은 성공할 수 없고 하나님의 보호를 받을 수가 없습니다. 하나님과 사람에게 점점 멀리함을 당할 것입니다. 한나는 기도의 응답을 받고 하나님을 찬양하고 더욱 감사하는 마음으로 주를 높이고 더욱 겸손하게 처신했습니다.

믿음 생활 중에 얼마나 하나님을 찬양했습니까? 영혼이 구원을 받았는데 얼마나 감사했습니까? 기도의 응답을 받은 후에 응답 주신 하나님께 영광을 돌리고 있습니까? 우리에게는 하나님의 보호하심이 있습니다. 하나님의 축복이 우리에게 있습니다. 하나님은 부와 가난을 주장하십니다.

♕ 가난한 자를 진토에서 일으키시며 빈궁한 자를 거름더미에서 올리사 귀족들과 함께 앉게 하시며 영광의 자리를 차지하게 하시는도다 땅의 기둥들은 여호와의 것이라 여호와께서 세계를 그것들 위에 세우셨도다(2:8)

이 말씀을 대할 때 제게 주신 은혜를 떠올리게 됩니다. 가난한 집에 태어나 공부할 수 없는 상황에서 공부하게 하시고 목사를 만들어서 강단에 앉히시는 하나님을 보면서 거름더미에 있는 저를 귀족들과 함께 앉게 하셨다는 것을 느낍니다. 하나님이 함께 하지 않았으면 아주 작은 자가 되었을 것이고, 시골에 살 때 땅이라도 주셨다면 농부로 일했을 것입니다. 그러나 하나님께서 저에게 땅을 주지 않으셨고 가난으로 환경에 쫓기다시피 산 것이 오늘 이 자리인 것입니다. 하나님은 사람이 이해가 되지 않는 곳으로 환경을 몰아 갈 때가 있습니다. 선하신 하나님, 좋으신 하나님이 이해되지 않아도 따라가고 순종하면 10년 혹은 20년 뒤에는 복을 받습니다. 때로는 이 땅에서 결과를 볼 수 없더라도 하늘나라에 가면 우리를 위해서 하신 것을 분명히 알 수가 있습니다.

하나님은 거룩한 자들의 발은 지키시나 악인에게는 힘이 없게 하셔서 이기지 못하게 하십니다. 행복하게 사는 길은 여호와의 뜻대로 사는 것입니다. 편안하게 살기를 원하십니까? 날을 거룩하게 지키고 위에서 내려 주시는 능력을 받기를 원하십니까? 성령의 사람이 되시길 바랍니다. 소원을 하나님께 두고 사람을 행복하게 하려고 몸부림칠 때 하나님께서 여러분 자신을 행복하게 만들 것입니다.

사랑하는 성도 여러분! 우리 교회는 지금 부흥의 불길이 붙고 있습니다. 성도들이 잘 되어가고 있습니다. 가난하고 소외된 사람에게 나누어 주며 복지하는 교회가 될 때, 하나님의 예물이 하나님의 의도대로 사용될 때 많은 복을 주실 줄 믿습니다. 한나처럼 기도로 운명이 바뀌어지기를 소원하십시오. 한나처럼 노래할 때에 여호와의 성품을 찬양하십시오. 그리고 하나님을 기쁘게 하십시오. 그러면 여러분은 생각 밖의 큰 축복 속에 거하게 될 것입니다. 하나님은 좋은 것으로 여러분에게 채워 주실 것입니다.

6 자녀 교육의 성공과 실패

지난 주간에는 한나의 승리의 찬양과 기도에 대하여 말씀을 들었습니다. 한나는 기도 응답을 받은 후 영광을 하나님께 돌렸습니다. 자신의 영적, 심적, 환경적인 변화는 오직 하나님으로 인하여 되었다는 고백을 하였습니다.

> ⚜ 내 마음이 여호와로 말미암아 즐거워하며 내 뿔이 여호와로 말미암아 높아졌으며 내입이 내 원수들을 향하여 크게 열렸으니(2:2:1)

하나님이 자신의 유일한 반석이며, 하나님 앞에서 교만한 말을 하지 말라고 했습니다. 한나는 하나님은 행동을 달아 보시는 분이시며, 생사의 주관자이며 부귀도 주장하시는 분으로 찬양했으며 하나님께 속한 자도 높였습니다. 한나의 찬양은 바른 것입니다. 사람이 바른 지식을 가지면 매우 행복합니다. 바른 지식은 바른 생각과 상통합니다. 바른 생각은 바른 행동을 낳습니다. 그 행동의 열매는 아름다운 사회 속에서 하나님이 주시는 복을 사람들에게 보일 수 있는 환경이 될 것입니다.

(삼상 2:18-26) 사무엘은 어렸을 때에 세마포 에봇을 입고 여호와 앞에서 섬겼더라 그의 어머니가 매년 드리는 제사를 드리러 그의 남편과 함께 올라갈 때마다 작은 겉옷을 지어다가 그에게 주었더니 엘리가 엘가나와 그의 아내에게 축복하여 이르되 여호와께서 이 여인으로 말미암아 네게 다른 후사를 주사 이가 여호와께 간구하여 얻어 바친 아들을 대신하게 하시기를 원하노라 하였더니 그들이 자기 집으로 돌아가매 여호와께서 한나를 돌보시사 그로 하여금 임신하여 세 아들과 두 딸을 낳게 하셨고 아이 사무엘은 여호와 앞에서 자라니라 엘리가 매우 늙었더니 그의 아들들이 온 이스라엘에게 행한 모든 일과 회막 문에서 수종 드는 여인들과 동침하였음을 듣고 그들에게 이르

오늘은 같은 시대, 같은 동리에 살았던 두 가정의 자녀교육에 대하여 말씀을 드리며 함께 은혜를 나누려고 합니다. 잘되는 가정과 안 되는 가정은 나름대로 이유가 있습니다. 한나의 자녀교육과 엘리의 자녀교육의 결과가 우리에게 주는 교훈이 있습니다.

불량자 아들을 양산하는 엘리의 자녀교육이 있습니다 | 자녀

를 양육하기 전에 부모님의 됨됨이가 매우 중요합니다. 자녀는 부모님의 말을 듣는 것보다 그의 생활을 닮기 때문에 부모의 바른 생활 없이는 자녀를 바르게 양육할 수가 없습니다. 하나님이 엘리제사장에게 이렇게 말씀하셨습니다.

> 너희는 어찌하여 내가 내 처소에서 명령한 내 제물과 예물을 밟으며 네 아들들을 나보다 더 중히 여겨 내 백성 이스라엘이 드리는 가장 좋은 것으로 너희들을 살지게 하느냐(2:29)

엘리는 하나님께 대한 물질관이 바르지 않았습니다. 성경에 "제물과 예물을 밟으며"라고 했습니다. 하나님께 속한 물질과 예물들을 아끼지 않았고 성물에 대한 구별이 없었습니다. 또 "네 아들들을 나보다 더 중히 여겨"라고 했습니다. 하나님보다 더 사랑하는 것은 우상이 되는 것입니다. 하나님의 종이면 하나님 중심이 되어야 됨에도 자기 중심, 자녀중심이었으므로 하나님의 진노가 있을 수밖에 없었습니다.

개척교회 할 때 자녀들 운동회와 금요일 구역공부가 겹친 날이 있었습니다.

어느 날 구역공부를 마치고 운동회에 갔더니 다른 아이들은 점심을 먹는데 우리 아이들은 화장실 뒤에서 울고 있었습니다. 마음이 참으로 아팠습니다. 그러나 지금까지 목회하면서 하나님 중심으로 살려고 노력했습니다. 그 결과로 교회와 가정과 자녀들이 복을 받고 삽니다. 엘리의 자녀교육의 결과는 아들들에게 이렇게 나타났습니다.

먼저, 그들은 불량자가 되었습니다.

🌱 엘리의 아들들은 행실이 나빠 여호와를 알지 못하더라(2:12)

엘리의 아들들은 제물에 대한 구별이 없었습니다. 제사를 드릴 때는 반드시 기름에 태우고 난 후 고기를 취할 수 있습니다. 그러나 그들은 그것을 무시했습니다. 기름을 태우기 전에 자기들이 원하는 고기를 먹었습니다. 그러므로 엘리의 아들들은 하나님 앞에 범죄했습니다. 또한 성적으로도 깨끗지 못했습니다.

🌱 엘리가 매우 늙었더니 그의 아들들이 온 이스라엘에게 행한 모든 일과 회막 문에서 수종 드는 여인들과 동침하였음을 듣고(2:22)

엘리의 아들들의 죄가 백성에게 알려졌고 아버지 엘리제사장에게도 들렸습니다. 엘리가 아들들을 책망하였지만 듣지 않았습니다.

🌱 사람이 사람에게 범죄하면 하나님이 심판하시려니와 만일 사람이 여호와께 범죄하면 누가 그를 위하여 간구하겠느냐 하되 그들이 자기 아버지의 말을 듣지 아니하였으니 이는 여호와께서 그들을 죽이기로 뜻하셨음이더라(2:25)

나아가서는, 자녀들의 죽음과 가정의 패망이 언도되었습니다.

🌱 보라 내가 네 팔과 네 조상의 집 팔을 끊어 네 집에 노인이 하나도 없게 하는

날이 이를지라 이스라엘에게 모든 복을 내리는 중에 너는 내 처소의 환난을 볼 것이요 네 집에 영원토록 노인이 없을 것이며 내 제단에서 내가 끊어버리지 아니할 네 사람이 네 눈을 쇠잔하게 하고 네 마음을 슬프게 할 것이요 네 집에서 출산되는 모든 자가 젊어서 죽으리라 네 두 아들 홉니와 비느하스가 한 날에 죽으리니 그 둘이 당할 그 일이 네게 표징이 되리라(2:31-34)

엘가나와 한나의 가정은 복된 자녀를 양육하였습니다 |

엘가나는 좋은 아버지였고 남편이었습니다. 그는 기도하는 아내의 결단을 받아들였습니다. 그뿐 아니라 그는 매년 제와 서원제를 드렸고, 아내를 위해 기도했습니다. 어머니 한나는 기도하고 서원한 여인이었으며, 문제를 기도로 해결하는 어머니였습니다. 한나는 하나님과의 약속을 중시하고 서원을 갚았습니다. 그녀는 균형 잡힌 신앙생활을 하였습니다. 하나님과의 관계도 좋았고, 또 남편에게 사랑받았으며, 제사장에게도 인정을 받았습니다. 그녀는 하나님 중심의 사람이었습니다. 인간적으로 보면 아들 사무엘을 고생시키는 어머니같이 보여 집니다. 그러나 그녀는 지혜로운 여인이었습니다. 영적 분별력 없는 제사장과 그의 타락한 아들들이 있는 곳에 아들 사무엘을 보낼 수 없다고 했을 수도 있었을 것입니다. 그러나 한나는 하나님만 보았습니다. 하나님의 절대주권을 믿은 것입니다. 그 위대한 부모의 양육을 받는 자녀들은 어떻게 되었습니까?

먼저, 하나님께서 사무엘과 동행하셨습니다.

🌱 아이 사무엘이 점점 자라매 여호와와 사람들에게 은총을 더욱 받더라(2:26)

사무엘의 신앙은 점점 올라갔습니다. 또 사람에게도 점점 더 인정을 받았습니다. 사무엘의 부모는 어릴 적부터 사무엘을 하나님 중심으로 살게 했습니다.

또한 사무엘을 드림으로 가정에 후사를 얻게 했습니다.

자녀를 하나님의 말씀으로 양육하는 것이 자녀에게는 물론 부모님께도 유익합니다. 자녀는 자신의 소유물이 아닙니다. 하나님께로부터 위탁받은 기업입니다. 자녀기업 경영은 주신 분의 뜻대로 할 때 바르게 할 수 있습니다.

나아가서는, 하나님 중심의 삶에는 생각 밖의 넘치는 은혜의 복이 있습니다.

하나님께서 사무엘을 받음으로 세 아들과 두 딸을 한나에게 주셨습니다. 성경은 "여호와께 간구하여 얻어 드린 아들을 대신하여"라고 했습니다. 이는 드리지 않았다면 받을 수 없었다는 것을 말하고 있습니다. 사무엘을 드리니 하나님께서는 그 아이를 대신해서 다른 자녀를 주셨습니다. 하나님 중심으로 사는 사람은 결코 가난하거나 외롭게 살지 않습니다.

시간을 드리면 드린 날 보다 더 많은 날 동안 은혜를 주십니다. 물질로 구제하는 사람은 더 많은 물질을 사용할 수 있게 됩니다. 구세군 창시자 윌리암 부스는 구세군 자선냄비를 시작한 사람입니다. 그가 물질이 생길 때 마다 구제 사업을 했더니 전 세계 가난한 자들을 먹여 살리는 물질을 주셨습니다. 고아의 아버지 죠지 뮬러는 가난한 사람이었지만 돈이 생기는대로 고아를 위해 사용했더니 나중에는 5만 명 고아를 먹여 살릴 수 있는 물질을 주셨습니다. 한나가 하나님 중심으로 사무엘을 키웠더니 하나님이 그를 사용해 주셨고 한나의 가정에도 큰 은혜를 주셨습니다. 사람은 실망을 시키나, 하나님은 결단코 믿는 사람을 실망시키지 않습니다.

하나님의 능력을 믿는 여러분! 풀과 같은 인생, 풀의 꽃과 같은 영광에 매이지 말고 영원한 말씀, 영생의 낙 누리게 하시는 하나님께 속하시길 축원합니다.

7

사무엘을 부르신 하나님

│ 사무엘상 3:1-14 │

하나님께 부름 받은 자는 복 받은 자입니다. 하나님께 부름 받았다면, 그 영광은 인생의 어떤 영광과도 비길 데 없는 기쁨입니다. 과거에 장관이된 분의 소감을 들었습니다. 대통령이 자기를 장관으로 부른데 대한 감격했던 이야기였습니다. 사람들은 몇 년 동안의 명예와 권력을 가지는 장관직에도 감격합니다. 그러나 하나님이 부르시고 쓰시고자 하는 사람은 몇 천만 배의 영광이며 복입니다.

본문에 나오는 엘가나와 한나, 사무엘이 살아가는 시대는 매우 힘들고 어려운 시대였습니다. 이스라엘은 신정국가이기 때문에 제사장이 분별력과 통치력을 상실하면 백성 전체가 불행해집니다. 사무엘이 성장하던 그 시기는 영적으로 쇠퇴한 시대였습니다.

▧ 아이 사무엘이 엘리 앞에서 여호와를 섬길 때에는 여호와의 말씀이 희귀하여 이상이 흔히 보이지 않았더라(3:1)

(삼상 3:1-14) 아이 사무엘이 엘리 앞에서 여호와를 섬길 때에는 여호와의 말씀이 희귀하여 이상이 흔히 보이지 않았더라 엘리의 눈이 점점 어두워 가서 잘 보지 못하는 그 때에 그가 자기 처소에 누웠고 하나님의 등불은 아직 꺼지지 아니하였으며 사무엘은 하나님의 궤 있는 여호와의 전 안에 누웠더니 여호와께서 사무엘을 부르시는지라 그가 대답하되 내가 여기 있나이다 하고 엘리에게로 달려가서 이르되 당신이 나를 부르셨기로 내가 여기 있나이다 하니 그가 이르되 나는 부르지 아니하였으니 다시 누우라 하는지라 그가 가서 누웠더니 여호와께서 다시 사무엘을 부르시는지라 사무엘이 일어나 엘리에게로 가서 이르되 당신이 나를 부르셨기로 내가 여기 있나이다 하니 그가 대답하되 내 아들아 내가 부르지 아니하였으니 다시 누우라 하니라 사무엘이 아직 여호와를 알지 못하고 여호와의 말씀도 아직 그에게 나타나지 아니한 때라 여호와께서 세 번째 사무엘을 부르시는지라 그가 일어나 엘리에게로 가

제사장 엘리는 하나님과 영적인 관계를 체험해야 할 사람이었고, 분별력을 가지고 백성을 정결케 해야 될 사람이었습니다. 그러나 그는 영적으로 어두웠습니다. 또 그 시대는 윤리적으로 매우 타락한 시대여서 개인윤리, 가정윤리, 사회적 윤리가 무너지며 성적 타락과 불륜이 팽배한 시대였습니다.

> ♛ 엘리가 매우 늙었더니 그의 아들들이 온 이스라엘에게 행한 모든 일과 회막 문에서 수종 드는 여인들과 동침하였음을 듣고(2:22)

성적 타락은 저주를 불러오고 가정을 파괴하는 행위이며 창조의 질서에 역행하는 죄악입니다. 엘리가 자녀들에게 회개를 촉구해도 말을 듣지 않았습니다. 자녀가 부모님의 말씀에 귀 기울이지 않으면 불행해집니다. 엘리의 자녀들도 하나님의 말씀에 고의적으로 불순종하는 죄를 지었습니다. 사무엘이 성장할 때는 그런 사람들이 많았고, 그런 사람 속에서 사무엘은 살았습니다.

바르게 교훈해야 될 제사장이 영적으로 어두워짐으로 모두가 자신의 쾌락대로 살았습니다. 상대를 배려하지 않고 자신만 생각하는 어두운 영을 가진 시대였습니다. 오늘날 우리 시대와도 상당히 닮은 부분이 있습니다. 45년 전 여름, 한 동리 마당에서 잠자는 어린아이를 늑대가 물고가 배를 갈라 창자만 먹어버린 사건이 있었습니다. 그 후 마을은 온통 떠들썩했습니다. 그러나 요즘은 멀쩡한 어린이를 사람이 유괴하여 살해하고 있습니다. 하나님의 진노를 받을 만한 때입니다. 또 가정은 어떻습니까? 좋아서 결혼해 놓고 싫다고 헤어지고, 아이들은 생고아가 되고 있습니다. 기본적인 윤리마저 무너진 시대입니다.

이같이 어려운 때에 사무엘이 성장했습니다. 죄악 세상에서 사무엘이 하나님께 부름을 받은 데에는 몇 가지 이유가 있습니다.

사무엘은 좋은 부모를 만났습니다 | 사무엘은 기도하는 어머니에게서 태어났습니다. 하나님을 잘 믿는 아버지의 기도가 있었습니다. 좋은 부모는 자녀들을 영적으로 살도록 인도합니다.

> ✺ 오직 한나는 올라가지 아니하고 그의 남편에게 이르되 아이를 젖 떼거든 내가 그를 데리고 가서 여호와 앞에 뵙게 하고 거기에 영원히 있게 하리이다 하니 그의 남편 엘가나가 그에게 이르되 그대의 소견에 좋은 대로하여 그를 젖 떼기까지 기다리라 오직 여호와께서 그의 말씀대로 이루시기를 원하노라 하니라 이에 그 여자가 그의 아들을 양육하며 그가 젖 떼기까지 기다리다가(1:22-23)

한나는 승리의 찬송을 드렸습니다. 그녀는 하나님의 절대주권과 능력을 믿는 어머니였습니다. 하나님을 생사의 주인으로 믿고 살았습니다.

> ✺ 여호와는 가난하게도 하시고 부하게도 하시며 낮추기도 하시고 높이기도 하시는도다 가난한 자를 진토에서 일으키시며 빈궁한 자를 거름더미에서 올리사 귀족들과 함께 앉게 하시며 영광의 자리를 차지하게 하시는도다 땅의 기둥들은 여호와의 것이라 여호와께서 세계를 그것들 위에 세우셨도다(2:7-8)

바른 고백을 하는 부모가 있을 때에 자녀가 새롭게 됩니다.

하나님은 거룩한 사람을 부르십니다 | 하나님은 믿음 있는 사람을

부르십니다. 하나님은 범죄한 엘리의 아들들 대신 사무엘을 부르셨습니다. 하나님은 법궤가 있는 성소에 누운 어린 사무엘을 부르셨습니다.

> 하나님의 등불은 아직 꺼지지 아니하였으며 사무엘은 하나님의 궤 있는 여호와의 전 안에 누웠더니(3:3)

사무엘은 하나님의 음성을 듣고 엘리제사장이 부르는 줄 알고 달려갔습니다.

> 여호와께서 사무엘을 부르시는지라 그가 대답하되 내가 여기 있나이다 하고 엘리에게로 달려가서 이르되 당신이 나를 부르셨기로 내가 여기 있나이다 하니 그가 이르되 나는 부르지 아니하였으니 다시 누우라 하는지라 그가 가서 누웠더니(3:4-5)

하나님은 사무엘을 다시 부르셨습니다. 하나님의 음성을 들은 적이 없었던 사무엘은 다시 엘리제사장에게로 갑니다. 하나님께서 그를 세 번째 불렀습니다.

> 여호와께서 세 번째 사무엘을 부르시는지라 그가 일어나 엘리에게로 가서 이르되 당신이 나를 부르셨기로 내가 여기 있나이다 하니 엘리가 여호와께서 이 아이를 부르신 줄을 깨닫고 엘리가 사무엘에게 이르되 가서 누웠다가 그가 너를 부르시거든 네가 말하기를 여호와여 말씀하옵소서 주의 종이 듣겠나이다 하라 하니 이에 사무엘이 가서 자기 처소에 누우니라(3:8-9)

하나님은 부름에 응답하시기를 원하십니다. "주여, 내가 여기 있나이다"라는 반응을 원하십니다. "주의 종이 듣겠나이다"라는 자세가 있어야 합니다. 사무엘은 귀를 하나님께로 향했습니다. 하나님은 사무엘을 부르심같이 우리도 부르십니다. 우리도 "듣겠나이다"라는 마음가짐으로 하나님의 음성에 귀를 기울여야 합니다. 이와 같이 하나님은 사무엘을 부르셔서 엘리집의 몰락을 알려주었습니다. 하나님은 자기 사람에게 장래의 될 일을 알게 하십니다. 우리에게도 장래의 계획을 알게 할 때가 있습니다. 사람의 계획은 불완전하지만, 하나님의 계획은 완전하십니다. 하나님은 엘리의 몰락 이유를 사무엘에게 말씀하셨습니다.

🐚 내가 그의 집을 영원토록 심판하겠다고 그에게 말한 것은 그가 아는 죄악 때문이니 이는 그가 자기의 아들들이 저주를 자청하되 금하지 아니하였음이니라(3:13)

하나님께서 엘리 아들들의 죄를 용서하지 않으셨다는 것입니다.

🐚 그러므로 내가 엘리의 집에 대하여 맹세하기를 엘리 집의 죄악은 제물로나 예물로나 영원히 속죄함을 받지 못하리라 하였노라 하셨더라(3:14)

하나님이 함께 하는 사람은 보호를 받습니다 |

하나님의 보호는 지식의 보호입니다. 바르게 알게 하십니다. 그리고 하나님이 함께 하는 자는 감정의 보호를 받을 수 있습니다. 그래서 분노하거나 실망하지 않고 하나님의 선한 손의 능력을 보면서 당당하게 살아가게 하십니다. 또 하나님 중심으로 세속에 물들지 않게 살게 하십니다. 믿는 자는 하나님의 음성을 듣고 말씀대로 살아가는 지혜를 가질 수 있습니다. 저는 예수 믿고 건강을 보호 받았습니다. 목회하면서 지식과 감정과 가난에서 보호를 받아왔습니다. 타락한 시대지만 사무엘은 하나님의 부름을 받고 지혜자와 권세자가 되었습니다. 자신뿐 아니라 부모에게 유익을 주었습니다. 그는 나라를 부강하게 만들었습니다.

우리가 사는 세상이 노아 홍수전의 상태와 같고, 교회는 엘리제사장의 시대와 같다 할지라도 염려할 것 없습니다. 하나님은 자신의 마음에 들면 부르시고 새롭게 합니다. 세상 두려워 말고 하나님께 인정받기 위해 깨어 있기를 바랍니다. 세상이 소돔과 고모라 같다 할지라도 염려 없습니다. 의인만 되면 살아남고 재앙도 거두시게 할 수 있습니다.

탕자가 집안에 있고 아버지 안에 있을 때는 주인의 권세와 자녀의 권세를 가지지만, 집을 나가면 종만도 못하고 보통사람만도 못합니다. 돼지 수준으로 쥐엄열매를 먹는 신세가 됩니다. 여러분과 저는 보통 사람 이상 누림이 있으나 주님을 떠나고 불순종하면 보통 사람보다 못한 자, 맛을 잃은 소금이 되어 밟히게 될 것입니다. 하나님의 권세와 능력으로 살기 위해서는 아버지 안에 있기를 바랍니다. 우리 성도들은 교회의 실력만큼 누릴 것입니다. 그러기 위해 죄에서 떠나는 위대한 결단이 있기를 바랍니다.

사랑하는 성도 여러분! 죄짓는 환경이 있으면 잘라 버리고 돌아서십시오. 차라리 가난하고 명예를 내려 놓는 것이 유익할 수도 있습니다. 조금 힘들어도 거룩하게 살고 세상에서 빛과 소금의 직분을 잘 감당하기를 주님의 이름으로 축원합니다.

8

하나님이 함께 한 사무엘의 권세

| 사무엘상 3:15-21 |

대 자연은 봄을 준비하고 있습니다. 이번 주부터는 형형색색의 아름다운 꽃이 피어날 것입니다. 봄을 맞이하는 농부는 가을의 풍성한 수확을 기대하며 씨 뿌리기에 열심을 낼 것입니다. 이 좋은 때 택한 백성, 구원 받은 백성들은 생각과 삶의 모습을 아름답게 해야 할 것입니다.

지난주에는 '사무엘을 부르신 하나님'에 대해서 말씀을 들었습니다. 대제사장이 버림받는 시대에 사무엘은 하나님께 부름을 받고 의(義)의 사람으로 쓰임을 받았습니다. 타락한 시대에도 하나님이 부를만한 사람을 키워내는 한나의 가정이 있었습니다. 한나는 기도하여 얻은 자녀를 서원한대로 성막에서 자라게 했습니다. 한나는 이성을 넘어 믿음으로 결단하는 어머니였습니다. 그녀는 자신의 아들을 하나님이 책임져 주실 것을 믿었습니다. 사무엘이 당시의 회막, 곧 법궤가 있는 곳에서 생활하게 된 것은 전적으로 부모의 믿음의 행위였습니다.

하나님은 사무엘을 부르셨습니다. 하나님께서는 쓰려는 사람을 부르실 때는 끝까지 부르십니다. 오늘날도 전도자를 통하거나 설교를 통해 부르십니다. 여러 가지 방법으로 부르시고 말씀을 받을 준비를 시키십니다. "주의 종이 듣겠나이다"라는 고백을 할 때까지 주님은 부르시고 가르치십니다.

(삼상 3:15-21) 사무엘이 아침까지 누웠다가 여호와의 집의 문을 열었으나 그 이상을 엘리에게 알게 하기를 두려워하더니 엘리가 사무엘을 불러 이르되 내 아들 사무엘아 하니 그가 대답하되 내가 여기 있나이다 하니 그가 이르되 네게 무엇을 말씀하셨느냐 청하노니 내게 숨기지 말라 네게 말씀하신 모든 것을 하나라도 숨기면 하나님이 네게 벌을 내리시고 또 내리시기를 원하노라 하는지라 사무엘이 그것을 그에게 자세히 말하고 조금도 숨기지 아니하

하나님은 엘리 가정의 심판을 사무엘에게 말씀하셨습니다. 하나님의 심판은 "죄악 때문이니"라고 했습니다. 성경은, 엘리가 "아들들이 저주를 자청하되 금하지 아니하였음이니라"라고 했습니다. 아들을 가르치고 징계하는 것은 부모의 특별한 권한이요 의무입니다.

> 채찍과 꾸지람이 지혜를 주거늘 임의로 행하게 버려 둔 자식은 어미를 욕되게 하느니라 악인이 많아지면 죄도 많아지나니 의인은 그들의 망함을 보리라(잠 29:15-16)
> 네 자식을 징계하라 그리하면 그가 너를 평안하게 하겠고 또 네 마음에 기쁨을 주리라(잠29:17)

엘리는 자녀를 하나님의 교훈대로 양육하지 않았습니다. 그는 자녀를 자신의 방법으로 가르쳤고, 하나님 보다 자식을 더 사랑함으로 그들이 타락하는데 일조하였습니다. 엘리는 자녀들에게 하나님을 가르쳐주지 않았습니다. 바른 물질관도 심어 주지 않았습니다. 그러므로 하나님께서는 그들을 버리셨습니다. 그 후 하나님께서는 엘리의 가문은 버리시고, 다시 새롭게 사무엘을 통해 나라를 다스렸습니다.

하나님은 자기 사람에게 자신과 상대의 미래를 알게 하십니다 |

하나님의 뜻이 다른 사람에게는 숨겨져 있을 때가 있습니다. 그러나 하나님의 뜻에 붙잡힌 사람에게는 열려있습니다. 창세기 18장에서 하나님은 아브라함에게 소돔과 고모라의 미래를 알려 주셨습니다. 소돔과 고모라는 비옥하고 살기 좋은 곳이었습니다. 그러나 사람들은 타락했습니다.

> 🌱 여호와께서 또 이르시되 소돔과 고모라에 대한 부르짖음이 크고 그 죄악이 심히 무거우니 내가 이제 내려가서 그 모든 행한 것이 과연 내게 들린 부르짖음과 같은지 그렇지 않은지 내가 보고 알려 하노라(창18:20-21)

그 때 아브라함의 기도가 있었습니다. 그는 하나님께 의인 50명이 있으면 그 땅을 용서해달라고 구했습니다. 그는 50명에서 45명, 45명에서 40명..., 30명, 20명, 의인 10명이 있으면 죄를 용서해 주실 것을 간구했습니다.

> 🌱 아브라함이 또 이르되 주는 노하지 마옵소서 내가 이번만 더 아뢰리이다 거기서 십 명을 찾으시면 어찌 하려 하시나이까 이르시되 내가 십 명으로 말미암아 멸하지 아니하리라(창18:32)

신약에서도 주님은, 베드로가 주님을 부인할 것을 미리 알려 주셨습니다. 그뿐 아니라 죄의 결과도 알게 하셨습니다. 또 주님은 미래에 될 일을 수제자 요한에게 알게 하여 그로 하여금 요한계시록을 쓰도록 준비시키셨습니다. 그런 하나님께서 사무엘에게 나타나 자신과 가장 가까운 곳에 있는 엘리 가정에 대한 징계를 알게 했습니다. 그 하나님은 우리를 사랑하여 복을 받는 방법을 알게 하십니다.

> 🌱 네가 네 하나님 여호와의 말씀을 삼가 듣고 내가 오늘 네게 명령하는 그의 모든 명령을 지켜 행하면 네 하나님 여호와께서 너를 세계 모든 민족 위에 뛰어나게 하실 것이라 네가 네 하나님 여호와의 말씀을 청종하면 이 모든 복이 네게 임하며 네게 이르리니 성읍에서도 복을 받고 들에서도 복을 받을 것이며 (신28:1-3)

하나님께서 알리시는 것을 확실히 알리고 세상을 이기시길 바랍니다.

계시를 받은 자는 알려야 할 책임이 요구됩니다

남보다 먼저 안다는 것은 힘이며 실력입니다. 요즘은 정보가 빨라야 남보다 앞설 수가 있습니다. 사무엘에게 하나님의 계시가 임함으로 엘리에게 말하는 위치가 되었습니다.

> 엘리가 사무엘을 불러 이르되 내 아들 사무엘아 하니 그가 대답하되 내가 여기 있나이다 하니 그가 이르되 네게 무엇을 말씀하셨느냐 청하노니 내게 숨기지 말라 네게 말씀하신 모든 것을 하나라도 숨기면 하나님이 네게 벌을 내리시고 또 내리시기를 원하노라 하는지라 사무엘이 그것을 그에게 자세히 말하고 조금도 숨기지 아니하니 그가 이르되 이는 여호와이시니 선하신 대로 하실 것이니라 하니라(3:16-18)

엘리는 숨김없이 듣고자 했고, 또 사무엘은 숨김없이 전해야 할 입장이었습니다. 때로는 듣는 사람보다 전하는 사람이 망설여질 때가 있습니다. 여러분의 가족 중에 한 사람이 병원에서 건강검진을 했는데 결과가 좋지 않았다고 합시다. 병의 상태를 듣고 의사의 말을 당사자에게 그대로 전하는 것이 쉽지 않으리라 생각이 됩니다. 며칠 후에 잘못될 것이라고 말할 수밖에 없는 상황이라면 오히려 위로하고 거짓말이라도 해서 남은 기간이라도 편안하게 해 주고 싶은 마음이 들 수도 있을 것입니다.

오늘 본문의 사무엘은 어떻겠습니까? 사무엘은 엘리에게 그의 집에는 노인이 없을 것이며, 모두 젊어서 죽는다고 했습니다. 그 죄는 제물이나 예물로는 용서를 받을 수 없다고 했습니다.

말씀을 전하다보면 때로 원치 않는 말씀을 전해야 할 때가 있습니다. 설교자는 상대가 듣고 싫은 반응을 보일 때 매우 힘듭니다. 혹시 물질에 대한 설교를 하면 시험에 들지나 않을까 염려하기도 합니다. 그러나 주의 종은 하나님의 말씀을 그대로 전해야 합니다. 하나님이 주신 말씀을 그대로 전하는 것이 능력이요 은혜입니다.

하나님이 엘리 가정을 징계하시고 폐하시는 것은 이스라엘에 대한 하나님의 사랑에서 시작된 것입니다. 이스라엘 백성이 죄에 오염되지 않고 축복 속에 살게 하기 위해 엘리 가정을 폐하신 것입니다. 이 모든 것은 이스라엘을 사랑하는 하나님의 음성입니다.

주일성수는 안식을 주시는 사랑의 표현입니다. 십일조는 물질과 건강을 주시기 위한 사랑이기도 합니다. 선악 간에 성경말씀을 읽고 듣고 지키려고 노력해야 합니다. 전하는 사람도 하나님의 사랑을 그대로 전해야 합니다. 결과는 하나님께서 인도하십니다.

하나님은 온전히 순종하는 자와 함께 하시고 그들이 존경받게 하십니다

사무엘은, 하나님이 함께 하심으로 하나님의 뜻을 말했습니다. 그러므로 말하는 것이 다 이루어졌습니다. 하나님이 함께 하는 사람은 생각하고 기도하는 대로 이루어집니다. 그러므로 사람들이 주의 종으로 인정하게 되고 권위를 인정하게 합니다.

🦪 사무엘이 자라매 여호와께서 그와 함께 계셔서 그의 말이 하나도 땅에 떨어지지 않게 하시니 단에서부터 브엘세바까지의 온 이스라엘이 사무엘은 여호와의 선지자로 세우심을 입은 줄을 알았더라 여호와께서 실로에서 다시 나타나시되 여호와께서 실로에서 여호와의 말씀으로 사무엘에게 자기를 나타내시니라(3:19-21)

하나님께서는 단에서 브엘세바까지 백성들로 하여금 사무엘이 선지자임을 알게 하셨습니다. 하나님이 함께 하는 사무엘은 하나님의 정확한 뜻을 알 수 있었습니다. 사무엘을 통해 죄인들이 자신의 죄와 벌을 알 수 있었습니다. 또한 선한 백성은 죄인의 종말과 하나님의 심판을 알게 되었습니다.

사랑하는 성도 여러분! 여러분은 누구와 함께 하십니까? 동행하는 분의 실력으로 좋은 대접을 받고 대우도 받습니다. 권세자와 함께 하면 그 사람만큼 보호를 받습니다. 우리는 하나님과 함께 해야 합니다. 어둠을 이깁시다. 봄이 요구하는 것을 기억하면서, 학생은 열심히 공부하고 성도들은 기도하고 땀 흘려 일하면서 세상을 아름답게 만들고 천국을 소유하시길 바랍니다. 크신 사랑으로 구원 받은 자녀로서의 권세를 가지고 당당히 살아가시길 주의 이름으로 축원합니다.

9

법궤를 빼앗긴 이스라엘

| 사무엘상 4:1-11 |

사람이라면 누구나 자신이 행하는 모든 것이 최고이기를 바랍니다. 그 뿐 아니라 자신의 소유가 자기를 지켜주기를 원하기도 합니다. 아내는 남편이 가난과 힘든 환경에서도 자신을 보호해 주기를 원합니다. 부모, 자녀, 형제도 모든 인간관계에서 서로를 통해 보호받기를 원하고 있습니다. 때로는 믿는 사람들 가운데도 기도 응답이 없다고 낙심하는 사람이 있습니다. 기도 응답이 되지 않는 것을 보고 '하나님이 안 계신 것이 아닌가?' 하는 생각을 하기도 합니다. 그러나 구하는 것이 하나님의 뜻에 합당하지 않으면 들어주시지 않습니다. 또 하나님이 준다고 하신 후에도 그 행위가 악하면, 복 대신 실패를 경험하게도 하십니다.

하나님께서는 이스라엘 백성들에게 광야를 지나 가나안 복지를 주신다고 약속하셨습니다. 그 후 그들은 철옹성인 여리고성을 무너뜨렸습니다. 여리고성을 정복할 때도 인간의 지혜로는 이해할 수 없는 방법이 사용되었습니다.

(삼상 4:1-11) 사무엘의 말이 온 이스라엘에 전파되니라 이스라엘은 나가서 블레셋 사람들과 싸우려고 에벤에셀 곁에 진 치고 블레셋 사람들은 아벡에 진 쳤더니 블레셋 사람들이 이스라엘에 대하여 전열을 벌이니라 그 둘이 싸우다가 이스라엘이 블레셋 사람들 앞에서 패하여 그들에게 전쟁에서 죽임을 당한 군사가 사천 명 가량이라 백성이 진영으로 돌아오매 이스라엘 장로들이 이르되 여호와께서 어찌하여 우리에게 오늘 블레셋 사람들 앞에 패하게 하셨는고 여호와의 언약궤를 실로에서 우리에게로 가져다가 우리 중에 있게 하여 그것으로 우리를 우리 원수들의 손에서 구원하게 하자 하니 이에 백성이 실로에 사람을 보내어 그룹 사이에 계신 만군의 여호와의 언약궤를 거기서 가져왔고 엘리의 두 아들 홉니와 비느하스는 하나님의 언약궤와 함께 거기에 있었더라 여호와의 언약궤가 진영에 들어올 때에 온 이스라엘이 큰 소리로 외치매 땅이 울린지라 블레셋 사람이 그 외치는 소리를 듣고 이르되 히브리

🐚 너희 모든 군사는 그 성을 둘러 성 주위를 매일 한 번씩 돌되 엿새 동안을 그리하라 제사장 일곱은 일곱 양각 나팔을 잡고 언약궤 앞에서 나아갈 것이요 일곱째 날에는 그 성을 일곱 번 돌며 그 제사장들은 나팔을 불 것이며 제사장들이 양각 나팔을 길게 불어 그 나팔 소리가 너희에게 들릴 때에는 백성은 다 큰 소리로 외쳐 부를 것이라 그리하면 그 성벽이 무너져 내리리니 백성은 각기 앞으로 올라갈지니라 하시매(수6:3-5)

말씀에 순종했더니 여리고성이 함락되었습니다. 그러나 두 번째 아이성을 치기 위해서는 군대가 쳐들어갔다가 크게 실패하였습니다. 그 이유는 여리고성을 함락했을 때 전리품을 도적질한 사람이 있었기 때문입니다.

🐚 이스라엘 자손들이 온전히 바친 물건으로 말미암아 범죄하였으니 이는 유다 지파 세라의 증손 삽디의 손자 갈미의 아들 아간이 온전히 바친 물건을 가졌음이라 여호와께서 이스라엘 자손들에게 진노하시니라(수7:1)

이 사건은 인생과 전쟁의 승리와 실패는 하나님 손에 달려 있음을 보여줍니다. '안전하다, 평안하다, 잘 된다' 고 할 때 조심해야 합니다.

이스라엘에 특별히 은혜 받은 제사장 엘리가 있었습니다. 그는 좋은 가문에 태어나 대제사장이 되었습니다. 그러나 그는 하나님의 뜻을 따라 사는 데는 소홀했습니다. 하나님은 엘리의 가정을 멸하시기로 뜻을 정하셨습니다.

진영에서 큰 소리로 외침은 어찌 됨이냐 하다가 여호와의 궤가 진영에 들어온 줄을 깨달은지라 블레셋 사람이 두려워하여 이르되 신이 진영에 이르렀도다 하고 또 이르되 우리에게 화로다 전날에는 이런 일이 없었도다 우리에게 화로다 누가 우리를 이 능한 신들의 손에서 건지리요 그들은 광야에서 여러 가지 재앙으로 애굽인을 친 신들이니라 너희 블레셋 사람들아 강하게 되며 대장부가 되라 너희가 히브리 사람의 종이 되기를 그들이 너희의 종이 되었던 것 같이 되지 말고 대장부 같이 되어 싸우라 하고 블레셋 사람들이 쳤더니 이스라엘이 패하여 각기 장막으로 도망하였고 살륙이 심히 커서 이스라엘 보병의 엎드러진 자가 삼만 명이었으며 하나님의 궤는 빼앗겼고 엘리의 두 아들 홉니와 비느하스는 죽임을 당하였더라

🐚 내 제단에서 내가 끊어버리지 아니할 네 사람이 네 눈을 쇠잔하게 하고 네 마음을 슬프게 할 것이요 네 집에서 출산되는 모든 자가 젊어서 죽으리라(2:33)

하나님은 세우기도 하시고 폐하기도 하십니다. 하나님의 뜻은 아무도 거스릴 수가 없습니다.

블레셋과 이스라엘의 전쟁이 시작되었습니다. 하나님은 이스라엘에 큰 변화를 이루시기 위해 전쟁을 일으키신 것입니다. 블레셋 군인들에 의해 죽임을 당한 이스라엘 병사가 4천명이나 되자 이스라엘의 장로들은 당황했습니다. 그들은 실로에 있는 법궤를 가져와 법궤의 능력으로 보호받기를 원했습니다.

🐚 만군의 여호와의 언약궤를 거기서 가져 왔고 엘리의 두 아들 홉니와 비느하스는 하나님의 언약궤와 함께 거기 있었더라(3:4)

그러나 이스라엘 백성의 기대와는 달리 그들은 블레셋에게 대패했습니다. 수많은 이스라엘 군대가 패하고, 법궤도 빼앗겼습니다. 엘리의 두 아들 홉니와 비느하스도 죽임을 당하였습니다. 이 모든 것이 하나님의 예언대로 된 것입니다. 오늘 본문이 주는 교훈이 있습니다.

죄가 있는 곳에 승리는 없습니다 |

하나님이 주신다고 약속한 복도 죄가 들어오면 그 죄로 인하여 복을 받지 못합니다. 아이성을 정복할 때도 죄로 인해 여호수아 군대가 실패했습니다. 전쟁의 승리는 군대의 수효나 무기에 있지 않습니다. 하나님과 어떤 관계를 맺고 있느냐가 전쟁의 승패의 중요한 요인입니다. 엘리 가정의 범죄는 그 가정의 영역을 넘어 그 나라에도 문제가 된 것입니다. 다시 말하면, 오늘날 교회가 역할을 제대로 감당하지 못하고 타락하면, 나라가 어려움을 당합니다. 하나님의 관심은 이 세상 이상으로 택한 백성에게 있습니다. 엘리 가정의 징계는 나라 전체의 고통이 되었습니다.

요나가 하나님의 명령을 어기고 도망을 갔습니다. 니느웨로 가라는 명령을 저버리고 다시스로 가는 배에 승선했습니다. 그 때에 요나로 인하여 배 안에 있는 사람 전부가 고통을 당했습니다.

🐚 여호와께서 큰 바람을 바다 위에 내리시매 바다 가운데에 큰 폭풍이 일어나 배가 거의 깨지게 된지라 사공들이 두려워하여 각각 자기의 신을 부르고 또 배를 가볍게 하려고 그 가운데 물건들을 바다에 던지니라 그러나 요나는 배 밑층에 내려가서 누워 깊이 잠이 든지라(욘1:4-5)

하나님께서는 대풍을 통해 배 밑창에서 자는 요나를 걸러내어 바다에 던지게 했습니다. 하나님은 때때로 자연과 전쟁을 통해서 죄의 문제를 해결하십니다. 하나님이 주시는 여러 사건들 속에는 하나님의 계획이 있습니다. 혹시 힘들고 어렵습니까? 대풍이 일어났습니까? 마음 속 깊은 곳에 요나의 요소는 없습니까? 엘리의 요소는 없습니까? 승리를 꿈꾸기 전에 회개하여 성령의 삶을 살아가는 지혜를 가지시길 바랍니다.

하나님의 능력은 죄인을 보호하는데 사용하지 않으십니다 |

육신의 부모도 불의한 아들을 보호하지 못합니다. 도울 힘이 있어도 자신의 뜻을 벗어나면 외면해야 할 때가 있습니다. 이와 같이 하나님은 이스라엘 백성을 블레셋으로부터 구원해 주시지 않았습니다. 심지어 이스라엘 백성들은 언약궤를 가지고서라도 전쟁에서 승리하기를 원했지만, 하나님은 침묵하셨습니다. 제사장의 아들들이 동원되고 장로들과 백성들이 환호했지만, 하나님의 능력은 나타나지 않았습니다. 하나님이 능력이 없어서가 아니라, 그들이 은혜를 얻을 만한 백성이 못되었기 때문입니다. 이스라엘이 언약궤를 블레셋에 빼앗겨 수모를 당하는 위치가 되었으나, 하나님은 침묵하셨습니다. 이는 하나님의 능력을 육신의 승리나 정욕을 채우려는데 이용하려 한다면 매우 불행하게 된다는 것입니다.

사도행전 19장에, 전도 여행 중에 있던 바울이 예수님의 이름으로 귀신을 쫓아내고 능력을 행하는 것을 많은 사람들이 보는 장면이 나옵니다.

> ✾ 하나님이 바울의 손으로 놀라운 능력을 행하게 하시니 심지어 사람들이 바울의 몸에서 손수건이나 앞치마를 가져다가 병든 사람에게 얹으면 그 병이 떠나고 악귀도 나가더라(행19:11-12)

바울을 통해서 하나님이 일하시고 능력을 나타내셨습니다. 그러나 예수님의 이름을 빙자하여 능력을 행하고자 한 이들은 오히려 망신을 당했습니다.

여호수아 때에는 하나님의 법궤가 능력을 나타내었으나, 하나님의 뜻을 어긴 엘리 제사장 때는 능력을 나타내지 못했습니다. 바울에게는 예수님이 능력입니다. 그러나 믿지 않는 이들에게는 능력이 될 수 없었습니다. 하나님의 말씀이 능력이 되고 보호의 은총이 되시길 바랍니다. 예수 그리스도의 이름으로 기도하여 환경을 이기시길 바랍니다. 믿는 자들에게는 하나님의 능력이 있습니다. 원수들은 그 능력을 빼앗아 가려고 합니다.

하나님을 버리면 모든 것을 잃게 됩니다 │

엘리는 평소에 하나님보다 자녀나 환경을 더 사랑했습니다. 그러므로 하나님의 진노가 가정과 나라에 임했습니다. 그 결과 이스라엘은 블레셋과의 전쟁에서 패하게 됩니다. 이스라엘 백성들은, 평소에 하나님을 등지고 살다가 전쟁이 일어나서야 하나님의 도움을 구하고 심지어는 법궤까지 가지고 전쟁터로 갔지만 자신들의 뜻을 이루지 못했습니다. 하나님의 능력, 사랑, 권능을 육신적인 보호의 도구로 사용한다면 결국 실패하고 말 것입니다.

> ✾ 블레셋 사람들이 쳤더니 이스라엘이 패하여 각기 장막으로 도망하였고 살륙

이 심히 커서 이스라엘 보병의 엎드러진 자가 삼만 명이었으며 하나님의 궤는 빼앗겼고 엘리의 두 아들 홉니와 비느하스는 죽임을 당하였더라(3:10-11)

이스라엘은 하나님의 임재의 상징인 법궤까지 블레셋에 빼앗겼습니다. 신정국가에서 법궤를 빼앗겼다는 것은 매우 불행한 일입니다. 법궤를 빼앗긴 것은 저주요, 고통이요, 슬픔입니다. 택한 백성이 하나님 중심으로 살지 않으면 가지고 있는 말씀을 빼앗깁니다. 말씀을 빼앗기고, 예수님의 사랑을 잃으면 아무런 의미가 없는 인생이 됩니다.

사랑하는 성도 여러분! 내일은 3·1절입니다. 오래 전 민족 독립의 불씨를 심었던 기독인들의 정신을 가지고 살아야 합니다. 일제 36년의 철권통치하에서도 일어난 민족정신을 다시 일깨워야 합니다. 말씀을 빼앗기고 문화와 언어까지 빼앗겨도 식민지생활을 이긴 것처럼, 이젠 블레셋을 이기고 물질, 쾌락, 불신을 이겨야합니다. 사무엘처럼 실패를 승리의 기회로 삼으시길 바랍니다. 가난과 불경기를 영적 열매 맺는 때로 만들고, 현재의 가난을 풍성한 헌신으로 열매 맺어 가야 합니다. 평안을 주시는 하나님께 영광을 돌리기를 주의 이름으로 축원합니다.

10 엘리 가정이 주는 교훈

많은 사람들이 공통적으로 가지는 소원은 영육(靈肉)이 잘되는 것입니다. 모든 부모의 기도 제목은 자녀들이 잘되고 사람답게 살고 부모에게 효도하는 것입니다. 그러나 기대와 달리 잘되지 않는 경우들이 있습니다. 오늘은 엘리 가정의 실패가 주는 교훈을 배우려고 합니다. 그래서 실패의 요소를 버리고, 성공의 길로 가는 지혜로운 선택을 해야 할 것입니다. 사람이 성공하고 실패하는 데는 그만한 이유가 있습니다.

엘리는 사사시대 말기의 대제사장입니다. 대제사장이 되고 사사가 되려면 실력이 있어야 합니다. 그렇다면 엘리는 젊어서는 하나님의 뜻을 발견하고 백성에게 존경을 받았다고 볼 수 있습니다. 그러나 그는 노년이 되면서 하나님의 환상과 계시를 받지 못했습니다. 나이가 들면서 영육이 혼미한 상태에 빠져서 하나님보다 자녀를 더 사랑했습니다. 하나님 중심의 삶 보다는 현실 중심의 삶으로 변했습니다.

엘리 뿐 아니라 예수 믿는 우리들도 환경이 좋아지고 세상에서 인정을 받게

(삼상 4:12-22) 당일에 어떤 베냐민 사람이 진영에서 달려나와 자기의 옷을 찢고 자기의 머리에 티끌을 덮어쓰고 실로에 이르니라 그가 이를 때는 엘리가 길 옆 자기의 의자에 앉아 기다리며 그의 마음이 하나님의 궤로 말미암아 떨릴 즈음이라 그 사람이 성읍에 들어오며 알리매 온 성읍이 부르짖는지라 엘리가 그 부르짖는 소리를 듣고 이르되 이 떠드는 소리는 어찌 됨이냐 그 사람이 빨리 가서 엘리에게 말하니 그 때에 엘리의 나이가 구십팔 세라 그의 눈이 어두워서 보지 못하더라 그 사람이 엘리에게 말하되 나온 진중에서 나온 자라 내가 오늘 진중에서 도망하여 왔나이다 엘리가 이르되 내 아들아 일이 어떻게 되었느냐 소식을 전하는 자가 대답하여 이르되 이스라엘이 블레셋 사람들 앞에서 도망하였고 백성 중에는 큰 살륙이 있었고 당신의 두 아들 홉니와 비느하스도 죽임을 당하였고 하

되면 자기 중심의 삶을 사는 실수를 범할 수 있습니다. 세상으로 빠지는 것은 죄 가운데로 빠지는 것입니다.

> 🐚 만일 의인이 돌이켜 그 공의에서 떠나 범죄하고 악인이 행하는 모든 가증한 일대로 행하면 살겠느냐 그가 행한 공의로운 일은 하나도 기억함이 되지 아니하리니 그가 그 범한 허물과 그 지은 죄로 죽으리라(겔18:24)

죄에 대한 무감각이 실패의 원인이 됩니다. 엘리 가정의 실패 원인을 몇 가지 찾아보겠습니다.

영적 자질 상실이 자녀 교육에 실패를 가져다주었습니다

하나님과 영적 교통이 단절되면 대제사장으로는 죽은 사람과 같습니다. 성도가 예수 그리스도와 단절 되었다면 그는 이미 영적 생명력을 잃은 자입니다.

> 🐚 아이 사무엘이 엘리 앞에서 여호와를 섬길 때에는 여호와의 말씀이 희귀하여 이상이 흔히 보이지 않았더라 엘리의 눈이 점점 어두워 가서 잘 보지 못하는 그 때에 그가 자기 처소에 누웠고(3:1-2)

하나님의 말씀을 보고 듣고 행할 때는 삶의 조화가 이루어졌지만, 영적으로 단절되었을 때 회막에서 질서를 잃게 되었습니다. 나라는 힘을 잃어 갔고, 가정에는 용서 받을 수 없는 죄가 자리 잡기 시작했습니다. 가장이 하나님께 바로서면 그 가정은 바로 설 수 있습니다. 엘리는 가장이지만 그 역할을 다 하지 못했습니다.

💠 엘리의 아들들은 행실이 나빠 여호와를 알지 못하더라(2:12)

엘리 제사장의 아들들은 세상적인 사람이 아닙니다. 가출한 자녀도 아닙니다. 그런데도 하나님을 알지 못하였습니다. 모태 신앙으로 교회 안에서 오랫동안 신앙생활 한 사람이 하나님을 알지 못한다고 하면 긍정하시겠습니까? 엘리의 아들이 불량하다는 말은 도덕적인 면 보다는 영적인 면으로 보아야 합니다. 신앙이 불량하다는 것은 우리를 위해 독생자를 주신 하나님의 큰 사랑을 알지 못하고 긍휼과 용서없이 교만하다는 것입니다. 이런 요소를 가진 자는 목사나 장로를 포함해서 누구든지 불량한 자입니다. 하나님 편에서 보면 말씀을 알지 못하는 자가 불량한 자입니다. 법궤의 의미도 모르고 성령도 모르고 제멋대로 스스로 자기 힘으로 살아가려는 자가 불량한 자입니다.

💠 그 사람이 이르기를 반드시 먼저 기름을 태운 후에 네 마음에 원하는 대로 가지라 하면 그가 말하기를 아니라 지금 내게 내라 그렇지 아니하면 내가 억지로 빼앗으리라 하였으니 이 소년들의 죄가 여호와 앞에 심히 큼은 그들이 여호와의 제사를 멸시함이었더라(2:16-17)

그들은 먼저 하나님께 드린 후에야 먹을 수 있는 제물을 먼저 먹었습니다. 엘리 아들들이 성전 안에서 범한 죄악은 하나님 앞에서 행한 죄악입니다. 하나님께 드리는 제사를 업신여기는 것은 큰 죄악입니다.

자녀들에게 제사, 즉 예배의 소중함을 알게 하는 부모가 되어야 합니다. 예수 그리스도를 나의 구주로 믿고 주의 이름으로 기도, 회개, 연보생활이 하나님 중심이어야 합니다. 아무리 화려하고 그럴 듯해도 예수 그리스도가 빠지면 예배가 아닙니다. 엘리의 실패는 아들들을 하나님 앞에 바로 서지 못하게 키운 것입니다. 자녀에 대한 무책임은 노년에 그 자녀를 통해 고통을 당하는 것으로 대가를 치릅니다.

> ❧ 채찍과 꾸지람이 지혜를 주거늘 임의로 행하게 버려 둔 자식은 어미를 욕되게 하느니라(잠29:15)

영적 교육의 실패는 현실생활에 영향을 줍니다 │

대제사장이 하나님의 뜻을 벗어남으로 하나님은 이스라엘 나라에 전쟁을 보냈습니다. 이스라엘 백성은 1차 전쟁에서 4,000명의 군사를 잃었습니다. 그럼에도 원인을 알지 못하고 법궤를 가지고 엘리의 두 아들 홉니와 비느하스가 동행한 가운데 전쟁터로 나갔습니다. 하나님이 버린 사람, 죄인이 있는 곳에는 영광도 부흥도 평안도 없습니다. 하나님의 능력이 아무리 많아도 그릇이 되지 않는 사람에게는 부어주지 않습니다.

> ❧ 블레셋 사람들이 쳤더니 이스라엘이 패하여 각기 장막으로 도망하였고 살륙이 심히 커서 이스라엘 보병의 엎드러진 자가 삼만 명이었으며 하나님의 궤는 빼앗겼고 엘리의 두 아들 홉니와 비느하스는 죽임을 당하였더라(4:10-11)

하나님의 도움이 없음으로 이스라엘은 전쟁에서 패했습니다. 아버지의 사랑받는 아들들은 전쟁터에서 죽었습니다. 엘리가 자녀교육을 잘못했더니, 그 자녀로 인해 부모가 실패를 보았습니다. 오늘날도 하나님과의 관계에 있어서 철저한 훈련을 받지 않으면 사단의 세력에게 지고 맙니다. 명예, 물질, 쾌락, 권력, 사단의 세력 등에 의해 가정과 자신을 지킬 수가 없습니다. 정신을 똑바로 차리고 자녀를 양육해야 자녀들이 힘든 세상에서 사람답게 살아갑니다.

바울 사도는 고린도교회 성도들의 고통을 자신의 고통으로 여겨 탄식했습니다. 그는 부모의 심정으로 목회했습니다. 성도는 다 하나님의 자녀이며 양육자의 자녀입니다. 그러므로 잘못 목양하면 성도들을 통해 목회자가 고통을 당할 수도 있습니다. 그러므로 분별력을 가지고 책망하고 징계도 하면서 하나님 중심으로 양육하지 않으면 사단의 공격에 넘어질 수밖에 없습니다. 엘리의 실패를 거울삼아 우리는 승리해야 합니다. 한나와 같은 방법으로 자녀를 사랑하는 것이 자신과 자녀를 함께 위하는 지혜임을 알아야 합니다.

하나님께 버림받은 자의 결과가 주는 교훈이 있습니다 | 법궤

를 빼앗겼습니다. 복의 근원을 잃었습니다. 삼 만 명의 보병이 죽었습니다. 전쟁터에서 비보(悲報)가 들려 왔을 때 엘리는 충격으로 죽었습니다.

> 하나님의 궤를 말할 때에 엘리가 자기 의자에서 뒤로 넘어져 문 곁에서 목이 부러져 죽었으니 나이가 많고 비대한 까닭이라 그가 이스라엘의 사사가 된지 사십 년이었더라(4:18)

엘리는 사사생활 40년을 실패로 생을 마쳤습니다.

사랑하는 성도 여러분! 우리 개인의 종말은 어떻게 되겠습니까? 이 말씀을 준비하면서 저의 종말에 대하여 생각했습니다. 영적으로 어두워지면 안 된다는 생각을 했습니다. 하나님이 주신 영육의 자녀들을 바르게 양육해야 되겠다고 생각했습니다. 그들을 하나님께 바로 세우는 것이 진정한 사랑이며, 복의 근원 되신 주님께 합당하도록 양육하는 것이 지혜라고 생각했습니다. 그러므로 기도 시간을 늘리고, 말씀 보는 시간도 더 가져야 합니다. 엘리 가정에는 미래가 없습니다. 며느리는 시부와 남편의 죽음 그리고 법궤를 빼앗겼다는 소식을 듣고, 아이를 해산하다가 죽었습니다.

하나님의 영광이 이스라엘을 떠났습니다. 하나님의 심판을 피할 수가 없었습니다. 하나님 앞에서 범죄한 가정은 매우 비참합니다. 하나님은 오늘도 우리의 미래를 염려하여 엘리의 집을 보여 주시면서 회개를 요청하고 있습니다. 말씀을 들으면 내일이 있습니다. 엘리 집의 미래는 매우 큰 실패로 끝납니다. 엘리 집의 후손은 솔로몬 때까지 그나마 명맥을 유지했습니다. 그러나 그의 후손 대제사장 아비아달이 축출됨으로 완전히 몰락했습니다. 하나님이 엘리 가정에 예언한대로 이루어졌습니다.

왕이 제사장 아비아달에게 이르되 네 고향 아나돗으로 가라 너는 마땅히 죽을 자이로되 네가 내 아버지 다윗 앞에서 주 여호와의 궤를 메었고 또 내 아버지가 모든 환난을 받을 때에 너도 환난을 받았은즉 내가 오늘 너를 죽이지 아니하노라 하고 아비아달을 쫓아내어 여호와의 제사장 직분을 파면하니 여호와께서 실로에서 엘리의 집에 대하여 하신 말씀을 응하게 함이더라(왕상2:26-27)

하나님이 복을 주신다고 하신 약속 위에 서 있기를 바랍니다. 무엇을 심든지 그대로 거둔다는 말씀의 능력을 믿고 말씀 순종의 삶을 사시길 축원합니다.

11 법궤의 능력

그리스도인은 하나님의 말씀을 통해서 세상을 보아야 합니다. 그리고 하나님께서 역사의 수레바퀴를 돌리고 있음을 믿어야 합니다. 선이 악에게 밀릴 때 국가의 재앙은 시작됩니다. 반대로 악이 선으로 바꾸어진다면 평화와 화해가 시작됩니다. 좋은 사람이 지도자로 세워지면 그 단체나 나라는 평안하고 화합하게 됩니다. 또한 잘못된 지도자가 뽑혔다면 그를 정죄하기 전에 국민된 우리가 회개해야 합니다. 지도자와 나라를 위해 기도하는 성도가 되어야 합니다.

지난주에는 법궤를 빼앗긴 이스라엘 백성에 대하여 말씀을 전했습니다. 하나님은 블레셋전쟁을 통해 이스라엘과 엘리제사장을 심판하셨습니다. 그 전쟁에서 많은 백성들이 희생되었습니다. 엘리제사장과 두 아들이 죽었고, 그의 며느리도 해산하다가 세상을 떠났습니다. 그뿐 아니라 하나님의 임재의 상징인 법궤를 블레셋에게 빼앗겼습니다. 이스라엘 백성이 그토록 기대했던 법궤의 능력은 나타나지 않았습니다. 하나님은 이스라엘 백성을 보호해 주지 않았습니다. 표면적으로 보면 블레셋이 악하게 보이나 그 뒤에는 하나님의 허락이 있었습니다. 하나님께서는 죄인을 심판하기 위해 블레셋이란 막대기를 사용하였습

(삼상 5:1-9) 블레셋 사람들이 하나님의 궤를 빼앗아 가지고 에벤에셀에서부터 아스돗에 이르니라 블레셋 사람들이 하나님의 궤를 가지고 다곤의 신전에 들어가서 다곤 곁에 두었더니 아스돗 사람들이 이튿날 일찍이 일어나 본즉 다곤이 여호와의 궤 앞에서 엎드러져 그 얼굴이 땅에 닿았는지라 그들이 다곤을 일으켜 다시 그 자리에 세웠더니 이튿날 아침에 그들이 일찍이 일어나 본즉 다곤이 여호와의 궤 앞에서 또다시 엎드러져 얼굴이 땅에 닿았고 그 머리와 두 손목은 끊어져 문지방에 있고 다곤의 몸뚱이만 남았더라 그러므로 다곤의 제사장들이나 다곤의 신전에 들어가는 자는 오늘까지 아스돗에 있는 다곤의 문지방을 밟지 아니하더라 여호와의 손이 아스돗 사람에게 엄중히

니다. 하나님은 말씀뿐 아니라 가난, 질병, 사고, 분쟁, 부도, 악한 사람 등을 보내어 택한 백성을 바로 잡으실 때도 있습니다. 모든 것이 하나님의 손에 있습니다. 그러므로 회개하면 하나님의 사랑을 느낄 수 있습니다. 전쟁에서 승리한 블레셋이 하나님의 법궤를 이스라엘에게서 빼앗아 다곤 신상이 있는 곳에 두었습니다. 하나님의 궤는 그때부터 능력을 나타냈습니다.

다곤 신에게 벌을 내리는 법궤입니다 |

이스라엘 백성은 법궤를 귀히 여겼습니다. 그러나 귀한 법궤가 블레셋에서는 귀히 여김을 받지 못했습니다.

🐚 눈의 아들 여호수아가 제사장들을 불러 그들에게 이르되 너희는 언약궤를 메고 제사장 일곱은 양각 나팔 일곱을 잡고 여호와의 궤 앞에서 나아가라 하고 (수6:6)

🐚 블레셋 사람들이 하나님의 궤를 가지고 다곤의 신전에 들어가서 다곤 곁에 두었더니(5:2)

'곁에' 란 측면, 변두리라는 의미가 있습니다. 하나님의 언약궤를 신당 모서리에 두었다는 말입니다. 그러나 법궤의 능력은 블레셋의 신 다곤을 넘어지게 했습니다.

🐚 아스돗 사람들이 이튿날 일찍이 일어나 본즉 다곤이 여호와의 궤 앞에서 엎드러져 그 얼굴이 땅에 닿았는지라(5:3)

“엎드려져”는 전쟁에서 패배했을 때 사용하는 말입니다. 농경을 하는 블레셋 사람들이 제일 귀히 여기는 신은 풍요로운 수확을 보장한다고 믿고 있는 다곤입니다. 그 신이 하나님의 궤 앞에서 엎드려져 얼굴이 땅에 닿았습니다.

> ✥ 이튿날 아침에 그들이 일찍이 일어나 본즉 다곤이 여호와의 궤 앞에서 또다시 엎드려져 얼굴이 땅에 닿았고 그 머리와 두 손목은 끊어져 문지방에 있고 다곤의 몸뚱이만 남았더라(5:4)

하나님은 유일신이십니다. 어떤 우상이나 신도 하나님 앞에서는 아무것도 아닙니다. 어떤 신이 인간을 행복하게 할 수 있습니까? 재물과 풍요가 인간을 행복하게 할 수 있습니까? 또 어떤 사람이 여러분을 영원히 행복하게 할 수 있습니까? 하나님만이 우리에게 영원한 생명을 주시고 행복하게 하실 수 있습니다.

언약궤를 천대하는 블레셋 백성은 벌을 받습니다 |

블레셋 백성에게는 전쟁에서 법궤를 빼앗아 온 것이 큰 화근이 되었습니다. 이스라엘을 대적하고 언약궤를 파괴하려는 태도는 매우 불행한 것입니다. 블레셋 사람들의 고통은 대단했습니다.

> ✥ 여호와의 손이 아스돗 사람에게 엄중히 더하사 독한 종기의 재앙으로 아스돗과 그 지역을 쳐서 망하게 하니 아스돗 사람들이 이를 보고 가로되 이스라엘 신의 궤를 우리와 함께 있게 못할지라 그 손이 우리와 우리 신 다곤을 친다 하고(5:6-7)

“우리와 우리 신 다곤을 친다”는 것은 블레셋의 마음과 육체가 약하고 고통의 연속임을 보여 주는 것입니다. 보호자를 잃는 허탈감에 빠진 것입니다. 그래서 법궤를 가드로 옮깁니다. 그러나 거기서도 하나님의 재앙은 계속 됩니다.

교회 역사에도 하나님의 말씀을 대적하는 이들이 있었습니다. 그 모두가 불행하게 되었습니다. 하나님의 말씀은 무너지지 않습니다. 하나님의 말씀을 인간적인 가치관으로 판단한다면 불행하게 될 것입니다. 하나님의 언약궤가 볼품없는 모습으로, 전쟁에서 이스라엘 백성을 지키지 못한 신의 상징으로 매우 힘이 없는 것처럼 보였지만 존귀한 것입니다. 하나님의 능력 앞에 사단의 술책은 무너지고 맙니다. 하나님의 말씀을 가진 백성을 천히 여기든지 대적을 하면 큰 재앙을 받습니다. 애굽이 이스라엘을 억압하고 모세의 말에 귀 기울이지 않을 때 열 가지 재앙을 만났습니다. 마지막 재앙으로 장자를 잃어버리는 슬픔을 당해야 했습니다.

애굽 땅에 있는 모든 처음 난 것은 왕위에 앉아 있는 바로의 장자로부터 맷돌 뒤에 있는 몸종의 장자와 모든 가축의 처음 난 것까지 죽으리니(출11:5)

믿는 사람 다니엘을 모함하여 사자굴에 집어넣으려하였을 때 그들이 다니엘 대신 사자굴에 들어갔습니다.

왕이 말하여 다니엘을 참소한 사람들을 끌어오게 하고 그들을 그들의 처자들과 함께 사자 굴에 던져 넣게 하였더니 그들이 굴 바닥에 닿기도 전에 사자들이 곧 그들을 움켜서 그 뼈까지도 부서뜨렸더라(단6:24)

하나님의 언약궤는 불의함을 용납하지 않습니다

하나님의 언약궤는 블레셋 사람들에 의해 천대받을 수 없었습니다. 하나님의 언약궤는 우상을 섬기는 사람들에게는 유익을 주지 않습니다. 하나님은 빛이십니다. 빛이 있는 곳에는 어둠이 물러갑니다. 어둠을 좋아하는 세상 사람들은 빛을 미워합니다. 언약궤는 다곤 신에게 지배당하지 않습니다. 블레셋 사람에게 업신여김을 받지도 않습니다.

오늘의 언약궤는 성경말씀과 같습니다. 하나님의 말씀은 능력이 있습니다. 말씀대로 살면 어둠의 권세를 이길 수 있습니다.

🐚 예수께서 이르시되 너희 율법에 기록된바 내가 너희를 신이라 하였노라 하지 아니하였느냐 성경은 폐하지 못하나니 하나님의 말씀을 받은 사람들을 신이라 하셨거든 하물며 아버지께서 거룩하게 하사 세상에 보내신 자가 나는 하나님의 아들이라 하는 것으로 너희가 어찌 신성모독이라 하느냐(요10:34-36)

세상은 하나님이 보낸 독생성자를 천히 여겼으나 예수님은 사망의 권세를 이기고 부활하신 분입니다. 혼돈된 현실에서는 선악이 잘 분별되지 않으나, 성도가 말씀을 따라 선을 행하는 것을 하나님은 다 아십니다.

🐚 우리가 선을 행하되 낙심하지 말지니 포기하지 아니하면 때가 이르매 거두리라(갈6:9)

법궤가 이스라엘 백성의 손에서 벗어났으나 이스라엘에게 큰 승리를 안겨주고 있습니다. 블레셋은 법궤로 인해 고통을 당하였으며, 나중에 법궤는 스스로 이스라엘로 돌아옵니다.

🐚 하물며 하나님 아들을 짓밟고 자기를 거룩하게 한 언약의 피를 부정한 것으로 여기고 은혜의 성령을 욕되게 하는 자가 당연히 받을 형벌은 얼마나 더 무겁겠느냐 너희는 생각하라 원수 갚는 것이 내게 있으니 내가 갚으리라 하시고 또 다시 주께서 그의 백성을 심판하리라 말씀하신 것을 우리가 아노니 살아 계신 하나님의 손에 빠져 들어가는 것이 무서울진저 전날에 너희가 빛을 받은

하나님께서는 우리와 함께 하십니다. 여러분들도 말씀 듣고 승리하시길 진심으로 원합니다. 저도 이 말씀을 의지하면서 담대히 주의 종으로 살아가려고 합니다. 의인이 있는 곳에는 하나님의 보호가 있습니다. 나라의 어지러움은 더 많은 기도를 요구하시는 하나님의 음성으로 알고 온 교회 성도들이 하루 한 시간씩 기도하기를 주의 이름으로 축원합니다.

12 돌아온 법궤

이제 새봄이 무르익어 여름의 문턱에 있습니다. 자연은 봄이 왔다고 꽃 피우고 움틔우며 열매 맺는 가을을 향해 달려가고 있습니다. 농부들의 손에서 땅에 심기어진 들녘의 씨앗들은 캄캄한 어둠의 땅 밑에서 소망을 움틔우고 있습니다. 땅의 흙을 빚어 만든 인간의 육체도 자연의 순리에 맞도록 먹고 입고 호흡할 때 더 큰 행복의 미래를 만들 수 있을 것입니다. 한 알의 밀알이 땅 속에서 생명의 능력을 꽃 피우듯, 예수 그리스도의 부활도 무덤 속에서 태어났습니다. 그 무덤 속은 하나님께 순종한 장소요, 자신의 뜻이 하나님의 뜻에 완전히 지배된 장소입니다. 그 때 하나님은 예수님을 권능의 우편에 앉을 자로 일으켰습니다.

예수님을 십자가에 못 박은 사단은 자신이 승리한 줄로 알았습니다. 그러나 사단에게 십자가는 실패의 사건이었습니다. 살아가다 보면 잘했다고 한 것이 실패의 씨가 될 수 있고, 또 큰 손해를 본 줄 알았던 것이 큰 유익을 줄 때도 있

(삼상 6:1-12) 여호와의 궤가 블레셋 사람들의 지방에 있은 지 일곱 달이라 블레셋 사람들이 제사장들과 복술자들을 불러서 이르되 우리가 여호와의 궤를 어떻게 할까 그것을 어떻게 그 있던 곳으로 보낼 것인지 우리에게 가르치라 그들이 이르되 이스라엘 신의 궤를 보내려거든 거저 보내지 말고 그에게 속건제를 드려야 할지니라 그리하면 병도 낫고 그의 손을 너희에게서 옮기지 아니하는 이유도 알리라 하니 그들이 이르되 무엇으로 그에게 드릴 속건제를 삼을까 하니 이르되 블레셋 사람의 방백의 수효대로 금 독종 다섯과 금 쥐 다섯 마리라야 하리니 너희와 너희 통치자에게 내린 재앙이 같음이니라 그러므로 너희는 너희의 독한 종기의 형상과 땅을 해롭게 하는 쥐의 형상을 만들어 이스라엘 신께 영광을 돌리라 그가 혹 그의 손을 너희와 너희의 신들과 너희 땅에서 가볍게 하실까 하노라 애굽인과 바로가 그들의 마음을 완악하게 한 것 같이 어찌하여 너희가 너희의 마음을 완악하게 하겠느냐 그

습니다. 미래의 승리를 원한다면 하나님의 지혜의 말씀에 온전히 순종해야 합니다.

예수님 당시의 권력자나 제사장들처럼 사람을 죽이는 편에 서는 것 보다는, 보잘 것 없고 핍박받는 예수님의 편에 서는 것을 성경은 지혜라고 말합니다. 이번 총선에 여러 신자들이 국회의원으로 당선되었습니다. 이제는 나라와 민족을 위해 기도하고 정치하는 그리스도인들에 대한 애정을 가지고 더 잘하도록 도와주고 존경해야 합니다.

엘리제사장 때에 이스라엘은 말씀을 마음에 두지 않았으며 타락했습니다. 하나님은 블레셋을 막대기로 사용하셔서 이스라엘 백성을 징계했습니다. 그 징계는 전쟁으로 나타났고, 법궤도 빼앗겼습니다. 이스라엘 백성은 철저히 실패했습니다. 제사장 엘리의 타락과 성전을 세속화시킨 범죄의 보응으로 철저한 징계가 임했습니다. 블레셋은 큰 승리를 한 것 같았으나, 그것은 고통의 시작이었습니다.

법궤를 빼앗아간 블레셋의 형편이 주는 교훈이 있습니다

블레셋 사람들은 하나님의 궤를 빼앗아 자신들의 신 다곤의 신전에 두었습니다. 그러자 블레셋의 신 다곤이 벌을 받았습니다. 아스돗 사람이 독한 종기의 재앙으로 망하였고, 법궤가 가드로 옮겨가자 가드의 큰 자와 작은 자들이 악종으로 큰 고통을 당하고 죽임을 당했습니다. 블레셋 방백은 여호와의 궤로 인해 고통을 당했습니다.

> ✤ 이에 사람을 보내어 블레셋 모든 방백을 모으고 이르되 이스라엘 신의 궤를 보내어 그 있던 곳으로 돌아가게 하고 우리와 우리 백성이 죽임을 면하게 하자 하니 이는 온 성읍이 사망의 환난을 당함이라 거기서 하나님의 손이 엄중하시므로 죽지 아니한 사람들은 독한 종기로 치심을 당해 성읍의 부르짖음이 하늘에 사무쳤더라(5:11-12)

하나님의 언약궤가 이스라엘 백성에게는 능력이 되었으나, 우상 섬기는 사람들에게는 고통이었습니다. 십자가의 도(道)가 구원 얻은 사람에게는 능력이 되나, 그렇지 못한 사람에게는 미련한 것이 됩니다. 진리 되신 예수님이 신자에게는 기초요 반석이지만 불신자에게는 넘어지게 하는 돌이 되는 것을 보여 주는 사건입니다. 하나님은 이스라엘 백성에 의해 보호받는 분이 아니라, 스스로 계신 분입니다. 어떤 환경에서도 자신의 존재를 알리십니다.

이스라엘 백성은 블레셋에게 지배당할 수 있으나 하나님은 절대로 불의한 정권이나 권력에 의해 지배되지 않습니다. 오직 하나님의 말씀은 진리이며 우리가 믿는 예수님은 사망의 권세에 의해 지배되지 않습니다.

하나님의 궤가 이스라엘에 돌아왔습니다 |

하나님의 궤가 블레셋 땅에서 일곱 달 동안 있었습니다. 블레셋은 그 기간 동안 받은 환난으로 인해 고민에 빠졌습니다. 블레셋 사람들이 다곤의 제사장들과 복술자를 불러 상담을 했습니다.

> ✤ 그들이 이르되 이스라엘 신의 궤를 보내려거든 거저 보내지 말고 그에게 속건제를 드려야 할지니라 그리하면 병도 낫고 그의 손을 너희에게서 옮기지 아니하는 이유도 알리라 하니(6:3)

그들은 법궤와 함께 금 독종 다섯, 금 쥐 다섯을 함께 보내자고 했습니다. 블레셋 백성의 상담자는 출애굽에 대하여 말하였습니다. 바로가 마음이 강퍅하여 이스라엘 백성을 내어 보내라는 모세의 말을 듣지 아니했다가 큰 재앙을 당한 후에 보냈다고 말하였습니다. 블레셋 사람들은 두 마리의 암소를 선택했습니다. 새 수레를 어미 소에게 메우고 그 위에 법궤를 실었습니다. 인간의 이성으로는 도저히 앞으로 갈 수 없는 소입니다. 무당의 지혜는 젖나는 어미 암소가 송아지를 생각하고 돌아오면 블레셋에 임한 재앙이 우연이고, 소가 똑바로 가면 그 재앙이 하나님을 통해 온 것임을 시험한 것입니다.

> ❧ 보고 있다가 만일 궤가 그 본 지역 길로 올라가서 벧세메스로 가면 이 큰 재앙은 그가 우리에게 내린 것이요 그렇지 아니하면 우리를 친 것이 그의 손이 아니요 우연히 당한 것인 줄 알리라 하니라(6:9)

이들에게는 재앙이 우연이기를 바라는 욕구가 있었습니다.

오늘을 사는 우리도 경험합니다. 하나님은 사랑으로 징계하면서 경고를 보냅니다. 우리는 건강문제, 사업문제, 자녀문제 등의 일이 생기면 이 사실을 깨닫게 됩니다. 그리고 불순종, 주일성수, 서원한 것, 십일조 등을 찾아내어 순종하려고 합니다. 그러다가도 마음 깊은 곳에서는 '모두가 당하는데 우연일거야, 하나님의 역사가 아니야' 라는 생각을 합니다. 환경에서 오는 문제를 보고 회개하다가도, 자신이 너무 민감하다고 생각하며 회개할 시간에 세상으로 빠지는 사람이 있습니다. 이런 사람들은 블레셋 요소를 가지고 사는 사람들입니다. 그러나 블레셋의 재앙은 하나님의 역사였습니다. 젖 나는 암소는 자신의 고통을 호소하면서 이스라엘 법궤를 싣고 갔습니다.

> ❧ 암소가 벧세메스 길로 바로 행하여 대로로 가며 갈 때에 울고 좌우로 치우치지 아니하였고(6:12)

암소는 울면서 사명을 감당했습니다. 이것은 오늘 그리스도인의 모습과도 같습니다. 때로는 정에 이끌리고 달콤한 세상의 쾌락과 유혹에 이끌리어도, 하나님께서는 육성을 거슬려 의의 도구가 되게 하십니다. 저는 '어떻게 목회를 하게 되었느냐?' 라는 질문을 받을 때, '내가 하고 싶어서가 아니라 하나님이 하게 하셨다' 고 대답합니다. 하나님의 뜻을 모를 때, 사람과 상의하는 것보다는 말씀보고 기도하는 것이 나와 상대에게 더욱 유익이 있음을 깨닫습니다. 하나님의 궤는 택한 백성에게로 돌아옵니다.

하나님의 법궤, 하나님께 속한 모든 것을 억압 말고 존귀하게 여겨야 합니다

하나님께 속한 것은 모두 거룩합니다. 법궤는 거룩합니다. 그 거룩한 것을 우상의 전당에 보관함으로 우상이 벌을 받았습니다. 택한 백성 속에 있어야 할 법궤를 불의한 백성, 우상 섬기는 백성들 가운데 머물게 하니, 그 성읍이 죽음의 공포 속에 쌓이게 되었습니다. 그뿐 아니라 하나님의 법궤를 존귀하게 여기지 않고 함부로 대한 성읍도 어려움을 당했습니다.

> 벤세메스 사람들이 여호와의 궤를 들여다 본 까닭에 그들을 치사(오만) 칠십 명을 죽이신지라 여호와께서 백성을 쳐서 크게 살륙하셨으므로 백성이 슬피 울었더라(6:19)

바로는, 가나안으로 가고자 하는 이스라엘 백성을 막다가 장자를 잃어버리는 재앙을 만났습니다. 육체가 영혼을 지배하면 그 육체의 고통이 시작되고 영혼이 육체를 지배하면 고난의 길을 통해 영광의 복된 길로 갑니다. 육체의 생각을 따라 사는 사람은 풍랑을 경험하나, 진리에 순종하는 사람에게는 영광과 누림이 있습니다.

육신의 생각을 가지고 살겠습니까? 실패하셨습니까? 이혼할 수밖에 없습니까? 가출하고 싶습니까? 아니면 하나님의 말씀에 순종하며 살겠습니까? 선택은 자유입니다. 그러나 지혜자는 하나님의 말씀을 선택합니다. 사무엘이 있는 이스라엘로 법궤가 돌아오듯, 여러분이 사무엘처럼 되면 진리가 깨달아지고 하나님의 영광이 돌아옵니다. 그리고 불신자 블레셋이 절대로 함부로 하지 못할 대상이 됩니다. 택한 백성에게 고난은 있어도 실패는 없습니다. 십자가의 능력을 온전히 믿고 승리를 위해 전진하시길 축원합니다.

13 기도하는 한나의 아들 사무엘

오늘은 어버이주일입니다. 어버이들 가슴에 달린 빨간 카네이션을 보면 피 같은 진한 사랑을 쏟으며 자녀를 키워낸 어버이의 마음이 헤아려집니다. 그래서 그 사랑의 가치가 경시될 때는 서운함 또한 매우 큽니다.

지금부터 약 20년 전, 미래의 노인들의 위치를 생각한 일이 있었습니다. 처음 노인대학을 할 때였습니다. 노인학교 졸업식과 선교원 졸업식을 며칠 간격을 두고 했었습니다. 선교원 졸업식은 부모들이 많이 와서 예배당이 가득히 차고 넘쳤습니다. 그러나 노인대학 졸업식에는 어르신들의 자녀들이 거의 오지 않았습니다. 어린 자녀의 졸업식과 비교하며 저는 매우 씁쓸했습니다. 그때 미래에는 노인이 현재보다 훨씬 무관심의 대상이 되리라고 예측했습니다. 지금 부모님에게 마음을 드리지 못하고, 자기와 자녀 중심인 기성세대는 장차 예측한대로 돌려받을 수밖에 없을 것입니다.

한편으로는 현재 어르신들도 과거에는 부모에 대한 의무인 효를 실천하는 데 소홀히 했다고 말할 것입니다. 우리 모두는 회개해야 합니다. 잘못 배웠다고 부모 탓을 하면서 계속 잘못 살면 결국 자신도 그 열매를 먹고 말 것입니다. 어버이주일을 기점으로 부모님에게 효를 실천하기를 다짐하고 새롭게 되는 성도

(삼상 7:1-5) 기럇여아림 사람들이 와서 여호와의 궤를 옮겨 산에 사는 아비나답의 집에 들여놓고 그의 아들 엘리아살을 거룩하게 구별하여 여호와의 궤를 지키게 하였더니 궤가 기럇여아림에 들어간 날부터 이십 년 동안 오래 있은지라 이스라엘 온 족속이 여호와를 사모하니라 사무엘이 이스라엘 온 족속에게 말하여 이르되 만일 너희가 전심으로 여호와께 돌아오려거든 이방 신들과 아스다롯을 너희 중에서 제거하고 너희 마음을 여호와께로 향하여 그

가 되시길 축원합니다.

오늘은 좋은 부모, 한나의 가정을 소개합니다. 또 잘 배운 아들 사무엘을 소개합니다. 좋은 부모는 창조주의 능력을 체험하고 하나님의 뜻대로 자녀를 양육합니다.

한나는 좋은 어머니였습니다 │ 한나는 결혼한 후 오랜 세월 동안 자녀를 잉태하지 못했습니다. 그러나 브닌나는 자녀를 잉태하고 출산하였습니다. 한 남자와 두 여인의 관계는 편하지 않았습니다. 브닌나는 자녀가 있음에도 남편의 사랑을 독차지할 수 없다는 것이 한나를 자극했습니다. 한나의 입장에서 보면 매우 슬프고 고통스러운 현실이었습니다. 한나는 가슴에 아픔을 안고 성막을 찾았습니다.

한나는, 하나님의 능력이면 무자(無子)한 자신에게도 아들이 생길 수 있으리라 믿었습니다. 한나는 자신의 깊은 마음을 하나님께 쏟아 놓았습니다. 그뿐 아니라 하나님이 주시면 어떻게 그리고 어떤 사람으로 양육하겠다는 계획도 아뢰었습니다. 한나의 기도와 서원이 하나님의 마음에 들었습니다. 그 결과 하나님께서 응답하셨습니다. 한나는 사무엘을 아들로 얻었고 기도한대로 양육했습니다. 한나에게 배워 실천해야 할 몇 가지 교훈이 있습니다.

한나는 어려운 문제를 기도로 해결했습니다.
한나는 하나님의 능력을 온전히 믿었습니다.
한나는 서원한 것을 그대로 하나님께 갚았습니다.

　좋은 부모는 믿음 있는 부모요, 좋은 자녀는 부모님께 믿음을 가지도록 하는 자녀입니다. 위대한 부모는 자녀가 믿음으로 살도록 교훈합니다.

믿음의 사람 사무엘이 주도한 회개운동이 있습니다 ┃

한나가 개인의 문제를 기도로 해결했다면 아들 사무엘은 기도로 나라의 어려움을 해결했습니다.

> ❀ 사무엘이 이스라엘 온 족속에게 말하여 이르되 만일 너희가 전심으로 여호와께 돌아오려거든 이방 신들과 아스다롯을 너희 중에서 제거하고 너희 마음을 여호와께로 향하여 그만을 섬기라 그리하면 너희를 블레셋 사람의 손에서 건져내시리라 이에 이스라엘 자손이 바알들과 아스다롯을 제거하고 여호와만 섬기니라(7:3-4)

　사무엘은, 이스라엘 백성들이 행복하게 살 수 있는 길을 알려주고 있습니다. 진심으로 여호와께로 돌아오라는 것 즉 이방신을 버리고 전인격을 다해서 돌아오라는 것입니다. 그때의 이방신은 가나안의 토착신 바알과 아스다롯을 말합니다. 그들은 풍요를 가져다주는 신으로 이 우상들을 섬겼습니다. 우리도 알지 못하는 사이에 이방신을 섬기고 있을 때가 있습니다. 하나님보다 더 의지하고 더 사랑하는 것은 다 우상입니다. 물질, 명예, 권세의 신을 섬기고 있지는 않는지 우리도 살펴보아야 합니다.

　사무엘의 운동은 여호와께로 돌아오라는 운동이며, 그 교훈은 하나님 안으로 돌아오라는 것입니다. 가정의 달, 어버이 주일에 여호와께로 돌아오는 자녀의 모습이 있는지 살펴보아야 합니다. 여호와께로 돌아올 때, 불효자가 효자가 됩니다.

> ❀ 자녀들아 주 안에서 너희 부모에게 순종하라 이것이 옳으니라 네 아버지와 어

머니를 공경하라 이것은 약속이 있는 첫 계명이니 이로써 네가 잘되고 땅에서 장수하리라(엡6:1-3)
- ꒰ 여호와를 경외하는 것이 지식의 근본이거늘 미련한 자는 지혜와 훈계를 멸시하느니라 내 아들아 네 아비의 훈계를 들으며 네 어미의 법을 떠나지 말라(잠1:7-8)

여호와께로 돌아온 사람들의 가정은 미래가 아름다워집니다. 그리고 자녀를 바르게 양육할 수 있는 지혜가 생깁니다. 바른 양육은 행복한 미래를 보장합니다. 자녀들에게 매일 기도하는 습관을 길러 주어야합니다. 또한 예의범절을 가르쳐 윗사람을 잘 공경하도록 가르쳐야 합니다.

- ꒰ 너를 낳은 아비에게 청종하고 네 늙은 어미를 경히 여기지 말지니라(잠23:22)

자녀를 사랑하는 부모는 성경을 가르칩니다. 말씀에 순종하도록 양육해야 합니다.

- ꒰ 또 어려서부터 성경을 알았나니 성경은 능히 너로 하여금 그리스도 예수 안에 있는 믿음으로 말미암아 구원에 이르는 지혜가 있게 하느니라(딤후3:15)
- ꒰ 네 자녀에게 부지런히 가르치며 집에 앉았을 때에든지 길을 갈 때에든지 누워 있을 때에든지 일어날 때에든지 말씀을 강론할 것이며 너는 또 그것을 네 손목에 매어 기호를 삼으며 네 미간에 붙여 표로 삼고 또 네 집 문설주와 바깥 문에 기록할지니라(신6:7-9)

한나가 사무엘을 하나님께 온전히 드렸을 때, 사무엘은 나라와 민족을 하나님께로 돌아오게 하는 지도자가 되었습니다. 우리 자녀들을 사무엘로 키워야 합니다. 어릴 때부터 기도, 성경묵상, 연보, 감사생활, 주일성수, 전도를 잘하도록 가르칠 수 있어야 합니다. 여호와께 돌아온 자는 복이 있고, 돌아오게 하는 자는 더욱 복이 있습니다.

여호와께 돌아온 자가 부모님께 효도합니다 | 효도는 말로 하는

것이 아니라 생활로 하는 것입니다. 교회는 큰 가정이요, 가정은 작은 교회입니다. 부모님을 행복하게 할 프로그램이 있습니까? 어린이집, 유치원, 선교원 등에 보내어 공부하게 하시고 길러 주신 은혜를 갚을 준비가 되어 있습니까?

한 일간지에서 〈무너지는 가정, 깊어 가는 한국병!〉, 〈부모님요? 나 살기도 빠듯해요〉라는 기사를 읽었습니다. 이것은 한 사람의 말이 아니라 우리 모두의 현실입니다. 정치인, 경제인, 가정의 자녀들조차도 노인에 대한 배려가 전혀 없습니다. 그러나 믿음이 생기면 상대를 배려하는 마음이 생깁니다.

저도 경험해 보았습니다. 예수 믿고 성령 받고 나서야, 일찍이 홀로 되어 사랑으로 저를 양육하신 어머니의 가슴을 이해할 수 있었습니다. 부모는 기다려 주지 않습니다. 부모님께 식사 대접도 열심히 해야 합니다. 드실 수 있을 때 갈비 사 드리고, 조금 더 늙으면 고깃국 끓여 드리고, 고기 갈아 드리면서 효도해야 합니다. 앞으로는 부모의 부양문제가 매우 심각해질 것입니다. 우리는 예수님 오실 때까지 삶의 고통을 당할 수밖에 없는 환경 속에서 삽니다. 그러나 미래를 알기에 대비해야 합니다. 우리 교회는 노인복지회관, 노인요양원, 양로원, 1·3세대 프로그램 활성화, 청소년복지학교, 선교원 등을 통해 미래의 노인 문제를 해결 할 것입니다. 사무엘 운동, 미스바 운동은 미래를 밝게 할 것입니다. 우리 교회는 미스바 기도운동을 통해 큰 가정인 교회를 만들고, 작은 교회인 가정을 하나님의 말씀과 성령의 능력으로 아름답게 만들어 갈 것입니다.

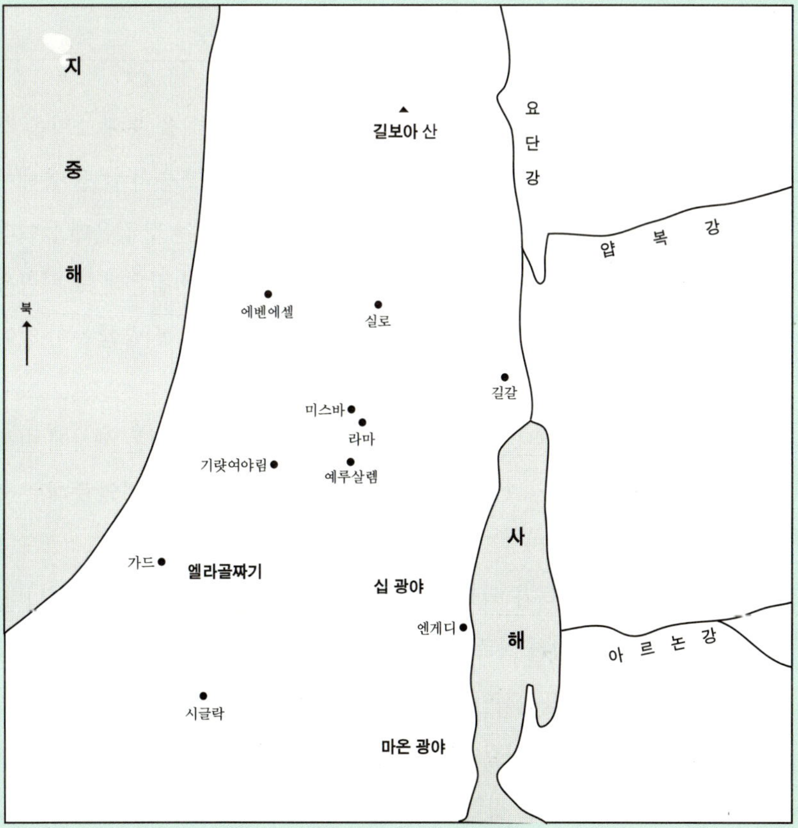

지
중
해
북
길보아 산
요
단
강
얍 복 강
에벤에셀
실로
길갈
미스바
라마
기럇여야림
예루살렘
가드
엘라골짜기
십 광야
엔게디
사
해
아 르 논 강
시글락
마온 광야

14

미스바로 모이라

| 사무엘상 7:5-11 |

가정의 달 5월이 깊어가고 있습니다. '어린이 주일'을 통해 소망을 갖게 되고, '어버이 주일'을 통해 효도를 배웠습니다. 오늘 '스승의 날'을 통해서는 좋은 스승에 대한 감사를 갖게됩니다. 때로는 가장 멋있는 것 같은데 들여다 보면 사람들을 속이는 사람이 있습니다. 반대로, 거짓된 것 같은데 그 사람을 통해 많은 사람이 평안하고 세상을 아름답게 하기도 합니다. 신령한 눈이 있어야 분별력이 생깁니다.

부부와 피를 나눈 부모 형제 자녀를 가족이라 합니다. 이것은 세상에 속해있는 가족의 개념입니다. 그러나 예수님은 마가복음 3장에 하나님의 뜻대로 하는 자가 부모이며 형제라고 말씀하셨습니다. 하나님의 뜻은 예수 그리스도를 영접하여 하나님의 자녀가 되고, 구원받아 말씀에 순종하면서 사는 것입니다. 순종이 없는 자는 신령한 가족에 속해있지만, 그 가족의 구성원으로서의 누림은 없을 수 있습니다. 육신적인 가족들도 그 혈육이 요구하는 것을 행하지 않을 때 가족의 누림에서 제외시킬 때가 있습니다. 기본적인 것은 부모, 형제, 자녀 등의 고유권한을 인정하는 것입니다. 그래야 좋은 가족입니다. 가정에는 정(情)

(삼상 7:5-11) 사무엘이 이르되 온 이스라엘은 미스바로 모이라 내가 너희를 위하여 여호와께 기도하리라 하매 그들이 미스바에 모여 물을 길어 여호와 앞에 붓고 그 날 종일 금식하고 거기에서 이르되 우리가 여호와께 범죄하였나이다 하니라 사무엘이 미스바에서 이스라엘 자손을 다스리니라 이스라엘 자손이 미스바에 모였다 함을 블레셋 사람들이 듣고 그들의 방백들이 이스라엘을 치러 올라온지라 이스라엘 자손들이 듣고 블레셋 사람들을 두려워하여 이스라엘 자손이 사무엘에게 이르되 당신은 우리를 위하여 우리 하나님 여호와께 쉬지 말고 부르짖어 우리를

과 사랑의 질서가 있습니다. 약육강식의 원리가 지배하는 세속의 삶의 현장과는 정반대의 현장입니다. 가정은 사랑과 보호의 현장입니다. 또한 약한 자가 보호받고 강한 자가 섬기는 곳입니다. 가정에서는 박사와 문맹자가 공존하며 섬김과 용서와 기다림이 함께 합니다. 가족 구성원으로 혈육의 정과 질서를 지킬 때 행복하며, 다른 가족에게도 행복하게 할 수 있습니다.

신령한 가족인 교회에서는 예수 그리스도의 피로 인해 형제와 자매가 됩니다. 그러므로 먼저 예수 그리스도를 나의 구주로 믿어야 합니다. 또한 삶이 예수님의 교훈에 일치해야 합니다. 말과 행위가 같아야 좋은 사람입니다. 말은 잘하면서 생활이 잘못되었다면 불행합니다. 그러나 진리를 바로 알게되면 바른 기도를 올리게 됩니다. 삶도 바르게 됩니다.

예수님은 혈육의 가정 이상으로 신령한 가정을 더욱 소중히 여겼습니다. 마리아도 자신이 낳은 아들과 딸보다 예수님의 수제자 사도 요한을 자식으로 알고 노년을 요한의 집에서 지냈습니다. 요한이 마리아를 친어머니같이 모셨습니다. 예수와 마리아는 신령한 가정을 이루신 분입니다. 지금도 기독교 기관에 계시는 분들을 보면 다른 곳에 계시는 분들 보다 더 행복해 보입니다. 큰 가정인 교회로 작은 교회인 가정이 되게 하여 대한민국과 세계를 신령한 가정으로 만들 사명이 우리에게 있습니다.

오늘은 이스라엘 백성들의 위기를 극복한 사무엘의 지혜와 행위를 배우시기를 바랍니다. 나라가 어려울 때 지도자가 되는 것은 매우 힘이 듭니다. 그러나 사무엘은 블레셋과 같은 나라의 공격을 받으면서도 이스라엘이 행복하게 살아가는 복된 길을 열어 놓았습니다.

사무엘은 이스라엘 백성이
속화(俗化)된 것을 바르게 알려주었습니다 | 사무엘은 이스라엘

백성들에게 이방 신을 버리고 여호와께 돌아오라고 했습니다. 마음을 여호와께
로 향하고 그분만 섬기라고 했습니다.

> 사무엘이 이르되 온 이스라엘은 미스바로 모이라 내가 너희를 위하여 여호와
> 께 기도하리라 하매 그들이 미스바에 모여 물을 길어 여호와 앞에 붓고 그 날
> 종일 금식하고 거기에서 이르되 우리가 여호와께 범죄하였나이다 하니라 사
> 무엘이 미스바에서 이스라엘 자손을 다스리니라(7:5-6)

병아리가 암탉의 품에서 안심하는 것 같이, 택한 백성에게는 여호와의 품이
요새입니다. 이스라엘의 나태해진 국론과 약해진 모든 것을 여호와를 통해 해
결하려는 노력이 사무엘을 중심으로 일어났습니다.

우리나라도 잘되려면 지도자가 하나님의 품으로 돌아와서 기도회를 선포하
고 기도해야 합니다. 그래야 이 나라의 정치 경제가 다시 회복될 것입니다. 북
한의 핵이 문제가 아니라, 하나님을 멀리하는 것이 가정과 민족의 문제입니다.

여러분은 어디에 속해 있습니까? 우상에게 속해 있습니까? 물질, 명예, 세
상의 쾌락에 속해 있습니까? 하나님을 의지하는 날 참 평안이 있습니다. 잘 속
한 자에게는 아름다운 행위, 능력을 발휘하는 행위가 있습니다. 이스라엘 백성
들은 모여서 기도했습니다. 미스바로 모이라는 하나님의 종 사무엘의 명령에
따라 그들은 미스바에서 기도했습니다. 이스라엘 백성들은 하나님의 뜻대로 모
여 합심하여 기도했습니다. 성경의 역사나 세계 역사에 보면, 기도할 때 문제가
해결하고 부흥의 역사가 일어났습니다.

미스바는 야곱과 라반이 화해하고 그 언약을 기념하기 위해 돌단을 쌓은 곳
입니다.

> 또 미스바라 하였으니 이는 그의 말에 우리가 서로 떠나 있을 때에 여호와께

서 나와 너 사이를 살피시옵소서 함이라(창 31:49)

사무엘이 미스바로 모이라고 한 것은 하나님과 이스라엘 백성과의 화해의 제단을 쌓기 위해서입니다. 나라나 가정의 붕괴는 외세의 침입보다는 내적 갈등에서 시작됩니다. 가정이 어려우면 함께 기도해야 합니다. 이스라엘 백성들이 하나님 앞에 우상을 섬긴 죄를 회개했습니다. 참된 기도운동은 회개 운동을 통해 열려집니다. 또 부흥 운동은 성령의 감동에서 오는 열매요, 능력입니다. 전진을 하려면 뒤에서 매고 있는 악의 끈을 끊어야 합니다. 사람과 원수 맺지 말아야 합니다. 요즘 신문에 등장하는 붉은 악마, 복지부, 재경부와 세금 전쟁, 탄핵, 세력, 응징이란 단어들은 성숙되지 못한 세속의 분위기로써 흑백논리 이상의 무서운 것입니다. 단어의 본성을 알지 못하고 사용함으로 갈등을 일으킵니다. 우리는 잘못된 삶을 철저히 회개해야 합니다.

하나님께 돌아오는 행위를 할 때 위기가 올 수 있습니다

미스바의 모임과 회개기도의 성회는 평온한 가운데 된 것이 아닙니다. 아주 어려운 상황 속에서 이루어진 것입니다. 인간의 최고의 위기는 생명의 위협을 느낄 때입니다. 나라의 최고의 위기는 적군이 쳐들어오는 전쟁입니다.

🌱 이스라엘 자손이 미스바에 모였다 함을 블레셋 사람들이 듣고 그들의 방백들이 이스라엘을 치러 올라온지라 이스라엘 자손들이 듣고 블레셋 사람들을 두려워하여 이스라엘 자손이 사무엘에게 이르되 당신은 우리를 위하여 우리 하나님 여호와께 쉬지 말고 부르짖어 우리를 블레셋 사람들의 손에서 구원하시게 하소서 하니(7:7-8)

블레셋이 쳐들어 왔을 때 이스라엘 백성들은 육신적으로 피하기보다는 합심하여 기도했습니다. 이스라엘 백성은 사무엘의 기도의 능력을 인정했습니다. "당신은 우리를 위하여 우리 하나님 여호와께 쉬지 말고 부르짖으라"는 기도의 능력을 믿는 행위입니다.

여러분이나 저에게도 어려운 문제가 찾아오기도 합니다. 신앙생활 하고자 하면 사람이 찾아와서 미혹합니다. '너는 술이나 끊고 담배나 끊어라! 은밀한 죄짓고 거룩한 척하냐? 그토록 불만을 가지고 교회는 왜 오느냐?' 할 수도 있습니다. 그 때 여러분은, '나는 죄인입니다. 죄인이기 때문에 의로우신 주님께 나옵니다. 내가 그리스도인이 되는 것은, 나의 의(義)로 되는 것이 아닙니다. 예수 그리스도의 피와 사랑으로 되었습니다. 나를 정죄하는 사단은 예수님의 이름으로 물러가라!' 고 하면서 신앙생활을 하시길 바랍니다. 환경을 두려워말고 전능자를 바라보고 하나님의 능력으로 승리하시길 바랍니다.

> 여호와의 손이 짧아 구원하지 못하심도 아니요 귀가 둔하여 듣지 못하심도 아니라 오직 너희 죄악이 너희와 너희 하나님 사이를 갈라놓았고 너희 죄가 그의 얼굴을 가리어서 너희에게서 듣지 않으시게 함이니라(사59:1-2)

때로는 나쁜 조직에서 활동하다가 빠져나오려 할 때, 그 조직에 의해 죽임을 당하든지 큰 해를 입을 때가 있습니다. 그와 같이 악령의 지배를 받다가 예수를 믿으면, 그 영의 역사로 잠시 혼돈이 올 수 있습니다. 그러나 기도하면 큰 영광을 볼 수 있습니다. 블레셋 같은 강한 군대가 접근해 와도 기도하는 백성은 이길 수가 없는 것입니다.

사무엘의 미스바 운동은 승리의 현장이 되었습니다

법궤를 빼앗고 엘리 시대의 막을 내리게 했던 블레셋은 사무엘에게는 패했습니다. 사무엘의 승리의 비밀은 기도였습니다.

❦ 사무엘이 젖 먹는 어린양 하나를 가져다가 온전한 번제를 여호와께 드리고 이스라엘을 위하여 여호와께 부르짖으매 여호와께서 응답하셨더라 사무엘이 번제를 드릴 때에 블레셋 사람이 이스라엘과 싸우려고 가까이 오매 그 날에 여호와께서 블레셋 사람에게 큰 우레를 발하여 그들을 어지럽게 하시니 그들이 이스라엘 앞에 패한지라 이스라엘 사람들이 미스바에서 나가서 블레셋 사람들을 추격하여 벧갈 아래에 이르기까지 쳤더라(7:9-11)

이젠 나라와 교회 그리고 가정의 문제를 놓고 좌절하지 말고 기도합시다. 택한 백성이 돌아오는 것은 기도의 능력입니다. 미스바의 기도회가 이루어지도록 기도합시다. 하나님과 화해가 있는 곳에는 초자연적인 보호가 있습니다. 큰 우뢰를 발하는 하나님의 전적인 능력이 있습니다. 사업의 성공도 하나님의 능력이요, 건강도 하나님의 능력이요, 부흥도 하나님의 은혜와 능력입니다. 우리에게는 내일이 있습니다. 기다림이 있습니다. 신령한 가정이 있습니다. 천국이 있습니다. 현재도 행복을 위해 살 수 있는 형제가 있습니다. 이방인이나 하나님의 말씀을 벗어난 이들의 이론이나 주관이 신령한 가정을 주장하지 못하게 하기를 주의 이름으로 축원합니다.

15

에벤에셀의 하나님

| 사무엘상 7:12-17 |

26년 동안 능하신 손으로 우리 교회를 지켜주신 하나님께 감사를 드리며 영광을 돌립니다. 26년 전, 겨울의 문턱에서 아카시아 잎이 바람에 날리고, 아침 저녁으로 찬바람이 소매 끝으로 파고 들 그 때의 천막교회 추억은 긴 세월이 지나도 잊을 수가 없습니다. 한 알의 작은 밀알을 땅 밑에서 썩혀 싹으로 살려내어 많은 열매를 맺게 하시는 하나님을 신뢰하지 않을 수 없습니다. 어떤 사람들은 예수님을 믿기 힘들다고 하는데, 하나님의 살아계심을 체험하게 되니 안 믿는 것이 더 어렵습니다. 누가 보아도 초라한 천막교회를 하나님께 맡기니 아름다운 교회로 바뀌어졌습니다. 처음 시작할 때의 두 세 사람의 열정을 보시고 현재 3천여 명의 성도로 큰 가정을 이루게 하셨습니다. 수없이 많은 가정들이 우리 교회를 통해 회복되었습니다. 영적, 육적으로도 성장했습니다. 하나님이 천지를 창조한 목적은 영광을 받으시기 위해서입니다. 사람을 창조하신 목적도 역시 영광 받으시기 위해서입니다.

여호수아 3장에 요단강이 갈라지는 사건이 있습니다. 광야를 통과한 이스라엘 백성들은 가나안으로 들어가야 했습니다. 가나안 땅에 들어가려면 요단강을 건너야 합니다. 그때 하나님의 뜻대로 여호수아가 제사장들에게 법궤를 메

믿음의 사람이 가는 길

(삼상 7:12-17) 사무엘이 돌을 취하여 미스바와 센 사이에 세워 이르되 여호와께서 여기까지 우리를 도우셨다 하고 그 이름을 에벤에셀 이라 하니라. 이에 블레셋 사람들이 굴복하여 다시는 이스라엘 지역 안에 들어오지 못하였으며 여호와의 손이 사무엘이 사는 날 동안에 블레셋 사람을 막으시매 블레셋 사람들이 이스라엘에서 빼앗았던 성읍이 에그론부터 가드까지 이스라엘에게 회복되니 이스라엘이 그 사방 지역을 블레셋 사람들의 손에서 도로 찾

고 요단강에 들어가도록 명령했습니다.

그 때 여호수아는, 이스라엘의 12지파의 대표를 뽑아 갈라진 요단강 바닥에서 돌들을 취하여 영원히 기념되기를 원했습니다. 하나님은 택한 백성들의 삶의 노정에서 하나님의 보호를 후손들에게 알리기를 원했습니다.

하나님은 역사를 매우 중시합니다. 선진국일수록 역사의식이 강합니다. 그러나 경제적으로 풍요해도 역사의식이 없으면 뿌리 깊은 공동체가 아닙니다. 자녀에게도 가정의 역사를 가르치고, 나라도 올바른 역사의식을 가진 이들이 있어야 세계 속에서 존경받는 국민이 될 것입니다. 선진들의 수고를 인정하면서 잘못된 것을 바로 고치는 것이 바른 역사의식입니다. 잘한 것은 묻어두고 잘못한 것만 지적하면서 역사를 바르게 세우겠다는 사고방식은 또 한 번의 역사 왜곡의 사태를 가져오게 될 것입니다.

성경에 기념비를 세우고 기념하라는 대부분의 사건은 이스라엘의 승리의 큰 사건입니다.

일 년에 한 번 맞이하는 날, 우리도 하나님이 우리 교회를 세우신 역사에 대해서 알아야 합니다. 우리 교회의 시작은 하나님의 전적인 섭리에 의해서 세워졌습니다.

 우리 교회를
개척하게 된 동기를 나누고 싶습니다. '군포사거리 군포중앙교회에 예배당이
있다'고 복음신문에 기사가 났습니다. 그것을 보는 순간 가보고 싶었습니다.
서울에서 군포사거리에 가려다가 군포역까지 왔습니다. 다시 차를 타고 나가다
가 당시 연립주택을 건축한 아래 아카시아 나무숲이 보였습니다. 도로 옆 2층
건물을 보고 임대하려다가 못하고 아카시아 나무에 '군포 제일교회' 명패를 붙
이고 시작했습니다. 군포에는 처음이었습니다. 그리고 하나님의 인도로 개척
교회가 시작되었습니다. 처음교회인 천막교회가 부흥했습니다. 하나님께서 성
도를 보내 주셨습니다. 그러나 하나님의 연단은 계속되었습니다. 외로움이 컸
습니다. 배고픔의 연속이었습니다. 천막에서 철야 기도로 밤새며 천막을 지킨
다고 힘들었습니다. 그때 하나님이 주신 은혜로 잘 지났습니다.

> 내가 궁핍하므로 말하는 것이 아니니라 어떠한 형편에든지 나는 자족하기를
> 배웠노니 나는 비천에 처할 줄도 알고 풍부에 처할 줄도 알아 모든 일 곧 배부
> 름과 배고픔과 풍부와 궁핍에도 처할 줄 아는 일체의 비결을 배웠노라 내게
> 능력 주시는 자 안에서 내가 모든 것을 할 수 있느니라 그러나 너희가 내 괴로
> 움에 함께 참여하였으니 잘하였도다(빌4:11-14)

위의 말씀을 암기하며 힘을 얻었습니다. 큰 그릇은 늦게 완성됩니다. 단단
한 쇠는 많이 연단 받고, 순금이 만들어지기까지는 강한 열이 필요합니다. 여러
분 중에도 연단 받고 있는 분이 계십니까? 낙심하지 말고 하나님을 의지하시길
주의 이름으로 축원합니다.

모든 것은 하나님의 역사로 이루어졌습니다 |

구약시대 사무엘
당시에 블레셋과 이스라엘의 싸움이 있었습니다. 사무엘이 이스라엘 백성을 미스
바로 모이게 했습니다. 백성과 사무엘이 이스라엘의 승리를 위해 기도했습니다.

사무엘은 하나님께 어린양을 취하여 온전한 번제를 드리며 기도했습니다. 그때 하나님이 응답하셨습니다. 우뢰를 발하여 블레셋 사람을 어지럽게 했습니다. 이스라엘 백성이 이겼습니다. 표면적으로 보면 이스라엘 백성들이 전쟁을 잘한 것처럼 보이지만, 전적으로 하나님의 은혜요 기도의 능력입니다. 하나님은 이 큰 승리를 후손에게 전하기를 원했습니다. 사무엘은 돌을 취하여 미스바와 센 사이에 세우고, 여호와께서 여기까지 우리를 도우셨다고 했습니다. 그리고 이름을 '에벤에셀' 이라고 했습니다.

여러분의 가정과 개인에게 있어 후손들에게 남길 하나님의 도움을 입은 흔적 무엇이 있습니까? 하나님께 응답 받은 것들을 얼마나 오랫동안 기억하고 계십니까? 또 육신적으로는 부모님이 물려준 귀한 것들이 얼마나 있습니까? 우리 집에는 할머니가 목걸이를 자기에게 주었다고 큰소리치는 자녀가 있습니다. 이 말은 자신이 할머니의 사랑을 받고 인정을 받았음을 자랑하는 것입니다.

오늘 강단에 올려져 있는 개척 때의 책상과 풍금과 간판은 일종의 겨자씨에 불과했습니다. 그러나 그 씨에서 싹이 나고 자라게 하신 분은 하나님이시므로 하나님께서 영광을 받으셔야 합니다.

하나님의 보호를 받으면 회복이 되고 평안해집니다 | 하나님의 보호가 있었으므로 블레셋이 굴복했습니다. 하나님을 멀리하는 이들에게는 하나님이 두려운 존재가 되지만, 이스라엘 백성에게는 회복을 주며 화평을 주시는 존재입니다.

> 이에 블레셋 사람들이 굴복하여 다시는 이스라엘 지역 안에 들어오지 못하였으며 여호와의 손이 사무엘이 사는 날 동안에 블레셋 사람을 막으시매 블레셋 사람들이 이스라엘에게서 빼앗았던 성읍이 에그론부터 가드까지 이스라엘에게 회복되니 이스라엘이 그 사방 지역을 블레셋 사람들의 손에서 도로 찾았고 또 이스라엘과 아모리 사람 사이에 평화가 있었더라(7:13-14)

오늘날 같으면 그리스도인의 잃어버린 명예를 찾는 것입니다. 잃어버린 건강을 찾는 것입니다. 처음 사랑을 회복하는 것입니다. 잃어버린 화목을 찾는 것입니다. 우리는 창립일이 되면 개척 때의 첫사랑을 회복하기 위해 18년째나 신학강좌를 열었습니다. 이렇게 한 것이 건강한 교회가 되었습니다. 역사가 더할수록 역사 속에서 이루어진 사건들을 기억해야 합니다. 본 교회 성도는 때마다 발간되는 책을 보관하고 임명장 등을 남겨서 후손들이 볼 수 있도록 해야 합니다. 생각이 건전해야 말이 바르게 되고 좋은 환경을 만들 수 있습니다. 우리 교회는 역사 속에서 아름다운 이름을 남길 것입니다. 목사는 그때의 마음으로 목회하고 성도들도 가족으로 사랑을 유지하게 될 것입니다.

오늘까지 '에벤에셀' 하신 하나님이 내일도 모레도 계속 하나님의 뜻대로 우리 교회를 성장하게 하실 것입니다. 어려울 때는 풍부함을 꿈꾸며 준비하고 좋을 때는 나쁜 환경을 이길 수 있도록 준비해야 합니다.

하나님께서 지혜를 주셔서 저는 20년 전부터 노인복지를 실천했습니다. 이젠 고령사회를 준비하기 위해 청소년을 위한 노력을 할 것입니다. 에벤에셀의 하나님을 믿는 우리는 회복과 행복을 체험하여 아름다운 동산의 샘을 만들 것입니다.

● 「사무엘 상」 개관

「사무엘 상」과 「사무엘 하」는 원래 하나의 책으로, 사사시대 말기(B.C. 1075년 경)에서부터 다윗의 통치가 끝나는 시기(B.C. 975년 경)까지의 일들을 다루고 있습니다. 「사무엘 상」은 사무엘, 사울, 다윗 세 인물을 중심으로 해서 일어난 사건들을 기록하고 있는데, 사사시대에서 왕국으로의 전환, 사울의 등극과 폐위, 그리고 비극적인 죽음, 다윗의 연단과 이스라엘 왕으로의 등극 이야기가 펼쳐집니다.

「사무엘 상」을 통해 하나님의 구원역사의 새로운 국면이 시작됩니다. 이제 하나님께서는 이스라엘을 직접 다스리시기 보다는 그들의 대표자인 왕을 통해 그의 백성들을 다스리십니다. 이스라엘은 인간 왕 자신의 나라가 아니라, 하나님 자신이 통치하시는 나라이며, 인간 왕은 단지 하나님의 사역자에 불과함을 「사무엘 상」은 분명히 드러내고 있습니다.

● 「사무엘 상」에 나타난 예수 그리스도의 모습

우리는 「사무엘 상」의 두 주요 인물 사무엘과 다윗에게서 앞으로 오실 예수 그리스도의 모습을 미리 그려볼 수 있습니다.

먼저 우리는 사사(왕), 제사장, 선지자의 세 직분을 겸했던 사무엘에게서 장차 그리스도께서 수행하실 메시아직의 성격을 보게 됩니다. 사무엘은 하나님의 대리자로서 세 직분을 충실하게 수행하였으며, 또 개인적으로 성별된 삶을 통하여 백성들의 칭송을 받았습니다.

또한 비천한 목동에서 이스라엘 왕으로 기름부음을 받은 후 고난과 역경의 세월을 헤쳐 나가는 다윗에게서는 장차 이 땅에 오사 수난 당하실 그리스도의 모습을 보게 됩니다.

제II부
믿음의 길로 부르심

16

이스라엘 백성에게 고통을 주는 사건

| 사무엘상 8:1-9 |

요즘 우리 사회는 큰 변화를 겪고 있습니다. 친구가 적이 되고 원수가 친구로 변하며, 과거의 역사가 단절되는 현실을 맞이하고 있습니다. 몇 년 전에는 '학교 교육이 무너진다' 는 말이 유행어처럼 떠돌더니, 이젠 '가정이 무너진다' 는 말이 나옵니다. 앞으로는 무엇이 무너진다고 하겠습니까? 이젠 '인간성이 무너진다' 고 할 것입니다. 천하보다 귀한 인간의 존재가 우상의 전당에 무릎을 꿇게 될 것입니다. 또 생명의 소중함보다는 사람을 하나의 물건처럼 취급하는 때가 오지 않을까 염려되기도 합니다. 그러나 이 같은 두려움에서 해방되는 길이 있습니다.

사무엘이 사사가 된 후, 전쟁으로 무너진 나라와 사상을 다시 세우고 종교, 경제, 심적으로 블레셋에 눌려있는 이스라엘을 회복시키려는 운동이 미스바 운동이었습니다.

"우리가 여호와께 범죄 하였나이다 블레셋 사람의 손에서 구원하시게 하옵소서"라고 이스라엘 백성들이 사무엘에게 부탁을 할 때, 사무엘은 어린 양을 취하여 온전한 번제를 여호와께 드리고 회개기도하며, 하나님께 응답 받는 운

(삼상 8:1-9) 사무엘이 늙으매 그의 아들들을 이스라엘 사사로 삼으니 장자의 이름은 요엘이요 차자의 이름은 아비야라 그들이 브엘세바에서 사사가 되니라 그의 아들들이 자기 아버지의 행위를 따르지 아니하고 이익을 따라 뇌물을 받고 판결을 굽게 하니라 이스라엘 모든 장로가 모여 라마에 있는 사무엘에게 나아가서 그에게 이르되 보소서 당신은 늙고 당신의 아들들은 당신의 행위를 따르지 아니하니 모든 나라와 같이 우리에게 왕을 세워 우리를 다스리게 하소서 한지라 우리에게 왕을 주어 우리를 다스리게 하라 했을 때에 사무엘이 그것을 기뻐하지 아니하여

동이 미스바 회복운동입니다. 그 후 사무엘이 사는 날 동안에 이스라엘에는 회복과 평화가 있었습니다.

그러나 이 평화의 지도자가 늙어 그의 자녀들이 사사가 되어 이스라엘의 지도자가 되었습니다. 그의 자녀들은 아버지 사무엘처럼 정직하지 못했습니다. 이 아들들은 하나님의 법을 어겼습니다. 그 일로 인해 이스라엘의 모든 장로들이 라마에 있는 사무엘을 찾아갔습니다. 장로들은 하나님의 직접 통치에서 벗어나 왕정(王政)을 요구했습니다. 그 말을 들은 사무엘의 마음에는 기쁨이 없었습니다. 하나님은 사무엘에게 말씀하였습니다.

> ♕ 여호와께서 사무엘에게 이르시되 백성이 네게 한 말을 다 들으라 이는 그들이 너를 버림이 아니요 나를 버려 자기들의 왕이 되지 못하게 함이니라(8:7)

자녀가 부모님의 말을 듣지 않고 결혼하기를 원할 때, 부모는 허락을 하면서도 자신의 결정에 대한 책임을 확실히 지도록 결혼 실패 후에 오는 고통을 소상히 설명해 줍니다. 마찬가지로 하나님께서는 왕정을 요구하는 이스라엘 백성에게 사무엘을 통하여 자신의 뜻을 전하라고 하십니다.

오늘 본문이 우리에게 주는 교훈을 받아 세상을 지혜롭게 살아야 합니다.

지도자의 타락은 잘못됨의 시작이 됩니다 | 사람이 살아가는 세상에는 죄가 있기 마련입니다. 그러나 그 죄는 사람을 불행하게 합니다. 위대한 지도자 사무엘이 다스릴 때는 이스라엘에 공의가 물 흐르듯 했습니다.

사무엘은 늙어 정계에서 은퇴를 하고 라마에 있었습니다. 그리고 사무엘의 장자인 요엘과 차자인 아비야가 이스라엘의 사사가 되었습니다.

🌿 장자의 이름은 요엘이요 차자의 이름은 아비야라 그들이 브엘세바에서 사사가 되니라(8:2)

그 아들들은 아버지의 행위를 닮지 않았습니다. 그들은 권력형 비리의 주역이 되었습니다. 뇌물을 취하면 판결을 굽게 합니다. 권력형 비리가 있는 곳에는 부패가 생깁니다. 우리사회가 혼잡해 지는 것도 정경유착, 권력형 비리, 집단 이기주의 등으로 인한 문제가 원인이 된 것으로 봅니다.

예레미야 선지자는 당시의 사회상을 다음과 같이 말하였습니다.

🌿 이 땅에 무섭고 놀라운 일이 있도다 선지자들은 거짓을 예언하며 제사장들은 자기 권력으로 다스리며 내 백성은 그것을 좋게 여기니 마지막에는 너희가 어찌하려느냐(렘5:30-31)

나라와 가정 그리고 교회의 지도자가 공의를 벗어나면 그 사회는 상당히 잘 못될 수 있습니다. 때로는 사람이 그것을 알기 때문에 교회 지도자들의 실수나 범죄를 크게 말하여 성도들이 하나님을 떠나게 합니다. 그러나 지혜로운 자는 사단의 유혹에 빠지지 않고 예수님을 바라봅니다.

위기 속에서 지혜로운 노인들의 교훈을 따라야합니다

사사들의 뇌물수수로 장로들이 일어났습니다. 오늘날로 말하면 탄핵을 한 것입니다. 장로들의 요구는 사사 대신 왕을 세우라는 것입니다. 이에 대해 사무엘은 기도하여 결정할 것입니다. 왕정을 세우는 것은 하나님의 통치에서 벗어나려는 것이기 때문에 명백한 죄악입니다.

백성들은 사무엘의 말을 듣지 않았습니다. 경험이 많은 사무엘의 말을 묵살하고 자기들의 뜻만을 내세웠습니다. 노인이 없는 곳에는 안정을 기대할 수 없습니다. 노인없이 자녀를 키우면, 아이들이 섬기는 것을 배우지 못함으로 자기만을 위해 살아가게 됩니다. 그렇게 되면 정치나 나라는 망하고, 사회는 분열될 것입니다.

이스라엘 역사에 보면 솔로몬이란 왕이 있었습니다. 그에게는 르호보암이란 아들이 있었는데, 그가 솔로몬의 뒤를 이어 왕이 되었습니다. 그때 이스라엘 백성은 선왕의 과중한 노역에 집단적으로 건의를 하기 시작했습니다. 회중은 뜻을 모아 여로보암을 대표로 삼아 르호보암왕에게 부역을 가볍게 해달라고 건의하였습니다. 그때 르호보암은 두 부류의 상담자를 선택했습니다. 먼저는 경험이 많은 원로들의 의견을 들었습니다. 원로들은 말했습니다.

그 다음에는 젊은이들의 의견을 들었습니다.

왕이 젊은이들의 의견을 받아들임으로 나라는 둘로 나뉘어졌습니다. 그리고 조상들까지 욕을 먹었습니다. 노인들이 없는 교육계, 청와대, 국회, 심지어

교회, 가정이 건강하고 안정되는데에는 어려움이 있습니다. 노인들의 의견은 '권세자가 섬기고 겸손하라', '힘있는 자가 앞서 보호해야 한다', '그리스도의 사랑의 지혜를 가져야 한다' 는 것입니다. 사무엘의 말에 권위가 있어야 나라가 잘되는 것입니다. 사사의 권위를 버리는 것은 곧 하나님을 버리는 것입니다. 우리는 하나님이 그 사람을 쓰시는 배경까지를 생각해야 합니다. 지도자의 죄가 드러나면 회개할 기회를 주고 기다려주고 함께 기도해야 합니다. 잘못되었다고 칼같이 지적하면 나중에는 남는 것이 없습니다. 즉 우리 사회에서도 목회자들의 비리가 나타날 때, 그 작은 것 때문에 행복의 근원 되시는 하나님을 떠나서는 결코 안될 것입니다.

하나님은 인간의 뜻이 잘못되었을지라도 용납할 때가 있습니다 | 부모가 자녀들의 부탁

을 받을 때가 있습니다. 길 가다가 불량식품 사달라고 울 때 몸에 좋은 것이 아닌 줄 알면서도 사줄 때가 있습니다. 그뿐입니까? 자신의 경험으로 보았을 때 두 사람이 하나 될 수 없는데도 결혼한다고 고집할 때, 마음에 들지 않지만 용납할 때도 있습니다. 그와 같이 하나님은 인간의 뜻이 악한 줄 알면서도 허용할 때가 있습니다. 잘못을 지적하면서도 허락할 때가 있습니다. 하나님께서는 인간의 사악한 요구에 응하시면서 패배를 체험할 기회를 만들어 주셨습니다. 저는 아들을 무척 사랑합니다. 그가 아주 어릴 때였습니다. 지금은 전압이 220V이지만 그때는 전압이 100V였습니다. 아들이 못을 가지고 전기 콘센트에 넣으려 했습니다. 처음에는 막았습니다. 그는 왜 막는지 영문을 몰라 떼를 썼습니다. 저는 가만 생각을 했습니다. 막는 것보다는 전기 감전이 얼마나 고통스러운 것인가 하는 것을 체험하는 것도 생명에 지장이 없는 한에서 괜찮겠다는 생각이 들었습니다. 그래서 자유하도록 내버려 두었더니 감전을 체험한 후 다시는 그렇게 하지 않았습니다.

하나님이 응답하신다고 다 좋은 것은 아닙니다. 하나님은, 그분의 뜻을 조금도 생각하지 않는 기도까지도 들어주시기도 합니다. 또 용납하시기도 합니다. 그러나 책임은 자신이 져야 합니다. 하나님은 인간의 뜻과 상반된 결과를 가져다주시기도 하십니다.

♛ 사람의 마음에는 많은 계획이 있어도 오직 여호와의 뜻만이 완전히 서리라(잠 19:21)

환경이나 시대의 악함이 문제가 아니라 우리의 자신이 문제입니다. 예수님 바라보고 진정으로 예배드리고 하나님의 능력으로 무장하면, 풀무불 같은 현실에서도 사자굴 같은 현실에서도 하나님의 능력으로 살아남을 것입니다. 우리는 예수 그리스도를 통해 영생을 얻었습니다. 이 교훈을 잘 받아 기도하고 하나님의 뜻을 먼저 생각합시다. 성경과 노인들로부터 얻은 지혜로 이 세상을 극복하시길 주님의 이름으로 축원합니다.

17 왕을 세워 달라는 이스라엘 백성

사람이 살면서 문제를 해결하는 과정에서 선택을 해야 될 때가 있습니다. 선택을 잘하느냐, 못하느냐에 따라 자신은 물론 자신에게 속해 있는 사람들이 그 선택의 결과에 대한 영향을 받게 됩니다.

사무엘이 통치한 때는 평화의 때요 이스라엘의 적 블레셋이 공격하지 못하는 힘있는 때였습니다. 그러므로 백성은 행복했고 정치도 안정이 되었습니다. 그러나 그의 아들들이 사사가 된 후 문제가 생겼습니다. 권력형 비리가 있는 곳에는 불신이 팽배합니다. 결국 이스라엘 백성은 사무엘의 자녀들의 죄를 미워하다가 하나님이 세운 제도와 하나님까지 불신했습니다.

알기 쉽게 말하면, 교회 중직이 잘못을 했을 때 그를 양육한 담임목사까지 불신하고 교회와 하나님까지 부정하는 것과 같습니다. 하나님이 세운 사사제도를 부정하면서 이스라엘 백성의 통치 모델을 부정하고 있습니다. 그들은 여호와의 보호를 거부하였습니다. 이스라엘 백성은 애굽에서 나와 지금까지 하나님의 보호로 살았습니다. 전쟁이 있을 때마다 하나님께서 그들과 함께 하셨습니다.

(삼상 8:10-22) 사무엘이 왕을 요구하는 백성에게 여호와의 모든 말씀을 말하여 이르되 너희를 다스릴 왕의 제도는 이러하니라 그가 너희 아들들을 데려다가 그의 병거와 말을 어거하게 하리니 그들이 그 병거 앞에서 달릴 것이며 그가 또 너희의 아들들을 천부장과 오십부장을 삼을 것이며 자기 밭을 갈게 하고 자기 추수를 하게 할 것이며 자기 무기와 병거의 장비도 만들게 할 것이며 그가 또 너희의 딸들을 데려다가 향료 만드는 자와 요리하는 자와 떡 굽는 자로 삼을 것이며 그가 또 너희의 밭과 포도원과 감람원에서 제일 좋은 것을 가져다가 자기의 신하들에게 줄 것이며 그가 또 너희의 곡식과 포도원 소산의 십일조를 거두어 자기의 관리와 신하에게 줄 것이며 그가 또 너희의 노비

🐚 너희 중 한 사람이 천 명을 쫓으리니 이는 너희의 하나님 여호와 그가 너희에게 말씀하신 것 같이 너희를 위하여 싸우심이라(수23:10)

하나님이 이스라엘 백성을 위해서 싸우셨습니다. 그러나 이스라엘의 장로들은 하나님 대신 왕이 세워지기를 원했습니다.

🐚 우리도 다른 나라들 같이 되어 우리의 왕이 우리를 다스리며 우리 앞에 나가서 우리의 싸움을 싸워야 할 것이니이다 하는지라(8:20)

왕을 요구한 그 자체보다 열방의 왕을 모델 삼고자 한 것이 잘못입니다

열방의 왕을 모델삼아 왕을 요구하는 그 자체가 우상숭배요, 죄악이었습니다. 하나님도 선민에 대한 왕국을 계획하고 있었습니다.

🐚 규가 유다를 떠나지 아니하며 통치자의 지팡이가 그 발 사이에서 떠나지 아니하기를 실로가 오시기까지 이르리니 그에게 모든 백성이 복종하리로다(창 49:10)

규(珪)라는 것은 왕권을 의미합니다. 하나님은 이스라엘 백성이 왕권을 요구할 것을 이미 알고 계셨습니다.

이때는 왕을 세워야 될 때가 아니라 하나님의 약속에 따라 하나님의 뜻에 맞는 사람을 세워야 하는 때였습니다. 사울왕은 하나님이 원하시는 때의 왕이 아니라 백성들이 요구하는 때의 왕입니다.

이스라엘 백성의 요구는 하나님 앞에서 행하여진 것입니다. 모든 것은 하나님의 뜻대로 때를 맞추어 이루어집니다.

요한복음 2장에 가나 혼인잔치에 대한 말씀이 나옵니다. 잔치 집에 포도주가 떨어진 것을 예수님의 어머니 마리아가 알았습니다.

사람이 생각하는 때와 예수님이 생각하는 때가 다른 것입니다. 조급해 하지 말고 기다리면 모든 것이 잘됩니다. 그러나 당시 이스라엘 백성이 참지 못하고 자신들의 방법으로 왕을 요구하였으며, 사무엘을 불신하므로 하나님의 노를 일으켰습니다.

이스라엘 백성들이 나름대로 왕을 요구한 간접적인 이유로는, 주변 열국이 왕을 세워 통치하는 것이 좋게 보였기 때문입니다. 또 자신들의 조상들이 애굽에 있을 때 왕을 신처럼 모시면서 자부심을 가지고 살았을 때를 기억한 것입니다. 또한 가나안에 들어 왔을 때 그들에게 왕들이 있음을 보았습니다. 왕은 백성들의 눈에 항상 보이는 존재이며, 단합된 조직을 가지고 있습니다. 그러나 사사들은 상설기구가 아니라, 일이 생기면 하나님의 능력으로 활동하는 사람들입니다. 이스라엘 사사체제는 통일된 이스라엘을 통치하기보다는 지역별로 다스리는 임시적인 체제이므로 이스라엘 백성의 눈에는 결속력이 없고 나약해 보여진 것입니다. 뿐만 아니라 사무엘이 늙어서 그에게서 더 이상 주권적 활동을 기대할 수 없다고 판단하였던 것입니다.

왕의 제도를 알려주시는 하나님이십니다 |

왕을 세우면 전쟁을 해야 하며 그렇게 하기 위해 군대를 양성해야 합니다. 군사상으로 노역이 필요하기 때문에 노역에 종사해야 했습니다. 중국의 만리장성을 만드는데도 수없이 많은 사람이 희생을 당했습니다. 여자들은 왕과 왕가의 사치품과 몸종이 되었습니다.

> ♛ 너희를 다스릴 왕의 제도는 이러하니라 그가 너희 아들들을 데려다가 그의 병거와 말을 어거하게 하리니 그들이 그 병거 앞에서 달릴 것이며(8:11)

이는 강제적으로 물건이나 사람을 빼앗는 행위를 가리킵니다. 왕은 백성들의 의지와 관계없이 강제 징집을 결정합니다. 그리고 전쟁터로 내보낼 수 있습니다. 이방인 왕들의 조직을 요구한 결과 백성들은 왕의 종으로서 형편없는 존재가 되어버렸습니다. 그리고 백부장과 오십부장 등 계급 사회가 시작되었습니다.

이와 같은 제도에 메이고 십일조를 왕가에 바쳐야 했습니다.

그럼에도 백성들은 왕을 요구했습니다. 이스라엘 백성이 요구하는 것이 보기에는 화려하고 결집력이 있는 것 같으나, 속으로는 파멸입니다. 이스라엘 백성이 왕을 구함으로 얻어지는 것이 있습니다. 허세와 호화로움입니다. 교회도 건물 자랑, 인원 자랑, 조직 자랑하고 학식과 권력을 앞세우면 속화(俗化)됩니다. 허세와 교만은 실패의 시작이 됩니다. 반대로 하나님 중심으로 살면 성공합니다. 이스라엘 백성의 요구는 성공 같은 실패로 끝이 납니다. 하나님을 왕으로 모시는 사람은 천하보다 귀한 생명을 얻게 됩니다. 하나님의 통치를 받으면 강자가 됩니다. 왕정 때의 2/3가 전쟁이었다면 사사 때는 2/3가 평화였습니다. 열방과 같은 왕을 선택한 것이 우상 숭배로 이어지는 실패의 원인이 되었습니다. 그러나 하나님이 원하는 이스라엘의 왕국의 형태는 열방과 다른 것입니다. 이스라엘 백성을 다스리는 왕은 하나님의 전적(全的)인 통치를 받아야 합니다.

하나님이 원하는 통치는 온전한 순종이며 전적인 의지입니다

이스라엘 왕의 성공의 기준은 하나님과의 관계에서부터 시작됩니다. 모세에게 말씀하시길 기드온이 그들에게 이르되 내가 너희를 다스리지 아니하겠고 나의 아들도 너희를 다스리지 아니할 것이요 여호와께서 너희를 다스리시리라 하니라(삿8:23)

또 다윗은,

🐚 사무엘이 번제를 드릴 때에 블레셋 사람이 이스라엘과 싸우려고 가까이 오매 그 날에 여호와께서 블레셋 사람에게 큰 우레를 발하여 그들을 어지럽게 하시니 그들이 이스라엘 앞에 패한지라(7:10)
🐚 다윗이 블레셋 사람에게 이르되 너는 칼과 창과 단창으로 내게 나아 오거니와 나는 만군의 여호와의 이름 곧 네가 모욕하는 이스라엘 군대의 하나님의 이름으로 네게 나아가노라(17:45)

라고 말했습니다.

여러분의 삶은 무엇에 의해 좌우되고 있습니까? 형통을 원하십니까? 천지 만물을 창조하시고 생사(生死)의 주관자 되시는 하나님을 의지하십시오. 열방의 조직과 성민(聖民)의 조직은 서로 다릅니다. 열방 왕의 사상과 성민 왕의 사상도 구분될 수 있습니다. 교회 민주화를 말하는 것은 인간 중심의 교회를 만들려는 사단의 운동입니다. 오직 왕되신 예수님을 높이고 말씀과 기도와 순종의 삶을 살 때 하나님의 보호를 받게 됩니다.

말하기 전에 성경을 묵상하고 행하기 전에 하나님의 뜻인가를 확인해야 합니다. 하나님의 말씀 안에 있으면 사단의 공격을 막을 수 있습니다. 하나님은 잘못된 것을 요구하는 이스라엘에게도 사랑을 유지하고 새로운 것을 준비하듯 우리의 장래를 인도해 주십니다. 하나님께서는 우리에게 참 승리의 노래를 부를 수 있도록 하실 것입니다.

인간미를 가진 사울

| 사무엘상 9:1-4 |

모든 것은 때가 있습니다. 사람이 요구하는 때와 하나님이 요구하시는 때가 있습니다. 요즘 시대의 사람은 때를 분별하지 못하여 본인의 실력으로만 살다보니 지쳐있습니다.

🐚 수고하고 무거운 짐진 자들아 다 내게로 오라 내가 너희를 쉬게 하리라(마 11:28)

예수님은 사람들이 수고하고 무거운 짐을 지면서 살고 있는 것을 아셔서 오라고 하신 것입니다. 오라는 목적은 행복하게 해 주시기 위해서입니다. 사람이 행복해지려면 죄 문제가 해결되어야 합니다. 죄는 사망에 이르게 하는 병입니다. 죄는 하나님과 단절시키는 것이요 사람을 사랑할 수 없는 성품을 가지게 하는 요소입니다.

요즘 우리 사회를 떠들썩하게 하는 쓰레기만두 사건은 결과적으로 드러난 사건입니다. 드러나지 않는 비리나 문제는 더 많으리라 생각됩니다. 우리 민족의 경제적 불경기가 문제가 아니라 심적 불경기가 더욱 문제입니다.

만두는 안 먹으면 그만이지만, 그 공장에서 일하는 사람들의 실직은 누가

(삼상 9:1-4) 베냐민 지파에 기스라 이름하는 유력한 사람이 있으니 그는 아비엘의 아들이요 스롤의 손자요 베고랏의 증손이요 아비아의 현손이며 베냐민 사람이더라 기스에게 아들이 있으니 그의 이름은 사울이요 준수한 소년이라 이스라엘 자손 중에 그보다 더 준수한 자가 없고 키는 모든 백성보다 어깨 위만큼 더 컸더라 사울의 아버지

책임집니까? 그 식품공장에서 일해서는 안 될 사람으로 인해 다른 좋은 사람이 피해를 보고 있습니다. 함께 사는 사회는 나 혼자만 잘해서 되는 것이 아니라 함께 잘해야 합니다. 자기 혼자 행복해지려고 하면 행복할 수가 없습니다.

이스라엘 지도자에 대한 잘못된 판단이 온 백성을 한 왕의 종으로 만들었습니다. 이스라엘 백성들은 하나님의 다스림을 벗어나 왕의 다스림 안으로 들어갔습니다. 그들의 아들들은 천부장과 백부장 그리고 오십부장으로 복무하게 됩니다. 백성들은 왕의 말을 끌며 병기와 병거의 제구를 만들게 되었습니다. 그들의 딸들은 향료 만드는 자와 요리하는 자와 떡 굽는 자가 되었습니다. 왕은 백성들에게 좋은 것을 요구하여 자신의 신하들에게 줄 것이라고 했습니다.

> 그 날에 너희는 너희가 택한 왕으로 말미암아 부르짖되 그 날에 여호와께서 너희에게 응답하지 아니하시리라 하니(8:18)

왕과 백성 사이에 억울한 일이 생겨도 하나님은 그곳에 개입하지 않으신다고 했습니다. 사무엘이 하나님의 뜻을 받들어 이스라엘 장로들에게 말해도 그들은 듣기를 거절했습니다. 하나님은 이스라엘 백성의 요구를 들어 주라고 사무엘에게 말씀하셨습니다.

사울의 아버지가 암나귀들을 잃어버렸습니다. 그래서 사울에게 사환을 데리고 가서 찾아오라고 했습니다. 사울이 여러 곳을 두루 찾아다녔으나 찾지 못하고 사흘이 지났습니다. 사울은 자신의 부친이 자신으로 인해 염려할 것을 걱정했습니다. 그때 하나님의 사람을 찾게 되었습니다. 사울과 사환은 하나님의 사람에게 선물을 준비하여 찾아갔습니다. 사울이 사무엘을 찾아가 만나는 것은 하나님의 계획이었습니다. 사울을 왕으로 세울 준비를 한 것입니다. 왕이 되는 것은 사울 자신도 예측을 못한 상황입니다.

기스가 암나귀들을 잃고 그의 아들 사울에게 이르되 너는 일어나 한 사환을 데리고 가서 암나귀들을 찾으라 하매 그가 에브라임 산지와 살리사 땅으로 두루 다녀 보았으나 찾지 못하고 사알림 땅으로 두루 다녀 보았으나 그 곳에는 없었고 베냐민 사람의 땅으로 두루 다녀 보았으나 찾지 못하니라 사무엘과 사울의 만찬과 담화가 끝난 후에 사무엘은 사울에게 왕이 되는 기름을 부어 이스라엘의 초대 왕으로 세웠습니다. 이 왕제도가 이스라엘 백성에게는 고통이지만 사울 개인에게는 영광이요 행복입니다. 아무리 가난한 나라, 문제 있는 나라의 왕도 그 백성에게는 행복의 대상일 수 있습니다.

오늘은 사울이 그 시대 왕으로 누릴 수 있는 복을 통해 은혜를 받고자 합니다.

사울의 선택은 사람 편에서는 합격입니다

사울의 등장은 그 시대에 필요한 것이었습니다. 그러나 그것은 표면적으로 본 것입니다. 성경의 약속을 보면 사울왕은 다윗 왕족이 태어나기 전에 잠시 세워진 것으로 볼 수 밖에 없습니다. 유다 지파에서 홀이 나와야 할 것인데 사울은 베냐민 지파에서 나왔습니다. 그러므로 하나님이 세우고자 하는 혈통이 아닙니다. 백성의 요구에 의해 세워진 것입니다. 그러나 거기에도 하나님이 함께 하시고 간섭하시고 계십니다. 베냐민 지파는 야곱의 가정에서 난 혈통입니다. 베냐민은 야곱의 사랑을 많이 받았습니다. 신약에서 바울도 자신을 소개할 때 베냐민 지파 출신임을 자랑하고 있습니다.

> 내가 팔일 만에 할례를 받고 이스라엘 족속이요 베냐민 지파요 히브리인 중의 히브리인이요 율법으로는 바리새인이요 열심으로는 교회를 박해하고 율법의 의로는 흠이 없는 자라(빌3:5-6)

또 사울은 전투력도 갖추고 있었습니다. 그리고 젊고 잘생겼습니다.

> 기스에게 아들이 있으니 그의 이름은 사울이요 준수한 소년이라 이스라엘 자손 중에 그보다 더 준수한 자가 없고 키는 모든 백성보다 어깨 위만큼 더 컸더라(9:2)

사울은 효자였고 책임감과 예의를 갖추었습니다 | 사울은 아버지가 암나귀를 찾아오라고 했을 때 순종했습니다. 그뿐 아니라 암나귀를 여러 날 동안 못 찾았을 때 부모님이 자기를 위해 염려하지 않을까를 생각했던 사람입니다. 부모님의 근심을 생각하는 아들은 아름다운 자녀입니다. 부모님을 배려하고 생각하는 것이 인간관계에서는 기본이 됩니다. 십계명 중에 5계명이 "네 부모를 공경하라" 입니다.

사울은 땅에서 잘되는 길을 가는 사람이었습니다. 아버지의 부탁을 받고 나귀를 찾는데 3일이나 시간을 보낼 수 있는 사람이라면 책임감이 강한 사람입니다. 지도자는 책임감이 있어야 합니다. 지도자뿐만 아니라 모든 사람은 자신이 해야 할 일에 최선을 다해야 합니다. 직분자 중에 무엇을 맡겨 놓으면 환경을 핑계로 머뭇거리고 하지 않는 사람이 있습니다. 공부와 일과 가정에서나 직장에서 책임감이 없는 사람을 책임자로 선택할 수 없습니다. 책임감을 가지고 살아가는 사람이 되시길 바랍니다.

사울은 예절 바르고 도덕성이 있는 사람입니다.

> 사환이 사울에게 다시 대답하여 이르되 보소서 내 손에 은 한 세겔의 사분의 일이 있으니 하나님의 사람에게 드려 우리 길을 가르쳐 달라 하겠나이다 하더라(9:8)

하나님 앞에 나올 때 빈손 들고 나오지 않고 감사하는 마음의 열매를 가지고 나왔습니다. 가족 중에도 부모님 찾아뵙게 될 때 부모님께서 좋아하시는 것을 사들고 가는 자녀와 빈손으로 가는 자의 모습을 상상하면 알 수 있습니다. 교회 올 때도 십일조, 감사, 복지, 건축 연보 등을 가지고 나오는 사람과 준비 없이 나오는 사람은 은혜 받는 것에 차이가 있습니다. 정장을 입고 깨끗하게 하고 사람을 만나는 사람과 평상복을 입고 만나는 사람과의 대화가 다를 수 있습니다. 예절 바르고 도덕성이 있는 사람을 좋아합니다. 따라서 특별히 교회 오래 다닌 사람은 더 겸손하고 경건해야 합니다. 또한 사울은 원만한 인격을 가진 사람입니다.

사울은 선견자에게 물으러 가자는 아랫사람의 제안을 받아들였습니다. 귀천(貴賤)에 관계없이 하나님 중심의 의견과 사람을 행복하게 하는 의견을 받아들이는 것이 좋은 지도자입니다. 좋은 남편은 믿음 있는 아내의 의견을 존중합니다. 사울은 이렇게 좋은 점들을 많이 갖추고 있는 왕이었습니다.

이스라엘 백성들이 왕을 선택하는 기준에 신앙의 결함이 있습니다 |

사람을 도덕적으로만 보면 바르게 선택할 수 없습니다. 사울은 도덕적으로는 비교적 바른 사람이었으나, 하나님이 보시기엔 합당한 사람은 아니었습니다. 당시 사람들은 신앙에 문제가 있었습니다. 그래서 사무엘을 버리고 하나님을 버렸습니다. 하나님의 깊은 뜻을 생각지 않고 현실에만 급급했던 것입니다. 도덕 이상으로 중요한 것이 하나님과의 관계입니다. 율법에 입각하여 왕으로 골랐다면 사울은 혈통에서부터 불합격했을 것입니다. 택한 백성의 사람의 선택은 신앙 중심이 되어야 합니다. 동역자나 결혼 상대를 고를 때도 신앙 중심으로 골라야 합니다.

영국의 설교가였던 뉴먼(J. H. Newman) 목사님은 사울에 대하여 일생 동안 설교를 하지 못했다고 합니다. 그 이유는, 사울은 신중성이 없는 성격이고, 아버지 기스는 재물관리는 잘한 것 같은데 신앙에 대해서는 알 길이 없고, 사환도 알고 있는 선지자의 집을 사울은 모르고 있었으므로 사람들이 보기에는 아무런 하자가 없어도 하나님이 보시기엔 문제가 있기 때문이라고 했습니다.

이 시대에 하나님이 우리에게 요구하는 것이 있습니다.

첫째, 하나님을 두려워해야 합니다. 하나님의 말씀에 권위를 두어야 합니다. 그러므로 태어날 때부터 성경을 가르쳐야 합니다. 둘째, 공적예배를 잘 드리는 생활이 있어야 합니다. 그러므로 주일 성수를 잘해야 합니다. 셋째, 역사 의식이 있어야 합니다. 성경을 읽고 성경에 뿌리를 두어야 건강한 역사를 이어 나갈 수 있습니다.

사랑하는 성도 여러분! 요즘 불경기라고 합니다. 그러나 과거에 찔레, 송구, 쑥을 먹을 때보다는 양호합니다. 상대적 빈곤으로 낙심하지 말고 영적 풍성을 가지고 화목을 택하기를 바랍니다. 사울과 같은 누림의 열매와 다윗과 같은 믿음 가지고 십자가 사랑을 실천하시길 바랍니다. 하나님은 우리를 사랑하십니다.

19 왕으로 세움을 입은 사울

2년 전부터 제일 가정봉사원 파견센터에서 돌봐드리던 할아버지가 있었습니다. 그분은 아내나 자녀들의 보살핌을 받지 못하고 가정 봉사원들의 도움을 받으며 조용히 세상을 떠나야 했습니다. 그런데 그분의 가슴에는 통장 하나가 있었습니다. 그는 그 통장을 가출한 딸이 돌아오면 결혼시킬 자금으로 간직했던 것 같습니다. 그러나 가족은 살아생전에 돌아오지 않았습니다. 그는 통장을 남기고 돌아갔고, 그의 육체는 시청과 성민원의 도움으로 화장하여 한줌의 재로 돌아갔습니다. 아버지 사후에 아내와 딸이 와서 그 통장을 찾아갔습니다. 이 사건으로 인해 자녀는 부모를 버렸지만, 부모는 자녀를 버릴 수 없음을 알 수 있었습니다.

하나님은 부모에게 하나님의 속성을 주셨습니다. 사랑과 돌봄과 헌신의 성품을 주셨습니다. 부모는 자녀가 거절해도, 좋다고 생각되면 억지로라도 좋은 것을 먹이려고 하고 좋은 환경을 만들어 주려고 합니다. 하나님은 이스라엘 백

믿음의 사람이 가는 길

(삼상 9:15-27) 사울이 오기 전날에 여호와께서 사무엘에게 알게 하여 이르시되 내일 이맘 때에 내가 베냐민 땅에서 한 사람을 네게로 보내리니 너는 그에게 기름을 부어 내 백성 이스라엘의 지도자로 삼으라 그가 내 백성을 블레셋 사람들의 손에서 구원하리라 내 백성의 부르짖음이 내게 상달되었으므로 내가 그들을 돌보았노라 하셨더니 사무엘이 사울을 볼 때에 여호와께서 그에게 이르시되 보라 이는 내가 네게 말한 사람이니 이가 내 백성을 다스리리라 하시니라 사울이 성문 안 사무엘에게 나아가 이르되 선견자의 집이 어디인지 청하건대 내게 가르치소서 하니 사무엘이 사울에게 대답하여 이르되 내가 선견자이니라 너는 내 앞서 산당으로 올라가라 너희가 오늘 나와 함께 먹을 것이요 아침에는 내가 너를 보내되 네 마음에 있는 것을 다 네게 말하리라 사흘 전에 잃은 네 암나귀들을 염려하지 말라 찾았느니라 온 이스라엘이 사모하는 자가 누구냐 너와 네 아버지의 온 집이 아니냐 하는지라 사울이 대답하여 이르되 나는 이스라엘 지파의 가장 작은 지파 베냐민 사람이 아니니이까 또 나의 가족은 베냐민 지파 모

성의 아버지입니다. 행위와 관계없이 사랑하고 하나님의 뜻을 벗어났음에도 요구를 들어 주시는 분이십니다.

하나님께서는 이스라엘 백성들에게 왕이 세워지면 여러 가지 고통이 있음을 알려주었습니다. 그러나 그들은 하나님의 말씀을 듣지 않았습니다. 하나님의 말씀을 대언하는 자의 말을 듣지 않았습니다. 그때 하나님은 이스라엘 백성의 요구를 들어주었습니다.

요구한 대로 누가 보아도 멋진 청년을 선택했습니다 |

하나님은 사울을 택하여 이스라엘 백성의 왕으로 삼기로 작정했습니다. 그러나 본인이나 가족도 알지 못했습니다. 하나님은 택한 사람을 훈련하시고 환경을 통하여 자신이 원하는 곳으로 오도록 역사하십니다.

> 우리도 다른 나라들 같이 되어 우리의 왕이 우리를 다스리며 우리 앞에 나가서 우리의 싸움을 싸워야 할 것이니이다 하는지라(8:20)

택자들이 살아가는 것에는 우연이 없습니다. 예수 믿게 되는 것도 하나님의 계획이요, 성공과 실패를 통해 얻어지는 여러가지 일들도 하나님의 계획 속에 있습니다.

❀ 당신들은 나를 해하려 하였으나 하나님은 그것을 선으로 바꾸사 오늘과 같이 많은 백성의 생명을 구원하게 하시려 하셨나니(창50:20)

때로는 상대가 죽이려고 하지만 그것을 피하다보면 하나님이 원하는 길로 갑니다. 하나님은 환경을 통하여 순종의 길로 인도하시는 분이십니다. 현재 어려움을 신앙의 회복과 성장의 기회로 삼아야 소망이 있습니다.

❀ 생각하건대 현재의 고난은 장차 우리에게 나타날 영광과 비교할 수 없느니라 (롬8:18)

❀ 자기 아들을 아끼지 아니하시고 우리 모든 사람을 위하여 내주신 이가 어찌 그 아들과 함께 모든 것을 우리에게 주시지 아니하겠느냐 누가 능히 하나님께서 택하신 자들을 고발하리요 의롭다 하신 이는 하나님이시니 누가 정죄하리요 죽으실 뿐 아니라 다시 살아나신 이는 그리스도 예수시니 그는 하나님 우편에 계신 자요 우리를 위하여 간구하시는 자시니라(롬8:32-34)

하나님은 사울과 사무엘의 만남을 주선하십니다. 사울이 사무엘을 만나려면 집을 떠나 사무엘에게로 가야 합니다. 하나님은 사울이 가정을 떠나게 하는 방법으로 아버지의 암나귀를 잃어버리게 했고 찾아 나서게 합니다. 사울과 사환이 아버지의 뜻을 받들어 나귀를 찾아 나섰습니다. 그러나 그들은 찾지 못했습니다. 그들이 찾았다면 사무엘을 찾아가지 않았을 것입니다. 찾지 못하였음으로 사환의 건의를 받아 선지자를 찾아가게 되었습니다.

❀ 사울이 그의 사환에게 이르되 네 말이 옳다 가자 하고 그들이 하나님의 사람이 있는 성읍으로 가니라(9:10)

그때 뿐 아니라 오늘날도 실패를 통해서 주님을 만나는 사람이 많습니다. 때로는 감옥, 병상, 사업실패 속의 문제 때문에 교회에 나옵니다. 어떤 환경 속에서도 교회를 찾아오면 생각 밖의 축복이 예비되어 있습니다.

하나님은 사무엘에게 사울이 찾아오는 것을 알게 했습니다 |

하나님은 사무엘에게는 말씀으로 인도하셨으나 사울에게는 환경을 통하여 사무엘이 있는 산당으로 오게 했습니다. 하나님은 사무엘로 하여금 사울에게 기름을 부어 이스라엘의 지도자로 삼으라고 했습니다.

> 🐚 사울이 오기 전날에 여호와께서 사무엘에게 알게 하여 이르시되 내일 이맘 때에 내가 베냐민 땅에서 한 사람을 네게로 보내리니 너는 그에게 기름을 부어 내 백성 이스라엘의 지도자로 삼으라 그가 내 백성을 블레셋 사람들의 손에서 구원하리라 내 백성의 부르짖음이 내게 상달되었으므로 내가 그들을 돌보았노라 하셨더니(9:15-16)

사무엘과 사울의 만남이 이루어졌습니다. 사울은 하나님이 사무엘에게 말한 것을 듣는 복을 받았습니다.

> 🐚 사무엘이 사울에게 대답하여 이르되 내가 선견자이니라 너는 내 앞서 산당으로 올라가라 너희가 오늘 나와 함께 먹을 것이요 아침에는 내가 너를 보내되 네 마음에 있는 것을 다 네게 말하리라(9:19)

마음 속에 있는 것을 말할 수 있는 사람이 있는가 하면 할 수 없는 사람이 있습니다. 또 들을 수 있는 기회를 얻는 사람이 있는가 하면 듣지 못하는 사람이 있을 수 있습니다. 사울은 귀한 말씀을 듣는 복을 받았습니다. 그리고 암나귀를 찾는 염려에서도 해결 받았습니다.

오늘 여러분이 예수님을 만나 '행복, 희망, 첫사랑, 물질, 건강을 찾았느니라' 라는 음성을 듣기를 바랍니다. 탕자가 아버지 집을 찾아왔을 때 위로가 있는 것처럼 선지자를 찾으면 은혜의 말씀을 듣습니다. 또한 성령의 인도가 있을 때 신령한 복을 받을 수 있습니다. 사무엘을 통해 복된 소식을 들은 후 사울은 말했습니다.

사울은 사무엘의 말을 감당할 길이 없었습니다. 그는 자신의 분수를 알았습니다. 그는 겸손했습니다. 하나님이 이스라엘 백성의 지도자로 세울만한 성품이 있었습니다. '가장 작은 지파, 가장 미약하다' 라는 표현을 했습니다. 사울의 초심은 매우 아름다웠습니다. 좋은 사람과 그렇지 않는 사람과의 차이는 시간이 갈수록 더 잘하는 사람이 있는가 하면 안일하면 자신의 위치를 확보하는 사람이 있습니다. 권력과 부를 가지면 가질수록 겸손해지는 사람이 좋은 사람입니다.

왕으로 세움을 입은 사울과 사무엘의 관계가 있습니다 | 하나

님은 자신의 뜻을 종에게 알리고 말하게 하십니다. 사무엘은 사울을 사환과 함께 객실로 인도해서 청한 자 중 앞자리에 앉게 했습니다. 이 만찬에 참석한 인원은 30명 가량이었습니다. 좋은 음식을 사울 앞에 주었으며 함께 먹었습니다.

🐚 그들이 산당에서 내려 성읍에 들어가서는 사무엘이 사울과 함께 지붕에서 담화하고 그들이 일찍이 일어날새 동틀 때쯤이라 사무엘이 지붕에서 사울을 불러 이르되 일어나라 내가 너를 보내리라 하매 사울이 일어나고 그 두 사람 사울과 사무엘이 함께 밖으로 나가서(9:25-26)

백성의 지도자와 주의 종의 관계는 매우 밀접해야 됨을 보여 주는 사건입니다. 세움을 입는 자는 자신이 매우 작고 미약함을 고백해야 합니다. 하나님은 여러분의 아버지이십니다. 그분께서 여러 환경을 통해 여러분을 이곳으로 오게 했습니다. 우리는 믿음의 가정으로 만왕의 왕 되신 예수님께 속했습니다. 예수 안에 속한 여러분은 원수 마귀가 손대지 못합니다. 하나님은 예수 그리스도를 통해 복을 주십니다. 또 그 분을 전함으로 은혜를 입히십니다. 교회와의 단절은 하나님과의 단절입니다. 목회자는 개척할 때의 영혼 사랑하는 열정이 있어야 하고, 장로는 집사이었을 때와 같이 겸손하고, 권사도 초심으로 돌아가야 하며, 아내와 남편은 신혼 때처럼 서로를 아껴야 합니다. 오늘도 하나님의 사랑을 기억하고 참 평안을 가지고 승리하기를 축원합니다.

20 하나님이 쓰는 사울

사무엘이 하나님의 뜻대로 기스의 아들 사울에게 기름을 부어 이스라엘의 지도자로 삼았습니다. 사무엘은 사울에게 자신과 헤어진 후에 만날 사람과 되어질 일들을 알려주었습니다. 그가 말한대로 사울은 라헬의 묘실 곁에서 두 사람을 만났습니다. 그들은 사울에게, "네 아버지의 암나귀를 찾았으며 아들을 인하여 걱정한다"고 말했다고 했습니다.

※ 네가 거기서 더 나아가서 다볼 상수리나무에 이르면 거기서 하나님을 뵈오려고 벧엘로 올라가는 세 사람을 만나리니 한 사람은 염소 새끼 셋을 이끌었고 한 사람은 떡 세 덩이를 가졌고 한 사람은 포도주 한 가죽부대를 가진 자라 그들이 네게 문안하고 떡 두 덩이를 주겠고 너는 그의 손에서 받으리라 그 후에 네가 하나님의 산에 이르리니 그 곳에는 블레셋 사람들의 영문이 있느니라 네가 그

(삼상 10:1-16) 이에 사무엘이 기름병을 가져다가 사울의 머리에 붓고 입맞추며 이르되 여호와께서 네게 기름을 부으사 그의 기업의 지도자로 삼지 아니하셨느냐 네가 오늘 나를 떠나가다가 베냐민 경계 셀사에 있는 라헬의 묘실 곁에서 두 사람을 만나리니 그들이 네게 이르기를 네가 찾으러 갔던 암나귀들을 찾은지라 네 아버지가 암나귀들의 염려는 놓았으나 너희로 말미암아 걱정하여 이르되 내 아들을 위하여 어찌하리요 하더라 할 것이요 네가 거기서 더 나아가서 다볼 상수리나무에 이르면 거기서 하나님을 뵈오려고 벧엘로 올라가는 세 사람을 만나리니 한 사람은 염소 새끼 셋을 이끌었고 한 사람은 떡 세 덩이를 가졌고 한 사람은 포도주 한 가죽부대를 가진 자라 그들이 네게 문안하고 떡 두 덩이를 주겠고 너는 그의 손에서 받으리라 그 후에 네가 하나님의 산에 이르리니 그 곳에는 블레셋 사람들의 영문이 있느니라 네가 그리로 가서 그 성읍으로 들어갈 때에 선지자의 무리가 산당에서부터 비파와 소고와 저와 수금을 앞세우고 예언하며 내려오는 것을 만날 것이요 네게는 여호와의 영이 크게 임하리니 너도 그들과 함께 예언을 하고 변하여 새 사람이 되리라 이 징조가 네게 임하거든 너는 기회를 따라 행하라 하나

리로 가서 그 성읍으로 들어갈 때에 선지자의 무리가 산당에서부터 비파와 소
고와 저와 수금을 앞세우고 예언하며 내려오는 것을 만날 것이요(10:3-5)

사울은 기름 부음을 받은 후에 다양한 사람과의 만남이 있었습니다. 사울은
선지자의 무리 속에서 여호와의 신에 감동되었습니다.

🌱 이 징조가 네게 임하거든 너는 기회를 따라 행하라 하나님이 너와 함께 하시느
니라 너는 나보다 앞서 길갈로 내려가라 내가 네게로 내려가서 번제와 화목제
를 드리리니 내가 네게 가서 네가 행할 것을 가르칠 때까지 칠 일 동안 기다리
라(10:7-8)

사무엘의 말을 듣고 떠나니 사무엘의 말한 대로 일들이 다 이루어졌습니다.
전에 사울을 알던 자들이 이상하게 여겼습니다. 하루아침에 선지자의 반열에
서 있으니 놀랄 수밖에 없었을 것입니다. 신앙생활을 하지 않던 사람이 교회에
들어와 교역자의 반열에 있다면 그를 아는 사람들은 이상히 여길 것입니다.
'저 사람이 언제 신학을 했을까? 언제 교회 나갔지' 하지 않겠습니까? 사울의
변화는 보는 사람들을 당황하게 만들기에 충분했습니다.

🌱 그 곳의 어떤 사람은 말하여 이르되 그들의 아버지가 누구냐 한지라 그러므로

님이 너와 함께 하시느니라 너는 나보다 앞서 길갈로 내려가라 내가 네게로 내려가서 번제와 화목제를 드리리니
내가 네게 가서 네가 행할 것을 가르칠 때까지 칠 일 동안 기다리라 그가 사무엘에게서 떠나려고 몸을 돌이킬 때
에 하나님이 새 마음을 주셨고 그 날 그 징조도 다 응하니라 그들이 산에 이를 때에 선지자의 무리가 그를 영접하
고 하나님의 영이 사울에게 크게 임하므로 그가 그들 중에서 예언을 하니 전에 사울을 알던 모든 사람들이 사울이
선지자들과 함께 예언함을 보고 서로 이르되 기스의 아들에게 무슨 일이 일어났느냐 사울도 선지자들 중에 있느냐
하고 그 곳의 어떤 사람은 말하여 이르되 그들의 아버지가 누구냐 한지라 그러므로 속담이 되어 이르되 사울도 선
지자들 중에 있느냐 하더라 사울이 예언하기를 마치고 산당으로 가니라 사울의 숙부가 사울과 그의 사환에게 이르
되 너희가 어디로 갔더냐 사울이 이르되 암나귀들을 찾다가 찾지 못하므로 사무엘에게 갔었나이다 하니 사울의 숙
부가 이르되 청하노니 사무엘이 너희에게 이른 말을 내게 말하라 하니라 사울이 그의 숙부에게 말하되 그가 암나
귀들을 찾았다고 우리에게 분명히 말하더이다 하고 사무엘이 말하던 나라의 일은 말하지 아니하니라

하나님이 하시고자 하면 죽은 사람도 살립니다. 하나님이 하시고자 하면 무서운 암병도 망가진 운명도 잘못된 사상도 고칠 수 있습니다. 변화 받은 사울에게 숙부가 물었습니다. "사무엘이 너희에게 무슨 말을 했느냐" 그때 사울은 일반적인 말만 했습니다. "암나귀를 찾았다고 우리에게 분명히 말하더이다. 그러나 사무엘이 말하던 나라 일을 고하지 아니하니라"라고 했습니다. 오늘 본문이 우리에게 주는 교훈이 있습니다.

하나님이 쓰시려고 기름 부은 자에게는 장래 일을 알게 하십니다

하나님은 사울을 선택함으로 사무엘과 만남을 주선하셨습니다. 사울에게는 환경을 통해서 사무엘을 찾게 만들었고, 또 사무엘에게는 말씀으로 사울에 대한 계획을 말씀하셨습니다. 사울은 자신의 분수를 알았습니다. 가장 작은 지파, 가장 미약한 가족이라는 말을 했습니다. 사람이 자기의 분수를 알게 되면 평안을 얻게 됩니다. 산기도 가서 기도 응답 받고 올 때가 있습니다. '너는 종이야. 말씀에 순종만 해. 무엇을 하기 전에 주인의 입장에서 생각해' 라는 감동이 옵니다. 모든 것을 하나님께 맡기고 평안을 얻는 것이 기도의 열매입니다. 과거에는 무엇을 해 보겠다고 두 주먹을 불끈 쥐고 내려 왔는데, 요즘은 자신의 무능과 하나님의 사랑을 깨닫고 산에서 내려옵니다. 하나님이 기뻐하지 않는 종은 주인이 요구하는 이상 무엇을 하려는 자입니다. 성도 중에 목사 이상 교회 일 열심히 한다고 자신의 주장을 말하는 자도 상대 못할 사람입니다. '나는 전문가가 아닙니다. 순종하겠습니다. 말씀만 해 주세요' 하는 자와는 사무엘과 사울이 함께 한 것 같이 사랑할 수 있습니다. 사무엘은 겸손한 사울에게 상석(上席)에 앉으라고 했습니다. 하나님께서 중요한 직책을 맡길 때 기름을 붓습니다. 왕이나 대제사장을 세울 때 엄

숙히 거행되는 위임식입니다. 우리의 영원한 제사장, 왕 중의 왕은 예수 그리스도입니다. '기름 부음을 받은 자(the Anointed)' 를 의미합니다.

하나님은 성령 받은 우리에게 많은 것을 알게 하십니다. 인생이 어디에서 온 것을 알게 하십니다. 행복의 길을 알게 하십니다. 복 받는 방법을 알게 하십니다. 세상에서 지혜롭게 사는 방법을 알게 하십니다. 인간의 사후의 세계를 알게 하십니다. 구원의 길을 알게 하십니다.

❀ 시몬 베드로가 대답하여 이르되 주는 그리스도시요 살아 계신 하나님의 아들이
   시니이다 예수께서 대답하여 이르시되 바요나 시몬아 네가 복이 있도다 이를
   네게 알게 한 이는 혈육이 아니요 하늘에 계신 내 아버지시니라(마16:16-17)

오늘 말씀을 듣고 예수님을 깨닫고 자신을 깨닫는 사람은 큰 복을 받은 자입니다.

하나님이 쓰는 사람은 마음과 소속을 바꾸어 주십니다 |

하나님은 사울과 사무엘을 만나게 했습니다. 또 선지자의 무리 속에 함께 있게 했습니다. 사울은 블레셋 수비대의 전초기지가 있는 곳에서 성읍으로 들어왔습니다. 그때 비파와 소고와 저와 수금을 앞세우고 예언하는 무리와 만나게 되었고 사울도 그들과 함께하게 되었습니다.

❀ 네게는 여호와의 영이 크게 임하리니 너도 그들과 함께 예언을 하고 변하여
   새 사람이 되리라(10:6)

블레셋 사람들이 이스라엘의 사사 삼손을 새 줄로 결박했습니다. 그러나 블레셋 사람이 삼손을 해하려 할 때 삼손에게 여호와의 신이 임했습니다. 그 새

줄은 불탄 삼 같았습니다.

하나님의 신은 능력의 신이요 치료하는 영이며 새 마음을 가지게 하는 신입니다. 성령 받으면 마음이 아름다워지고 분별력이 생깁니다. 평양의 깡패였던 김익두목사님은 한국교회 초기에 크게 쓰임을 받았습니다. 상이군인(傷痍軍人)으로 사람을 괴롭히고 술독에 빠져 살았던 이천석 목사님도 성령 받아 한얼산 기도원을 세웠습니다. 거룩한 성령이 임하면 하나님 안에서 분별력이 생깁니다. 새 마음을 가지고 승리의 노래를 부르시길 바랍니다.

하나님이 쓰는 사람은 인간의 이성으로 예측할 수 없습니다

사울이 선지자의 반열에서 예언하고 있는 것을 보고 이상히 여겼습니다. 한편으로는 잘못되지는 않았나 생각도 했을 것입니다. 목회하면서 전혀 은혜 받지 못할 자 같았는데 성령의 사람이 되는 것도 보았습니다. 외모를 보면 목회할 것 같지 않는데 많은 사람에게 존경 받으면서 목회하는 것을 봅니다. 그들의 특징은 기도와 말씀이 삶 속에 들어있었습니다. 또 그들은 언어에 대한 분별력과 영에 속한 사람이었습니다. 때로는 육신적으로는 잘하는 것 같은데 그 사람의 삶의 장소에 참된 신자가 나오지 않는 것을 보면서 또 한 번 놀라게 될 때도 있습니다. 사울은 여호와의 신으로 인하여 분별력이 생겼습니다.

왕만이 가지고 있는 비밀, 즉 사무엘이 기름 부음 받은 자에게만 한 말씀이 있습니다. 그것을 밖으로 발설한다면 문제가 됩니다. 가정에도 부부만 알아야 될 일이 있습니다. 나라에도 외교적인 문제 때문에 지도자만 알아야 될 사항도 있습니다. 사울은 나라 문제를 숙부에게 말하지 않았습니다. 기생 라합이 정탐군을 숨기기 위해 병사에게 말하지 않은 것과 같습니다. 말을 지혜롭게 해야 합니다. 할 말이 있고 하지 말아야 될 말이 있습니다. 예수님 태어날 당시 헤롯에게 예수가 베들레헴에 태어난다고 한 예언을 말함으로 그곳의 2살 이하의 남자 아이들이 다 죽임을 당했습니다. 예수님도 마태복음 16장에서 자신을 그리스도로 고백한 후 수난에 대하여 말씀하셨습니다. 하나님의 말씀을 믿지 않는 자에게 적용하다가는 돼지에게 진주를 주는 꼴이 됩니다. 어려운 시대에서 지혜롭게 사는 길은 겸손해야 합니다. 성령의 감동을 받아 말할 상대를 잘 선택하시길 바랍니다. 하나님의 사람은 하나님의 능력을 믿습니다. 성령을 받으면 새 마음을 가지게 됩니다. 하나님께 쓰임 받는 자는 영광이요, 축복이요, 누림입니다.

21

유력한 자의 선택

하나님을 아버지라 부를 수 있는 자의 반열에 선 것은 천하를 얻은 것보다 귀합니다. 이스라엘에 큰 변화가 시작되었습니다. 하나님이 세운 사사들이 백성들에게 불신을 당하고, 이스라엘 백성들은 열방의 통치 형태를 받아들였습니다. 하나님은 백성이 원하는 대로 왕을 세우도록 하셨고, 그 시대에 걸 맞는 청년이 선택되었습니다. 하나님은 기스의 아들 사울이 사무엘을 만날 수 있도록 환경을 만들었습니다. 사울은 잃어버린 암나귀를 찾기 위해 노력하다가 선지자 사무엘을 찾아갔습니다. 그때 사무엘은 하나님의 뜻대로 사울에게 하나님의 계획을 말했습니다. 하나님은 사울에게 새 마음을 주셨습니다.

> ♕ 네게는 여호와의 영이 크게 임하리니 너도 그들과 함께 예언을 하고 변하여 새 사람이 되리라(10:6)

그의 지식이 바뀌었습니다. 소속이 달라졌습니다. 언어가 달라졌습니다. 보

(삼상 10:17-27) 사무엘이 백성을 미스바로 불러 여호와 앞에 모으고 이스라엘 자손에게 이르되 이스라엘 하나님 여호와께서 이같이 말씀하시기를 내가 이스라엘을 애굽에서 인도하여 내고 너희를 애굽인의 손과 너희를 압제하는 모든 나라의 손에서 건져내었느니라 하셨거늘 너희는 너희를 모든 재난과 고통 중에서 친히 구원하여 내신 너희의 하나님을 오늘 버리고 이르기를 우리 위에 왕을 세우라 하는도다 그런즉 이제 너희의 지파대로 천 명씩 여호와 앞에 나아오라 하고 사무엘이 이에 이스라엘 모든 지파를 가까이 오게 하였더니 베냐민 지파가 뽑혔고 베냐민 지파를 그들의 가족별로 가까이 오게 하였더니 마드리의 가족이 뽑혔고 그 중에서 기스의 아들 사울이 뽑혔으나 그를 찾아도 찾지 못한지라 그러므로 그들이 또 여호와께 묻되 그 사람이 여기 왔나이까 여호와께서 대답하시되

이는 것만 생각하는 사람이 보이지 않는 것을 생각하게 되었습니다. 사람만 생각하는 것에서 하나님을 의식하면 친구가 바꾸어집니다. 노래와 책과 음식도 달라집니다. 복 있는 사람이 되어 몸과 마음을 거룩한 곳에 두게 됩니다.

하나님은 자기가 선택한 사람을 백성이 스스로 선택하도록 환경을 만들었습니다. 사무엘을 통해 백성을 미스바로 모았습니다. 그리고 왕을 세우는 것이 전적으로 백성들의 선택이라는 것을 말했습니다.

> 너희는 너희를 모든 재난과 고통 중에서 친히 구원하여 내신 너희의 하나님을 오늘 버리고 이르기를 우리 위에 왕을 세우라 하는도다 그런즉 이제 너희의 지파대로 천 명씩 여호와 앞에 나아오라 하고 사무엘이 이에 이스라엘 모든 지파를 가까이 오게 하였더니 베냐민 지파가 뽑혔고 베냐민 지파를 그들의 가족별로 가까이 오게 하였더니 마드리의 가족이 뽑혔고 그 중에서 기스의 아들 사울이 뽑혔으나 그를 찾아도 찾지 못한지라(10:19-21)

지파와 가족, 개인 등 제비를 뽑아 사울이 되게 했습니다. 누구나 편견을 가졌다고 할 수 없도록 했습니다. 사울은 백성 앞에서 돋보이게 되었습니다. 백성은 만세를 불렀습니다. 사무엘은 택한 백성이 왕의 제도에서 지켜야 될 규례를 알려주었습니다. 사울은 왕의 예식을 마치고 집으로 돌아갔습니다. 이때 성령에 감동된 사울을 대하는 두 종류의 사람이 있었습니다. 오늘은 하나님의 신에 감동된 자의 선택과 비류(匪類)자의 행위와 선택에 대해 은혜를 받고자 합니다.

하나님은 자신의 판단과 방법으로 사람을 선택합니다 │ 하나

님은 사울을 선택할 때 아무 사람하고도 의논한 일이 없습니다. 하나님은 전지 전능하신 분입니다. 어떤 형편에도 그 힘과 권세를 제한 받으시지 않습니다. 모든 환경을 동원해서 하나님의 뜻대로 순종하게 하십니다.

신약 성경 사도행전 9장에 사울이라는 청년이 나옵니다. 이 청년은 바리새인이요, 예수님 당시부터 예수 믿는 자들을 핍박하였습니다. 예수 믿는 스데반을 죽이는데 앞장 선 사람입니다. 또 다메섹으로 예수 믿는 사람을 체포하러 가다가 예수님을 만나 회개한 사람입니다. 때로는 자신이 동의하지 않을 때에도 하나님은 강권적으로 믿음을 성장시킬 때도 있습니다. 그분의 계획을 인간의 이성으로 측량할 수 없습니다. 그러므로 주신 말씀을 믿고 '예' 하고 기도하며 찬양해야 합니다.

하나님은 사람들의 선택을 존중하십니다 │ 모든 사람들은 자신의

선택에 대해서는 불만이 없습니다. 어느 성도 집에 심방을 갔습니다. 아파트 일층으로 입주하였습니다. 그는 제비 뽑아서 일층이 되었다고 했습니다. 그는 높은 층을 원했으나 제비뽑기로 일층이 되었으니 아무 불만이 없다고 했습니다. 자신이 그 추첨에 참여했다는 것 때문에 결정에 승복했습니다. 이스라엘 백성이 왕을 선택할 때도 제비를 뽑았습니다. 각 지파에서 미스바로 일 천 명이 나오게 하였습니다. 그때 베냐민 지파가 뽑혔습니다. 베냐민 지파에서 다시 뽑으니 기스의 가정이 뽑혔습니다. 그 중에 사울이 뽑혔습니다. 하나님은 사람들의 제비뽑기에도 역사하실 때가 있습니다. 구약성경에 요나라는 사람이 나옵니다. 그는 선지자였습니다. 하나님의 음성이 요나에게 들렸습니다. 니느웨에 가서 복음을 전하라고 했습니다. 그러나 그는 다시스로 도망가고 있었습니다. 그때 하나님께서 요나가 탄 배에 풍랑을 보냈습니다. 그리고 그 풍랑의 원인이 누구 때문인가를 알아 볼 생각을 사공들에게 주었습니다.

요나가 제비 뽑혔고 하나님의 의도대로 요나는 바다에 던져지게 되었습니다. 결국 요나는 하나님의 강권적인 능력으로 니느웨에 도착했습니다. 때로는 사람들이 선택하는 것 같으나 하나님의 계획 속에서 이루어집니다. 하나님이 택한 사람을 사람들도 택하게 하셨습니다. 하나님이 높이면 사람들도 높이게 되어있습니다. 하나님이 사울을 왕으로 기름을 부었을 때 사람들은 그를 왕으로 추대하게 되었습니다. 우리의 삶 속에 깊숙이 개입하시고 주장하시는 하나님 앞에 인정받으시길 바랍니다.

복받을 사람들은 하나님이 세운 자를 따릅니다 | 사울이 왕으로

세움을 입었을 때 기뻐하는 사람들이 있었습니다. 그러나 또 한 무리는 멸시하며 예물을 드리지 않는 이들도 있었습니다. 마음이 하나님께 감동되고 유력한 자들은 그와 함께 갔다고 했습니다.

하나님의 신으로 새 마음을 입은 사울과 성령에 감동된 사람들이 함께 동행했습니다. 성령 받으면 따르는 대상이 달라집니다.

복 있는 사람은 인간관계를 중요하게 여깁니다. 세상에서 성공한 사람이 아니라, 하나님이 쓰는 사람을 따라야 합니다. 세상에서 성공한 사람은 사람을 가려서 사귀는 것을 봅니다. 세상의 성공자들은 그것이 귀하다고 함께 모여 살고 함께 연합 활동을 합니다. 인간의 최고의 행복은 하나님의 손에 붙잡혀 쓰임 받는 것입니다. 이스라엘에서는 하나님이 세운 사람을 따르는 것이 그 시대의 유력한 자가 되는 것입니다.

사랑하는 성도 여러분! 여러분은 지금 누구를 따릅니까? 무엇을 추구합니까? 어떤 시각으로 사람과 세상을 봅니까? 유력한 자는 성령의 감동으로 환경과 사람을 선택합니다. 그 사람의 선택하는 것을 보면 장래가 보입니다. 악인을 선택하면 악인이고 선인을 선택하면 선인입니다.

오래 전 시골에서 무전여행으로 서울에 가려고 김천역에서 서울 가는 기차를 기다렸습니다. 그때 지루함을 이기지 못해 오는 대로 기차를 탔습니다. 그 기차는 부산행이었습니다. 부산에 도착하여 한 달을 지낸 경험이 있습니다. 마음만 있다고 되는 것이 아니라 환경 선택이 매우 중요합니다. 실패하는 사람을 보면 마음은 착하나 환경을 떠나지 못했던지, 사람을 잘못 만난 공통점이 있습니다.

사울을 선택한 것은 지혜로운 선택입니다. 그러나 몇 사람은 같은 의견이 아니었습니다. 비류자들이 그러했습니다. 그들은 하나님이 왕으로 세운 사울을 멸시하였습니다. 그래서 예물도 드리지 않았습니다. 시대마다 비류자들이 있습니다. 위대한 다윗 왕 시대도 있었습니다. 모든 역사 속에서 불량배의 눈으로 보면 정상적인 사람이 잘못된 것처럼 보일 때가 있습니다.

요즘에 유행하는 단어가 있습니다. '저주의 굿판' 이란 말이 나옵니다. 누구 보기에 그런 것인지는 모르기 때문에 하나님께 기도하며 전능자의 뜻대로 되기를 원할 뿐입니다. 우리는 하나님의 음성을 들어야 합니다. 노아처럼 순종하고 하나님이 세운 교회에서 협력자가 되어야 합니다. 영적 불량배가 되어 권위를 업신여기고 물질을 드리지 않는 비류자는 되지 말아야 됩니다. 하나님의 영에 감동된 자로 살아가는 복이 있기를 기원합니다.

금번 교회에서 지키고 있는 백일기도에 참석한 분들의 삶이 아름다울 것입니다. 기업을 위해 기도회에 참석한 자는 사업이 잘 될 것입니다. 다음 한 주간 동안 새벽기도, 여름성경학교, 수련회, 청소년복지학교, 단기선교 등을 위한 기도회에 참석하셔서 큰 유익이 있기를 바랍니다.

22

나라를 새롭게 하는 사무엘

| 사무엘상 11:1-15 |

사람을 만드신 후에 하나님은 그들을 에덴동산에서 살게 하는 특권을 주셨습니다. 그곳은 아주 아름다운 곳입니다. 금이 있는 비손강, 구스 온 땅을 두른 기혼 강, 힛데겔 강, 유브라데라는 강이 흘렀습니다. 황홀한 환경 속에서 사람은 모든 것을 다스리며 지키는 자로 살면서 동산의 과일을 먹을 수 있도록 했습니다. 그러나 하나님은 금하는 것이 있었습니다.

🌱 선악을 알게 하는 나무의 열매는 먹지 말라 네가 먹는 날에는 반드시 죽으리라 하시니라(창2:17)

그러나 아담과 하와는 에덴동산에 찾아 온 간교한 뱀에 의해 하나님의 뜻을 벗어나게 되었습니다. 그 결과 에덴동산에서 쫓겨나 자신들의 노력에 의해 음

(삼상 11:1-15) 암몬 사람 나하스가 올라와서 길르앗 야베스에 맞서 진 치매 야베스 모든 사람들이 나하스에게 이르되 우리와 언약하자 그리하면 우리가 너를 섬기리라 하니 암몬 사람 나하스가 그들에게 이르되 내가 너희 오른 눈을 다 빼야 너희와 언약하리라 내가 온 이스라엘을 이같이 모욕하리라 야베스 장로들이 그에게 이르되 우리에게 이레 동안 말미를 주어 우리가 이스라엘 온 지역에 전령들을 보내게 하라 만일 우리를 구원할 자가 없으면 네게 나아가리라 하니라 이에 전령들이 사울이 사는 기브아에 이르러 이 말을 백성에게 전하매 모든 백성이 소리를 높여 울더니 마침 사울이 밭에서 소를 몰고 오다가 이르되 백성이 무슨 일로 우느냐 하니 그들이 야베스 사람의 말을 전하니라 사울이 이 말을 들을 때에 하나님의 영에게 크게 감동되매 그의 노가 크게 일어나 한 겨리의 소를 잡아 각을 뜨고 전령들의 손으로 그것을 이스라엘 모든 지역에 두루 보내어 이르되 누구든지 나와서 사울과 사무엘을 따르지 아니하면 그의 소들도 이와 같이 하리라 하였더니 여호와의 두려움이 백성에게 임하매 그들이 한 사람 같이 나온지라 사울이 베섹에서 그들의 수를 세어 보니 이스라엘 자손이 삼십 만 명이요 유다 사람이 삼만 명이더

식을 먹고 해산의 고통을 통해 자녀를 얻게 되었습니다.

모든 사람들은 다 죄인이 되었습니다. 그러나 아담에게 가죽옷을 지어 입히 심같이 우리에게 예수 그리스도를 보내어 죄인이 의인이 되는 길을 열어 주셨 습니다. 누구든지 예수 믿으면 멸망치 않고 구원을 얻습니다. 하나님의 말씀을 믿는 모두는 구원받은 백성이 된 것입니다. 그것이 인간 최고의 행복이요 누림 입니다. 오늘은 택한 백성 이스라엘의 삶에서 나타난 교훈을 통해 은혜 받기를 바랍니다.

이스라엘에 새로운 왕 사울이 세워졌습니다. 하나님은 사무엘을 통해 기름 부었습니다. 백성은 제비 뽑아 사울을 이스라엘의 왕으로 추대했습니다. 그러 나 사울을 반대하는 비류자들도 있었습니다. 나라가 매우 어수선한 상태에 있 었습니다. 그때 암몬 족속의 왕 나하스가 올라와서 길르앗 야베스를 대하여 진 을 쳤습니다. 암몬 족속은 아브라함의 조카 롯의 후손입니다. 롯이 소돔 고모라 멸망 후 둘째 딸에게서 태어난 아들의 후손입니다.

> ❦ 작은 딸도 아들을 낳아 이름을 벤암미라 하였으니 오늘날 암몬 자손의 조상이
> 었더라(창19:38)

이곳에서의 싸움은 혈족싸움입니다. 야베스 사람이 섬기겠다고 언약하자고 했습니다. 그러나 암몬 사람들은 내가 너희 오른 눈을 다 빼어야 언약한다고 했

라 무리가 모든 전령들에게 이르되 너희는 길르앗 야베스 사람에게 이같이 이르기를 내일 해가 더울 때에 너희가 구원을 받으리라 하라 전령들이 돌아가서 야베스 사람들에게 전하매 그들이 기뻐하니라 야베스 사람들이 이에 이 르되 우리가 내일 너희에게 나아가리니 너희 생각에 좋을 대로 우리에게 다 행하라 하니라 이튿날 사울이 백성을 삼 대로 나누고 새벽에 적진 한가운데로 들어가서 날이 더울 때까지 암몬 사람들을 치매 남은 자가 다 흩어져서 둘도 함께 한 자가 없었더라 백성이 사무엘에게 이르되 사울이 어찌 우리를 다스리겠느냐 한 자가 누구니이까 그 들을 끌어내소서 우리가 죽이겠나이다 사울이 이르되 이 날에는 사람을 죽이지 못하리니 여호와께서 오늘 이스라 엘 중에 구원을 베푸셨음이니라 사무엘이 백성에게 이르되 오라 우리가 길갈로 가서 나라를 새롭게 하자 모든 백 성이 길갈로 가서 거기서 여호와 앞에서 사울을 왕으로 삼고 길갈에서 여호와 앞에 화목제를 드리고 사울과 이스 라엘 모든 사람이 거기서 크게 기뻐하니라

습니다. 야베스 장로들은 7일의 유예를 요구했습니다. 그 소식이 전해지자 모든 백성이 소리 높여 울었습니다. 온 나라는 초상난 집이었습니다. 그 때 사울이 밭에서 소를 몰고 오다가 백성이 우는 것을 보고 물어 야베스 사람들의 형편을 알게 되었습니다. 사울은 하나님의 신에 감동되었고, 그의 마음속에는 의분이 발동되었습니다. 몰고 가는 소를 잡아 각을 떠서 이스라엘 모든 곳에 보냈습니다. "누구든지 나와서 사울과 사무엘을 좇지 않으면 그 소들도 이와같이 하겠다"(11:7)고 했습니다. 그 때 "여호와의 두려움이 백성에게 임하여 그들이 한 사람같이 나온지라"(11:7)라고 했습니다. 단결되었습니다. 그의 군대는 33만 명이었습니다. 사울의 군대는 승리의 확신에 차 있었습니다. "너희가 구원을 얻으리라 하라"고 할 때 야베스 사람들은 믿고 기뻤습니다. 그들은 전쟁작전상 암몬 사람을 안정시켰습니다.

> ♕ 야베스 사람들이 이에 이르되 우리가 내일 너희에게 나아가리니 너희 생각에 좋을 대로 우리에게 다 행하라 하니라(11:10)

그 후 사울은 백성을 삼 대로 나누어 암몬을 쳤습니다.

> ♕ 이튿날 사울이 백성을 삼 대로 나누고 새벽에 적진 한가운데로 들어가서 날이 더울 때까지 암몬 사람들을 치매 남은 자가 다 흩어져서 둘도 함께 한 자가 없었더라(11:11)

이 전쟁으로 사울의 입지가 확고해졌습니다. 백성은 승리의 큰 기쁨으로 인해 사울을 신뢰하게 되었습니다. 그 때 사무엘은 나라를 새롭게 하자고 했습니다. 암몬의 왕 나하스의 악함이 나라를 새롭게 하는데 도움을 주었습니다. 우리도 위기를 기회로 만들 수 있는 용기와 단합을 가져야합니다. 그리고 영육을 바로 세우고 어둠의 권세를 이기게 되기를 바랍니다.

 사람이 살아가다

보면 자신의 마음에 분노가 일어날 때가 있습니다. 그것을 잘 다스리면 유익이

되어도 그렇지않으면 실패의 씨가 되기도 합니다. 어떤 분은 사람 보기엔 악한

것 같은데 하나님 보시기에는 선한 것이 있습니다. 인권을 유린하는 이들에 대

한 분노는 권력자들에게는 대적으로 보여지나 당하는 자들에겐 위로가 될 것입

니다. 분노도 어떤 시각으로 보느냐에 따라 평가가 달라질 수 있습니다.

> 🌿 그들이 예루살렘에 들어가니라 예수께서 성전에 들어가사 성전 안에서 매매
> 하는 자들을 내쫓으시며 돈 바꾸는 자들의 상과 비둘기 파는 자들의 의자를
> 둘러 엎으시며 아무나 물건을 가지고 성전 안으로 지나다님을 허락하지 아니
> 하시고(막11:15-16)

성전을 장사꾼의 소굴로 만든 것이 예수님의 노를 발하여 상과 의자를 둘러

엎게 했습니다. 이것은 성전을 깨끗하게 하기 위한 것이며 하나님의 뜻을 위한

것임으로 의분(義憤)으로 봅니다. 사울이 암몬 왕 나하스를 향해 일어난 화도

이스라엘 백성을 보호하기 위한 것입니다. 의로운 분노는 강력한 힘이 있습니

다. 하나님은 백성을 사랑하는 만큼 대적을 향해서는 분노도 큰 것입니다. 빛에

속한 사람은 어둠을 미워합니다. 생명을 사랑하는 사람은 생명을 해하는 자를

대적합니다. 여러분은 무엇 때문에 노를 발합니까? 자신과 세상과 물질 그리고

명예를 얻기 위한 분노보다는 영혼구원을 방해하는 암몬의 요소를 대적하는 의

분을 가지시길 바랍니다.

택한 백성을 보호할 목적으로
세워진 권위는 하나님이 함께 합니다 |

하나님이 권위를 세워줄 때

지도자의 권위가 세워집니다. 모세의 권위는 하나님께서 세워주셨습니다. 바

로 왕을 대적하여 10가지 재앙으로 하나님의 능력을 임하게 했을 때 모세의 말

이 받아들여졌습니다. 바로는 이스라엘 백성들을 애굽에서 떠나게 했습니다. 이것이 출애굽사건입니다. 멜리데 섬에서 바울의 권위를 세워 주는 사건이 있습니다. 바울의 손을 독사가 물었을 때,

> 🐚 토인들이 이 짐승이 그 손에 달림을 보고 서로 말하되 진실로 이사람은 살인한 자로다 바다에서는 구원을 얻었으나 공의가 살지 못하게 하심이로다 하더니 바울이 그 짐승을 불에 떨어버리매 조금도 상함이 없더라 그가 붓든지 혹 갑자기 엎드러져 죽을 줄로 저희가 기다렸더니 오래 기다려도 그에게 아무 이상이 없음을 보고 돌려 생각하여 말하되 신이라 하더라(행28:4-6)

이 사건 후 신이란 칭호를 받고 그 섬에서 존귀해졌습니다. 하나님은 성령의 감동을 받고 하나님의 백성을 보호하려 사람의 권위를 세워주십니다. 하나님은 복음을 위하여 헌신하는 이들의 삶을 아름답게 하십니다. 하나님의 영광을 위해 사업하는 이들의 사업체도 하나님이 지키십니다. 대적을 두려워말고 일어나세요. 하나님이 주신 영권과 건강을 가지고 문제를 향해 정면으로 달려가세요. 현실을 도피하지 말고 나아가세요. 어려움이 온다는 것은 살아 있다는 증거요 고통을 느낀다는 것은 생각이 있다는 증거입니다. 생각이 있는 사람은 해결할 수 있는 길을 찾을 수 있다는 것입니다.

사울과 사무엘을 중심으로 큰 단합을 이루어 암몬을 대적했을 때 크게 승리한 것처럼 우리에게도 승리가 있을 수밖에 없습니다.

승리의 영광을 하나님께 돌리는 자가 나라를 새롭게 할 수 있습니다 |

사울이 승리했을 때 비류자에게는 수난의 기간이 될 수도 있을 것입니다. 그러나 사울은 구원을 주신 하나님 앞에서 피 흘리기를 원하지 않았습니다. 승리한 후 대적자들을 징벌하려고 하는 것은 어둠에 속한 사람들의 특징입니다.

🐚 사울이 이르되 이 날에는 사람을 죽이지 못하리니 여호와께서 오늘 이스라엘 중에 구원을 베푸셨음이니라(11:13)

정권이 바꾸어지면 정치적 보복을 합니다. 선한 정치가와 성령으로 감동된 자는 원수를 사랑하고 품습니다. 미움과 보복이 있는 곳에는 평안과 새롭게 됨을 기대할 수 없습니다. 사랑과 섬김이 있는 곳에는 평안과 기쁨이 있습니다. 전쟁의 승리는 나라를 새롭게 하는 기회가 되었습니다. 하나님이 예정하시고 백성에 의해 제비뽑아 추대된 사울왕은 자신의 위치를 찾아갔고, 이스라엘에는 왕정이 자리를 잡았습니다.

🐚 모든 백성이 길갈로 가서 거기서 여호와 앞에서 사울을 왕으로 삼고 길갈에서 여호와 앞에 화목제를 드리고 사울과 이스라엘 모든 사람이 거기서 크게 기뻐하니라(11:15)

여호와께 화목제물을 드림으로 승리의 영광이 하나님께 돌아갔습니다. 또 사울은 이스라엘 백성과 기쁨을 함께 했습니다. 성령으로 감동된 한 마음으로 암몬의 요소와 싸워야합니다. 승리한 후에는 모든 사람에게 관용을 베풀어야합니다. 나라를 새롭게 하고자 하는 거룩한 소원이 있어야 합니다. 하나님이 함께 하는 백성의 시련은 곧 승리의 시작입니다. 대적은 존귀함을 이루게 하는 하나님의 선물입니다. 우리가 세계 어디에 있어도 요셉과 다니엘을 지키심같이 우리를 눈동자같이 지킬 것입니다. 아무도 우리를 그리스도의 사랑에서 끊을 수 없습니다. 오직 영광을 하나님께 돌리며 승리하시길 주님의 이름으로 축원합니다.

23

사무엘의 노년의 회고

| 사무엘상 12:1-12 |

지난 주간에는 '나라를 새롭게 하는 사무엘' 이라는 말씀을 전했습니다. 말씀 선포 후 한 주일 동안 그 말씀을 어떻게 삶에 적용할까를 생각했습니다. 하나님의 말씀은 전하고 알라고만 주신 말씀이 아니라, 전하고 가르치고 듣고 행하라고 주신 것입니다.

- 그들에게 율례와 법도를 가르쳐서 마땅히 갈 길과 할 일을 그들에게 보이고 (출18:20)
- 내가 너희에게 분부한 모든 것을 가르쳐 지키게 하라 볼지어다 내가 세상 끝 날까지 너희와 항상 함께 있으리라 하시니라(마28:20)

성경의 사건들이 오늘날 우리에게 무엇을 요구하는지를 깨달을 때 우리는 행복해집니다. '사무엘상' 에는 나라를 새롭게 할 수 있는 환경이 오기까지의 사

(삼상 12:1-12) 사무엘이 온 이스라엘에게 이르되 보라 너희가 내게 한 말을 내가 다 듣고 너희 위에 왕을 세웠더니 이제 왕이 너희 앞에 출입하느니라 보라 나는 늙어 머리가 희어졌고 내 아들들도 너희와 함께 있느니라 내가 어려서부터 오늘까지 너희 앞에 출입하였거니와 내가 여기 있나니 여호와 앞과 그의 기름 부음을 받은 자 앞에서 내게 대하여 증언하라 내가 누구의 소를 빼앗았느냐 누구의 나귀를 빼앗았느냐 누구를 속였느냐 누구를 압제하였느냐 내 눈을 흐리게 하는 뇌물을 누구의 손에서 받았느냐 그리하였으면 내가 그것을 너희에게 갚으리라 하니 그들이 이르되 당신이 우리를 속이지 아니하였고 압제하지 아니하였고 누구의 손에서든지 아무것도 빼앗은 것이 없나이다 하니라 사무엘이 백성에게 이르되 너희가 내 손에서 아무것도 찾아낸 것이 없음을 여호와께서 너희에게 대하여 증언하시며 그의 기름 부음을 받은 자도 오늘 증언하느니라 하니 그들이 이르되 그가 증언하시나이다 하니라 사무엘이 백성에게 이르되 모세와 아론을 세우시며 너희 조상들을 애굽 땅에서 인도하여 내신 이는 여호와이시니

건들이 기록되어 있습니다. 처음에는 롯의 후손인 암몬 자손이 전쟁을 걸어왔습니다. 생명의 위험을 느낀 길르앗 야베스 사람들이 침략자 암몬왕 나하스에게 "언약하자 그리하면 우리가 너를 섬기리라"고 했으나, 암몬왕은 "너희 오른 눈을 다 빼어야 너희와 언약하리라"고 했습니다. 이스라엘은 아주 악한 대적을 만났습니다. 성경은 "모든 백성이 소리를 높여 울더니"라고 했습니다. 그 울음 소리를 들은 사울은 여호와의 신에 감동되었습니다. 사울은 소의 각을 떠서 이스라엘 백성에게 두루 보내며, "사무엘과 사울을 좇지 않는 자는 그 소들도 이와 같이 하리라"고 했습니다. 그때 "여호와의 두려움이 백성에게 임하니 그들이 한 사람 같이 나온지라"고 했습니다. 이때의 상황은 사울의 권력이 하나님의 권위 아래 있는 상태입니다. 사무엘과 사울이 하나된 상태입니다. 하나님께 붙잡혀 순종하고 있는 상태입니다. 그러므로 하나님은 백성에게 단합을 주었고 사울의 권위를 세워주셨습니다. 이스라엘은 단합됨으로 암몬을 쳐서 이겼습니다. 사울의 왕권이 든든히 세워졌습니다. 이에 고무된 백성들은 사무엘과 사울을 대적했던 비류자들을 죽이자고 했으나, 사울은 이를 만류했습니다.

> ♛ 백성이 사무엘에게 이르되 사울이 어찌 우리를 다스리겠느냐 한 자가 누구니이까 그들을 끌어내소서 우리가 죽이겠나이다 사울이 이르되 이 날에는 사람을 죽이지 못하리니 여호와께서 오늘 이스라엘 중에 구원을 베푸셨음이니라 (11:12-13)

그런즉 가만히 서 있으라 여호와께서 너희와 너희 조상들에게 행하신 모든 공의로운 일에 대하여 내가 여호와 앞에서 너희와 담론하리라 야곱이 애굽에 들어간 후 너희 조상들이 여호와께 부르짖으매 여호와께서 모세와 아론을 보내사 그 두 사람으로 너희 조상들을 애굽에서 인도해 내어 이 곳에 살게 하셨으나 그들이 그들의 하나님 여호와를 잊은지라 여호와께서 그들을 하솔 군사령관 시스라의 손과 블레셋 사람들의 손과 모압 왕의 손에 넘기셨더니 그들이 너희를 치매 백성이 여호와께 부르짖어 이르되 우리가 여호와를 버리고 바알들과 아스다롯을 섬김으로 범죄하였나이다 그러하오나 이제 우리를 원수들의 손에서 건져내소서 그리하시면 우리가 주를 섬기겠나이다 하매 여호와께서 여룹바알과 베단과 입다와 나 사무엘을 보내사 너희를 너희 사방 원수의 손에서 건져내사 너희에게 안전하게 살게 하셨거늘 너희가 암몬 자손의 왕 나하스가 너희를 치러 옴을 보고 너희의 하나님 여호와께서는 너희의 왕이 되심에도 불구하고 너희가 내게 이르기를 아니라 우리를 다스릴 왕이 있어야 하겠다 하였도다 큰 지도자는 상대의 약점을 붙잡고 복수하지 않습니다. 또 백성의 여론을 보아 가면서 정책을 결정하지 않습니다. 암몬을 이긴 후에 백성의 여론은 비류자들을 죽이자는 것입니다. 그러나 사무엘과 사울은 중심을 잘 잡았습니다. 그들은 승리의 큰 기쁨을 왕권의 안정과 화목제물을 드리는 기회로 맞이했습니다. 승리를 자신들의 대적을 제하는 기회로 사용하지 않았습니다. 모든 백성을 기쁘게 했습니다. 이렇게 하는 것이 나라를 새롭게 하는 것입니다.

암몬과 같은 악한 대적에게 시달리고 있습니까? 환경을 보고 통곡하고 있습니까? 하나님의 음성을 듣고 기도하며 싸울 준비를 하십시오. 그리하면 승리할 것입니다. 또 하나님을 믿고 안정되셨습니까? 복을 받으셨습니까? 복을 원수 갚는 곳에 사용하면 당신은 역사 속에 악인이란 이름을 남길 것입니다. 그러면 자신은 물론 자녀도 저주를 받을 것입니다. 세계 역사 속에 권력을 악하게 가졌던 이들의 종말을 보십시오. 선한 사람은 나라를 새롭게 합니다. 자신이 있어야 될 자리에 있어야합니다. 요즘에 자기 자리를 벗어난 이들이 많으므로 나라가 어지럽습니다. 기술자는 공장에, 아내는 집에, 학생은 학교에서 각자의 일을 해야 서로 행복해집니다. 부모, 자녀, 형제 모두 하나님이 원하는 곳에 있어야 서로 행복해집니다. 가정예배가 회복되어야 합니다. 온 가족이 기쁨에 차 있어야 행복해집니다. 오늘은 좋은 지도자이며 나라를 새롭게 한 자의 회고에 대하여 교훈을 받고 은혜 받고자 합니다.

사무엘은 하나님의 종이면서 백성을 위한 정책을 하였습니다

사무엘이 검은 머리가 하얗게 바랜 노년에 자신을 돌아보고 있습니다. 너희가 내게 한 말은 내가 다 듣고 너희 위에 왕을 세웠더니 이제 왕이 너희 앞에 출입하느니라고 했습니다. 노년이 된 그는 백성과 자녀 앞에서 세움을 입은 왕에게도 깨끗하다고 했습니다. 사무엘은 자신에게도 깨끗했지만 백성들 눈에도 깨끗했습니다.

❦ 그들이 이르되 당신이 우리를 속이지 아니하였고 압제하지 아니하였고 누구
의 손에서든지 아무것도 **빼앗은** 것이 없나이다 하니라.(12:4)

그는 하나님과 백성 앞에 정결한 삶을 살았음을 알 수 있습니다. 털어서 먼지 나지 않는 사람이 없다고 하지만 하나님의 사람인 사무엘에게는 적용되지 않는 듯 합니다. 지혜로운 사람은 실패의 삶에 참여하지 않습니다. 다른 사람이 성공하는 것을 보고 따라갑니다. 사무엘처럼 하나님과 사람에게 존경받는 그 길을 선택합니다. 그렇게 될 때 후회 없는 삶을 살게 될 것입니다. 성경에 보면 노년에 자신의 삶을 평가한 사람이 있습니다. 애굽왕 바로가 총리가 된 요셉의 아버지인 야곱의 나이를 물었습니다.

❦ 야곱이 바로에게 아뢰되 내 나그네 길의 세월이 백삼십 년이니이다 내 나이가
얼마 못 되니 우리 조상의 나그네 길의 연조에 미치지 못하나 짧고 험악한 세
월을 보내었나이다 하고(창47:9)

"험악한 세월을 보내었나이다"라는 말 속에는 고통과 좌절과 연단이 있었음을 보여 줍니다. 장자의 명분을 팥죽 한 그릇에 사고 형과 원수가 되기도 했습니다. 또 결혼을 위해 14년이란 세월을 삼촌 집에서 머슴살이도 했습니다. 사랑하는 아내 라헬을 먼저 보내는 아픔도 있었습니다. 사랑하는 아들 요셉을 형들이 팔아버림으로 사는 날 동안 고통의 연속이었습니다. 그러나 그는 하나님과의 철저한 관계를 유지함으로 위기 때마다 피할 길을 찾았습니다. 그리고 노년에는 요셉을 통하여 행복하게 되었습니다. 인간이 가진 기능과 물질과 건강 등에는 영원한 것이 없습니다.

저는 종종 노인복지관에 가서 노인들과 대화를 합니다. 80년을 살아오셨는데 삶의 보람을 느끼지 못하는 분들이 많았습니다. 깊은 대화에 들어가면 살아온 날들을 매우 후회하고 있는 분들도 있었습니다. 환경이 좋고 물질이 있을 때 복지에 대하여 눈이 열렸다면 얼마나 좋았겠습니까? 여러분은 노년에 무슨

말씀을 하시겠습니까? 무엇을 남기고 하나님의 나라에 가시겠습니까? 썩어질 육체만을 섬기다가 하나님 앞에 가시겠습니까? 사무엘처럼 자신의 삶을 회고하면서 행복해야 합니다.

사무엘은 항상 기도의 사람이었습니다

사무엘은 성장 배경이 아름다웠습니다. 사무엘은 기도하는 어머니 한나의 품에서 태어났습니다. 그는 성막에서 성장하면서 많은 것을 보고 배웠습니다. 그는 어릴 때 하나님의 음성을 들었고 엘리 가정의 몰락을 보았습니다. 하나님의 공의의 심판을 보았습니다. 그는 고난을 경험했습니다. 백성의 소리를 듣고 하나님께 기도했습니다. 자신의 뜻에는 맞지 않았지만 언제나 하나님이 기뻐하고 백성이 원하는 것으로 결론을 내렸습니다. 그 결과 노년에 하나님과 백성 앞에서 양심의 자유를 가질 수 있었습니다. 당당히 자신의 삶을 고백할 수 있었습니다.

> ❧ 사무엘이 이르되 온 이스라엘은 미스바로 모이라 내가 너희를 위하여 여호와께 기도하리라 하매 그들이 미스바에 모여 물을 길어 여호와 앞에 붓고 그 날 종일 금식하고 거기에서 이르되 우리가 여호와께 범죄하였나이다 하니라 사무엘이 미스바에서 이스라엘 자손을 다스리니라(7:5-6)
>
> ❧ 사무엘이 젖 먹는 어린양 하나를 가져다가 온전한 번제를 여호와께 드리고 이스라엘을 위하여 여호와께 부르짖으매 여호와께서 응답하셨더라(7:9)

사무엘은 하나님의 뜻대로 교훈했습니다. 매사에 기도하며 하나님께 물어보았습니다. 또 기도하지 않는 것은 죄라고 하기까지 했습니다.

> ❧ 나는 너희를 위하여 기도하기를 쉬는 죄를 여호와 앞에 결단코 범하지 아니하고 선하고 의로운 길을 너희에게 가르칠 것인즉(12:23)

기도는 호흡과 같은 것입니다. 예수를 구주로 믿는 모든 사람은 하나님을 아버지로 모시고 살고 있습니다. 그 아버지께 아들 예수 그리스도의 이름으로 기도합니다. 기도에는 능력이 있습니다.

마귀를 쫓아내고자 하면 기도부터 하세요. 잘 가르치려면 배우는 것부터 바로 접근해야 합니다. 좋은 평가받기를 원하면 자신부터 점검해야 합니다. 복 받을 그릇을 만들어야 합니다. 하나님과의 회복은 자기와 가정을 바로 세우는 기초가 됩니다.

사무엘은 깨끗한 삶을 위해 자신의 점검이 있었습니다

> 내가 여기 있나니 여호와 앞과 그의 기름 부음을 받은 자 앞에서 내게 대하여 증언하라 내가 누구의 소를 빼앗았느냐 누구의 나귀를 빼앗았느냐 누구를 속였느냐 누구를 압제하였느냐 내 눈을 흐리게 하는 뇌물을 누구의 손에서 받았느냐 그리하였으면 내가 그것을 너희에게 갚으리라 하니(12:3)

사무엘은 자타가 인정하는 공의의 사람이었습니다. 공정한 재판을 했습니다. 하나님 중심으로 살았습니다. 그러나 한 가지 흠이 있다면 자녀에게 문제가 있었습니다. 사람이 평생 살다보면 자신에게 약한 부분이 있을 수 있습니다. 그러나 그 약함을 담당하는 예수님으로 인해 회개의 문이 열립니다. 하나님은 모든 것 보다 자신을 신뢰하는 믿음을 제일로 보고 계십니다.

아브라함은 첩에게 낳은 아들 이스마엘을 쫓아냈습니다. 이삭의 아내 리브가도 자녀를 편애함으로 형제의 우애가 깨어졌습니다. 바울은 사도가 된 다음에 병이 생겼습니다. 베드로는 예수님을 세 번씩이나 부인했습니다. 그러나 하나님은 성도에게 회개를 통한 회복의 길을 열어 놓았습니다. 지금부터라도 말씀 안에서 신앙을 키우고 기도하고 진리 가운데 살면 노년 뿐 아니라 영원한 나라에서 누릴 수 있습니다.

24

성공과 실패의 원인

| 사무엘상 12:6-18 |

하나님은 사람과 그들이 처한 환경을 만드셨습니다. 모든 육체는 이 땅에서 살다가 흙으로 돌아가지만 예수 그리스도를 믿는 자들은 천국으로 갑니다. 하나님은 우리에게 영원한 세계를 주셨습니다. 그뿐 아니라 현재의 삶 속에서도 지혜로운 선택을 할 수 있도록 하나님의 말씀을 주셨습니다.

🌱 주의 말씀은 내 발에 등이요 내 길에 빛이니이다(시119:105)

캄캄한 밤에는 등불이 있어야 길을 바로 찾아갑니다. 등불이 있어야 사람이 서로 부딪히지 않습니다. 사람들이 서로 물고 먹는 것도 빛이 없어서입니다. 오늘은 하나님의 손에 붙잡혀 평생을 살아온 사무엘의 설교를 통해 은혜를 나누겠습니다. 사무엘은 이스라엘 백성의 역사를 말하고 있습니다. 또 자신의 통치 기간 동안에 행한 것을 말하고 있습니다. 택한 백성의 성공과 실패의 이유를 말

(삼상 12:6-18) 사무엘이 백성에게 이르되 모세와 아론을 세우시며 너희 조상들을 애굽 땅에서 인도하여 내신 이는 여호와이시니 그런즉 가만히 서 있으라 여호와에서 너희와 너희 조상들에게 행하신 모든 공의로운 일에 대하여 내가 여호와 앞에서 너희와 담론하리라 야곱이 애굽에 들어간 후 너희 조상들이 여호와께 부르짖으매 여호와께서 모세와 아론을 보내사 그 두 사람으로 너희 조상들을 애굽에서 인도해 내어 이 곳에 살게 하셨으나 그들이 그들의 하나님 여호와를 잊은지라 여호와께서 그들을 하솔 군사령관 시스라의 손과 불레셋 사람들의 손과 모압 왕의 손에 넘기셨더니 그들이 너희를 치매 백성이 여호와께 부르짖어 이르되 우리가 여호와를 버리고 바알들과 아스다롯을 섬김으로 범죄하였나이다 그러하오나 이제 우리를 원수들의 손에서 건져내소서 그리하시면 우리가 주를 섬기겠나이다 하매 여호와께서 여룹바알과 베단과 입다와 나 사무엘을 보내사 너희를 너희 사방 원수의 손에서 건져내사 너희에게 안전하게 살게 하셨거늘 너희가 암몬 자손의 왕 나하스가 너희를 치러 옴을 보고 너희의 하나님 여호와

하고 있습니다. 검었던 머리가 하얗게 변한 이때에 통치권에서 물러나면서 자신의 삶을 회고하고 있습니다. 그리고 민족의 오랜 역사 동안에 평안했던 때와 고통당했을 때를 설명하고 있습니다. 사사제도에서 왕정으로 넘어간 것은 백성의 요구에 의한 것이라고 사무엘상 12장에서 말했습니다.

> 내가 여기 있나니 여호와 앞과 그의 기름 부음을 받은 자 앞에서 내게 대하여 증언하라 내가 누구의 소를 빼앗았느냐 누구의 나귀를 빼앗았느냐 누구를 속였느냐 누구를 압제하였느냐 내 눈을 흐리게 하는 뇌물을 누구의 손에서 받았느냐 그리하였으면 내가 그것을 너희에게 갚으리라 하니 그들이 이르되 당신이 우리를 속이지 아니하였고 압제하지 아니하였고 누구의 손에서든지 아무 것도 빼앗은 것이 없나이다 하니라 사무엘이 백성에게 이르되 너희가 내 손에서 아무것도 찾아낸 것이 없음을 여호와께서 너희에게 대하여 증언하시며 그의 기름 부음을 받은 자도 오늘 증언하느니라 하니 그들이 이르되 그가 증언하시나이다 하니라(12:3-5)

사무엘은 자신과 백성과 왕 모두에게 좋은 지도자로 인정받았습니다

모든 역사 속에서 어느 한 쪽만의 칭찬을 듣는 사람이 있는데, 사무엘은 모두가 좋아하는 사람이었습니다. 우리나라도 특정사람을 두고 어느 한쪽에서는 '경제를 부흥시킨 지도자다' 라고 말하고 어느 한쪽에서는 '독재자' 라고 말합니다. 어느 한쪽에서는 '민주투사' 라

께서는 너희의 왕이 되심에도 불구하고 너희가 내게 이르기를 아니라 우리를 다스릴 왕이 있어야 하겠다 하였도다 이제 너희가 구한 왕, 너희가 택한 왕을 보라 여호와께서 너희 위에 왕을 세우셨느니라 너희가 만일 여호와를 경외하여 그를 섬기며 그의 목소리를 듣고 여호와의 명령을 거역하지 아니하며 또 너희와 너희를 다스리는 왕이 너희의 하나님 여호와를 따르면 좋겠지마는 너희가 만일 여호와의 목소리를 듣지 아니하고 여호와의 명령을 거역하면 여호와의 손이 너희의 조상들을 치신 것 같이 너희를 치실 것이라 너희는 이제 가만히 서서 여호와께서 너희 목전에서 행하시는 이 큰 일을 보라 오늘은 밀 베는 때가 아니냐 내가 여호와께 아뢰리니 여호와께서 우레와 비를 보내사 너희가 왕을 구한 일 곧 여호와의 목전에서 범한 죄악이 큼을 너희에게 밝히 알게 하시리라 이에 사무엘이 여호와께 아뢰매 여호와께서 그 날에 우레와 비를 보내시니 모든 백성이 여호와와 사무엘을 크게 두려워하니라

하고 다른 한쪽에서는 '간첩'이라고 말합니다. 또 한쪽에서는 '좋은 사람'이라고 하고 다른 한쪽에서는 '나쁜 사람'이라고 합니다. 두 부류 사람들의 주장을 듣습니다. 그러나 흑백 논리는 나라를 어지럽게 하는 요소가 될 수 있습니다. 우리는 누구를 옳고 그르다고 말할 수 없고 성경이 말하는 대로 말하고 생각할 수밖에 없습니다. 성경은 평화를 원하고 있습니다. 모두는 사무엘을 훌륭한 지도자로 평가했습니다. 위대한 지도자는 백성 모두가 좋아하는 지도자입니다.

사무엘은 출애굽과 현재 가나안에 있는 모든 것이 하나님의 은혜라고 말하고 있습니다 │

요셉이 애굽에 팔려 가서 총리가 되어 애굽을 흉년으로 부터 구원했습니다. 야곱도 애굽으로 내려갔습니다. 그 후 요셉의 공로를 알지 못하는 애굽인들이 이스라엘 백성을 핍박했습니다.

이스라엘 백성들은 애굽인들에게 시기 받을 정도로 축복을 받았습니다. 애굽인들은 이스라엘 백성에게 무거운 짐을 지웠으나 학대를 받을수록 더욱 번식하고 창성하였습니다.

> ✤ 너희는 히브리 여인을 위하여 해산을 도울 때에 그 자리를 살펴서 아들이거든 그를 죽이고 딸이거든 살려두라(출1:16)

이스라엘 백성은 애굽인들의 조직적인 핍박과 고역으로 인하여 탄식하며 부르짖었습니다. 그 소리가 하나님께 상달되었습니다. 그 때에 모세와 아론이 애굽으로 보내임을 받아 하나님의 능력으로 이스라엘 백성을 인도해 내었습니다.

> ✤ 야곱이 애굽에 들어간 후 너희 조상들이 여호와께 부르짖으매 여호와께서 모세와 아론을 보내사 그 두 사람으로 너희 조상들을 애굽에서 인도해 내어 이 곳에 살게 하셨으나(12:8)

라고 존경받는 지도자 사무엘은 백성을 향하여 입을 열었습니다. 애굽에서 나온 것은 전적으로 하나님의 은혜였습니다. 바로를 항복시킨 것도 하나님의 능력이었습니다. 사무엘은 이것을 말하고 있습니다. 현재 가나안에 있는 것도 하나님의 은혜임을 말하고 있습니다. 능력의 하나님, 인도의 하나님, 승리케 하시는 하나님임을 말하고 있습니다. 그러나 가나안에 들어온 이들이 젖과 꿀이 흐르는 복된 곳에 와서 그동안 보호하신 하나님을 잊었다고 했습니다.

🌱 그들이 그들의 하나님 여호와를 잊은지라 여호와께서 그들을 하솔 군사령관 시스라의 손과 불레셋 사람들의 손과 모압 왕의 손에 넘기셨더니 그들이 너희를 치매 백성이 여호와께 부르짖어 이르되 우리가 여호와를 버리고 바알들과 아스다롯을 섬김으로 범죄하였나이다 그러하오나 이제 우리를 원수들의 손에서 건져내소서 그리하시면 우리가 주를 섬기겠나이다 하매 여호와께서 여룹바알과 베단과 입다와 나 사무엘을 보내사 너희를 너희 사방 원수의 손에서 건져내사 너희에게 안전하게 살게 하셨거늘(12:9-11)

사무엘은 이스라엘 백성들이 회개하여 고통에서 놓임을 얻었다고 했습니다. 그러나 현재는 그때보다 더 큰 죄를 범한다는 것을 지적했습니다. 과거에는 하나님을 의지했는데 지금은 왕을 의지하고 있다고 지적했습니다.

🌱 너희가 암몬 자손의 왕 나하스가 너희를 치러 옴을 보고 너희의 하나님 여호와께서는 너희의 왕이 되심에도 불구하고 너희가 내게 이르기를 아니라 우리를 다스릴 왕이 있어야 하겠다 하였도다 이제 너희가 구한 왕, 너희가 택한 왕을 보라 여호와께서 너희 위에 왕을 세우셨느니라(12:12-13)

사무엘은 이스라엘 백성이 회개하지 않고 왕을 세워 달라는 것이 죄임을 지적하고 있습니다 | 어려움이

와도 하나님께 돌아오지 않는 것이야말로 큰 재앙이요 저주입니다. 왕을 세워 달라고 해서 세웠는데 그 왕이 하나님을 경외하지 아니하고 타락해서 자신의 마음대로 하면 고통이 백성에게 임함을 말하고 있습니다.

> ♔ 너희가 만일 여호와를 경외하여 그를 섬기며 그의 목소리를 듣고 여호와의 명령을 거역하지 아니하며 또 너희와 너희를 다스리는 왕이 너희의 하나님 여호와를 따르면 좋겠지마는 너희가 만일 여호와의 목소리를 듣지 아니하고 여호와의 명령을 거역하면 여호와의 손이 너희의 조상들을 치신 것 같이 너희를 치실 것이라(12:14-15)
> ♔ 오늘은 밀 베는 때가 아니냐 내가 여호와께 아뢰리니 여호와께서 우레와 비를 보내사 너희가 왕을 구한 일 곧 여호와의 목전에서 범한 죄악이 큼을 너희에게 밝히 알게 하시리라(12:17)

이 모든 교훈을 통해 우리는 몇 가지 결단을 해야 합니다. 첫째, 노년에도 후회 없는 삶을 살도록 해야 되겠다는 각오를 합니다. 모든 지도자들은 그 일을 그만두는 날이 오게 된다는 것을 기억해야 합니다. 공직에 있는 모든 분들은 자신의 일을 그만 두는 날, 역사의 심판을 받는다는 것을 기억해야 합니다. 둘째, 행복한 백성이 되어야 합니다. 행복한 백성은 원로들의 역사적 흥망의 사건들을 가슴 깊이 새기는 지혜를 가집니다. 이스라엘의 역사는 하나님과의 관계의 역사입니다. 모든 백성의 흥망도 하나님과의 관계입니다. 오늘날 교회도 예수님과의 관계입니다. 예수님의 참된 삶에 대한 연구와 닮기 위한 노력이 있을 때 내일의 행복이 보장됩니다. 셋째, 하나님의 보호를 잊지 말아야 합니다. 선조 때부터 받은 은혜를 잊지 말아야 합니다. 위기 때마다 구출해 주시는 그 은혜를 기억해야 합니다. 가정의 행복도 부모님의 은혜를 알 때 가능합니다. 부부간에도 서로의 수고를 알아야 합니다.

식도암으로 고생하는 성도가 있었습니다. 그가 수술실에 들어 갈 때, 고침을 받으면 하나님 앞에 기도하면서 영혼구원을 위해 전도하면서 살기로 서원했습니다. 수술이 잘되었습니다. 그러나 금새 서원한 것을 잊어버렸습니다. 몇 년 후 병이 재발되었습니다. 그는 '하나님께 다시 살려 달라고 기도할 수 없다'라고 했습니다. 하나님과의 약속을 지키지 않았다고 했습니다. 그는 죽어갔습니다.

이스라엘 백성의 민족 혼란기에 엘리야가 있었습니다. 이스라엘에 임한 3년 6개월의 가뭄은 바알과 아세라를 멸하기 위한 준비 작업이었습니다. 땀 흘려서 일하는 것을 자랑하고 남을 돕는 것이 생활화되어야 합니다. 정치와 사회 또는 교회를 정죄 하지 맙시다. 성령의 감동으로 좋은 것 찾아내도록 기도해야 합니다. 또 그들이 백성을 평안하게 하는 의의 도구가 되도록 사랑의 기도가 필요할 때입니다. 사무엘의 말을 듣고 결단함이 우리 민족에게 필요합니다. 말씀을 듣고 믿는 모든 분들께 하나님의 은총이 있기를 축원합니다.

선하고 의로운 도를 따르라

하나님은 자기 백성을 사랑하십니다. 그리고 그 사랑은 중단되지 않습니다. 그분의 백성을 항상 인도하면서 환경과 사람을 통해 보호하십니다. 출애굽하는 이스라엘 백성을 잡으려고 달려 온 애굽 군대를 홍해로 삼키게 하셨습니다. 이스라엘에게서 법궤를 빼앗아 다곤 신당에 두고 좋아했던 블레셋에게는 독한 종기로 항복시켰습니다.

💮 죽지 아니한 사람들은 독한 종기로 치심을 당해 성읍의 부르짖음이 하늘에 사무쳤더라(5:12)

이스라엘 백성이 자신들의 죄를 깨닫고 회개할 때 하나님께서는 좋은 지도자를 보내셨습니다. 그러나 그들이 하나님을 잊어버릴 때에 그들앞에 악한 대적이 나타났습니다. 결국 그들이 회개할 때 하나님께서는 다시 대적을 몰아낼 수 있는 지도자를 보냈습니다.

💮 너희가 만일 여호와의 목소리를 듣지 아니하고 여호와의 명령을 거역하면 여

(삼상 12:19-25) 모든 백성이 사무엘에게 이르되 당신의 종들을 위하여 당신의 하나님 여호와께 기도하여 우리가 죽지 않게 하소서 우리가 우리의 모든 죄에 왕을 구하는 악을 더하였나이다 사무엘이 백성에게 이르되 두려워하지 말라 너희가 과연 이 모든 악을 행하였으나 여호와를 따르는 데에서 돌아서지 말고 오직 너희의 마음을 다하여 여호와를 섬기라 돌아서서 유익하게도 못하며 구원하지도 못하는 헛된 것을 따르지 말라 그들은 헛되니라 여호와께

사무엘에게는 기도의 능력이 있었습니다 | 사무엘의 가슴 속에는

하나님을 신뢰하는 마음이 가득했습니다. 사무엘은 하나님과 교통하는 선지자였습니다. 그가 기도할 때마다 하나님은 응답했습니다.

> 이에 사무엘이 여호와께 아뢰매 여호와께서 그 날에 우레와 비를 보내시니 모든 백성이 여호와와 사무엘을 크게 두려워하니라(12:18)

하나님은 백성 앞에서 사무엘을 높이셨습니다. 사람들은 사무엘에게서 함께 하시는 하나님을 보았습니다. 그러므로 백성들은 부르짖었습니다.

> 모든 백성이 사무엘에게 이르되 당신의 종들을 위하여 당신의 하나님 여호와께 기도하여 우리가 죽지 않게 하소서 우리가 우리의 모든 죄에 왕을 구하는 악을 더하였나이다.(12:19)

사무엘은 백성의 마음속에 기도의 능력을 믿게 했습니다. 하나님은 죽이기도 하시고 살리기도 하는 능력이 있습니다. 그들은 의심 없이 믿었고 자신들의 죄를 깨닫게 되었습니다. 그리고 죄를 내어놓고 회개했습니다. 신자가 가진 최고의 능력은 하나님의 자녀가 된 것입니다. 아버지가 계시기 때문에 자신의 잘못을 고칠 수 있는 것입니다.

영접하는 자 곧 그 이름을 믿는 자들에게는 하나님의 자녀가 되는 권세를 주셨으니 이는 혈통으로나 육정으로나 사람의 뜻으로 나지 아니하고 오직 하나님께로부터 난 자들이니라(요1:12-13)

사무엘은 마음을 다하여 여호와를 섬기라고 했습니다 |

집나간 탕자가 행복한 것은 돌아올 아버지 집이 있기 때문입니다. 믿는 우리가 핍박과 불경기 속에서도 낙심하지 않는 것은 불경기가 없는 아버지 집이 있기 때문입니다. 우리가 믿는 아버지는 위로와 용서의 아버지이십니다.

> ☙ 사무엘이 백성에게 이르되 두려워하지 말라 너희가 과연 이 모든 악을 행하였으나 여호와를 따르는 데에서 돌아서지 말고 오직 너희의 마음을 다하여 여호와를 섬기라(12:20)

회개하는 사람에게는 용서와 위로가 있습니다.

> ☙ 여호와께서 말씀하시되 오라 우리가 서로 변론하자 너희의 죄가 주홍 같을지라도 눈과 같이 희어질 것이요 진홍 같이 붉을지라도 양털 같이 희게 되리라 너희가 즐겨 순종하면 땅의 아름다운 소산을 먹을 것이요(사1:18-19)

죄 때문에 망하는 것이 아닙니다. 그 죄를 회개하지 않아서 망하는 것입니다. 지혜자는 하나님의 말씀을 그대로 믿습니다. 지난 날 하나님을 알지 못하여 진 죄가 있을 수 있습니다. 그러나 그것 때문에 신앙 생활하는데 위축될 필요는 없습니다. 지금부터 마음을 다하여 하나님의 말씀을 따르면 되는 것입니다.

> ☙ 돌아서서 유익하게도 못하며 구원하지도 못하는 헛된 것을 따르지 말라 그들

은 헛되니라(12:21)

영생에 유익하지 못한 생각이나 친구 또는 권력이나 물질이 있습니다. 사람은 평생 무엇인가를 좇아 살다가 70~100년으로 삶을 마감합니다. 부자 청년은 물질이 많으므로 예수님을 따를 수 있는 기회를 놓쳤습니다.

🐚 그 청년이 재물이 많으므로 이 말씀을 듣고 근심하며 가니라(마19:22)

엘리는 자녀를 우상으로 삼으며 살다가 실패자가 되었습니다. 자신과 자녀가 함께 실패자가 되었습니다. 그러나 아브라함은 하나님을 따르므로 영육의 성공자가 되었습니다.

사무엘은 선하고 의로운 길을 가르쳤습니다 │

이스라엘 백성 앞에 놓인 두 길이 우리 앞에도 놓여있습니다. 우리 앞에는 사무엘이 가르친 선하고 의로운 도(道)가 있습니다. 예수를 바로 믿는 것은 영광스런 길입니다. 하나님을 잘 섬기는 길입니다. 택함을 받은 백성은 행복합니다.

🐚 여호와께서는 너희를 자기 백성으로 삼으신 것을 기뻐하셨으므로 여호와께서는 그의 크신 이름을 위해서라도 자기 백성을 버리지 아니하실 것이요(12:22)

🐚 야곱아 너를 창조하신 여호와께서 지금 말씀하시느니라 이스라엘아 너를 지으신 이가 말씀하시느니라 너는 두려워하지 말라 내가 너를 구속하였고 내가 너를 지명하여 불렀나니 너는 내 것이라 네가 물 가운데로 지날 때에 내가 함께 할 것이라 강을 건널 때에 물이 너를 침몰하지 못할 것이며 네가 불 가운데로 지날 때에 타지도 아니할 것이요 불꽃이 너를 사르지도 못하리니 대저 나는 여호와 네 하나님이요 이스라엘의 거룩한 이요 네 구원자임이라 내가 애굽을 너의 속량물로, 구스와 스바를 너를 대신하여 주었노라(사43:1-3)

자기 백성을 버리지 않는 하나님이십니다. 버림받는 것은 매우 불행한 것입니다. 부모에게 버림받는 자녀와 남편에게 버림받는 아내는 얼마나 불행합니까? 육신의 부모나 혈통에게 버림받아도 슬픈 일인데 하나님께 버림받으면 더욱 불행할 것입니다. 그러나 하나님은 절대로 자기 백성을 버리지 않는 분이십니다. 하나님이 우리를 사랑하심은 행위나 능력 또는 기능과 외모 때문이 아닙니다. 우리가 그분께 속해있게 되고 자녀가 되었기 때문입니다. 우리의 자녀가 우리 집에 거하는 것이 그들이 잘해서가 아닙니다.

우리도 예상하지 못했던 시련을 만날 수 있습니다.

> ♛ 그들은 잠시 자기의 뜻대로 우리를 징계하였거니와 오직 하나님은 우리의 유익을 위하여 그의 거룩하심에 참여하게 하시느니라 무릇 징계가 당시에는 즐거워 보이지 않고 슬퍼 보이나 후에 그로 말미암아 연단 받은 자들은 의와 평강의 열매를 맺느니라 그러므로 피곤한 손과 연약한 무릎을 일으켜 세우고 너희 발을 위하여 곧은 길을 만들어 저는 다리로 하여금 어그러지지 않고 고침을 받게 하라(히12:10-13)

의로운 도를 가르칠 수 있는 자의 각오가 있습니다.

> ♛ 나는 너희를 위하여 기도하기를 쉬는 죄를 여호와 앞에 결단코 범하지 아니하고 선하고 의로운 길을 너희에게 가르칠 것인즉(12:23)

주의 종은 성도를 위하여 기도하겠다는 뜻을 정해야 합니다. 기도하지 않는 것이 죄라고 할 만큼 기도에 대한 열정을 가져야 합니다. 죄 짓는 자리에서 피하듯 기도 할 수 없는 상황 대신 기도할 수 있는 환경을 만들어 가는 것입니다. 선하고 의로운 도를 가르칠 뜻이 정해져야 합니다. 주의 종은 주인의 말씀을 전해야 합니다. 성경만이 진리입니다. 성경이 진리라는 확신이 있어야 성령의 역사로 세상을 변화시킬 수 있습니다. 하나님이 하신 일을 생각하고 그 뜻을 성실히 섬기며 사는 길이 바르게 사는 길입니다. 영원히 살고 행복해 지는 것은 예수 그리스도를 구주로 믿고 사는 것입니다. 하나님이 주신 의로운 도는 십자가를 의지하고 사는 것입니다. 용서와 사랑으로 십자가를 지는 것만이 이 세상을 이기는 능력입니다. 하나님 사랑을 사람 사랑으로 표현하면서 행복하시기를 축원합니다.

제Ⅲ부

믿음의 사람을 세우심

26

사울의 제사

8월은 광복절이 있는 달입니다. 찜통 무더위 속에서도 해방의 기쁨을 맛보았던 선조들을 생각해 봅니다. 배고파 본 경험이 있는 사람은 먹는 즐거움을 알 수 있습니다. 일제 36년의 억압과 인권유린 만큼이나 광복의 기쁨은 큰 것이었습니다. 오늘날 전쟁과 가난을 알지 못하는 시대는 이상주의에 빠져있습니다. 하나님의 뜻을 벗어나 음란과 호색으로 빠져 들어가고 있습니다. 천하보다 생명이 귀하다고 하신 하나님의 말씀을 잃어버렸습니다.

사울이 이스라엘을 다스린지 2년이 되었습니다. 그때 블레셋과 전쟁이 일어났습니다. 구약성경을 보면 블레셋과 이스라엘은 전쟁을 여러 번 했습니다. 삼손도 블레셋 사람에 의해 희생되었습니다.

> ✿ 블레셋 사람들이 그를 붙잡아 그의 눈을 빼고 끌고 가사에 내려가 놋 줄로 매고 그에게 옥에서 맷돌을 돌리게 하였더라(삿16:21)

다윗은 블레셋 사람 골리앗과 싸웠습니다.

(삼상 13:8-15) 사울은 사무엘이 정한 기한대로 이레 동안을 기다렸으나 사무엘이 길갈로 오지 아니하매 백성이 사울에게서 흩어지는지라 사울이 이르되 번제와 화목제물을 이리로 가져오라 하여 번제를 드렸더니 번제 드리기를 마치자 사무엘이 온지라 사울이 나가 맞으며 문안하매 사무엘이 이르되 왕이 행하신 것이 무엇이냐 하니 사울이 이르되 백성은 내게서 흩어지고 당신은 정한 날 안에 오지 아니하고 블레셋 사람은 믹마스에 모였음을 내가 보았으므로 이에 내가 이르기를 블레셋 사람들이 나를 치러 길갈로 내려오겠거늘 내가 여호와께 은혜를 간구하지 못하였다 하고 부득이 하여 번제를 드렸나이다 하니라 사무엘이 사울에게 이르되 왕이 망령되이 행하였도다 왕이 왕

❦ 다윗이 곁에 서 있는 사람들에게 말하여 이르되 이 블레셋 사람을 죽여 이스라엘의 치욕을 제거하는 사람에게는 어떠한 대우를 하겠느냐 이 할례 받지 않은 블레셋 사람이 누구이기에 살아계시는 하나님의 군대를 모욕하겠느냐(17:26)

❦ 손을 주머니에 넣어 돌을 가지고 물매로 던져 블레셋 사람의 이마를 치매 돌이 그의 이마에 박히니 땅에 엎드러지니라(17:49)

블레셋은 이스라엘 백성이 영적으로 강해지면 잠잠했다가 약해지면 다시 일어나 쳐들어왔습니다. 이스라엘 백성은 하나님을 경외하면 승리했고 우상을 숭배하고 하나님을 떠나면 어려움을 당했습니다.

사울은 블레셋의 침공을 받자 길갈로 내려갔습니다. 블레셋의 침략으로 백성이 흩어지자 사울의 마음이 급해졌습니다. 그때 사울은 사무엘만이 할 수 있는 권한을 대신 했습니다. 자신이 그 제사를 친히 집례한 것입니다. 사울이 제사를 마친 후에야 사무엘이 도착했습니다. 그러자 사울은 사무엘에게 '전쟁을 앞두고 백성들은 흩어지고 당신은 오지 않아 심히 어려웠기 때문에 부득이하여 여호와께 도움을 청하기 위해 내가 직접 번제를 드렸습니다' 라고 변명을 했습니다. 사무엘은 사울에게 여호와 명령을 어겼다고 했습니다. 여호와의 명령을 어김으로 사울의 나라가 길지 못할 것이라고 했습니다. 사울은 이 사건으로 인해 하나님 앞에 버림을 받았습니다. 세속적 기준으로는 사울의 잘못이 그다지 큰 것이 아닌 것처럼 보입니다. 그러나 영적으로 보면 하나님이 정하신 제사장의 권한을 침범했기 때문에 큰 죄입니다. 사울의 불신앙과 교만으로 권한을 넘어선 범죄 행위 때문에 하나님이 사울을 버리신 것입니다. 이 사건에서 사무엘의 말과 사울의 잘못에 대해 살펴보며 은혜 받기를 바랍니다.

사울은 정한 기한은 기다렸습니다

🐚 사울은 사무엘이 정한 기한대로 이레 동안을 기다렸으나 사무엘이 길갈로 오지 아니하매 백성이 사울에게서 흩어지는지라(13:8)

"정한 기한대로 이레를 기다리되"라는 말속에는 사울이 기다릴만큼 기다렸다는 의미이기도 합니다. 또 "백성이 사울에게서 흩어지는지라"는 그때의 상황이 매우 다급했음으로 사울을 이해할 수도 있었을 것입니다. 오늘날 교회 안에서 일어나는 사건들을 세속적으로 보면 성경적 견해와 아주 상반되는 결론을 내릴 때가 많습니다. 환경 중심의 사고나 생각을 따른 결과를 보고 지혜를 얻기를 바랍니다.

🐚 사무엘이 사울에게 이르되 왕이 망령되이 행하였도다 왕이 왕의 하나님 여호와께서 왕에게 내리신 명령을 지키지 아니하였도다 그리하였더라면 여호와께서 이스라엘 위에 왕의 나라를 영원히 세우셨을 것이거늘(13:13)

"망령되이 행하였도다, 명령을 지키지 아니했다"라고 했습니다. 사울왕을 통해 우리가 살아가면서 쉽게 저지를 수 있는 잘못을 살펴보겠습니다.

🐚 그들이 하나님의 궤를 새 수레에 싣고 산에 있는 아비나답의 집에서 나오는데 아비나답의 아들 웃사와 아효가 그 새 수레를 모니라(삼하6:3)

아비나답의 아들 웃사와 아효가 법궤를 새 수레에 싣고 예루살렘으로 가는데 소들이 뛰어 법궤가 떨어지려고 했습니다. 그때 웃사가 손을 들어 법궤를 붙들었습니다. 그때 웃사는 하나님의 진노로 죽었습니다. 이것이 주는 교훈이 있습니다. 하나님은 절대 실패하시지 않습니다. 법궤가 떨어지려고 해도 걱정할 필요가 없습니다. 하나님이 하시는 일은 하나님이 책임집니다. 사람의 생각으로 안된다, 된다, 늦었다, 실패다 속단하지 말고 기도하면서 성령의 인도를 받아야 합니다. 인간적 생각으로 인해 하나님의 뜻을 거스리지 말아야 합니다. 아무리 위급해도 하나님을 믿고 기다려야 합니다.

🐚 이 묵시는 정한 때가 있나니 그 종말이 속히 이르겠고 결코 거짓되지 아니하리라 비록 더딜지라도 기다리라 지체되지 않고 반드시 응하리라(합2:3)

믿음 있는 사람은 오래 기다립니다

🐚 아브람이 여호와를 믿으니 여호와께서 이를 그의 공의로 여기시고(창15:6)
🐚 아브라함이 바랄 수 없는 중에 바라고 믿었으니 이는 네 후손이 이같으리라 하신 말씀대로 많은 민족의 조상이 되게 하려 하심이라 그가 백세나 되어 자기 몸이 죽은 것 같고 사라의 태가 죽은 것 같음을 알고도 믿음이 약하여지지 아니하고 믿음이 없어 하나님의 약속을 의심하지 않고 믿음으로 견고하여져서 하나님께 영광을 돌리며 약속하신 그것을 또한 능히 이루실 줄을 확신하였으니 그러므로 그것이 그에게 의로 여겨졌느니라(롬4:18-22)

봄에 씨를 심었으면 여름을 지나 가을을 기다려야 합니다. 하나님이 높여주실 때까지 기다려야 합니다. 기다림에 실패하면 누림에도 실패를 합니다. 아브라함은 믿음으로 순종을 잘했으나 이삭이 태어날 때까지 기다리지 못하고 하갈을 맞이하여 이스마엘을 출산한 것이 가정불화를 일으키고 후손에게 고통을 주었습니다. 하나님의 약속을 믿고 인내를 온전히 이루어야 합니다.

사울은 칠 일은 기다리고 더는 기다리지 못했습니다. 우리는 20년까지도 기다려야 합니다. 가정과 개인 그리고 사업문제로 조급하십니까? 기도하면서 기다리세요.

사울은 인간적 판단으로 제사장의 권한을 침범했습니다. 또 자신의 잘못에 변명을 했습니다. 믿음 없는 사람은 회개보다 변명을 합니다. 인류의 조상 아담과 하와도 변명을 했습니다. 믿음이 있어야 문제가 해결됩니다. 믿음이 있어야 순종과 소망 그리고 은혜의 축복을 받을 수 있습니다. 믿음으로 살다보면 손해를 보는 것 같으나 절대로 손해 보지 않습니다.

> 그러나 여호와가 이르노라 스룹바벨아 스스로 굳세게 할지어다 여호사닥의 아들 대제사장 여호수아야 스스로 굳세게 할지어다 여호와의 말이니라 이 땅 모든 백성아 스스로 굳세게 하여 일할지어다 내가 너희와 함께 하노라 만군의 여호와의 말이니라(학2:4)

믿음이 있어야 자기가 보입니다

하나님은 제사를 레위 지파에게 드리도록 했는데 사울은 베냐민지파입니다. 권력으로 성역을 침범할 수 없습니다.

> 그가 강성하여지매 그의 마음이 교만하여 악을 행하여 그의 하나님 여호와께 범죄하되 곧 여호와의 성전에 들어가서 향단에 분향하려 한지라 제사장 아사랴가 여호와의 용맹한 제사장 팔십 명을 데리고 그의 뒤를 따가 들어가서 웃시야 왕 곁에 서서 그에게 이르되 웃시야여 여호와께 분향하는 일은 왕이 할 바가 아니요 오직 분향하기 위하여 구별함을 받은 아론의 자손 제사장들이 할 바니 성소에 나가소서 왕이 범죄하였으니 하나님 여호와에게서 영광을 얻지 못하리이다 웃시야가 손으로 향로를 잡고 분향하려 하다가 화를 내니 그가 제사장에게 화를 낼 때에 여호와의 전 안 향단 곁 제사장들 앞에서 그의 이마에 나병이 생긴지라(대하26:16-19)

웃시야왕은 권력을 이용해 성전에 들어가 분향하려다가 문둥병자가 되었습니다. 그는 불행해졌습니다. 때로는 하나님이 세운 질서를 무시하고 교만하여 목회자를 함부로 대하는 사람이 있습니다. 그것은 자기 교만에서 나오는 것이므로 조심해야 합니다.

사울은 왕의 일을 하고 제사장은 제사하는 일을 해야 합니다.

♕ 지금은 왕의 나라가 길지 못할 것이라 여호와께서 왕에게 명령하신 바를 왕이
지키지 아니하였으므로 여호와께서 그의 마음에 맞는 사람을 구하여 여호와
께서 그를 그의 백성의 지도자로 삼으셨느니라 하고(13:14)

하나님은 사무엘을 책망하신 것이 아니라 사울을 책망하시고 그를 왕의 자
격이 없는 것으로 평가했습니다. 오늘날 제사장은 누구입니까? 예수 그리스도
입니다. 예수님의 이름으로 기도해야 합니다. 예수님 계신 곳은 거룩해야 합니
다. 오늘날 교회가 이 말씀으로 깨달아야 합니다.

♕ 그들에게 이르시되 기록된 바 내 집은 기도하는 집이라 일컬음을 받으리라 하
였거늘 너희는 강도의 소굴을 만드는도다 하시니라(마21:13)

하나님의 주장 외에 다른 주장이 교회에 들어오지 못하도록 해야 합니다.
우리는 경건한 마음으로 모임에 힘써야 합니다. 교회는 세상의 빛과 소금입니
다. 우리나라가 독립이 되고 자유를 찾는데 우리나라 초대 교회가 기여한 것처
럼 이제는 교회가 일어나야 합니다. 독립 만세운동의 민족대표 33인 중에 많은
수가 기독교인이었습니다. 일제에 맞서 신사참배 등을 의연하게 거부한 것처럼
이기주의로 타락해 가는 잘못된 것들에 맞서 대항해야 합니다. 8월의 더위를
이기고 가을에는 전도의 열매 가득 맺고 사람을 행복하게 하고 함께 잘사는 나
라 거룩한 교회를 만들어 가시길 주의 이름으로 축원합니다.

27

여호와의 구원은

| 사무엘상 14:1-6 |

무더운 여름이 지나가고 결실의 계절 가을이 다가옵니다. 봄, 여름 동안 땀 흘린 수고의 보람을 가져다주는 가을입니다. 농부는 자신의 행위에 따라 부(富)와 가난을 체험합니다. 올해에 실패했으면 내년 봄에 다시 씨 뿌리는 기회가 주어질 때 열심히 하면 됩니다. 그러나 인생은 자신이 직접 체험하면서 깨닫게 되면 늦어서 돌이킬 수 없을 때도 있습니다. 구약성경에 노아에 대하여 기록되어있습니다. 사람들이 땅 위에 번성했습니다. 그때 하나님의 아들들이 사람의 딸들을 취하여 아내로 삼았습니다. 하나님을 의지해야 될 사람들이 육신 중심으로 살았습니다.

> ❀ 여호와께서 사람의 죄악이 세상에 가득함과 그의 마음으로 생각하는 모든 계획이 항상 악할 뿐임을 보시고(창6:5)

죄악이 세상에 관영했습니다. 마음의 생각과 사람의 모든 계획이 항상 악함을 하나님이 보셨습니다. 그때 하나님은 두 가지를 계획하셨습니다. 하나의 계

(삼상 14:1-6) 하루는 사울의 아들 요나단이 자기의 무기를 든 소년에게 이르되 우리가 건너편 블레셋 사람들의 부대로 건너가자 하고 그의 아버지에게는 아뢰지 아니하였더라 사울이 기브아 변두리 미그론에 있는 석류나무 아래에 머물렀고 함께 한 백성은 육백 명 가량이며 아히야는 에봇을 입고 거기 있었으니 그는 이가봇의 형제 아히둡의 아들이요 비느하스의 손자요 실로에서 여호와의 제사장이 되었던 엘리의 증손이었더라 백성은 요나단이 간 줄을 알지 못하니라 요나단이 블레셋 사람들에게로 건너가려 하는 어귀 사이 이쪽에는 험한 바위가 있고 저쪽에도

획은 악인을 멸망할 계획이요 또 하나는 노아를 구원시킬 계획이었습니다.

하나님은 노아에게 방주를 건축하도록 했습니다 ｜ 오늘날 열심

히 예수 믿는 우리들이 세상 중심으로 사는 사람들에게 조롱받는 것처럼 노아
도 그렇게 보였을 것입니다. 그러나 노아는 지혜로운 자였습니다. 그의 바른 결
정은 홍수 심판이 시작될 때 진가를 나타냈습니다. 비로소 하나님의 사랑을 알
게 된 것입니다. 노아는 순종함으로 살고 방주에 들어오지 못한 이들은 다 죽었
습니다.

> 노아가 그와 같이하여 하나님이 자기에게 명하신 대로 다 준행 하였더라(창
> 6:22)

노아와 당시 사람들만 생사의 갈림길에서 웃고 울은 것은 아닙니다. 우리들
도 몇 년 안에 기뻐하고 탄식하는 환경의 주인공이 될 수도 있습니다. 예수님을
믿으면 행복의 길로 간다고 하셨습니다. 하나님의 말씀을 순종하는 것은 행복
의 길이요 승리의 길입니다.

이스라엘 백성은 새로운 국면을 맞이하게 되었습니다. 사울왕이 하나님의
말씀을 떠나므로 그에게 속한 군대는 무기력해졌습니다. 사울에게 속한 군대는
600명 가량 이었습니다. 블레셋과는 비교도 되지 않은 숫자였습니다. 블레셋
에 군량미를 공급하기 위해 노략군인 약탈자가 이스라엘 영토에서 활동했습니
다. 적군이 들어와서 활동함에도 그들을 제압할 힘이 없었습니다.

＊ 노략꾼들이 세 대로 블레셋 사람들의 진영에서 나와서 한 대는 오브라 길을 따라서 수알 땅에 이르렀고 한 대는 벧호론 길로 향하였고 한 대는 광야쪽으로 스보임 골짜기가 내려다 보이는 지역 길로 향하였더라 그 때에 이스라엘 온 땅에 철공이 없었으니 이는 블레셋 사람들이 말하기를 히브리 사람이 칼이나 창을 만들까 두렵다 하였음이라 온 이스라엘 사람들이 각기 보습이나 삽이나 도끼나 괭이를 벼리려면 블레셋 사람들에게로 내려갔었는데 곧 그들이 괭이나 삽이나 쇠스랑이나 도끼나 쇠채찍이 무딜 때에 그리하였으므로 싸우는 날에 사울과 요나단과 함께 한 백성의 손에는 칼이나 창이 없고 오직 사울과 그의 아들 요나단에게만 있었더라 블레셋 사람들의 부대가 나와서 믹마스 어귀에 이르렀더라(13:17-22)

그러나 이스라엘 백성의 손에는 칼이나 창이 없고 오직 사울과 그 아들 요나단에게만 있었습니다. 블레셋과 싸우는 입장임에도 전쟁할 무기를 블레셋에 가서 만들어 와야 할 환경입니다. 과거에 이스라엘은 신정국가였기 때문에 하나님의 능력으로 전쟁에서 승리를 해왔습니다. 하나님의 능력으로 여리고성도 무너뜨리고 삼손의 손에 들려진 당나귀 턱뼈가 칼과 창 이상으로 능력 있었습니다.

＊ 사무엘이 번제를 드릴 때에 블레셋 사람이 이스라엘과 싸우려고 가까이 오매 그 날에 여호와께서 블레셋 사람에게 큰 우레를 발하여 그들을 어지럽게 하시니 그들이 이스라엘 앞에 패한지라 이스라엘 사람들이 미스바에서 나가서 블레셋 사람들을 추격하여 벧갈 아래에 이르기까지 쳤더라(7:10-11)

사울왕 시대는 그것에 걸맞는 실력을 가져야 되는데 그렇게 되지 못했습니다. 그러나 이스라엘 백성은 함부로 할 수 없는 백성입니다.

요즘 사회를 보면 경제와 정치가 불안하고 주변국이 역사를 왜곡하고 우방들이 돌아섭니다. 그러나 염려하지 않는 것은 교회가 있기 때문입니다. 하나님의 백성이 있는 곳에는 하나님의 큰 은총이 있습니다. 아무리 혼동되고 악이 이기는 것 같아도 하나님은 믿는 자의 기도를 듣고 계십니다.

지금은 배운 사람보다 하나님의 사람이 필요합니다. 용서와 화합의 사람이 필요합니다. '과거냐 미래냐'를 따지기보다 과거도 미래도 소중히 여겨야 합니다. '보수냐 진보냐' 보다는 보수도 진보도 우리 민족임을 알아야합니다. '남이냐 북이냐' 보다는 함께 다투지 말고 잘 사는 길을 찾는 것이 더 중요합니다. 사울의 정권 하에 혼돈이 시작되었습니다. 아들 요나단은 신앙이 좋았습니다. 그는 자신의 행할 일을 아버지 사울과 의논할 수 없었습니다. "그 아비에게 고하지 아니하였더라"라고 했습니다. 요나단은 신앙 없는 아버지의 지도를 받을 수가 없었습니다. 그리고 독자적인 작전 계획을 세웠습니다. 요나단은 부친을 반역한 것이 아니라 믿음으로 부친의 부족을 채워 주는 행위를 한 것입니다. 우리는 여기서 지혜를 얻어야 합니다. 믿음이 없다고 반역하지 말고 믿는 자가 이 사회의 부족한 부분을 감당하기 위해 노력해야 합니다. 세상과 환경이 악하게 돌아가면 그곳에 편승하지 말고 때를 기다리며 조용히 준비하는 것이 지혜입니다. 밤이 있으면 낮이 있습니다. 오늘은 사울과 요나단의 삶에 대해 은혜를 받고 분별력을 가지게 되시길 바랍니다.

사울은 블레셋 군사를 두려워했습니다 |

하나님을 두려워하지 않는 사람은 사람과 환경을 두려워합니다. 또 무능한 사람은 자신과 같은 부류의 사람을 좋아합니다.

> ☙ 사울이 기브아 변두리 미그론에 있는 석류나무 아래에 머물렀고 함께 한 백성은 육백 명 가량이며(14:2)

사울은 전쟁을 해야 할 형편에 지체하고 있습니다. 엘리의 증손 아히야라는 무력한 제사장이 그와 함께 하였습니다. 이 제사장은 사무엘을 대신할 수 없는

자입니다. 하나님의 음성을 들려주지 못하는 제사장이며 사울에게 새로운 길을
제시하지 못하는 제사장입니다. 지금도 무늬만 제사장, 무늬만 그리스도인, 무
늬만 성직자가 있습니다. 요나단은 블레셋을 두려워하지 않았습니다.

요나단은 하나님을 믿음으로 사람을 두려워하지 않았습니다. 하나님을 보
면 사람이 작게 보이고 세상의 것도 작게 보입니다. 그러나 하나님을 못 보면
세상의 것이나 사람의 것이 매우 크게 보입니다. 요나단에게는 블레셋 군대가
두려움의 대상이 아니었습니다. 요나단은 "보세스"(미끄러움이란 뜻)와 "세네"
(가시라는 뜻)라는 봉우리를 가진 험준한 요새를 향해 돌진했습니다.

> 🌼 요나단이 자기의 무기를 든 소년에게 이르되 우리가 이 할례 받지 않은 자들
> 에게로 건너가자 여호와께서 우리를 위하여 일하실까 하노라 여호와의 구원
> 은 사람이 많고 적음에 달리지 아니하였느니라(14:6)

이는 하나님의 능력을 믿는 고백이요, 행위입니다. 하나님의 능력을 믿음으
로 택한 백성이 된 자신이 크게 보였습니다. 요나단이 이렇게 말한 것은 하나님
편에 있다는 것입니다.

다윗도 이와 같은 선민의식을 가졌습니다.

> 🌼 주의 종이 사자와 곰도 쳤은즉 살아 계시는 하나님의 군대를 모욕한 이 할례
> 받지 않은 블레셋 사람이리이까 그가 그 짐승의 하나와 같이 되리이다(17:36)
> 🌼 손을 주머니에 넣어 돌을 가지고 물매로 던져 블레셋 사람의 이마를 치매 돌
> 이 그의 이마에 박히니 땅에 엎드러지니라(17:49)

믿음 있는 사람은 안보이는 하나님을 봅니다. 믿음 있는 사람은 혼자라도
이 세상을 지배하는 원수 마귀와 싸울 준비를 합니다. 믿는 자에게는 하나님의
능력이 있습니다.

하나님은 항상 일하시는 분입니다 | 하나님은 옛날이나 지금이나

창조때나 사사때나 지금에도 그의 성품이나 본성은 변함이 없습니다. 그러나 시대마다 택한 백성의 행위에 따라 전혀 다른 일을 하십니다. 믿는 자 앞에서는 믿음대로 승리하게 했습니다. 다윗은 승리하게 했으나, 사울에게는 실패를 맛보게 했습니다. 오늘 말씀을 들으면서 자신의 위치를 찾아보시길 바랍니다. 하나님이 나를 사랑하는가를 살펴보아야 합니다. 내 마음 속에 남을 미워하는 죄가 있으면 용서받지 못한 증거요 사랑이 있으면 그리스도의 성령의 지배를 받는 상태입니다. 하나님의 관심이 우리의 관심이 되면 어떤 환경도 극복 가능합니다. 소돔과 고모라는 음란 보다 의인이 없는 것이 더 큰 문제였습니다. 이젠 누구를 정죄함보다는 나라와 민족을 위해 간절히 기도하고 하나님이 일하시는 것을 믿고 확신하며 모든 것을 하나님께 맡기고 참 평안을 누리기를 주의 이름으로 축원합니다.

28

믿음 있는 자의 능력

| 사무엘상 14:6-23 |

열매의 계절이 문턱에 왔습니다. 푸른 산은 색색의 단풍으로 화려함을 드러낼 준비를 합니다. 조석으로 부는 바람은 사람들의 옷차림도 달라지게 합니다. 대자연뿐 아니라 사람들도 계속해서 변하면서 환경에 적응하며 살아갑니다.

피조물의 세계에는 영원한 것이 없습니다. 그러나 하나님은 영원합니다. 하나님의 뜻과 계획과 본질과 본능은 영원불변하십니다. 그러므로 하나님을 의지하는 사람은 영원히 흔들림 없이 삽니다.

✾ 여호와는 나의 목자시니 내게 부족함이 없으리로다 그가 나를 푸른 풀밭에 누이시며 쉴 만한 물가로 인도하시는도다 내 영혼을 소생시키시고 자기 이름을 위하여 의의 길로 인도하시는도다 내가 사망의 음침한 골짜기로 다닐지라도

(삼상 14:6-23) 요나단이 자기의 무기를 든 소년에게 이르되 우리가 이 할례 받지 않은 자들에게로 건너가자 여호와께서 우리를 위하여 일하실까 하노라 여호와의 구원은 사람이 많고 적음에 달리지 아니하였느니라 무기를 든 자가 그에게 이르되 당신의 마음에 있는 대로 다 행하여 앞서 가소서 내가 당신과 마음을 같이 하여 따르리이다 요나단이 이르되 보라 우리가 그 사람들에게로 건너가서 그들에게 보이리니 그들이 만일 우리에게 이르기를 우리가 너희에게로 가기를 기다리라 하면 우리는 우리가 있는 곳에 가만히 서서 그들에게로 올라가지 말 것이요 그들이 만일 말하기를 우리에게로 올라오라 하면 우리가 올라갈 것은 여호와께서 그들을 우리 손에 넘기셨음이니 이것이 우리에게 표징이 되리라 하고 둘이 다 블레셋 사람들에게 보이매 블레셋 사람이 이르되 보라 히브리 사람이 그들이 숨었던 구멍에서 나온다 하고 그 부대 사람들이 요나단과 그의 무기를 든 자에게 이르되 우리에게로 올라오라 너희에게 보여 줄 것이 있느니라 한지라 요나단이 자기의 무기를 든 자에게 이르되 나를 따라 올라오라 여호와께서 그들을 이스라엘의 손에 넘기셨느니라 하고 요나단이 손 발로 기어 올라갔고 그 무기를 든 자도 따랐더라 블레셋 사람들이 요나단 앞에서 엎드러지매 무기를 든 자가 따라 가며 죽였으니 요나단과 그 무기를 든 자가 반나절

해를 두려워하지 않을 것은 주께서 나와 함께 하심이라 주의 지팡이와 막대기가 나를 안위하시나이다 주께서 내 원수의 목전에서 내게 상을 차려 주시고 기름을 내 머리에 부으셨으니 내 잔이 넘치나이다 내 평생에 선하심과 인자하심이 반드시 나를 따르리니 내가 여호와의 집에 영원히 살리로다(시23:1-6)

하나님의 보호하심은 영원하고 거처할 영원한 집이 있다고 하였습니다. 그뿐 아니라 하나님은 땅에서 하나님의 실력으로 사는 사람으로 인해 나라를 원수의 손에서 구원해주십니다. 하나님을 의지하는 사람들은 개인?가정?경제?사회까지 사랑과 화평이 있는 곳으로 만듭니다.

사울왕은 하나님의 뜻을 벗어나 풍전등화(風前燈火)같은 상황 속에 처해있음에도 미그론에 있는 석류나무 아래 머물렀고, 또 그와 함께 한 백성은 약 600명 이었습니다. 전쟁을 하려고 하는 이들의 손에는 무기도 없었습니다. 이스라엘 백성은 무기를 만들 수 있는 대장간이 없었습니다.

> ♛ 싸우는 날에 사울과 요나단과 함께 한 백성의 손에는 칼이나 창이 없고 오직 사울과 그의 아들 요나단에게만 있었더라 블레셋 사람들의 부대가 나와서 믹마스 어귀에 이르렀더라(13:22)

나라와 가정이 위기를 극복하려면 바른 기준을 가진 강력한 지도자가 있어

갈이 땅 안에서 처음으로 쳐죽인 자가 이십 명 가량이라 들에 있는 진영과 모든 백성들이 공포에 떨었고 부대와 노략꾼들도 떨었으며 땅도 진동하였으니 이는 큰 떨림이었더라 베냐민 기브아에 있는 사울의 파수꾼이 바라본즉 허다한 블레셋 사람들이 무너져 이리 저리 흩어지더라 사울이 자기와 함께 한 백성에게 이르되 우리에게서 누가 나갔는지 점호하여 보라 하여 점호한즉 요나단과 그의 무기를 든 자가 없어졌더라 사울이 아히야에게 이르되 하나님의 궤를 이리로 가져오라 하니 그 때에 하나님의 궤가 이스라엘 자손과 함께 있음이니라 사울이 제사장에게 말할 때에 블레셋 사람들의 진영에 소동이 점점 더한지라 사울이 제사장에게 이르되 네 손을 거두라 하고 사울과 그와 함께 한 모든 백성이 모여 전장에 가서 본즉 블레셋 사람들이 각각 칼로 자기의 동무들을 치므로 크게 혼란하였더라 전에 블레셋 사람들과 함께 하던 히브리 사람이 사방에서 블레셋 사람들과 함께 진영에 들어 왔더니 그들이 돌이켜 사울과 요나단과 함께 한 이스라엘 사람들과 합하였고 에브라임 산지에 숨었던 이스라엘 모든 사람도 블레셋 사람들이 도망함을 듣고 싸우러 나와서 그들을 추격하였더라 여호와께서 그 날에 이스라엘을 구원하시므로 전쟁이 벧아웬을 지나니라

야 합니다. 또 백성들이 문제를 해결하려는 의지가 있어야 합니다. 그것을 행할 수 있는 경제력과 국력 등이 있어야 합니다. 사울왕이 망령되이 행한 후에 이스라엘은 블레셋과 전쟁을 할 만한 능력을 상실했습니다. 그러나 이스라엘에는 믿음 있는 사람이 있었습니다. 하나님의 능력을 믿는 사람이 일어났습니다.

> ♔ 요나단이 자기의 무기를 든 소년에게 이르되 우리가 이 할례 받지 않은 자들에게로 건너가자 여호와께서 우리를 위하여 일하실까 하노라 여호와의 구원은 사람이 많고 적음에 달리지 아니하였느니라(14:6)

요나단은 할례 없는 자의 존재는 아무것도 아니며 여호와가 자신을 위하여 일하실 것을 믿었습니다. 믿음 있는 사람은 위대합니다.

> ♔ 믿음이 없이는 하나님을 기쁘시게 하지 못하나니 하나님께 나아가는 자는 반드시 그가 계신 것과 또한 그가 자기를 찾는 자들에게 상 주시는 이심을 믿어야 할지니라(히11:6)

믿음이 있으면 미래를 위한 행복의 길을 선택할 수 있습니다.

> ♔ 믿음으로 노아는 아직 보이지 않는 일에 경고하심을 받아 경외함으로 방주를 준비하여 그 집을 구원하였으니 이로 말미암아 세상을 정죄하고 믿음을 따르는 의의 상속자가 되었느니라(히11:7)

믿음이 있으면 지나간 일들의 잘못을 회개하고 새사람으로 삽니다. 용서와 이해 그리고 화평을 위해 노력합니다. 여호와의 구원은 사람의 많고 적음에 달려 있지 않습니다. 하나님이 백성을 구원하는 방법은 초자연적인 것입니다. 요나단은 그것을 깨달았습니다.

믿음 있는 사람은
일어나 일하지 않을 수 없습니다 | 믿음 없는 사울은 석류나무 아래
머물고 있었지만 믿음 있는 요나단은 앉아있을 수 없었습니다.

> 무기를 든 자가 그에게 이르되 당신의 마음에 있는 대로 다 행하여 앞서 가소
> 서 내가 당신과 마음을 같이 하여 따르리이다(14:7)

인간에게 힘들게 하는 것이 몇 가지 있습니다. 배고플 때 음식을 먹지 않는
것, 사랑하는 사람이 고통당하는 것, 보고 도와주지 않는 것, 성령의 감동된 자
가 기도하지 않는 것, 음식 먹고 난 후 배설하지 못하는 것, 자녀가 잘못되고 있
는데 보고만 있어야 하는 것, 천국과 지옥을 믿는 사람이 교회 빠지고 전도하지
못하는 환경 등이 고통일 것입니다. 요나단은 택한 백성 이스라엘이 블레셋에
의해 어려움 당하는 것을 보고 일어났습니다. 그때 병기든 사람이 요나단을 따
랐습니다. 하나님이 요나단 앞에서 대적을 붙였습니다.

> 그 부대 사람들이 요나단과 그의 무기를 든 자에게 이르되 우리에게로 올라오
> 라 너희에게 보여 줄 것이 있느니라 한지라 요나단이 자기의 무기를 든 자에
> 게 이르되 나를 따라 올라오라 여호와께서 그들을 이스라엘의 손에 넘기셨느
> 니라 하고(14:12)

믿음이 마음 속에만 있으면 땅 속에 묻혀진 씨앗과 같습니다. 땅을 열고 솟
아나야 자랍니다. 자라야 열매를 기대할 수 있습니다. 말씀은 표현되고 삶 속에
서 예수님을 섬김으로 나타나야 합니다. 물질은 마음으로 드려야 합니다. 가난
한 자와 병든 자와 잘못된 사상으로 백성을 혼돈스럽게 하는 것을 보고 침묵하
는 것은 믿음이 없는 연고입니다. 공중의 권세 잡는 자를 따라 사는 이들을 옳
은 길로 돌아오게 하기 위해 일어나야 합니다.

믿음의 사람이 가는 곳에는 하나님의 역사가 있습니다

🐚 들에 있는 진영과 모든 백성들이 공포에 떨었고 부대와 노략꾼들도 떨었으며 땅도 진동하였으니 이는 큰 떨림이었더라 베냐민 기브아에 있는 사울의 파수꾼이 바라본즉 허다한 블레셋 사람들이 무너져 이리 저리 흩어지더라(14:15-16)

믿음의 사람 요나단이 블레셋 사람에게 들어갔습니다. 블레셋 백성들의 마음에 두려움이 있었습니다. 부대와 노략군도 떨었습니다. 군인이 적국을 두려워하면 이미 패한 것입니다. 땅이 진동하였습니다. 땅에 큰 지진이 일어난 것으로 이해할 수 있습니다. 블레셋의 대열은 무너졌습니다. 지휘계통이 무너지고 군인들은 자신들의 위치를 떠났습니다.

믿음의 사람은 환경 속에서 하나님의 능력이 드러나게 합니다. 마치 태양의 빛이 어둠을 쫓아 버리듯이, 믿음의 사람이 거하는 곳에는 악한 세력이 물러가고 택한 백성은 참된 승리를 맛보게 됩니다. 우리는 환경을 나무라지 말고 믿음 없는 우리 자신을 나무라야 합니다. 남을 정죄함 보다 믿음대로 살지 못하는 자신을 놓고 회개해야 합니다. 나라가 마음에 들지 않는다고 지도자를 욕하는 것보다 중요한 정책을 결정하는 곳에 있는 사람들이 복음적 가치관으로 정치하도록 기도해야 합니다. 조직이나 지도자를 의식하기보다는 요나단처럼 믿음 없는 왕의 권위 아래 있지만 믿음을 쓴 것처럼 지금 우리가 믿음으로 행해야 합니다. 교회에서 믿는 방법을 배우고 가정과 사회에서 그리스도의 사랑을 실천하면 꼭 승리합니다. 예수님 믿는 사람은 돌이 아니라 씨입니다. 씨는 작으나 큰 변화를 가져옵니다. 하나님은 우리 편에서 불기둥과 구름기둥이 되십니다. 어려움이 오면 하나님의 능력을 체험할 수 있는 기회도 옴을 기억하시길 바랍니다.

믿는 사람이 가는 곳에는 대적이 단합되지 않습니다

"블레셋 사람이 각각 칼로 그 동무를 치

므로 크게 혼란하였더라" 하나님은 믿는 사람의 대적에게는 서로 싸우게 만드
셨습니다. 망하는 단체와 가정 그리고 나라의 특징은 자신들끼리 싸우는 것이
특징입니다. "동무를 치므로"라고 했습니다. 동무는 도와야 될 대상입니다. 잘
되는 나라는 돌아오는 사람이 많습니다.

> ⚜ 전에 블레셋 사람들과 함께 하던 히브리 사람이 사방에서 블레셋 사람들과 함
> 께 진영에 들어 왔더니 그들이 돌이켜 사울과 요나단과 함께 한 이스라엘 사
> 람들과 합하였고 에브라임 산지에 숨었던 이스라엘 모든 사람도 블레셋 사람
> 들이 도망함을 듣고 싸우러 나와서 그들을 추격하였더라(14:21-22)

전에 블레셋에 속했던 사람이 돌아왔습니다. 이스라엘과 합했습니다. 힘을
잃고 두려움에 있는 이들이 힘을 얻었습니다. 하나님의 말씀을 믿는 사람은 환
경을 두려워하지 않습니다. 여러분 중에 블레셋과 같은 대적이 여러분 문 앞에
진치고 있지는 않습니까? 혹시 사업이 안되어 신용불량자가 되지는 않으셨나
요? 세상을 바라보면서 지도자를 보고 불만하지는 않나요? 이세벨이 바알을 지
원하고 믿는 사람이 궁지에 몰리며 엘리야가 머리 둘 곳이 없었어도 승리는 엘
리야에게 있었습니다. 지금 눈에 보이는 것만 의지하고 믿겠다는 사람이 많아
지고 자신들의 성찰은 없이 부자만 정죄하는 이들의 숫자가 늘어나고 있지만,
결국에는 진리가 승리합니다. 여호와의 구원은 권력과 경제와 인원에 있지 않
습니다. 한 사람이라도 십자가 지고 나가면 기적같은 일이 반드시 일어납니다.

> ⚜ 내가 사망의 음침한 골짜기로 다닐지라도 해를 두려워하지 않을 것은 주께서
> 나와 함께 하심이라 주의 지팡이와 막대기가 나를 안위하시나이다(시23:4)

이 말씀을 믿고 하나님의 백성으로 당당하게 살아가기를 주의 이름으로 축
원합니다.

29

하나님과 함께 하는 요나단

| 사무엘상 14:43-46 |

　　나라나 개인이 대적을 만날 때가 있습니다. 그래서 그 대적으로 인해 망할 수도 있습니다. 그러나 반면에 그 사건을 통해 선한 자와 큰 자 그리고 능력자를 알아보게도 됩니다. 사울왕 당시 블레셋 군대가 이스라엘에게 전쟁을 걸어왔습니다. 그 사건은 믿음의 사람 요나단의 믿음이 환경으로 표출되는 기회가 되었습니다. 안 보이는 믿음은 환경으로 인해 표현됩니다.

> 　요나단이 자기의 무기를 든 소년에게 이르되 우리가 이 할례 받지 않은 자들에게로 건너가자 여호와께서 우리를 위하여 일하실까 하노라 여호와의 구원은 사람이 많고 적음에 달리지 아니하였느니라(14:6)

　　요나단은 말 뿐 아니라 하나님을 의지하는 믿음이 생활로 나타났습니다. 그러나 사울은 믿음이 없어서 블레셋을 두려워하고 있었습니다. 사울은 하나님을 온전히 의지하지 못함으로 백성들의 희생을 요구했습니다. 믿음과 지도력이 부족한 사울을 통해 백성들은 고통을 당했습니다. 그러나 하나님을 의지하는 요나단을 통해 백성들은 소망을 가졌습니다. 이 두 사람의 삶이 우리에게 주는 사

(삼상 14:43-46) 사울이 요나단에게 이르되 네가 행한 것을 내게 말하라 요나단이 말하여 이르되 내가 다만 내 손에 가진 지팡이 끝으로 꿀을 조금 맛보았을 뿐이오나 내가 죽을 수밖에 없나이다 사울이 이르되 요나단아 네가 반드시 죽으리라 그렇지 않으면 하나님이 내게 벌을 내리시고 또 내리시기를 원하노라 하니 백성이 사울에게 말하되 이스라엘에 이 큰 구원을 이룬 요나단이 죽겠나이까 결단코 그렇지 아니하니이다 여호와의 살아 계심을 두고 맹세

건 계시를 통해 바른 분별력을 가지고 십자가 지고 예수님 따르기를 바랍니다.

요나단을 통해 이스라엘 백성들은 힘과 용기를 얻었습니다

하나님은 이스라엘 백성을 지키시는 분이며 여호와께서 택한 백성을 위해 일하신다고 요나단은 말했습니다. 믿음의 요나단이 적진 속에 있을 때, 하나님은 그의 믿음대로 역사하셨습니다.

> 요나단과 그 무기를 든 자가 반나절 갈이 땅 안에서 처음으로 쳐 죽인 자가 이십 명 가량이라 들에 있는 진영과 모든 백성들이 공포에 떨었고 부대와 노략꾼들도 떨었으며 땅도 진동하였으니 이는 큰 떨림이었더라 베냐민 기브아에 있는 사울의 파수꾼이 바라본즉 허다한 블레셋 사람들이 무너져 이리 저리 흩어지더라(14:14-16)

블레셋은 사기를 잃었습니다. 그뿐 아니라 전에 블레셋에 협력한 이스라엘 사람이 돌아왔습니다. 또 에브라임 산지에 숨었던 이스라엘 모든 백성도 요나단을 도왔습니다. 요나단으로 통해 백성들이 용기를 얻고 하나님의 살아 계심을 체험하게 되었습니다. 또 요나단은 전쟁하는 백성들에게 저녁 식물을 먹지 못하게 한 아버지 사울의 잘못을 과감히 지적했습니다.

> 요나단이 이르되 내 아버지께서 이 땅을 곤란하게 하셨도다 보라 내가 이 꿀 조금을 맛보고도 내 눈이 이렇게 밝아졌거든 하물며 백성이 오늘 그 대적에게서 탈취하여 얻은 것을 임의로 먹었더라면 블레셋 사람을 살륙함이 더욱 많지

나단은 블레셋을 미워하는 것보다 이스라엘 백성을 더욱 사랑했습니다. 이 마음은 하나님이 주신 것입니다. 사랑을 아는 마음입니다. 하나님의 마음은 사랑의 마음입니다. 하나님께서는 소돔과 고모라성에 죄악이 가득했지만 의인 열 명만 있으면 멸망하지 않겠다고 했습니다. 이 멸망은 죄악 때문이 아니라 의인이 없어서였습니다. 러시아의 인질극 사건과 진압 과정을 보니 매우 가슴이 아픕니다. 선량한 국민을 살리려는 의지보다는 범인들을 죽이겠다는 의지가 더 큰 것을 보았습니다. 이것은 타락된 인간의 모습입니다. 요나단은 하나님은 할례 없는 블레셋의 다수보다 택한 백성의 소수를 아끼시는 분임을 믿었습니다. 하나님의 관심은 택한 백성에게 예배하는 장소에 있습니다. 아버지의 마음은 아들에게 있습니다. 신랑의 마음은 신부에게 있습니다. 저도 아들을 군(軍)에 보내니 마음이 군대에 가 있었습니다. 그곳에서 몇 천 명이 잘못한다 해도 아들이 있는 곳이므로 보호하려는 생각이 들 것입니다. 오늘날 대한민국의 안전과 경제 발전을 위해서라면 성도들이 기도하고 바르게 서야합니다. 요나단처럼 믿음으로 사는 사람은 잘못된 권력자들에게 원수처럼 대우받을 수 있습니다. 요나단이 전쟁하다가 알지 못하고 꿀을 찍어 먹은 것으로 인해 정죄 되었습니다.

사울왕은 요나단을 좋게 평가하지 않았습니다

🌱 사울이 이르되 요나단아 네가 반드시 죽으리라 그렇지 않으면 하나님이 내게 벌을 내리시고 또 내리시기를 원하노라 하니(14:44)

그러나 하나님은 백성을 통해 요나단의 죽음을 면하게 했습니다.

🌱 백성이 사울에게 말하되 이스라엘에 이 큰 구원을 이룬 요나단이 죽겠나이까

결단코 그렇지 아니하니이다 여호와의 살아 계심을 두고 맹세하옵나니 그의 머리털 하나도 땅에 떨어지지 아니할 것은 그가 오늘 하나님과 동역하였음이 니이다 하여 백성이 요나단을 구원하여 죽지 않게 하니라(14:45)

믿음 생활할 때 때로는 혈육의 부모에게도 버림을 받을 때가 있습니다. 썬다 싱이란 사람도 예수를 믿는다는 이유로 아버지의 미움을 샀습니다. 그의 아버지는 썬다 싱을 죽이려고 도시락 안에 독약을 넣었는데, 썬다 싱은 그것도 모르고 작별 인사를 한 뒤, 그 도시락을 들고 집을 나와서 자기에게 복음을 전해 준 선교사님의 집을 찾아갔습니다. '선교사님, 우리 아버지를 위하여 기도해 주시길 바랍니다. 저는 오늘 아버지께 쫓겨났습니다. 아버지가 나를 쫓아내어서 집을 나왔기 때문에, 이제 누가 우리 집에 복음을 전하겠습니까? 우리 아버지를 위하여 기도해 주시길 바랍니다' 라고 말한 뒤 선교사가 청하는 점심을 먹지 않고 아버지가 싸준 도시락을 펴놓고 같이 식사를 했습니다. 식사가 마쳐질 무렵, 썬다 싱이 토하고 열이 나며 벌벌 떨면서 거품을 흘렸습니다. 그러나 하나님은 살려 주었습니다. 하나님은 믿음 있는 사람을 보호하십니다. '선교사님, 하나님께서 제게 맡기신 일을 마치기 전에는 저는 죽고 싶어도 죽을 수가 없습니다. 제 생명은 하나님의 생명싸개 속에 숨겨져 있기 때문입니다' 고 썬다 싱은 말했습니다.

사울왕으로 인하여 백성이 고통을 당했습니다 |

백성의 행복은 하나님을 잘 믿는 지도자를 만나는 것입니다. 좋은 지도자는 하나님을 의지합니다. 그리고 사람을 사랑합니다. 좋은 가장은 가족을 먼저 생각합니다. 좋은 지도자는 백성의 행복을 자신의 유익같이 생각합니다. 좋은 목회자는 하나님의 가치관으로 세상을 바라봅니다. 세상이 구원되기를 원하는 맘으로 희생을 아끼지 않아야 합니다.

🐚 하나님이 세상을 이처럼 사랑하사 독생자를 주셨으니 이는 그를 믿는 자마다 멸망하지 않고 영생을 얻게 하려 하심이라(요3:16)

사울은 행위를 보면 좋은 지도자가 아니었습니다. 사울은 하나님이 세운 질서를 지키지 않았습니다. 왕이 할 수 없는 제사를 행하였습니다. 하나님이 세운 사무엘과 관계가 좋지 않았습니다. 사무엘은 하나님이 쓰는 제사장이었습니다. 사울은 블레셋과의 전쟁을 하면서 백성들을 생각지 않았습니다. 백성들의 체질을 모르고 뜻을 이룰 때까지 금식시켰습니다. 사울은 하나님을 의지함보다 백성들의 희생을 강요했습니다. 그는 사랑하는 것 보다 자신의 뜻을 어기면 자녀라 할지라도 죽어야 된다는 논리를 편 지도자입니다. 사울은 교만했습니다. 교만하면 자신의 생각과 주관이 나옵니다.

🐚 교만은 패망의 선봉이요 거만한 마음은 넘어짐의 앞잡이니라(잠16:18)

사울은 하나님의 말씀에 순종하는 것보다 자기의 뜻을 세우고자 했습니다. 사울은 하나님의 지키심을 믿는 것 보다 군대 양성에 힘을 씀으로 백성을 더욱 고통스럽게 하고, 믿음의 사람 요나단을 정죄하는 불행한 사람이 되었습니다.

사울과 요나단은 백성에게 각각 평을 받았습니다

요나단은 단합과 승리의 기쁨을 백성들에게 안겨 주었습니다. 믿음의 사람은 비전을 심어 줍니다. 빌게이츠와 윌리엄 에즈워즈 보잉과 같은 사람을 보면 비전을 가지게 됩니다. 하나님은 믿음의 사람 라합을 여리고에서 건져 주었습니다. 이들은 복 주시는 하나님을 느끼게 합니다. 그러므로 백성은 요나단과 함께 하는 하나님을 보았습니다. 그러나 사울은 백성들에게 괴로움을 주었습니다. 먹지 못하고 전쟁을 하게 했습니다. 백성이 너무 배고픈 나머지 양과 소를 잡아 피 채 먹는 환경을 만들었습니다. 사울은 백성의 행위가 잘못되었다고 책망했지만 그렇게 만든 것은 자신이 내린 단식 명령 때문입니다. 지도자의 잘못된 명령은 백성들의 마음을 갈라지게 합니다. 범죄하게 하는 원인을 제공한 것입니다. 사울의 무모한 맹세 때문에 요나단이 죽을 뻔했습니다. 요나단이 위기를 만나자 백성이 일어났습니다.

> ♛ 백성이 사울에게 말하되 이스라엘에 이 큰 구원을 이룬 요나단이 죽겠나이까 결단코 그렇지 아니하니이다 여호와의 살아 계심을 두고 맹세하옵나니 그의 머리털 하나도 땅에 떨어지지 아니할 것은 그가 오늘 하나님과 동역하였음이 니이다 하여 백성이 요나단을 구원하여 죽지 않게 하니라(14:45)

택한 백성은 믿음 있는 사람들이 공권력에 의해 위험을 만날 때 애써 막아야 합니다. 예나 지금이나 생명을 아끼지 않는 권력자는 믿음 있는 사람의 능력을 알지 못합니다. 훈장이라도 주어야 할 요나단에게 죽음을 내리는 과오를 범하고 있습니다. 어떤 권세도 믿음의 사람을 대적하면 부끄러움을 당할 것입니다.

우리 속에도 사울의 요소가 있을 수 있습니다. 사울의 성품을 피하고 믿음의 사람 요나단의 믿음을 가집시다. 그리고 예수 그리스도를 주신 하나님의 큰 능력을 가지고 살아갑시다. 참된 행복이 있기를 기원합니다.

30

하나님의 뜻대로 선택하라

| 사무엘상 15:1-9 |

세월은 흘러가면서 계절과 환경을 만들고 있습니다. 하나님의 형상으로 창조된 사람도 살아가면서 선악의 문화와 행복과 불행의 씨앗을 남겨 놓습니다. 사람들이 남긴 발자취가 역사 속에 기록되어 먼 훗날 선인과 악인으로 평가 받습니다. 그러나 그것을 보는 시각에 따라 평가에도 차이가 있습니다.

요즘 우리 사회에도 역사를 보는 눈이 혼돈되고 있습니다. 무엇이 선이고 무엇이 악인지 분별이 되지 않을 정도로 혼탁되어 가고 있습니다. 그러나 구원 받는 백성은 선악을 확실히 분별해야 합니다. 모든 사람은 다 죄인입니다.

🌱 기록된 바 의인은 없나니 하나도 없으며(롬3:10)

🌱 나의 의인은 믿음으로 말미암아 살리라 또한 뒤로 물러가면 내 마음이 그를 기뻐하지 아니하리라 하셨느니라(히10:38)

예수 그리스도를 믿는 자가 의인입니다. 예수님을 믿는 자가 하나님께 복을 받습니다. 그렇지 않은 사람이나 나라는 복을 받지 못합니다. 하나님을 믿지 않

(삼상 15:1-9) 사무엘이 사울에게 이르되 여호와께서 나를 보내어 왕에게 기름을 부어 그의 백성 이스라엘 위에 왕으로 삼으셨은즉 이제 왕은 여호와의 말씀을 들으소서 만군의 여호와께서 이같이 말씀하시기를 아말렉이 이스라엘에게 행한 일 곧 애굽에서 나올 때에 길에서 대적한 일로 내가 그들을 벌하노니 지금 가서 아말렉을 쳐서 그들의 모든 소유를 남기지 말고 진멸하되 남녀와 소아와 젖 먹는 아이와 우양과 낙타와 나귀를 죽이라 하셨나이다 하니 사울이 백성을 소집하고 그들을 들라임에서 세어 보니 보병이 이십만 명이요 유다 사람이 만 명이라 사울이 아말렉 성에 이르러 골짜기에 복병시키니라 사울이 겐 사람에게 이르되 아말렉 사람 중에서 떠나 가라 그들과 함

는 나라와 사람의 특징은 사람의 생명을 중시하지 않습니다. 그들은 교회를 핍박하고 감시하고, 신본사상을 인간중심으로 만들기 위해 부단히 노력함으로 고통을 자청하는 특성을 가지고 있습니다. 오늘은 사무엘 선지자가 사울에게 명령한 두 민족에 대한 대우를 통해 자신의 점검과 아울러 삶에 대한 분별력이 있기를 기원합니다.

하나님은 선악간의 행위대로 갚아 주십니다

* 사람이 무엇으로 심든지 그대로 거두리라(갈6:7)
* 죄의 삯은 사망이요 하나님의 은사는 그리스도 예수 우리 주 안에 있는 영생이니라(롬6:23)
* 그런즉 너는 알라 오직 네 하나님 여호와는 하나님이시요 신실하신 하나님이시라 그를 사랑하고 그의 계명을 지키는 자에게는 천 대까지 그의 언약을 이행하시며 인애를 베푸시되 그를 미워하는 자에게는 당장에 보응하여 멸하시나니 여호와는 자기를 미워하는 자에게 지체하지 아니하시고 당장에 그에게 보응하시느니라 그런즉 너는 오늘 내가 네게 명하는 명령과 규례와 법도를 지켜 행할지니라(신7:9-11)
* 너희가 이 모든 법도를 듣고 지켜 행하면 네 하나님 여호와께서 네 조상들에게 맹세하신 언약을 지켜 네게 인애를 베푸실 것이라 곧 너를 사랑하시고 복을 주사 너를 번성하게 하시되 네게 주리라고 네 조상들에게 맹세하신 땅에서 네 소생에게 은혜를 베푸시며 네 토지 소산과 곡식과 포도주와 기름을 풍성하게 하시고 네 소와 양을 번식하게 하시리니(신7:12-13)

하나님께 복 받는 길과 저주 받는 길이 있습니다.

당시 이스라엘 백성에게도 한 길을 선택해야 하는 기로에 놓여져있었습니다. 백성은 왕 제도로 나라를 이루는 세속적 방법을 선택했습니다. 택한 백성의 특별한 방법의 우월성을 알지 못하고 다수의 나라가 선택하는 길을 가고 있었습니다. 그 결과 고통과 전쟁이 연속되는 나날이었습니다. 이젠 교회나 나라나 개인이나 하나님의 말씀 안에서 확고한 가치관이 있어야 합니다. 우리가 좋게 여기는 것이 있어도 하나님의 말씀의 기준으로 다시 평가해야 합니다. 믿음이 있는 사람과 친해져야 신앙이 올라갑니다. 믿음 있는 나라의 제도를 닮아가야 됩니다. 믿음 없는 나라의 제도나 사상을 닮으면 교회를 대적하고 하나님의 징계를 받을 역사를 만들 수밖에 없음을 기억해야 합니다.

여러분이 말하고 행하는 것이 먼 훗날 어떻게 평가받겠습니까? 목회자나 정치 지도자도 하나님의 평가가 있을 것입니다.

하나님은 악을 행한 아말렉을 멸하라 하였습니다

> 사무엘이 사울에게 이르되 여호와께서 나를 보내어 왕에게 기름을 부어 그의 백성 이스라엘 위에 왕으로 삼으셨은즉 이제 왕은 여호와의 말씀을 들으소서 만군의 여호와께서 이같이 말씀하시기를 아말렉이 이스라엘에게 행한 일 곧 애굽에서 나올 때에 길에서 대적한 일로 내가 그들을 벌하노니(15:1-2)

하나님은 사울왕을 아말렉을 멸하는 도구로 삼았습니다. 아말렉의 죄목은 이스라엘 백성이 애굽에서 나올 때 전쟁을 걸어 온 것입니다. 출애굽기 17장 8-16절을 보면 아말렉은 애굽에서 나오는 이스라엘 백성에게 많은 고통을 주었습니다. 그들은 이스라엘 백성이 가나안으로 들어가는 것을 방해하였습니다. 하나님은 이 아말렉의 죄를 기억하고 있었습니다. 400년이란 세월이 흘렀지만 하나님은 그 죄과를 후손에게 돌려주고 있습니다. 하나님의 공의는 하나님의 나라 확장을 막는 사람에게는 언젠가 징계하심을 보여주십니다.

하나님의 교회를 핍박한 나라가 부자 되는 것 보았습니까? 그 나라는 가난으로 국제거지가 될 수밖에 없습니다. 미국의 케네디 대통령이 공립학교에 기독교 윤리와 도덕을 폐지했습니다. 그 결과 학교에서 총기 사고가 많이 늘었다고 했습니다. 그의 가문이 망해 버렸습니다. 진리를 대적하는 것은 자기 마음입니다. 그러나 그 결과는 멸망임을 기억해야 합니다.

> ♕ 지금 가서 아말렉을 쳐서 그들의 모든 소유를 남기지 말고 진멸하되 남녀와
> 소아와 젖 먹는 아이와 우양과 낙타와 나귀를 죽이라 하셨나이다 하니(15:3)

하나님은 사울왕에게 아말렉을 멸하라 했습니다. 하나님은 아말렉 사람을 남김없이 진멸하라고 하시므로 아말렉에게 속한 모든 것은 보호받을 수 없었습니다. 하나님은 진리를 대적하는 백성을 이 땅에 존재시키기를 원치 않았습니다. 짐승까지도 잘 속해야 보호받습니다. 악인에게 속한 모든 것은 보호할 수도 없습니다. 보호하면 악이 되고 멸해야 선이 됩니다. 하나님은 사울에게 자신의 뜻을 알리고 그 일을 맡겨 주었으나 온전히 순종하지 못함으로 실패했습니다.

> ♕ 내가 너희에게 명령하는 이 모든 말을 너희는 지켜 행하고 그것에 가감하지
> 말지니라(신12:32)
> ♕ 내가 이 두루마리의 예언의 말씀을 듣는 모든 사람에게 증언하노니 만일 누구
> 든지 이것들 외에 더하면 하나님이 이 두루마리에 기록된 재앙들을 그에게 더
> 하실 것이요 만일 누구든지 이 두루마리의 예언의 말씀에서 제하여 버리면 하
> 나님이 이 두루마리에 기록된 생명나무와 및 거룩한 성에 참여함을 제하여 버
> 리시리라(계22:18-19)

부분적 순종이 아니라 온전히 순종해서 자신뿐 아니라 자자손손 하나님의 큰 은혜를 누려야 합니다.

선한 사람의 후손은 하나님이 환난에서 건져 주십니다

✤ 사울이 백성을 소집하고 그들을 들라임에서 세어 보니 보병이 이십만 명이요 유다 사람이 만 명이라 사울이 아말렉 성에 이르러 골짜기에 복병시키니라(15:4-5)

사울이 아말렉을 치기 위해 백성을 소집했습니다.

✤ 사울이 겐 사람에게 이르되 아말렉 사람 중에서 떠나 가라 그들과 함께 너희를 멸하게 될까 하노라 이스라엘 모든 자손이 애굽에서 올라올 때에 너희가 그들을 선대하였느니라 이에 겐 사람이 아말렉 사람 중에서 떠나니라(15:6)

겐 사람과 아말렉 사람 모두는 이방민족입니다. 그러나 겐 사람(모세의 장인이 겐 사람)은 애굽에서 나온 이스라엘 백성이 광야에서 지낼 때 도와주었습니다.

✤ 이제 내 말을 들으라 내가 네게 방침을 가르치리니 하나님이 너와 함께 계실지로다 너는 하나님 앞에서 그 백성을 위하여 그 사건들을 하나님께 가져오며 그들에게 율례와 법도를 가르쳐서 마땅히 갈 길과 할 일을 그들에게 보이고(출18:19-20)

하나님은 택한 백성을 보호하는 사람을 철저히 보호해 주십니다. 하나님 앞에 행한 것은 헛된 것이 없습니다.

✤ 그러므로 내 사랑하는 형제들아 견실하며 흔들리지 말며 항상 주의 일에 더욱 힘쓰는 자들이 되라 이는 너희 수고가 주 안에서 헛되지 않은 줄을 앎이라(고전15:58)

충성되이 일한 만큼 돌려받습니다. 아말렉을 벌하실 때 겐 사람은 건져내셨고, 소돔성이 멸망 받을 때 롯이 건지움을 받았습니다. 하나님은 의인을 찾아내어 환난에서 건져 주십니다. 복지를 위해 헌신하고 남을 돕는 자는 도움을 받을 것입니다. 지금 노인의 노년을 염려하는 자는 자신의 노년이 아름답게 될 것입니다. 순종할 때 승리합니다.

때로는 주 안에서 실패하는 경우가 있습니다. 처음에는 순종하고 겸손히 행하다가 잘되면 자기의 주장이 나오고 교만이 들어옵니다. 인간의 타락된 본성에는 항상 타락할 요소가 있습니다. 목회자도 교회가 조금 크고 안정되면 목소리도 달라지고 목에 힘이 들어가는 것을 종종 봅니다. 아무리 지금까지 잘했어도 교만함이 드러나면 상대 못할 사람이 되고 하나님과 원수가 됩니다. 사울왕도 순종할 때는 매우 강했습니다. 하나님이 도와주셨기 때문입니다. 강력한 힘을 가지시길 원하십니까? 그 힘의 주인에게 속하십시오. 한 시간에 제주도를 가기를 원하십니까? 한 시간에 갈 수 있는 비행기를 타세요. 천국에 가시기를 원하십니까? 천국의 길인 예수 그리스도를 믿으십시오.

🐚 그러므로 우리는 기회 있는 대로 모든 이에게 착한 일을 하되 더욱 믿음의 가정들에게 할지니라(갈6:10)

하나님의 시각으로 사람을 보면, 사랑과 보호의 대상은 진리 안에서 결정됩니다. 천국을 바라보세요. 그리고 인간의 타락된 부분을 보는 눈을 닫으세요. 없는 것을 보고 낙심하기보다, 있는 것보고 감사합시다. 하나님은 불꽃같은 눈으로 우리를 보고 계십니다. 전능자의 뜻대로 살면 여호와 이레의 축복이 있을 것입니다.

사무엘의 근심과 사울의 변명

사람은 누구나 실패를 경험하면서 성숙해 갑니다. 그래서 '실패는 성공의 어머니' 라는 말을 하곤 합니다. 그러나 반대로, 성공이 고통과 실패의 시작일 수도 있습니다. 이 땅에는 차라리 태어나지 않았으면 좋았을 사람도 있습니다. 권력을 잡지 않았다면 자신 뿐 아니라 가문과 나라에도 큰 유익이 되었을 사람도 여러명이 있습니다.

오늘 본문에 나오는 사울왕도 차라리 왕이 되지 않았더라면 더욱 행복했었을 사람입니다. 실패하는 사람은 처음에는 잘 하다가도 무엇이 잘되면 나중에는 자기 고집대로 하는 특징이 있습니다. 나라의 지도자 뿐 아니라, 교회의 지도자도 기도 없이 자기주장을 말하는 무례를 범하므로, 하나님의 말씀대로 이루어져야하는 교회를 사업주의, 세속주의, 인본주의로 이끄는 잘못을 저지를 때가 종종 있습니다.

(삼상 15:10-23) 여호와의 말씀이 사무엘에게 임하니라 이르시되 내가 사울을 왕으로 세운 것을 후회하노니 그가 돌이켜서 나를 따르지 아니하며 내 명령을 행하지 아니하였음이니라 하신지라 사무엘이 근심하여 온 밤을 여호와께 부르짖으니라 사무엘이 사울을 만나려고 아침에 일찍이 일어났더니 어떤 사람이 사무엘에게 말하여 이르되 사울이 갈멜에 이르러 자기를 위하여 기념비를 세우고 발길을 돌려 길갈로 내려갔다 하는지라 사무엘이 사울에게 이른즉 사울이 그에게 이르되 원하건대 당신은 여호와께 복을 받으소서 내가 여호와의 명령을 행하였나이다 하니 사무엘이 이르되 그러면 내 귀에 들려오는 이 양의 소리와 내게 들리는 소의 소리는 어찌 됨이니이까 하니라 사울이 이르되 그것은 무리가 아말렉 사람에게서 끌어 온 것인데 백성이 당신의 하나님 여호와께 제사하려 하여 양들과 소들 중에서 가장 좋은 것을 남김이요 그 외의 것은 우리가 진멸하였나이다 하는지라 사무엘이 사울에게 이르되 가만히 계시옵소서 간 밤에 여호와께서 내게 이르신 것을 왕에게 말하리이다 하니 그가 이르되 말씀하소서 사무엘이 이르되 왕이 스스로 작게 여길 그 때에 이스라엘 지파의 머리가 되지 아니하셨나이까 여호와께서 왕에게 기름

오늘은 사울의 변명과 하나님의 실망과 사무엘의 탄식이 주는 교훈을 통해 큰 은혜 받으시길 바랍니다.

사울은 왕이 되면서 하나님의 뜻을 벗어났습니다 |

사무엘상 13장에서 사울은 제사장만이 드릴 수 있는 번제를 자신이 드렸습니다. 그때 사울은 "부득이 하여 번제를 드렸나이다"(13:12) 라고 변명을 했습니다.

하나님께서는 사울에게 한 번 더 기회를 주셨습니다. 하나님께서는 아말렉에 대한 공의의 심판을 사울의 손에 맡기셨습니다. 아말렉의 죄는 이스라엘 백성이 애굽에서 나올 때 전쟁을 걸어 고통을 준 것입니다. 이 전쟁에서 모세는 산에서 기도했고 여호수아는 군대를 이끌고 나가 싸워 승리를 했습니다. 그러나 하나님은 아말렉의 악함을 추억하고 계셨고, 약 400년이 지난 이 때에 사울왕에게 진멸하라고 하신 것입니다.

> ❀ 만군의 여호와께서 이같이 말씀하시기를 아말렉이 이스라엘에게 행한 일 곧 애굽에서 나올 때에 길에서 대적한 일로 내가 그들을 벌하노니 지금 가서 아말렉을 쳐서 그들의 모든 소유를 남기지 말고 진멸하되 남녀와 소아와 젖 먹는 아이와 우양과 낙타와 나귀를 죽이라 하셨나이다(15:2-3)

을 부어 이스라엘 왕을 삼으시고 또 여호와께서 왕을 길로 보내시며 이르시기를 가서 죄인 아말렉 사람을 진멸하되 다 없어지기까지 치라 하셨거늘 어찌하여 왕이 여호와의 목소리를 청종하지 아니하고 탈취하기에만 급하여 여호와께서 악하게 여기시는 일을 행하였나이까 사울이 사무엘에게 이르되 나는 실로 여호와의 목소리를 청종하여 여호와께서 보내신 길로 가서 아말렉 왕 아각을 끌어 왔고 아말렉 사람들을 진멸하였으나 다만 백성이 그 마땅히 멸할 것 중에서 가장 좋은 것으로 길갈에서 당신의 하나님 여호와께 제사하려고 양과 소를 끌어 왔나이다 하는지라 사무엘이 이르되 여호와께서 번제와 다른 제사를 그의 목소리를 청종하는 것을 좋아하심 같이 좋아하시겠나이까 순종이 제사 보다 낫고 듣는 것이 숫양의 기름보다 나으니 이는 거역하는 것은 점치는 죄와 같고 완고한 것은 사신 우상에게 절하는 죄와 같음이라 왕이 여호와의 말씀을 버렸으므로 여호와께서도 왕을 버려 왕이 되지 못하게 하셨나이다 하니

택한 백성의 왕으로 세움을 입은 사울의 사명은, 하나님의 명령을 수행하여 공의를 행하는 것입니다. 그러나 전쟁 중 자기 생각이 사울에게 들어왔습니다. 사울은 하나도 남김없이 진멸하라는 하나님의 명령을 온전히 행하지 않고, 자신의 판단으로 멸할 것과 살릴 것을 결정했습니다.

> ♛ 사울과 백성이 아각과 그의 양과 소의 가장 좋은 것 또는 기름진 것과 어린 양과 모든 좋은 것을 남기고 진멸하기를 즐겨 아니하고 가치 없고 하찮은 것은 진멸하니라(15:9)

그리고 마치 하나님의 명령을 온전히 수행한 것처럼 거짓말을 하였습니다.

> ♛ 사무엘이 사울에게 이른즉 사울이 그에게 이르되 원하건대 당신은 여호와께 복을 받으소서 내가 여호와의 명령을 행하였나이다(15:13)

거짓말이 탄로 나자 사울은 다시 하나님을 위한다는 미명하에 백성을 핑계 대며 변명을 하였습니다.

> ♛ 사울이 이르되 그것은 무리가 아말렉 사람에게서 끌어 온 것인데 백성이 당신의 하나님 여호와께 제사하려 하여 양들과 소들 중에서 가장 좋은 것을 남김이요 그 외의 것은 우리가 진멸하였나이다 하는지라(15:15)

권력자가 교만해 지면 거짓말과 변명을 일삼아 실패의 길로 갑니다. 사울은 자신의 죄를 감추려 했지만 감추어지지 않습니다. 아무리 큰 권세로도 진실은 가리어지지 않습니다. 사울의 잘못된 행동은 하나님의 탄식을 가져오게 했습니다.

사울의 타락은 사무엘의 탄식이 되었습니다 | 주님의 일을 하다

보면, 때로 하나님이 사랑이 없는 분처럼 보일 때가 있습니다. 그러나 하나님은 먼 훗날의 일까지 아시고 행하시는 것입니다. 그러므로 주님의 일을 하면서 자신의 주장과 생각을 개입시키면 문제가 생깁니다. 자신이 보기에는 아무리 좋아도 하나님의 말씀이 '아니라' 하면 아닌 것입니다. 사울이 불순종하므로 하나님이 사무엘에게 말씀 하셨습니다.

> ☙ 내가 사울을 왕으로 세운 것을 후회하노니 그가 돌이켜서 나를 따르지 아니하며 내 명령을 행하지 아니하였음이니라 하신지라 사무엘이 근심하여 온 밤을 여호와께 부르짖으니라(15:11)

하나님이 사울 세우신 것을 후회하는 것은 사울에게는 큰 불행입니다. 사무엘도 안타까운 마음에 온 밤을 지새며 부르짖었습니다. 주인의 마음이 상하면 종의 마음도 상합니다. 또 종의 마음이 상하면 주인의 마음도 상할 수 있습니다. 하나님은 사무엘을 통해 사울에게 말씀하셨습니다.

> ☙ 사무엘이 이르되 왕이 스스로 작게 여길 그 때에 이스라엘 지파의 머리가 되지 아니하셨나이까 여호와께서 왕에게 기름을 부어 이스라엘 왕을 삼으시고 또 여호와께서 왕을 길로 보내시며 이르시기를 가서 죄인 아말렉 사람을 진멸하되 다 없어지기까지 치라 하셨거늘 어찌하여 왕이 여호와의 목소리를 청종하지 아니하고 탈취하기에만 급하여 여호와께서 악하게 여기시는 일을 행하였나이까(15:17-19)

우리는 권세를 주신 분을 먼저 의식해야 합니다. 사울은 먼저 하나님을 생각했어야 했습니다. 지혜로운 사람은 자신의 존재를 압니다. 아말렉에 대한 하나님의 명령을 무시하고 자신의 생각을 개입하는 등, 사무엘이 보기에 사울의 행위에는 문제가 많았습니다.

오늘을 사는 우리들도 하나님 편에서 생각해야 바른 판단을 할 수 있습니다. 정확한 판단과 기준이 없으면 좋은 환경도 빼앗기고 지식도 도적 맞습니다. 모두가 '국민이 원해서…'라고 했습니다. 이 말은 국민을 혼란스럽게 합니다. 사울이 실패한 원인은 하나님의 음성에 계속 귀 기울이지 않았고, 그로 인해 바른 판단을 할 수 없었기 때문입니다.

사무엘은 탄식하며 부르짖을 수밖에 없었습니다. 우리는 나라와 민족을 위해 기도해야 합니다. 이 민족으로 하나님의 음성을 듣게 해야 하며 바른 판단을 하게 해야 합니다.

오늘과 내일의 행복을 위해 성도가 할 일이 있습니다

하나님의 말씀은 듣고 행하라고 주신 것입니다. 하나님의 말씀은 진리인 것을 믿어야 합니다. 그 어떤 것보다 순종이 제일 중요합니다.

> 🐚 사무엘이 이르되 여호와께서 번제와 다른 제사를 그의 목소리를 청종하는 것을 좋아하심 같이 좋아하시겠나이까 순종이 제사 보다 낫고 듣는 것이 숫양의 기름보다 나으니(15:22)

순종은 자기부인(自己否認)에서 시작됩니다. 예수님께서 제자들에게 말씀하셨습니다.

> 🐚 누구든지 나를 따라오려거든 자기를 부인하고 자기 십자가를 지고 나를 따를 것이니라(마16:24)

이 세대 속에서 하나님의 뜻을 행하며 순종의 삶을 살기 위해서 기도해야 합니다. 그렇게 하기 위해 주일성수를 해야 합니다. 세상의 일을 하는 데에도 영적인 에너지가 필요합니다. 예배드리면서 세상을 이길 수 있는 영적인 힘을 얻어야 합니다. 빛을 가져야 칠흑 같은 세상에서 바르게 살 수 있습니다.

십일조 생활을 잘해야 합니다. 십일조는 돈이 아니라 신앙입니다. 하나를 드린다는 것보다 하나님께서 아홉을 주신 것에 감사해야 합니다.

의를 행하여야 합니다. 하나님 앞에서 선을 행하는 마음가짐이 있어야 합니다. 그리고 사랑해야 합니다. 사랑하는 것이 능력입니다. 하나님을 사랑하는 맘이 있으면 성령의 사람입니다. 사울의 운동을 보면서 탄식하는 백성들에게 사무엘이 하는 말씀을 마음에 둡시다.

> ♕ 사무엘이 이르되 왕이 스스로 작게 여길 그 때에 이스라엘 지파의 머리가 되지 아니하셨나이까 여호와께서 왕에게 기름을 부어 이스라엘 왕을 삼으시고 (15:17)

사랑하는 성도 여러분! 지혜로운 사람은 성공하는 길을 선택합니다. 남이 가다가 실패한 길을 가지 않습니다. 실패한 사고방식과 사상을 따르지 않습니다. 우리는 구원받은 백성으로 칭찬받을 만하며, 우리의 삶이 하나님 나라의 확장에 유익이 있어야 합니다. 혼돈된 시대 속에 지혜로운 자가 되시길 바랍니다.

32

여호와를 의지하라

| 사무엘상 15:24-35 |

사람은 무엇인가를 의지하면서 살아갑니다. 어떤 사람은 돈을 의지합니다. 어떤 사람은 권력을 의지합니다. 그런가하면 사람을 의지하는 사람도 있습니다. 여하튼 사람은 무언가를 믿고 의지하며 살아갑니다. 그래서 사람을 '종교적인 존재'라고 말하는 이들도 있습니다. 그러나 성경은, 세상의 모든 보이는 것들은 의지할 대상이 아님을 말하고 있습니다.

❧ 애굽은 사람이요 신이 아니며 그의 말들은 육체요 영이 아니라 여호와께서 그의 손을 드시면 돕는 자도 넘어지며 도움을 받는 자도 엎드러져서 다 함께 멸망하리라(사31:3)

성경은 하나님을 의지하는 자에게는 복을 약속하고 있습니다.

❧ 그러나 무릇 여호와를 의지하며 여호와를 의뢰하는 그 사람은 복을 받을 것이

(삼상 15:24-35) 사울이 사무엘에게 이르되 내가 범죄하였나이다 내가 여호와의 명령과 당신의 말씀을 어긴 것은 내가 백성을 두려워하여 그들의 말을 청종하였음이니이다 청하오니 지금 내 죄를 사하고 나와 함께 돌아가서 나로 하여금 여호와께 경배하게 하소서 하니 사무엘이 사울에게 이르되 나는 왕과 함께 돌아가지 아니하리니 이는 왕이 여호와의 말씀을 버렸으므로 여호와께서 왕을 버려 이스라엘 왕이 되지 못하게 하셨음이니이다 하고 사무엘이 가려고 돌아설 때에 사울이 그의 겉옷자락을 붙잡으매 찢어진지라 사무엘이 그에게 이르되 여호와께서 오늘 이스라엘 나라를 왕에게서 떼어 왕보다 나은 왕의 이웃에게 주셨나이다 이스라엘의 지존자는 거짓이나 변개함이 없으시니 그는 사람이 아니시므로 결코 변개하지 않으심이니이다 하니 사울이 이르되 내가 범죄하였을지라도 이제 청하

라 그는 물가에 심어진 나무가 그 뿌리를 강변에 뻗치고 더위가 올지라도 두
려워하지 아니하며 그 잎이 청청하며 가무는 해에도 걱정이 없고 결실이 그치
지 아니함 같으리라(렘17:7-8)

오늘 본문에는 이스라엘의 초대 왕으로 세움을 입는 사울왕의 실패가 나옵
니다. 그의 실패의 원인과 결과를 알아보면서, 성공하는 부분은 닮고 실패하는
부분은 버리는 지혜를 얻게 되기를 바랍니다.

　사무엘이 이르되 왕이 스스로 작게 여길 그 때에 이스라엘 지파의 머리가 되
　지 아니하셨나이까 여호와께서 왕에게 기름을 부어 이스라엘 왕을 삼으시고
　(15:17)

하나님이 사울에게 은혜 입힐 때는 스스로 작게 여길 때라고 했습니다. "작
게 여길 그 때"란 겸손했을 때를 의미합니다. 겸손한 자는 매력이 있습니다. 하
나님께 복을 받는 사람들은 존귀하게 보입니다. 그러나 교만해지면 하나님이
폐하는 존재가 됨으로 사람들은 그를 부담스러워 합니다. 하나님은 겸손한 자
에게 일을 맡깁니다.

겸손한 사람은 순종하는 사람입니다. 하나님은 순종하는 사람과 충성된 사
람에게 일을 맡깁니다. 하나님께 쓰임 받는 것이 큰 복입니다. 하나님의 일을
하는 도중에 자신의 주관이나 생각이 들어와 불순종을 하면, 하나님은 주신 일
을 빼앗을 때도 있습니다. 하나님은 아말렉을 온전히 멸하라는 명령을 순종하

지 않은 사울을 버렸습니다.

> 🐚 이는 거역하는 것은 점치는 죄와 같고 완고한 것은 사신 우상에게 절하는 죄
> 와 같음이라 왕이 여호와의 말씀을 버렸으므로 여호와께서도 왕을 버려 왕이
> 되지 못하게 하셨나이다(15:23)

하나님이 먼저 사울을 버린 것이 아니라 사울이 먼저 하나님을 떠났습니다. 하나님을 왕으로 모시고 사는 사람은 왕의 권세를 가지고 살지만 자신이 왕이 되면 그때부터는 자신의 실력만큼만 누리게 됩니다.

하나님으로부터 어떤 특권을 받으셨습니까? 권세입니까? 물질? 건강? 지식입니까? 남이 가지지 않는 것이 있습니까? 하나님의 나라 확장을 위해 그것을 얼마나 사용하십니까? 하나님께서 우리에게 복을 주신 이유는 하나님의 영광을 위해서입니다. 하나님의 말씀이 임하면 그대로 행하시길 바랍니다. 그것이 행복의 조건이 되기 때문입니다. 봄에 심으라는 것은 가을의 풍성한 열매를 거두리라는 말로 들어야 합니다. 가을의 풍성한 수확을 꿈꾸는 사람은 봄과 여름에 일을 해야 꿈을 이룰 수 있습니다. 성공을 꿈꾸는 학생은 놀지 않습니다. 노년에 자신의 형편을 생각하는 사람은 노인을 외면하지 않습니다. 천국의 누림을 믿는 사람은 주님의 일을 스스로 선택하여 해야 할 것입니다. 사울이 하나님의 말씀을 버린 것은 믿음이 없었기 때문입니다. 믿음 없는 이들은 복을 관리하지 못하고 고통 가운데 살아 갈 수밖에 없습니다.

사울의 믿음 없는 증거를 몇 가지 찾아보고 각성의 기회로 삼기 원합니다.

사울은 백성을 두려워했습니다 |
사람에게는 의지의 대상이 있듯이, 또 두려움의 대상도 있습니다. 사울은 백성들을 두려워하여 그들의 말을 더 들었습니다.

우리에게는 항상 두 가지 소리가 들립니다. 하나님의 음성과 세상 사람들의 소리입니다. 오늘 아각을 죽인 사건을 통해 볼 때, 하나님의 보응에 대해 하나님은 너무 잔인하다. 사무엘은 전쟁광이다. 사울이 잘한 것이다. 그는 현실을 아는 사람이요, 백성들의 말을 듣는 좋은 지도자다라며, 사울을 인정할지도 모릅니다.

그러나 이스라엘 백성의 지도자는 하나님의 법을 따라야 합니다. 사울은 여기에서 실패를 한 것입니다. 교회의 원리와 하나님의 백성이 하는 일들을 세상의 눈으로 보면 이해할 만한 것이 하나도 없습니다. 홍해가 갈라진 것, 예수님이 동정녀에게서 태어나신 것, 죽은 사람이 다시 살아난 것, 기도하면 병이 낫는 것, 주일성수하는 사람은 6일이 평안한 것, 십일조 생활하는 자는 물질의 복을 받고 보호받는 것 등, 이런 것들은 인간의 이성으로는 증명할 수 있는 것들이 아닙니다. 그렇다고 '아니다, 없다' 라고 할 수도 없습니다. 왜냐하면 그렇게 되기 때문입니다. 그래서 바울 사도는 이렇게 말했습니다.

🌱 이제 내가 사람들에게 좋게 하랴 하나님께 좋게 하랴 사람들에게 기쁨을 구하랴 내가 지금까지 사람들의 기쁨을 구하였다면 그리스도의 종이 아니니라(갈1:10)

저의 목회 경험 속에서도 기도하지 않을 때는 사람이 신경 쓰였습니다. '내가 이렇게 하면 누구는 어떻게 생각할까? 누구는 뭐라고 말할까?' 라는 생각으로 믿음이 없으면 사람을 두려워합니다.

사울왕은 왕의 자리 회복을 위해 사무엘에게 제사를 요구했습니다

사울은 범죄의 원인을 백성들에

게 돌렸습니다. 그리고 사무엘 선지자가 자신과 함께 가서 여호와께 경배하기를 원했습니다. 그러나 사무엘은 응하지 않았습니다. 사울은 적극적으로 그를 붙잡았습니다. "사무엘이 가려고 돌아설 때에 사울이 그의 겉옷자락을 붙잡으매 찢어진지라"(15:27) 사울에게는 회복의 기회가 지났습니다. 사무엘의 외면에 사울은 이렇게 말합니다.

"내가 범죄하였을찌라도 청하옵나니"라는 사울의 말에서 사람의 본능이 보여집니다. 사울은 이스라엘 장로들과 백성들 앞에서 자신을 높여달라고 했습니다. 우리는 '내가 잘못은 했지만 사람들 앞에서 그렇게 망신을 주면 어떻게 합니까?' 라는 말을 듣습니다. '하나님! 내가 잘못은 했지만 좋은 환경을 주시고 교회와 사회에서 높은 자리에 머물게 하소서' 라는 타락된 본능이 우리 속에서 발동할 때가 있습니다. 그러나 그것은 자신의 욕심이지 이루어지지는 않습니다. 타락한 본성은 일하기 싫어합니다. 그리고 열심히 일하고 돈을 많이 받는 이들을 질투하면서 나누어 먹자고만 합니다. 모두를 가난하게 하는 것입니다. 열심히 공부하지 않는 학생들을 좋은 대학 보내고 싶어 공부 잘하는 학생에게 불리한 정책 만들고, 학교를 세워 기독 청년 만들려는 이들을 다 잘못 되었다고 법까지 고치겠다는 것은 잘되는 것을 못 보는 타락한 본성의 발로입니다. 잘못하면서도 존경하라는 것은 용납할 수 없는 일입니다.

하나님이 버린 자와 사무엘의 관계가 주는 교훈이 있습니다

종은 항상 주인을 생각해야 합니다.

하나님의 종은 말씀을 중심으로 움직입니다. 종들도 여러 종류의 종들이 있습니다. 사람의 종, 돈의 종, 권력의 종, 쾌락의 종…. 어떤 일이 있을 때 제일 먼저 생각나는 것이 있으면 자신이 제일 중요하게 생각하는 것입니다. 인생에 있어서 포기할 수 없는 것이 있다면, 여러분은 그것의 종입니다. 하나님의 종인 손양원목사님은 하나님의 말씀을 포기할 수 없어 순교했습니다. 그러나 자신과 권력의 종이 되어 권력의 유혹을 물리치지 못하고 공산당 앞에 무릎을 꿇은 목사도 있습니다. 사무엘은 하나님의 종이었습니다. 그래서 그는 하나님이 버린 사울을 버렸습니다. 함께 경배하러 가자는 사울의 말을 단호히 거절했습니다. 자신의 권위를 높여 달라고 해도 거절했습니다. 사무엘은 죽는 날까지 사울과 만나지 않았습니다.

> ♕ 사무엘이 죽는 날까지 사울을 다시 가서 보지 아니하였으니 이는 그가 사울을 위하여 슬퍼함이었고 여호와께서는 사울을 이스라엘 왕으로 삼으신 것을 후회하셨더라(15:35)

하나님의 종은 악인과 결합하지 않습니다. 그를 위해 기도하고 슬퍼할지언정 협력하지는 않습니다. 사랑하는 성도 여러분! 여호와를 의지하십시오. 그리고 강하고 담대하십시오.

> ♕ 네 평생에 너를 능히 대적할 자가 없으리니 내가 모세와 함께 있었던 것 같이 너와 함께 있을 것임이니라 내가 너를 떠나지 아니하며 버리지 아니하리니(수1:5)

여호와를 의지하면 가난은 꿈을 가지게 되는 기회가 됩니다. 여호와를 의지하면 질병은 천국을 소망하는 은혜를 줍니다. 여호와를 의지하면 어려움은 인내를 배우는 학교의 훈련과 같게 됩니다. 추석의 풍성한 과일을 보면서 하나님께 더욱 감사하는 지혜로운 성도가 되시길 축원합니다.

33

새 왕을 예선(豫選)하신 하나님

| 사무엘상 16:1-5 |

한 세대가 가면 또 한 세대가 옵니다. 한 계절이 지나면 다음 계절이 옵니다. 세상의 모든 것은 변화하면서 창조의 원리대로 되어 갑니다. 한 그루의 나무도 수명이 다 하면 죽습니다. 죽으면서 자신과 똑같은 나무를 그곳에 남기고 가는 나무와 자신만 그곳에 있다가 죽는 나무 사이에는 분명한 차이가 있을 것입니다.

이스라엘의 초대 왕 사울이 있었습니다. 그는 왕이 되기 전에는 겸손했습니다. 스스로를 작게 여겼습니다. 그러나 왕이 된 후에는 교만해졌습니다. 제사장만이 드릴 수 있는 번제를 자기 맘대로 드렸습니다. 자기를 위하여 기념비를 세웠습니다. 그리고 아말렉을 진멸하라는 하나님의 명령을 듣고도 그 나라의 왕 아각을 포로로 잡아왔습니다. 하나님의 공의의 심판을 자기의 마음대로 약화시킨 것입니다. 하나님은 사울을 왕으로 세우신 것에 대해 한탄하였습니다. 성경은 이것을 후회하셨다라고 표현했습니다. 하나님이 한탄하시면 제사장 사무엘도 슬플 수밖에 없습니다. 사울은 그의 바르지 못한 행위 때문에 하나님의 보응을 받아 왕의 자리를 빼앗기고, 그 왕권도 후손에게 이어지지 못하게 됩니다. 하나님께서 그를 버리신 것입니다.

(삼상 16:1-5) 여호와께서 사무엘에게 이르시되 내가 이미 사울을 버려 이스라엘 왕이 되지 못하게 하였거늘 네가 그를 위하여 언제까지 슬퍼하겠느냐 너는 뿔에 기름을 채워 가지고 가라 내가 너를 베들레헴 사람 이새에게로 보내리니 이는 내가 그의 아들 중에서 한 왕을 보았느니라 하시는지라 사무엘이 이르되 내가 어찌 갈 수 있으리이까 사울이 들으면 나를 죽이리이다 하니 여호와께서 이르시되 너는 암송아지를 끌고 가서 말하기를 내가 여호와께 제

하나님께는 세우고 폐하는 권세가 있습니다

🌱 여호와께서 사무엘에게 이르시되 내가 이미 사울을 버려 이스라엘 왕이 되지 못하게 하였거늘 네가 그를 위하여 언제까지 슬퍼하겠느냐 너는 뿔에 기름을 채워 가지고 가라 내가 너를 베들레헴 사람 이새에게로 보내리니 이는 내가 그의 아들 중에서 한 왕을 보았느니라 하시는지라(16:1)

하나님은 그분의 능력으로 사람을 세우십니다. 그러나 자신의 뜻대로 하지 않으면 그들을 폐하기도 합니다. 하나님은 시대마다 사람을 준비하여 사용하십니다. 이스라엘 백성이 애굽에서 노예생활을 하며 고생할 때 모세를 세워 구원하셨습니다. 사울왕 당시에도, 사울이 왕의 그릇이 안되자 하나님께서는 한 왕을 예선하여 사무엘에게 뿔에 기름을 채워서 부으라고 했습니다. 사무엘은 현실을 보고 슬픔에 잠겼지만, 하나님은 슬픔을 버리고 일어나라고 했습니다. 사무엘의 슬픔은 사울 개인에 대한 사적 심정 때문만은 아니었습니다. 사무엘은 이스라엘 백성 전체가 당하는 고통을 생각하며 하나님의 영광을 가리우는 사울의 행위에 대해 안타깝게 여긴 것입니다. 현실에서도 믿음 있는 지도자가 하나님 중심으로 살지 못할 때, 교계와 성도 그리고 나라에 미치는 영향 때문에 슬픔에 잠길 때가 있습니다.

그러나 하나님은 실패를 성공으로 바꾸어 주십니다. 하나님은 사무엘의 슬픔을 소망으로 변화시켜 주었습니다. 실패 속에서도 길을 세우시는 것이 하나님의 역사입니다. 하나님의 방법은 "뿔에 기름을 채워 예선된 사람을 찾아가라"는 것입니다. 하나님은 사무엘을 베들레헴에 있는 이새의 가정으로 보내셨습니다. '베들레헴'은 떡집이란 뜻입니다. 베들레헴은 예루살렘 남서쪽 약

10km 지점의 해발 690m 위치한 유다의 작은 성읍입니다. 후대에 예수님께서 태어날 동리이기도 합니다.

하나님은 이 시대에도 사람을 찾으십니다. 잘못하는 사람보고 슬픔에 잠기지 말고, 새 사람을 세워 주실 것을 믿으면서 기도하기를 바랍니다. 하나님의 교회를 통하여 양육되고, 하나님이 기뻐하는 성령의 사람만이 좋은 지도자가 될 수 있습니다.

행하는 악으로 하나님께 버림을 받게 됩니다 |

하나님의 편에서 보면 사울은 이미 왕의 자리에서 폐위되었습니다. 그러나 정치와 군사적으로는 여전히 현실적인 왕의 자리에 있었습니다. 그러므로 사무엘이 다른 왕을 세우기 위해 기름을 붓는다고 하면 그는 당연히 역적의 행위로 몰릴 수밖에 없었습니다.

> 사무엘이 이르되 내가 어찌 갈 수 있으리이까 사울이 들으면 나를 죽이리이다 하니 여호와께서 이르시되 너는 암송아지를 끌고 가서 말하기를 내가 여호와께 제사를 드리러 왔다 하고(16:2)

사무엘은 자신에게 임할 해(害)도 염려했겠지만, 이새의 가정이 당하게 될 큰 환난도 의식한 것으로 보여집니다. 사무엘이 말했듯이 타락한 권력자들은 자신들의 권력유지를 위해서는 사람의 생명을 아끼지 않습니다.

성경의 역사 속에서도 자신의 왕권에 위협을 느끼자 피를 부른 사건이 있습니다. 헤롯왕 때였습니다. 예수님께서 베들레헴에 태어나시자 동방에서 박사들이 예수님을 경배하려고 왔습니다. 그때 그들이 헤롯을 찾아, "유대인의 왕으로 나신 이가 어디 있느뇨"라고 물었을 때 헤롯은 소동했습니다. 자신이 유대인들을 지배하고 있는데, 유대인의 왕이 나셨다고 하니 얼마나 놀랐겠습니까? 헤롯은 박사들에게 유대인의 왕을 찾아 알려 달라고 했지만, 박사들은 아기 예수님께 경배하고 헤롯에게는 알려주지 않고 본국으로 돌아갔습니다. 그러자 헤롯은 분노하며 베들레헴에 있는 두 살 이하 남자아이를 죽였습니다.

> ✻ 이에 헤롯이 박사들에게 속은 줄 알고 심히 노하여 사람을 보내어 베들레헴과 그 모든 지경 안에 있는 사내아이를 박사들에게 자세히 알아본 그 때를 기준하여 두 살부터 그 아래로 다 죽이니(마2:16)

그때 뿐 아닙니다. 지금도 자신들의 정치적인 입장을 지키기 위해 타인의 생명을 아끼지 않는 사람이나 나라가 많습니다. 공산주의자들은 종교의 자유를 허락하지 않습니다. 그들은 배가 고파서 한국으로 오겠다는 사람을 잡아 가두고 고문합니다. 자신들의 체제를 유지하기 위해서입니다. 정치인은 친구도 원수도 없습니다. 자신의 권력유지에 유익하기만 하면 적과도 타협합니다. 그러나 자신들의 사상과 맞지 않으면 주어진 권력을 이용해서 달려듭니다.

그러나 택한 백성은 염려할 것 없습니다. 악한 권력으로부터 도전을 받을 때가 바로 하나님의 능력이 나타나는 때입니다. 사울이 악할 때 하나님은 더 좋은 왕을 선택했습니다.

> ✻ 폐하시고 다윗을 왕으로 세우시고 증언하여 이르시되 내가 이새의 아들 다윗을 만나니 내 마음에 맞는 사람이라 내 뜻을 다 이루리라 하시더니(행13:22)

예수님은 십자가 위에서 하나님의 뜻을 다 이루셨습니다. 다니엘의 세 친구 사드락과 메삭과 아벳느고를 묶은 결박은 풀무불 속에서 타버렸습니다. 다니엘이 들어간 사자 굴은 원수 갚는 현장이 되었습니다. 고난과 핍박과 가난을 만나면 기독교는 더 성장합니다. 우리 앞에 놓인 크고 작은 문제는 하나님의 백성을 존귀케 만드는 사건이 될 것입니다.

사울의 화려한 왕권보다 하나님께 쓰임 받는 다윗의 성품을 본받길 바랍니다.

 사무엘은 하나님의 명령대로 뿔에 기름을 채워 베들레헴으로 갔습니다. 그곳에 있는 장로들은 떨며 "평강을 위하여 오시나이까"하며 그를 영접했습니다. 사무엘의 움직임에는 권위가 있었습니다.

> ☙ 이르되 평강을 위함이니라 내가 여호와께 제사하러 왔으니 스스로 성결하게 하고 와서 나와 함께 제사하자 하고 이새와 그의 아들들을 성결하게 하고 제사에 청하니라(16:5)

왕이될 사람을 찾아왔지만, 사무엘은 제사하러 왔다고 했습니다. 기름을 부어 왕을 세우러 왔다는 것을 굳이 말해야 할 필요는 없었습니다. 기름 붓는 사건은 사무엘만 아는 일이요, 사울에게는 숨겨진 사실입니다.

진실이라고 다 말해야 하는 것은 아닙니다. 교회나 가정에서 하나님께서 하시는 일에 대해 거짓말을 하지 말아야 하겠지만 여과없이 다 말해야 할 이유도 없습니다.

제사에 참여하는 자는 "스스로 성결케 하고"라고 했습니다. 부정적인 상태에서 벗어나 몸과 의복을 깨끗하게 하고 하나님과 영적 교제를 준비하라는 것입니다.

사랑하는 성도 여러분! 신랑이 제일 좋아하는 신부는 누구일까요? 왕이 제일 좋아하는 신하는 누구일까요? 하나님이 제일 귀하게 여기는 자는 누구일까요? 하나님은 죄 없는 사람을 좋아합니다. 하나님은 예수 그리스도의 보혈에 의지해서 죄 용서함을 받은 자를 제일 좋아하십니다. 하나님께서는 돈과 지식과 힘이 있는 사람보다 거룩한 사람을 쓰십니다. 우리 성도들 가운데도 하나님이 쓰시기로 하신 사람이 있을 것입니다. 하나님 마음에 합당한 자 되어, 주님의 능력의 손에 붙들려 쓰임받기를 주의 이름으로 축원합니다.

왕에게 "기름부음"의 의미

하나님께서 사무엘에게 새로이 이스라엘의 왕으로 택한 자에게 기름을 부으라는 명령하신 장면이 나옵니다(삼상16:1). 이처럼 왕이 될 자에게 기름을 붓는 특별한 행위의 의미는 무엇인가?

이는 왕으로의 등극을 알리는 대관식일 뿐 아니라 권력이양의 표시입니다. 즉, 왕에게 기름을 붓는 것은 하나님께서 자신의 통치권을 왕에게 위임하는 상징적인 의식입니다. 따라서 이스라엘의 왕은 하나님의 보좌에서 하나님을 대신하여 다스리는 것입니다. 이제 기름부음을 받은 왕은 하나님의 신정적(神政的) 봉신(封神)이 되는 것이다.

또한 "기름부음"은 "성령의 은사"를 상징합니다(사61:1). 즉, 기름부음은 하나님께서 기름부음을 받은 자에게 성령의 은사를 주실 것을 보증하는 가시적인 증표입니다.

구약의 전쟁

성경을 읽다보면 많은 전쟁 기사를 대하게 됩니다. 그래서 마치 하나님께서 전쟁을 좋아하시는 것처럼 오해가 될 소지가 있어, 구약에서 이스라엘의 전쟁의 특징을 에 대해서 살펴보겠습니다.

첫째, 구약의 전쟁은 공격적이라기 보다는 방어적이었습니다. 둘째, 구약의 전쟁은 참된 여호와의 종교를 변질시킬 만한 것들의 제거를 위해 시행되었습니다(신20:16~18). 셋째, 구약의 전쟁은 하나님의 거룩한 명령을 따라 하나님의 공의를 시행하기 위해 시행되었습니다(삼상15:2,3). 넷째, 고대 사회의 관행을 기준으로 본다면 이스라엘 백성들이 이방민족들에 대항하여 취한 행위는 무조건 잔인한 행동만은 아닙니다. 사무엘상 13:22에 보면, 백성들의 손에는 칼과 창이 없고, 사울과 요나단만이 가지고 있었다는 기록이 있는데 바로 이같은 이유 때문입니다. 아마 이것도 상대로부터 빼앗은 무기일 것입니다. 그렇다면 이스라엘 백성들은 무엇으로 전쟁을 했을까? 당시의 이스라엘은 농기구나 몽둥이, 돌멩이, 활 등으로 싸웠습니다.

이같이 전쟁의 성격을 관찰해 보면, 구약의 전쟁은 인간의 탐욕과 이기적인 욕망에서 비롯된 세상의 전쟁과는 전혀 다른 모습의 전쟁임을 알 수 있습니다.

34 중심을 보시는 하나님

가을이 점점 무르익어 조석(朝夕)으로 겨울이 오는 것을 느낍니다. 나무는 열매를 보면 좋은 나무인지 나쁜 나무인지를 알 수 있습니다. 예수님도 나무는 열매를 통해 평가를 받는다고 말하셨습니다. 사람도 그 사람을 통해 이루어지는 환경을 보고 평가를 합니다. 좋은 가장은 가정을 행복하게 합니다. 좋은 지도자는 백성들을 평안하게 합니다. 그리고 비전을 심어주고 열심히 일하면서 행복을 꿈꾸게 합니다. 역사 속에는 좋은 지도자와 못된 지도자가 있습니다. 그들은 각각 좋은 이름과 나쁜 이름을 남깁니다. 또 조상들의 죄로 인하여 후손이 큰 고통을 당하기도 하고 좋은 조상을 통해 행복을 누리기도 합니다.

사무엘상 15장에는 아말렉 사람과 겐 사람이 나옵니다. 아말렉 족속은 이스라엘 백성이 애굽에서 나올 때 고통을 준 사람들입니다. 그 결과 약 400년이 지난 사울왕에 의해 후손이 진멸을 당하게 되었습니다. 그러나 겐 사람들의 조상은, 이스라엘 백성들이 가나안으로 갈 때 그들을 도왔습니다. 하나님께서 이것을 기억하셔서 아말렉 족속들과 섞여 살던 겐 사람들을 진멸할 장소로부터 나오도록 했습니다. 이 두 민족을 향한 하나님의 대우가 주는 교훈은 큰 것입니

(삼상 16:6-13) 그들이 오매 사무엘이 엘리압을 보고 마음에 이르기를 여호와의 기름 부으실 자가 과연 주님 앞에 있도다 하였더니 여호와께서 사무엘에게 이르시되 그의 용모와 키를 보지 말라 내가 이미 그를 버렸노라 내가 보는 것은 사람과 같지 아니하니 사람은 외모를 보거니와 나 여호와는 중심을 보느니라 하시더라 이새가 아비나답을 불러 사무엘 앞을 지나가게 하매 사무엘이 이르되 이도 여호와께서 택하지 아니하셨느니라 하니 이새가 삼마로 지나게 하매 사무엘이 이르되 이도 여호와께서 택하지 아니하셨느니라 하니라 이새가 그의 아들 일곱을 다 사무엘 앞으로 지나가게 하나 사무엘이 이새에게 이르되 여호와께서 이들을 택하지 아니하셨느니라 하고 또 사무엘이 이

다. 사람이 무엇을 심든지 그대로 거둔다는 것과, 하나님은 사랑의 하나님이시며 공의의 하나님도 되심을 보여 줍니다. 하나님은 민족 뿐 아니라 개인의 행복도 주관하십니다.

오늘 본문을 통해 하나님께서는 사람을 어떻게 보시는가를 깨달아 참 지혜자가 되시길 바랍니다.

선택에는 두 가지 방법이 있습니다 |

몇 달 전 TV에서 어느 분이 한 말이 생각납니다. 요즘에는 얼굴이 예뻐야 직장을 얻을 수 있다고 합니다. 또 '겉볼안' 이란 말도 있듯이 얼굴이 예쁘면 마음도 예쁘다는 것입니다. 즉 외모가 중요하다는 말입니다. 저도 결혼할 때 예쁜 처녀에게 더 마음이 갔습니다. 그러나 외모만으로 결혼하진 않았습니다. 하나님의 큰 감동이 있어서 결혼했는데 잘했다는 생각이 듭니다.

본문에 사무엘이 뿔에 기름을 채워 베들레헴으로 갔습니다. 제사에 참여할 자들에게 스스로 성결케 하라고 하고, 이새의 가족을 청했습니다. 사무엘은 이새의 아들들을 한 사람씩 자신의 앞으로 지나게 했습니다. 그때 이새의 생각과 사무엘의 마음 모두는 하나님의 뜻에 미치지 못했습니다.

하나님은 우리에게 주신 것들 중에 '이성(理性)' 이라는 일반 은총이 있습니다. 이성은 사람과 사실을 평가함에 있어 건전한 상식에 기초를 둔 합리적인 판단과 선택을 하게 합니다.

> ❧ 그들이 오매 사무엘이 엘리압을 보고 마음에 이르기를 여호와의 기름 부으실
> 자가 과연 주님 앞에 있도다 하였더니 여호와께서 사무엘에게 이르시되 그의
> 용모와 키를 보지 말라 내가 이미 그를 버렸노라 내가 보는 것은 사람과 같지
> 아니하니 사람은 외모를 보거니와 나 여호와는 중심을 보느니라 하시더라 이
> 새가 아비나답을 불러 사무엘 앞을 지나가게 하매 사무엘이 이르되 이도 여호
> 와께서 택하지 아니하셨느니라 하니 이새가 삼마로 지나게 하매 사무엘이 이
> 르되 이도 여호와께서 택하지 아니하셨느니라 하니라(16:6-9)

사람의 눈은 내면의 세계를 보지 못합니다. 또 하나님의 계획을 잘 알지 못
하며 사람을 바르게 선택할 수도 없습니다. 창세기 3장에 선악을 알게 하는 나
무가 나옵니다. 뱀이 하와에게 말하기를, 선악을 알게 하는 나무의 실과를 먹는
날에는 눈이 밝아 하나님같이 되어 선악을 알게 될 것이라며 유혹을 했습니다.
그때 하와의 눈빛이 바뀌어지고 가치관이 흔들렸습니다.

> ❧ 여자가 그 나무를 본즉 먹음직도 하고 보암직도 하고 지혜롭게 할만큼 탐스럽
> 기도 한 나무인지라 여자가 그 열매를 따먹고 자기와 함께 있는 남편에게도
> 주매 그도 먹은지라(창3:6)

하나님이 먹지 말라고 한 것이 먹음직하게 보였습니다. 먹는 날에는 죽는다
고 한 것이 지혜롭게 할 만큼 탐스럽게 보였습니다. 에덴동산에 거하여도 지식
이 잘못되면 잘못되게 보입니다.

본문은 그토록 신령한 사무엘도 사람을 잘못 평가할 수 있음을 보여줍니다.
누구든지 사람을 잘못 선택할 수 있습니다. 그러나 주 안에 있는 사람의 실수는
하나님에 의해 바로 잡힙니다. 실수가 실패로 가지는 않습니다. 하나님께서 그
때그때 바로 잡아 주십니다.

하나님은 사무엘에게 용모와 신장을 보지 말라고 하셨습니다. 때로는 하나님이 버린 사람도 아름답게 보일 수 있습니다. 그러나 하나님은 중심을 보신다고 했습니다. 이새의 일곱 아들 모두가 하나님이 기름을 부을만한 사람들은 아니었습니다.

> ❦ 이새가 그의 아들 일곱을 다 사무엘 앞으로 지나가게 하나 사무엘이 이새에게 이르되 여호와께서 이들을 택하지 아니하셨느니라(16:10)

이새는 일곱 아들 중에 왕이 될 만한 자가 있을 거라고 생각했던 것 같습니다. 하나님의 뜻과 인간의 생각은 하늘과 땅 만큼이나 큰 차이가 있을 수 있습니다.

우리의 생각으로 하나님의 능력을 제한하지 맙시다. 우리가 불가능하다고 생각하는 것도 하나님이 하시면 가능합니다. 주님이 오라 하시면 물위로 걸어갈 수 있습니다. 주님이 하시면 앉은뱅이가 일어나고 귀머거리가 듣습니다. 문둥병자도 고침 받을 수 있습니다. 예수님 당시 문둥병은 못 고치는 병이었지만 예수님 안에서는 고쳐졌습니다. 우리 자신의 판단은 잘못될 수 있습니다. 설령 자신은 바르다할지라도 상대가 그것을 잘못 평가할 수도 있습니다. 그러므로 사람의 판단에 마음 빼앗기지 말고 하나님의 말씀으로 바른 길 가시길 바랍니다.

하나님은 자신의 마음에 드는 사람을 찾아내십니다

하나님은 형들이 제사에 참석하고 있을 때에 들에서 양을 지키던 이새의 말째 아들인 다윗을 불러 그에게 기름을 붓게 했습니다.

> ❦ 또 사무엘이 이새에게 이르되 네 아들들이 다 여기 있느냐 이새가 이르되 아직 막내가 남았는데 그는 양을 지키나이다 사무엘이 이새에게 이르되 사람을

보내어 그를 데려오라 그가 여기 오기까지는 우리가 식사 자리에 앉지 아니하겠노라(16:11)

이 사건이 우리에게 주는 교훈이 있습니다. 부모와 형제가 알아주지 않아도 자신의 일을 묵묵히 감당하고 있으면 하나님이 역사하신다는 것입니다. 사람의 눈에는 선악간에 숨기어질 때가 있지만 하나님의 눈에는 모든 것이 드러납니다. 마음이 하나님의 뜻에 합하면 하나님의 실력으로 살아갈 수 있습니다. 사람들이 양치는 다윗을 불러왔습니다.

> ♕ 이에 사람을 보내어 그를 데려 오매 그의 빛이 붉고 눈이 빼어나고 얼굴이 아름답더라 여호와께서 이르시되 이가 그니 일어나 기름을 부으라 하시는지라 사무엘이 기름 뿔병을 가져다가 그의 형제 중에서 그에게 부었더니 이 날 이후로 다윗이 여호와의 영에게 크게 감동되니라 사무엘이 떠나서 라마로 가니라(16:12-13)

부모가 보기에도 어린 막내아들입니다. 그러나 하나님은 그를 선택했습니다. 다윗은 얼굴에 홍조를 띄고 눈이 빼어나고 총기가 있었습니다. 부모님의 눈에는 왕이 될 인재로 보여지지 않았으나 하나님은 그를 선택하여 기름을 부었습니다. 기름을 부음 받은 후 여호와의 신이 다윗을 감동시켰습니다. 다윗은 성령의 사람이 되었습니다. 포도나무가 포도를 맺는 것처럼 성령의 사람은 하나님께 영광 돌리고 사람을 행복하게 하는 열매를 맺게 됩니다.

다음 주면 우리 교회가 창립 26주년을 맞이합니다. 하나님께서는 지금까지 여덟 번의 예배당 이전을 통해 연단하시고 오늘날과 같은 복을 우리에게 주셨습니다. 이후로도 세상 속에서 건강한 교회로 높여 주실 것을 믿습니다. 성도와 교회가 핍박을 받을 때면 더 큰 칭찬을 받게 되는 날이 올 줄 믿습니다. 다윗을 찾으신 하나님께서 여러분과 저를 찾는 영광된 체험하기를 주님의 이름으로 축원합니다.

부유한 자의 의무

사무엘 상 25장에는 어리석은 부자 나발에 대한 이야기가 나옵니다. 그는 풍족한 재산을 가지고 있었지만 도무지 이웃과 나눔의 삶을 누릴 줄 모르는 자였습니다.

사람이 재산을 모으는데 있어 개인의 성실함과 부지런함이 크게 작용할 수 있습니다. 혹은 그렇지 않았는데도 일이 잘 풀리므로 말미암아 큰 부를 획득할 수도 있습니다. 원인이야 어떻든지 간에 모든 부는 하나님의 선물이라는 것이 성경의 사상입니다. 이 말은 그 부가 온전한 자신의 것이 아니라는 것을 의미합니다. 부유한 자들은 하나님으로부터 재산을 위탁받은 청지기(혹은 관리자)입니다. 그러므로 부자들은 그 부를 그것의 주인되시는 하나님의 뜻대로 사용해야 합니다. 흩어 구제하기에 힘쓸 때 하나님께서 더 큰 재물을 맡기시는 축복을 받게 될 것입니다. 반대로, 청지기의 사명을 제대로 수행하지 않은 자에게는 그에 따른 합당한 심판이 따릅니다.

골리앗에 대하여

이스라엘과 블레셋의 전투에서 골리앗이 싸움을 돋우는 자로 나왔습니다(삼상17:4). 골리앗이란 이름의 뜻은 정확히 알려지지 않았습니다. 아마 비(非)셈족 계열의 인종이어서 그런 것 같습니다. 성경은 그를 가드 사람이라고 소개하고 있는데, 가드는 블레셋 5대 도시 중의 하나로, 이 지역에는 거인족인 아낙 족속이 섞여 살고 있었습니다(수11:22). 아마 골리앗도 거인족의 후예로 보여집니다.

성경은 골리앗의 키를 "여섯 규빗 한 뼘"이라고 적고 있습니다. 고대의 측량법에 의하면 규빗은 손을 폈을 때 손끝에서 팔꿈치까지의 거리입니다. 보통 약 45cm 정도로 계산합니다. 그리고 한 뼘을 13cm로 했을 때 골리앗의 키는 283cm가 됩니다.

그가 입은 갑옷의 무게는 놋 5,000 세겔입니다. 현대의 도량형으로 환산해서 1세겔을 11.5g으로 계산하다면, 5,000세겔은 57.5kg입니다. 골리앗은 57.5kg의 갑옷을 입고 있었습니다. 그리고 그가 지닌 창날은 600세겔, 곧 7kg입니다. 창의 날만 7kg 이니까 창 전체의 무게는 그보다 훨씬 늘어납니다. 이러한 그의 외모는 이스라엘의 군사들을 위협하기에 충분하였습니다.

35 사울왕과 골리앗의 도전

열매의 계절 가을입니다. 가을을 화려한 계절로 혹은 자랑과 부끄러움의 때라고도 표현할 수 있습니다. 수고한 농부에게는 가을이 누림의 시기라면, 그렇지 않는 자에게는 후회의 계절이기도 합니다. 때로는 낙엽이 도로에 뒹구는 것을 보면서 자신의 모습처럼 느껴질 때도 있다고 합니다. 환경과 사물을 어떤 시각에서 보느냐에 따라 아주 상반되게 보이기도 합니다. 그러나 인생과 환경을 가장 정확하게 보는 것은 하나님 편에서 말씀에 의지하여 보는 것입니다.

이스라엘의 초대 왕 사울은 40년 간 재위(在位)했습니다. 그는 베냐민 지파의 후손이었습니다. 신장도 매우 컸고, 부모님께 순종 잘하고 겸손한 사람이었습니다. 그러나 왕이 된 후에는 하나님의 뜻은 생각하지 않고 눈에 보이는 대로 행하는 현실주의자가 되었습니다. 그 결과 하나님께 버림을 받아 낙오자가 되었습니다.

하나님은 이스라엘 백성들에게 악한 왕의 혈통으로 대를 잇지 못하도록 하

믿음의 사람이 가는 길

(삼상 17:1-16) 블레셋 사람들이 그들의 군대를 모으고 싸우고자 하여 유다에 속한 소고에 모여 소고와 아세가 사이의 에베스담밈에 진 치매 사울과 이스라엘 사람들이 모여서 엘라 골짜기에 진 치고 블레셋 사람들을 대하여 전열을 벌였으니 블레셋 사람들은 이쪽 산에 섰고 이스라엘은 저쪽 산에 섰고 그 사이에는 골짜기가 있었더라 블레셋 사람들의 진영에서 싸움을 돋우는 자가 왔는데 그의 이름은 골리앗이요 가드 사람이라 그의 키는 여섯 규빗한 뼘이요 머리에는 놋 투구를 썼고 몸에는 비늘 갑옷을 입었으니 그 갑옷의 무게가 놋 오천 세겔이며 그의 다리에는 놋 각반을 쳤고 어깨 사이에는 놋 단창을 메었으니 그 창 자루는 베틀 채 같고 창날은 철 육백 세겔이며 방패든 자가 앞서 행하더라 그가 서서 이스라엘 군대를 향하여 외쳐 이르되 너희가 어찌하여 나와서 전열을 벌였느냐 나는 블레셋 사람이 아니며 너희는 사울의 신복이 아니냐 너희는 한 사람을 택하여 내게로 내려보내라 그가

섰습니다. 사울 다음으로 다윗이 왕 위에 올랐습니다. 다윗은 이새의 여덟 번째 아들로 형제 중 제일 어렸습니다. 이새가 보아도 왕이 될 인물이 못되었는지 기름 부음 받는 자리에 초청 받지도 못하고 밖에서 양을 치고 있었습니다. 그러나 하나님은 다윗을 데려오게 해서 기름을 부었습니다. 하나님은 자신의 마음에 합당한 자가 있으면 어디에 있든지 찾아내어 상주시는 분이십니다. 하나님은 사람을 외모로 판단하지 않으십니다.

다윗이 왕으로 추대된 것은 아버지 이새나 사무엘에 의한 것이 아닙니다. 온전히 하나님에 의해 이루어진 것입니다. 사무엘이 뿔에 기름을 채워 다윗에게 붓고 나니 하나님의 신이 다윗에게 임했습니다. 반대로 사울왕에게는 악신이 들어갔습니다. 하나님이 버린 사람의 마음에는 악령이 들어가서 역사하고 하나님이 쓰는 사람에게는 성신(聖神), 거룩한 영이 들어가서 지배합니다.

버림받은 사울왕의 형편이 주는 교훈이 있습니다

> 여호와의 영이 사울에게서 떠나고 여호와께서 부리시는 악령이 그를 번뇌하게 한지라 사울의 신하들이 그에게 이르되 보소서 하나님께서 부리시는 악령이 왕을 번뇌하게 하온즉(16:14-15)

악신도 하나님에 의해 움직입니다. 본문에 "여호와께서 부리시는 악령"이라고 했습니다. 악령도 하나님의 통제하에 있는 것입니다. 악신이 들어가 사울을 번뇌케 했습니다. 악신이 들어가면 자신뿐 아니라 상대를 괴롭게 합니다. 악신도 사람 속에 들어가 사람의 육체를 입고 활동합니다.

> ♕ 더러운 귀신이 사람에게서 나갔을 때에 물 없는 곳으로 다니며 쉬기를 구하되 얻지 못하고 이에 이르되 내가 나온 내 집으로 돌아가리라 하고 가서 보니 그 집이 청소되고 수리되었거늘 이에 가서 저보다 더 악한 귀신 일곱을 데리고 들어가서 거하니 그 사람의 나중 형편이 전보다 더 심하게 되느니라(눅11:24-26)

귀신이 들어가면 불에도 넘어지게 하고 물에도 들어가게 합니다. 사울도 악신으로 인하여 매우 큰 고통을 당했습니다. 사울의 고통은 다윗이 왕궁의 악사(樂士)로 들어가는 기회가 되었습니다.

> ♕ 사울이 이에 전령들을 이새에게 보내어 이르되 양치는 네 아들 다윗을 내게로 보내라 하매 이새가 떡과 한 가죽부대의 포도주와 염소 새끼를 나귀에 실리고 그의 아들 다윗을 시켜 사울에게 보내니 다윗이 사울에게 이르러 그 앞에 모셔 서매 사울이 그를 크게 사랑하여 자기의 무기를 드는 자로 삼고 또 사울이 이새에게 사람을 보내어 이르되 원하건대 다윗을 내 앞에 모셔 서게 하라 그가 내게 은총을 얻었느니라 하니라 하나님께서 부리시는 악령이 사울에게 이를 때에 다윗이 수금을 들고 와서 손으로 탄즉 사울이 상쾌하여 낫고 악령이 그에게서 떠나더라(16:19-23)

다윗만이 사울에게 붙어있는 악신을 쫓아낼 수 있는 능력이 있었습니다. 성령 받은 자는 악신을 제압하는 능력이 있기 때문입니다. 성령이 임하면 공중의 권세 잡은 악한 영의 지배 아래 있는 사람을 구원할 수 있습니다.

 사울왕은 내
적인 고통 뿐 아니라 외적 고통에도 시달리게 되었습니다. 블레셋 군대가 싸움
을 걸어온 것입니다. 블레셋과 이스라엘은 양편 산에서 서로 마주보면서 전쟁
을 준비하고 있었습니다. 그때 블레셋 진에서 골리앗이라는 한 장수가 나타났
습니다. 골리앗은 머리에 놋투구를 쓰고, 갑옷을 입고, 다리에는 놋으로 된 경
갑을 찼습니다. 어깨에는 놋단창을 메고, 손에는 무기를 들었습니다. 앞에는 방
패를 든 군졸이 따라 붙었습니다. 이스라엘 백성에게 골리앗은 위협적인 존재
였습니다. 사울왕도 모든 이스라엘 백성들도 골리앗을 두려워했습니다.

> 그 블레셋 사람이 또 이르되 내가 오늘 이스라엘의 군대를 모욕하였으니 사람
> 을 보내어 나와 더불어 싸우게 하라 한지라 사울과 온 이스라엘이 블레셋 사
> 람의 이 말을 듣고 놀라 크게 두려워하니라(17:10-11)

지금 여러분 앞에 골리앗이 서 있습니까? 여러분들이 만난 현재의 환경과 사
람을 도저히 해결 할 수 없다는 생각이 드십니까? 앞에 보이는 골리앗만 보지 말
고 우리의 위치를 살펴야 합니다. 여러분이 하나님을 떠나 있다면 골리앗을 이
길 수 없습니다. 그러나 하나님 안에 있으면 어떤 환경도 이길 수 있습니다.

> 내가 궁핍하므로 말하는 것이 아니니라 어떠한 형편에든지 나는 자족하기를
> 배웠노니 나는 비천에 처할 줄도 알고 풍부에 처할 줄도 알아 모든 일 곧 배부
> 름과 배고픔과 풍부와 궁핍에도 처할 줄 아는 일체의 비결을 배웠노라 내게
> 능력 주시는 자 안에서 내가 모든 것을 할 수 있느니라(빌4:11-13)

형편을 이길 수 있는 것은 능력주시는 자 안에 있을 때입니다. 이새의 장성
한 아들이 세 명이나 있어도 별 소망이 없는 자들이었습니다. 이스라엘의 문제
를 해결할 자는 어리지만 성령 받은 다윗입니다.

 구약에서 뿐 아니라, 지금
도 하나님의 진리를 벗어나면 마음에는 악신으로 무장되어 분쟁, 복수, 이기심,
음란, 자아가 가득 차게 됩니다. 그래서 상대를 배려하지 않고 자신에게 주어진
권력을 악하게만 사용합니다. 그 결과 자신 뿐 아니라 백성 전체가 고통을 당하
고, 가정과 회사와 사회 전반에 두려움을 줍니다. 그러나 하나님은 택한 백성을
지켜주십니다. 사울은 실패했지만 이스라엘은 실패하지 않았습니다. 하나님은
택한 백성을 지키십니다. 세계 사람들은 대한민국이 불바다가 될 수도 있다고
합니다. 그러나 하나님 백성의 기도와 순종이 있는 한 염려 없습니다. 이스라엘
백성이 외세에 의해 망한 것이 아니라 죄 때문에 실패했습니다. 죄를 회개하는
교회가 있는 한 하나님은 이 민족을 지키십니다. 풀무불이 무서운 것이 아닙니
다. 북한의 폭탄이 무서운 것이 아닙니다. 핵폭탄도 무섭지 않습니다. 하나님은
약속하셨습니다.

> 야곱아 너를 창조하신 여호와께서 지금 말씀하시느니라 이스라엘아 너를 지
> 으신 이가 말씀하시느니라 너는 두려워하지 말라 내가 너를 구속하였고 내가
> 너를 지명하여 불렀나니 너는 내 것이라 네가 물 가운데로 지날 때에 내가 함
> 께 할 것이라 강을 건널 때에 물이 너를 침몰하지 못할 것이며 네가 불 가운데
> 로 지날 때에 타지도 아니할 것이요 불꽃이 너를 사르지도 못하리니 대저 나
> 는 여호와 네 하나님이요 이스라엘의 거룩한 이요 네 구원자임이라 내가 애굽
> 을 너의 속량물로, 구스와 스바를 너를 대신하여 주었노라(사43:1-3)

이 시대의 문제를 해결할 사람은 누구입니까? 대한민국은 그리스도인들로
인해 보호받을 것입니다. 여러분의 가정도 믿음 있는 여러분을 통해 보호받을
것입니다. 실패하는 사람의 정치를 보지 말고 택한 백성을 지키시는 하나님을
보시길 바랍니다. 하나님이 예선한 다윗의 요소를 보시길 바랍니다. 사망의 권
세를 이기고 부활 승천하신 예수 그리스도를 바라보십시오. 그는 우리를 영원

한 천국으로 인도하십니다. 예수님은 우리를 구원하셨습니다. 우리가 행복하기를 원하는 하나님의 능력으로 승리하시길 바랍니다.

36

오해를 극복하라

| 사무엘상 17:17-32 |

오늘날 우리 사회는 혼돈과 투쟁이 보편화된 듯합니다. 지금은 온 세계가 전쟁터입니다. 정보전, 경제전, 기술전, 무력전, 사상전 등으로 인해 문제없는 나라가 없습니다. 이것은 비단 오늘날만 그런 것이 아니라, 기원전에도 타락된 인간이 있었던 곳에는 어디든 계속되었던 문제들입니다.

하나님의 선민으로 택함 받은 이스라엘에도 문제가 있었습니다. 당시 제일 큰 문제는 사울왕의 타락이었습니다. 하나님의 계시에 의해 움직여야 할 지도자가 자기와 환경을 중심으로 행하였습니다. 그의 결과로 사울은 하나님께 버림을 받았습니다. 하나님은 사울은 버렸으나, 이스라엘 백성은 버리지 않았습니다.

하나님은 사울을 폐하시고 다윗에게 왕이 되도록 기름을 부었습니다. 하나님의 신이 임하자 다윗은 신에 감동된 사람이 되었습니다. 즉 성령의 사람이 된

밈믿음의 사람이 가는 길

(삼상 17:17-32) 이새가 그의 아들 다윗에게 이르되 지금 네 형들을 위하여 이 볶은 곡식 한 에바와 이 떡 열 덩이를 가지고 진영으로 속히 가서 네 형들에게 주고 이 치즈 열 덩이를 가져다가 그들의 천부장에게 주고 네 형들의 안부를 살피고 증표를 가져 오라 그 때에 사울과 그들과 이스라엘 모든 사람들은 엘라 골짜기에서 블레셋 사람들과 싸우는 중이더라 다윗이 아침에 일찍이 일어나서 양을 양 지키는 자에게 맡기고 이새가 명령한 대로 가지고 가서 진영에 이른즉 마침 군대가 전장에 나와서 싸우려고 고함치며, 이스라엘과 블레셋 사람들이 전열을 벌이고 양군이 서로 대치하였더라 다윗이 자기의 짐을 짐 지키는 자의 손에 맡기고 군대로 달려가서 형들에게 문안하고 그들과 함께 말할 때에 마침 블레셋 사람의 싸움 돋우는 가드 사람 골리앗이라 하는 자가 그 전열에서 나와서 전과 같은 말을 하매 다윗이 들으니라 이스라엘 모든 사람이 그 사람을 보고 심히 두려워하여 그 앞에서 도망하며 이스라엘 사람들이 이르되 너희가 이 올라 온 사람을 보았느냐 참으로 이스라엘을 모욕하러 왔도다 그를 죽이는 사람은 왕이 많은 재물로 부하게 하고 그의 딸을 그에게 주고 그 아버지의 집을 이스라엘 중에서 세금을 면제하게 하

것입니다. 성령이 임하면 권능을 받습니다. 다윗은 표면적으로는 변화가 없었으나 내면적으로는 아주 위대한 신분의 사람이 되었습니다.

사울의 정권이 끝날 즈음에 블레셋이 전쟁을 걸어왔습니다. 산을 마주보고 항오를 벌이고 있을 때 블레셋 진영에서 골리앗이라 이름하는 장수가 나왔습니다.

블레셋 사람들의 진영에서 싸움을 돋우는 자가 왔는데 그의 이름은 골리앗이요 가드 사람이라 그의 키는 여섯 규빗 한 뼘이요 머리에는 놋 투구를 썼고 몸에는 비늘 갑옷을 입었으니 그 갑옷의 무게가 놋 오천 세겔이며 그의 다리에는 놋 각반을 쳤고 어깨 사이에는 놋 단창을 메었으니 그 창 자루는 베틀 채 같고 창날은 철 육백 세겔이며 방패든 자가 앞서 행하더라(17:4-7)

그 블레셋 사람의 입에서 "나를 죽이면 우리가 너희의 종이 되겠고 만일 내가 이기면 너희가 우리의 종이 되리라"라는 이스라엘을 모욕하는 말이 나왔습니다. 그때 사울과 백성들은 두려워 떨고 있었습니다. 이 전쟁에는 다윗의 세 형 엘리압과 아비나답과 삼마가 참전하고 있었습니다. 이새는 전쟁에 나간 아들들이 염려되어 들에서 양을 치고 있던 막내아들 다윗에게 음식물을 주면서 형들의 근황을 알아보고 오라고 했습니다. 다윗이 현장에 갔을 때는 전세가 심각했고 골리앗이 나타나 이스라엘 백성의 사기는 더욱 저하되었습니다. 하나님은 그때에 다윗을 이 전쟁에 개입하게 하셨습니다.

시리라 다윗이 곁에 서 있는 사람들에게 말하여 이르되 이 블레셋 사람을 죽여 이스라엘의 치욕을 제거하는 사람에게는 어떠한 대우를 하겠느냐 이 할례 받지 않은 블레셋 사람이 누구이기에 살아계시는 하나님의 군대를 모욕하겠느냐 백성이 전과 같이 말하여 이르되 그를 죽이는 사람에게는 이러이러하게 하시리라 하니라 큰형 엘리압이 다윗이 사람들에게 하는 말을 들은지라 그가 다윗에게 노를 발하여 이르되 네가 어찌하여 이리로 내려왔느냐 들에 있는 양들을 누구에게 맡겼느냐 나는 네 교만과 네 마음의 완악함을 아노니 네가 전쟁을 구경하러 왔도다 다윗이 이르되 내가 무엇을 하였나이까 어찌 이유가 없으리이까 하고 돌아서서 다른 사람을 향하여 전과 같이 말하매 백성이 전과 같이 대답하니라 어떤 사람이 다윗이 한 말을 듣고 그것을 사울에게 전하였으므로 사울이 다윗을 부른지라 다윗이 사울에게 말하되 그로 말미암아 사람이 낙담하지 말 것이라 주의 종이 가서 저 블레셋 사람과 싸우리이다 하니 오늘은 다윗이 골리앗을 향하여 싸움을 하기까지 겪은 문제들을 통하여 은혜 받기를 바랍니다. 다윗 뿐 아니라 믿음으로 살려고 하는 저와 여러분들도 다윗과 같은 오해와 고난을 당할 때가 있습니다. 그때마다 믿음으로 이기시길 바랍니다.

다윗의 마음에는 의분이 생겼습니다

❧ 다윗이 곁에 서 있는 사람들에게 말하여 이르되 이 블레셋 사람을 죽여 이스라엘의 치욕을 제거하는 사람에게는 어떠한 대우를 하겠느냐 이 할례 받지 않은 블레셋 사람이 누구이기에 살아계시는 하나님의 군대를 모욕하겠느냐 (17:26)

다윗은 골리앗을 이스라엘에게 치욕을 주는 대상으로 보았습니다. 다윗은 자기 자신 보다 나라를 먼저 생각하는 큰 사람이었습니다. 큰 지도자가 될 사람은 나라 전체를 생각합니다. 좋은 지도자는 자신을 대적하는 자도 자기에게 속한 것을 알고 너그럽게 대할 줄 알아야 합니다. 위대한 지도자는 정치적 보복을 하지 않습니다.

다윗은 사울과는 생각 자체가 달랐습니다. 사울과 이스라엘 백성들은 자신들을 일반 나라의 군대로 보고 골리앗 앞에서 두려움에 떨고 있었습니다. 하지만 다윗의 눈에는 이스라엘 백성이 살아계시는 하나님의 군대로 보여졌습니다. 그리고 사울과 백성이 무서워하는 골리앗을 할례 없는 자, 곧 하나님의 도움을 얻지 못한 자로 여겨졌습니다.

사랑하는 성도 여러분!

여러분은 다윗의 마음과 무엇이 닮았습니까? 성령에 감동된 마음은 하나님의 나라가 도전 받는 것을 용납하지 않습니다. 성령에 감동되면 악신의 활동을 용납하지 않습니다. 그리고 하나님의 교회를 부흥시킵니다. 양을 칠 때 사자나 곰이 오면 양을 보호하기 위해 자신의 몸을 던지면서 양을 보호합니다. 우리의 열정은 누구를 위한 열정이며, 무엇을 위한 열정입니까? 돈? 명예? 아니면 자기 자신을 위한 것입니까? 우리의 열정은 그 이상의 것, 곧 나라와 교계와 교회 성도들의 평안을 위한 것이어야 합니다. 지역의 이익을 위해서 안되는 줄 알면서도 거리로 뛰어나오는 이들이 있다면 그들은 다윗 같은 지도자는 아닙니다. 큰 지도자라면 세계 속의 한국을 보아야 합니다. 그래야 골리앗 같은 현실을 만날 때라도 믿음으로 맞서는 능력자가 되는 것입니다.

다윗의 믿음의 행위가 오해를 받았습니다

> 큰 형 엘리압이 다윗이 사람들에게 하는 말을 들은지라 그가 다윗에게 노를 발하여 이르되 네가 어찌하여 이리로 내려왔느냐 들에 있는 양들을 누구에게 맡겼느냐 나는 네 교만과 네 마음의 완악함을 아노니 네가 전쟁을 구경하러 왔도다(17:28)

믿음의 행위가 상대로부터 오해를 받을 때가 있습니다. 저의 경험으로 보아도 그렇습니다. 처음 은혜를 받고 은사도 받았을 때의 일입니다. 저녁에 기도를 시작하면 새벽까지 했습니다. 가족들은 예수 믿고 돌았다고 했습니다. 몇몇 친구들도 너무 많이 변하니 바보 같다고 했습니다. 저는 예수 믿고 난 후 병도 낫고 소망도 생기고 선해졌으므로 하나님을 믿는 믿음으로 큰 소리를 쳤습니다. '하나님이 나를 큰 사람으로 쓸 것이다. 남을 도와주면서 사는 형편이 될 것이다' 라고 했습니다. 그때마다 사람들은 교만하다 하고 뻥친다고 했습니다. 그러나 지금은 저보고 뻥친다는 사람이 없습니다. 사람들의 평가가 무서워 믿음의 행위가 위축이 되면 성공의 길로 갈 수가 없습니다. 다윗을 보면, 그의 형 엘리압이 노를 발하여 양은 뉘게 맡겼느냐 네 교만과 완악함을 아느냐고 했습니다. 다윗이 가진 믿음의 담력이 형들에게는 교만으로 비쳐졌습니다. 다윗은 아버지의 심부름으로 전쟁터에서 형들을 찾아 온 것인데, 그것이 양치는 일을 버리고 전쟁 구경하러 온 줄로 여겨진 것입니다. 엘리압은 기름부음을 받아 성령의 감동된 다윗을 그저 양치는 동생으로만 보았습니다. 그는 다윗이 골리앗을 대항하여 싸우겠다는 것을 왕의 상급 때문이라고 생각했을 것입니다. 그러나 다윗은 엘리압이 보는 그런 동생이 아닙니다.

사랑하는 성도 여러분!

여러분 눈에는 다윗이 어떻게 보이십니까? 골고다 산상에서 십자가 지신 예수님이 어떻게 보이십니까? 초라한 사형수로 보이십니까? 아니면 구세주로 보이십니까? 마음이 잘못되면 교회는 사람들의 모임으로만 생각합니다. 성령의 역사를 믿지 않습니다. 교회가 행하는 것들이 사람들을 잘못되게 만든다는 이들도 있습니다. 그들은 영혼이나 생명을 소중히 여기지 않는 사람들입니다. 그러므로 사람의 오해에서 벗어나야 합니다. 형제들의 잘못된 평가에도 망설이지 않은 다윗처럼 믿음의 행위를 하면 하나님은 여러분을 큰 사람으로 사용하실 것입니다.

다윗은 두려워하는 자에게 위로를 줄 수 있는 자입니다 |

다윗은 일개 목동이었음에도 왕에게 가서 담대하라고 말할 정도였습니다. 이것이 성령의 사람의 모습입니다. 골리앗이 나타났을 때 사울과 온 이스라엘은 그를 보고 놀라 크게 두려워하였습니다. 그러나 다윗은 이렇게 말합니다.

> 다윗이 사울에게 말하되 그로 말미암아 사람이 낙담하지 말 것이라 주의 종이 가서 저 블레셋 사람과 싸우리이다(17:32)

다윗은 자신의 분수를 알았습니다. 자신을 사울의 종이라고 했습니다. 자신을 낮출 때 높아지는 것입니다. 다윗은 그 마음 속에 승리의 확신이 있었습니다.

어려운 현실 속에서 다윗 같은 믿음의 사람이 필요합니다. 교회와 사회가 사단의 세력에 의해 어려움을 당하는 지금 믿음의 사람이 필요합니다. 다윗은 아버지로부터 왕이 될 잠재력을 무시당했습니다. 형들도 다윗이 위대한 전사가 될 수 없다고 믿었습니다. 그러나 다윗은 서운해 하거나 시험에 들지 않고 믿음으로 골리앗을 향해 나아갔습니다.

세상 사람들이 우리를 무시해도 열매로 말합시다. 처음 노인복지를 했을 때 교회 부흥을 위한 수단으로 한다고 했으나, 그것은 아니었습니다. 열매로 보여 줍시다. 가정과 사회에서 일어나세요. 씨를 심은 농부는 가을이 되어야 말할 때가 생깁니다. 그때까지 기도하고 순종하면서 오해를 극복하시길 축원합니다.

37

익숙한 것으로 믿음을 쓰라

| 사무엘상 17:32-40 |

지난 주일에는 '오해를 극복하라'는 말씀을 묵상했습니다. 우리는 상대가 오해하는 것에 대하여 원망과 분노를 일으킬 때가 많습니다. 자신을 과소평가하든지, 하는 일을 몰라 줄 때 낙심하기도 합니다. 그러나 하나님의 말씀을 보면서 모든 것을 믿음으로 극복하면 유익합니다. 하나님이 사랑하는 다윗을 보면, 그의 생이 평탄하지는 않았으나 하나님을 믿는 믿음으로 살았기에 큰 자가 되었습니다.

소년 시절 다윗은 부모로부터 왕이 될 만한 자녀로 인정받지 못했지만 중심을 보시는 하나님에 의해 왕으로 기름이 부어졌습니다. 그 후 다윗은 전능자의 신에 감동되었습니다. 그러나 다윗의 내적 권세와 변화를 육신의 형제들은 알지 못했습니다. 동생의 믿음의 소리를 들을 수 있는 신령한 귀가 열리지 못했기 때문입니다. 그 결과 다윗을 오해하기 시작했습니다. 하나님을 의지하며 성령에 감동되어 골리앗과 싸우겠다는 다윗을 나무라기 시작했습니다.

☙ 큰 형 엘리압이 다윗이 사람들에게 하는 말을 들은지라 그가 다윗에게 노를

(삼상 17:32-40) 다윗이 사울에게 말하되 그로 말미암아 사람이 낙담하지 말 것이라 주의 종이 가서 저 블레셋 사람과 싸우리이다 하니 사울이 다윗에게 이르되 네가 가서 저 블레셋 사람과 싸울 수 없으리니 너는 소년이요 그는 어려서부터 용사임이니라 다윗이 사울에게 말하되 주의 종이 아버지의 양을 지킬 때에 사자나 곰이 와서 양 때에서 새끼를 물어가면 내가 따라가서 그것을 치고 그 입에서 새끼를 건져내었고 그것이 일어나 나를 해하고자 하면 내가 그 수염을 잡고 그것을 쳐죽였나이다 주의 종이 사자와 곰도 쳤은즉 살아 계시는 하나님의 군대를 모욕한 이 할례 받지 않은 블레셋 사람이리이까 그가 그 짐승의 하나와 같이 되리이다 또 다윗이 이르되 여호와께서 나를 사

발하여 이르되 네가 어찌하여 이리로 내려왔느냐 들에 있는 양들을 누구에게 맡겼느냐 나는 네 교만과 네 마음의 완악함을 아노니 네가 전쟁을 구경하러 왔도다(17:28)

믿음의 소리를 육신적으로 들으면 교만과 완악으로 보여질 수 있습니다. 현재 우리들도 오해받을 때가 있습니다.

🏵 다른 이로써는 구원을 받을 수 없나니 천하사람 중에 구원을 받을 만한 다른 이름을 우리에게 주신 일이 없음이라 하였더라(행4:12)

구원의 유일성을 말하고 있는 이 구절을 보고 다른 종교의 사람들은 독선적이라고 할 것입니다. 이 말씀에 의하면 예수님 외에는 죄 문제를 해결할 수 있는 분은 없습니다. 예수님만 구세주입니다. 복음의 비밀은 믿는 자만이 들을 수 있습니다. 믿고 기도할 때 살아계신 하나님의 큰 역사를 이해할 수 있습니다.

그리고 믿음이 생긴 후에는 혈육과의 갈등이 있음을 예수님께서 말씀하셨습니다.

🏵 내가 세상에 화평을 주러 온 줄로 생각하지 말라 화평이 아니요 검을 주러 왔노라 내가 온 것은 사람이 그 아버지와, 딸이 어머니와, 며느리가 시어머니와 불화하게 하려 함이니 사람의 원수가 자기 집안 식구리라 아버지나 어머니를 나보다 더 사랑하는 자는 내게 합당하지 아니하고 아들이나 딸을 나보다 더 사랑하는 자도 내게 합당하지 아니하며 또 자기 십자가를 지고 나를 따르지

않는 자도 내게 합당하지 아니하니라 자기 목숨을 얻는 자는 잃을 것이요 나를 위하여 자기 목숨을 잃는 자는 얻으리라(마10:34-39)

혈육(血처)의 생각은 육신 중심의 생각임으로 믿음 생활을 하는 데는 아무런 도움이 안됩니다. 부모가 자녀를 생각할 때, 큰 일을 하는 것보다는 자녀의 행복을 더 원합니다. 하나님께서 우리에게 원하시는 것도 우리가 큰 업적을 이루는 것보다는 많은 성화를 이루고 천국에서 큰 자로 행복하게 되기를 바라시는 것입니다.

사랑하는 성도 여러분! 믿음으로 살다가 오는 핍박과 오해는 모두 극복하시길 바랍니다. 시험에 빠지는 것은 실패자의 소행이고, 성공하는 사람은 인내하고 오해를 극복합니다. 다윗은 형들에 의해 믿음의 행위가 위축되지 않았습니다. 믿음대로 행하였습니다.

> ❧ 다윗이 사울에게 말하되 그로 말미암아 사람이 낙담하지 말 것이라 주의 종이 가서 저 블레셋 사람과 싸우리이다 하니(17:32)

다윗은 확신에 차 있었습니다.

다윗의 믿음은 체험적이었습니다 |

사울도 다윗의 능력을 인정하지 않았습니다.

> ❧ 사울이 다윗에게 이르되 네가 가서 저 블레셋 사람과 싸울 수 없으리니 너는 소년이요 그는 어려서부터 용사임이니라 다윗이 사울에게 말하되 주의 종이 아버지의 양을 지킬 때에 사자나 곰이 와서 양 떼에서 새끼를 물어가면 내가 따라가서 그것을 치고 그 입에서 새끼를 건져내었고 그것이 일어나 나를 해하고자 하면 내가 그 수염을 잡고 그것을 쳐죽였나이다 주의 종이 사자와 곰도

쳤은즉 살아 계시는 하나님의 군대를 모욕한 이 할례 받지 않은 블레셋 사람
이리이까 그가 그 짐승의 하나와 같이 되리이다 또 다윗이 이르되 여호와께서
나를 사자의 발톱과 곰의 발톱에서 건져내셨은즉 나를 이 블레셋 사람의 손에
서도 건져내시리이다 사울이 다윗에게 이르되 가라 여호와께서 너와 함께 계
시기를 원하노라(17:33-37)

하나님을 의지하는 자는 그분의 능력을 체험할 수 있습니다. 다윗에게는 하
나님과 동행했던 체험이 있었습니다. 목동 생활을 하면서 다윗은 하나님의 보
호와 능력을 경험했습니다. 다윗은 자신이 이길 수 없는 사자와 곰과 싸워 이긴
것은 하나님의 능력이었다는 것을 알고 있었습니다. 다윗은 이같은 경험을 바
탕으로 하나님이 자신과 함께 하면 이 할례 없는 블레셋 장군 골리앗을 이길 수
있다는 믿음을 가졌습니다.

이 부족한 종도 하나님의 살아 계신 것을 체험했습니다. 신자는 능력 주시
는 자 안에서 모든 것을 할 수 있습니다.

믿음 있는 사람이 행할 때 준비하는 것이 필요합니다 |

마음에 있는 것을 입으로 말하고 어떤
환경도 잘 견뎌야 합니다. 요셉처럼 말입니다. 하나님이 모세에게는 지팡이를
들려 이스라엘 백성을 출애굽 시키라고 보냈습니다. 또 말 잘하는 아론을 동행
시켰습니다. 오늘 본문에 나오는 사울왕은 믿음으로 골리앗과 싸우러 전쟁터로
나가려는 다윗에게 자신의 갑옷과 무기를 주었습니다.

❧ 다윗이 칼을 군복 위에 차고는 익숙하지 못하므로 시험적으로 걸어 보다가 사
울에게 말하되 익숙하지 못하니 이것을 입고 가지 못하겠나이다 하고 곧 벗고
(17:39)

사랑하는 성도 여러분! 여러분이 입고 있는 것은 무엇입니까? 사업이나 삶에서 무엇으로 무장하기 원하십니까? 영적 전쟁을 해야 하는데 갑옷이나 투구나 세속의 지식을 가지고 싸우려고 하는 것은 아닌지 살펴보아야 합니다. 믿음으로 한다고 하면서 세상의 방법을 사용하고 사울의 놋투구와 군복을 입고 있는 것은 아닌지 살펴보아야 합니다. 열심히 일하고 준비하고 교제하고 절약한다고 하면서 세상적으로 교제하고 친교하지 않는지 살펴야 합니다. 여러분이 입고 있는 세상문화의 옷을 벗어버려야 합니다. 다니엘의 세 친구들은 바벨론에 포로로 잡혀갔을 때 그들은 그들의 음식문화의 옷을 벗고 채식을 했습니다. 전쟁할 때 칼과 군화와 창 그리고 투구가 필요해도 자신에게 맞지 않는 것은 유익이 없습니다. 다윗처럼 벗어버리시길 바랍니다.

하나님이 개인들에게 주신 것, 손과 몸에 익숙한 것을 사용하시길 바랍니다

> 손에 막대기를 가지고 시내에서 매끄러운 돌 다섯을 골라서 자기 목자의 제구 곧 주머니에 넣고 손에 물매를 가지고 블레셋 사람에게로 나아가니라(17:40)

다윗이 골리앗과 싸우기 위하여 준비한 무기는 실로 보잘 것 없는 것입니다. 이것 가지고는 골리앗을 이길 수 없습니다. 상대는 갑옷과 놋투구로 무장했는데 돌 몇 개 가지고 되겠습니까? 권총을 가지고 탱크를 잡겠다고 나가면 웃을 수밖에 없습니다. 그러나 다윗은 자신이 가진 무기를 통해 이긴다는 것보다는 하나님이 이기게 하신다는 것을 믿었습니다. 여기에서 중요한 것은 다윗이나 물매가 아니라, 다윗과 물매를 잡고 일하시는 하나님이 더 중요한 것입니다. 신약에서 예수님께서 오병이어의 기적을 펼치실 때 물고기 두 마리와 보리 떡 다섯 개 보다도 더 중요한 것은 축사하심과 계속 나누어 줄 수 있도록 신비의 능력을 나타내신 것입니다. 다윗이 준비한 것은 자신에게 익숙한 것이요, 또 이

것 밖에는 다윗 자신이 준비할 것은 없었습니다.

사랑하는 성도 여러분! 여러분의 믿음을 방해하는 세력이 골리앗처럼 서서 생명을 요구해와도 평소에 가진 것 가지고 기도와 사랑으로 섬기면서 믿음으로 나가서 싸우십시오. 승리는 부활하신 예수 그리스도에게로부터 임합니다. 믿음에는 행위가 필요합니다. 심어야 나고 원수를 대적해야 이길 수 있습니다. 먼저는 영적 전쟁에서 승리해야 합니다. 하나님과의 관계를 회복하여 성령의 사람이 되시고, 준비된 물매를 가지고 원수를 대항하며 힘써야 합니다. 사울이 준 옷을 입고 뒤뚱대는 것보다, 하나님이 평소에 주신 은사를 가지고 믿음으로 승리하시길 바랍니다. 나에게 무엇이 없다고 말하기 보다는, 하나님이 나와 함께 한다는 믿음을 가집시다. 그리고 하나님이 말씀하신 아주 작은 것이라도 담대히 붙잡고 일어나시기를 축원합니다.

38

하나님께 감사함으로 영광을 돌리라

| 사무엘상 17:41-49 |

오늘은 온 교회들이 추수감사예배로 지키는 주일입니다. 하나님께서는 감사의 조건들을 많이 주셨습니다. 하나님은 농부의 씨 뿌리는 수고에 30배, 60배, 100배의 열매로 복 주시는 분이십니다. 이 땅에서 감사의 조건들은 찾아보면 셀 수 없이 많습니다. 사람으로 태어나게 하시고, 대한민국에 태어나게 하시고, 추수할 열매도 주시고, 산과 바다, 물을 주심에 감사 등 우리에게는 감사할 이유들이 참 많이 있습니다. 지금 전쟁하는 나라에 태어났다면 얼마나 불행하겠습니까? 신앙의 자유를 가진 나라, 사계절이 있는 나라에 태어나게 하심도 감사해야 합니다. 대한민국에서 태어난 사람은 세계 어디에 가서도 견딜 수 있습니다. 열대 지방에 가면 여름을 극복하는 능력으로 견딥니다. 추운 곳에 가면 겨울에 적응하는 실력으로 견딥니다. 또 얼굴 색깔도 검정과 흰색의 중간이므로 어디에 가든지 잘 조화될 수 있도록 해주셨습니다.

그뿐 아니라 하나님이 우리를 택한 것, 그것이 최고의 감사의 조건입니다. 세계 어디에 태어났어도 예수 믿고 구원받았다면 그 이상의 복은 있을 수 없습니다. 구원받은 것이 최고의 복입니다. 아주 좋은 환경에 거하는 것보다 믿음

(삼상 17:41-49) 블레셋 사람이 방패 든 사람을 앞세우고 다윗에게로 점점 가까이 나아가니라 그 블레셋 사람이 둘러보다가 다윗을 보고 업신여기니 이는 그가 젊고 붉고 용모가 아름다움이라 블레셋 사람이 다윗에게 이르되 네가 나를 개로 여기고 막대기를 가지고 내게 나아왔느냐 하고 그의 신들의 이름으로 다윗을 저주하고 그 블레셋 사람이 또 다윗에게 이르되 내게로 오라 내가 네 살을 공중의 새들과 들짐승들에게 주리라 하는지라 다윗이 블레셋 사람에게 이르되 너는 칼과 창과 단창으로 내게 나아 오거니와 나는 만군의 여호와의 이름 곧 네가 모욕하는 이스라엘 군대의 하나님의 이름으로 네게 나아가노라 오늘 여호와께서 너를 내 손에 넘기시리니 내가 너를 쳐서 네 목

생활하는 것이 행복이요, 영광이요, 누림입니다.

오늘은 다윗에게 은혜 주신 하나님을 찬양하며 우리에게도 능력 주심을 함께 기뻐합시다.

오해를 극복하고 분수를 알게 하신 하나님께 감사합시다

다윗이 아버지 이새의 심부름으로 전쟁터에 온 것을 형이 오해했습니다.

> 큰 형 엘리압이 다윗이 사람들에게 하는 말을 들은지라 그가 다윗에게 노를 발하여 이르되 네가 어찌하여 이리로 내려왔느냐 들에 있는 양들을 누구에게 맡겼느냐 나는 네 교만과 네 마음의 완악함을 아노니 네가 전쟁을 구경하러 왔도다(17:28)

때로는 믿음 있는 사람들이 불효자로 오해받고, 이기주의자와 독선자로 오해받을 때가 있습니다. 그러나 그것은 문화적 충돌 때문에 오는 것입니다. 복음은 모두에게 큰 유익을 줍니다. 의사가 병든 사람에게 몸에 유익이 없는 것을 먹지 말라고 할 때, 두 가지 반응이 있을 수 있습니다. 병을 낫고자 하는 자는 감사함으로 지킬 것입니다. 그러나 몸과 병에 대한 상식이 없으면 자신을 불편하게 한다고 할 수 있을 것입니다. 하나님이 우리에게 말씀하시고 환경을 주시는 것은 우리의 행복과 사랑을 위해서입니다. 누가 뭐라 해도 복음을 따라 다윗처럼 당당히 나가면 승리합니다. 다윗은 정신적, 환경적, 혈육적인 방해도 극복

을 베고 블레셋 군대의 시체를 오늘 공중의 새와 땅의 들짐승에게 주어 온 땅으로 이스라엘에 하나님이 계신 줄 알게 하겠고 또 여호와의 구원하심이 칼과 창에 있지 아니함을 이 무리에게 알게 하리라 전쟁은 여호와께 속한 것인즉 그가 너희를 우리 손에 넘기시리라 블레셋 사람이 일어나 다윗에게로 마주 가까이 올 때에 다윗이 블레셋 사람을 향하여 빨리 달리며 손을 주머니에 넣어 돌을 가지고 물매로 던져 블레셋 사람의 이마를 치매 돌이 그의 이마에 박히니 땅에 엎드러지니라

했습니다. 다윗은 골리앗과 싸움할 때 사울이 주는 무기를 가지고 가지 않았습니다.

우리는 하나님의 손에 붙잡힌 내 자신과 내가 가지고 있는 것을 인하여 감사해야 합니다. 하나님이 우리에게 주신 것을 찾아내야 합니다. 막대기, 물매, 제구 등 자신에게 맞는 것을 준비하는 지혜를 가지시길 바랍니다.

업신여김을 받지 않는 실력을 주신 하나님께 감사합시다

다윗은 자신을 대적하는 골리앗을 향해 믿음으로 나갔습니다.

골리앗은 다윗을 보고 업신여겼습니다. 다윗은 전혀 용사같이 생기지 않았습니다. 성경은 다윗을 젊고 붉고 용모가 아름답다고 했습니다. 골리앗은 다윗에게 "네가 나를 개로 여기고 막대기를 가지고 내게 나아왔느냐"라고 했습니다. 그리고 자신이 섬기는 신의 이름으로 다윗을 저주했습니다. 골리앗은 자신과 싸우러 나오는 다윗에게, "네 살을 공중의 새들과 들짐승들에게 주리라"고 했습니다. 이 말은 세상의 권세 잡은 자들의 공통적인 생각일 수 있습니다.

오늘날 세상은 자신들의 권세에 의해 교회와 믿는 자가 다 굴복할 줄로 알지만, 믿는 사람들은 절대로 업신여길 대상이 아닙니다. 프랑스의 무신론자 볼테르는 '100년 안에 성경책은 다 없어진다'고 큰 소리 치면서 성경책을 읽지 못하게 하는 운동을 했습니다. 그러나 그가 죽음에 임박해서 '아! 나는 하나님과 사람에게 버림을 당하였구나'라고 말했습니다. 그가 죽은 후 제네바에 있는 성서공회에서 볼테르의 집을 사서 성서공회 창고로 삼았는데, 그의 말처럼 성경책이 없어지기는 커녕 마루에서 천장까지 꽉꽉 차고 넘쳤습니다. 그리고 성경을 반대하는 글을 찍던 그의 인쇄기는 성경을 만드는 인쇄기가 되었습니다.

세상 사람들은 외모를 보고 판단합니다. 그러나 하나님은 작고 초라한 것들을 사용하여 큰 일을 하십니다. 골리앗은 다윗을 붙잡고 역사하시는 하나님을 보지 못했습니다. 그 결과 전쟁에서 큰 실패를 하였습니다.

다윗에게 큰 믿음을 주시고 작은 물매로 승리하게 하신 하나님께 감사합시다

> ♕ 다윗이 블레셋 사람에게 이르되 너는 칼과 창과 단창으로 내게 나아 오거니와 나는 만군의 여호와의 이름 곧 네가 모욕하는 이스라엘 군대의 하나님의 이름으로 네게 나아가노라(17:45)

골리앗과 다윗은 무기가 달랐습니다. 골리앗은 칼과 창과 자신의 힘을 의지했습니다. 그러나 다윗은 만군의 여호와를 의지했습니다. 그리고 하나님의 이름으로 나아갔습니다.

> ♕ 여호와께서 이와 같이 말씀하시니라 무릇 사람을 믿으며 육신으로 그의 힘을 삼고 마음이 여호와에게서 떠난 그 사람은 저주를 받을 것이라 그는 사막의

떨기나무 같아서 좋은 일이 오는 것을 보지 못하고 광야 간조한 곳, 건건한 땅, 사람이 살지 않는 땅에 살리라 그러나 무릇 여호와를 의지하며 여호와를 의뢰하는 그 사람은 복을 받을 것이라 그는 물가에 심어진 나무가 그 뿌리를 강변에 뻗치고 더위가 올지라도 두려워하지 아니하며 그 잎이 청청하며 가무는 해에도 걱정이 없고 결실이 그치지 아니함 같으리라(렘17:5-8)

골리앗은 혈육을 권력으로 삼았음으로 저주받는 자의 반열에 서게 되었습니다. 그러나 다윗은 여호와를 의지함으로 승리하는 자의 반열에 섰습니다. 하나님을 믿으면 창조적인 능력이 나타납니다.

🌼 오늘 여호와께서 너를 내 손에 넘기시리니 내가 너를 쳐서 네 목을 베고 블레셋 군대의 시체를 오늘 공중의 새와 땅의 들짐승에게 주어 온 땅으로 이스라엘에 하나님이 계신 줄 알게 하겠고(17:46)

하나님은 다윗을 통하여 여호와의 구원이 칼과 창에 있지 아니함을 보여 주려했습니다.

🌼 손을 주머니에 넣어 돌을 가지고 물매로 던져 블레셋 사람의 이마를 치매 돌이 그의 이마에 박히니 땅에 엎드러지니라(17:49)

사랑하는 성도 여러분!

건강과 부 그리고 승리를 원할 때 어떤 자세로 구합니까? 오늘 학습과 세례 받는 것을 하나님이 주신 은혜로 믿고 감사하고, 다윗을 승리케 하신 하나님이 우리와 함께함을 믿고 감사하시길 바랍니다. 우리는 다윗의 승리의 사건을 통해 택자와 성령의 사람이 위대해 보이는 이유를 알게 되었습니다.

열매를 주시고 보물을 하늘에 쌓아 둘 수 있는 은혜를 주신 하나님께 감사해야 합니다. 힘들여 모은 것을 땅에 다 버리고 가는 사람들이 있습니다. 그러나 하나님께 드리면 천국에서 누림이 있습니다. 예수 그리스도의 이름으로 구제, 접대, 선교, 예물 드리는 것은 하늘에 쌓아두는 것입니다. 시간과 물질을 허비하지 말고 영원을 위해 노력할 수 있는 지혜와 환경을 주신 하나님께 감사하기를 축원합니다.

39

믿음으로 승리한 다윗

| 사무엘상 17:50-58 |

인간의 이성으로 할 수 없다고 생각했던 것이 이루어질 때 우리는 그것을 기적이라고 합니다. 앉은뱅이가 일어났던지, 병원에서 죽는다고 했는데 고침 받았든지 할 때, 믿는 사람은 '하나님의 은혜' 라고 합니다. 씨름판에서 고등학생이 천하장사를 한 번에 쓰러뜨렸다면 사람들에게 큰 화제가 될 것입니다. 다윗이 블레셋 장수 골리앗을 이겼을 때 온 나라에 기쁨이 가득했습니다. 말할 수 없는 큰 축제 분위기였을 것입니다. 골리앗이 무서워 숨을 죽이고 있던 이스라엘 군대는 사기가 올라 블레셋 군대를 조롱했고, 또 골리앗으로 인해 잔뜩 겁을 먹고 있던 사울도 크게 기뻐하였습니다. 오늘은 큰 승리의 기적을 행한 다윗의 믿음의 열매를 통해 은혜를 받고자 합니다.

믿음의 사람 다윗은 승리의 주인이 하나님이라는 것을 믿었습니다

다윗은 만군의 여호와를 의지하여 골리앗 앞에 담대하게 나아갔습니다. 사울이 준 갑옷과 무기를 버리고, 자

믿음의 사람이 가는 길

(삼상 17:50-58) 다윗이 이같이 물매와 돌로 블레셋 사람을 이기고 그를 쳐죽였으나 자기 손에는 칼이 없었더라 다윗이 달려가서 블레셋 사람을 밟고 그의 칼을 그 칼집에서 빼내어 그 칼로 그를 죽이고 그의 머리를 베니 블레셋 사람들이 자기 용사의 죽음을 보고 도망하는지라 이스라엘과 유다 사람들이 일어나서 소리 지르며 블레셋 사람들을 쫓아 가이와 에그론 성문까지 이르렀고 블레셋 사람들의 부상자들은 사아라임 가는 길에서부터 가드와 게그론까지 엎드러졌더라 이스라엘 자손이 블레셋 사람들을 쫓다가 돌아와서 그들의 진영을 노략하였고 다윗은 그 블레셋 사람의 머리를 예루살렘으로 가져가고 갑주는 자기 장막에 두니라 사울은 다윗이 블레셋 사람을 향하여 나아

신이 평소에 가지고 있던 평범한 것을 가지고 나아갔습니다.

믿음의 사람은 항상 여호와의 이름을 앞세웁니다. 그가 사모하고 바라는 소원은 이 땅에서 하나님의 이름이 높아지는 것입니다. 다윗은 골리앗과 온 땅으로 이스라엘에 하나님이 계신 줄 알게하려고 했습니다. 전쟁은 여호와께 속한 것입니다. 이스라엘 역사에 여러 번의 전쟁이 있었습니다. 여리고 성 전쟁은 여호수아의 순종과 믿음을 통하여 하나님의 능력으로 승리했습니다. 하나님의 명대로 이스라엘 백성은 성 주위를 엿새 동안은 한 바퀴씩 돌고, 제 칠 일에는 일곱 바퀴를 돌았습니다.

여호수아 10장에서 이스라엘 백성들이 아모리 사람과 전쟁할 때도, 하나님이 우박을 내려서 이스라엘의 대적을 파(破)했고, 전쟁 중에 해가 지지 않는 기적을 펼치셔서 이스라엘의 승리를 확실하게 하셨습니다. 전쟁이나 큰 일을 계획할 때 먼저 준비해야할 것이 있습니다. 그것은 믿음의 준비입니다. 믿음이 있어야 역사가 나타납니다. 하나님의 뜻을 위해 기도로 준비합시다. 행하기 전에 자신에게 믿음이 있는가를 확인하시길 바랍니다.

믿음 있는 사람은 자신이 가진 것을 선용합니다 | 겨자씨만한

믿음도 땅 속에 심기어질 때 성장합니다. 생명은 활동합니다. 자신이 가진 힘과 열심으로 믿음을 쓸 때 기적이 나타납니다. 다윗도 믿음으로 자신이 가진 것을 사용했습니다.

> ❦ 블레셋 사람이 일어나 다윗에게로 마주 가까이 올 때에 다윗이 블레셋 사람을 향하여 빨리 달리며 손을 주머니에 넣어 돌을 가지고 물매로 던져 블레셋 사람의 이마를 치매 돌이 그의 이마에 박히니 땅에 엎드러지니라(17:48-49)

다윗은 대적을 정확히 알았습니다. 빨리 달렸다는 것은 최선을 다하는 모습입니다. 하나님도 다윗에게 그때에 필요한 무기를 주셨습니다.

> ❦ 다윗이 달려가서 블레셋 사람을 밟고 그의 칼을 그 칼집에서 빼내어 그 칼로 그를 죽이고 그의 머리를 베니 블레셋 사람들이 자기 용사의 죽음을 보고 도망하는지라(17:51)

골리앗은 다윗이 쓸 무기를 준비하고 있었습니다. 하나님의 백성을 대적하는 자는 자신의 칼에 죽고 자기 꾀에 빠집니다. 다니엘을 죽이려고 사자굴을 만든 사람들은 자신들이 사자밥이 되었습니다. 유다 민족을 해(害)하려고 했던 하만은 모르드개를 매달려고 준비한 장대에 자신과 가족이 달렸습니다. 하나님이 함께 하시면, 아무리 대적자가 택한 백성을 멸하려고 해도 해할 수가 없습니다. 세상의 권세가 택자나 교회를 해하려 해도 교회나 택자들은 크게 번성케 될 것입니다. 성경의 역사와 세계 역사에 기독교를 핍박해서 잘된 사람은 결코 없습니다. 또 하나님 말씀대로 살아서 잘못된 나라나 사람도 없습니다. 골리앗의 목은 자신의 칼에 의해 잘렸습니다.

사랑하는 성도 여러분! 우리는 가진 것이 없는 것이 아니라 믿음이 없는 것입니다. 믿음으로 하나님의 손에 붙잡히면 이 지구상에 있는 모든 것을 선용할 수 있습니다. 무신론자였던 볼테르의 집이 성경 창고로 바꾸어짐과 같이, 산수 좋은 곳에 있는 집들이 기도원이 될 수 있습니다. 상대와 비교해서 가진 것 없다고 위축되지 말고, 일어나 빛을 발하시고 기도하시길 바랍니다. 세계를 우리의 교구로 만들 수 있습니다. 아무 것 없다 해도 생명과 마음과 입은 있습니다. 그것으로 기도합시다. 저는 초기 한국교회 선교사인 언더우드의 기도문을 읽고 큰 감명을 받았습니다.

뵈지 않는 조선의 마음

주여! 지금은 아무 것도 보이지 않습니다. / 주님, 메마르고 가난한 땅 / 나무 한 그루 시원하게 자라 오르지 못하고 있는 땅에 / 저희들은 옮겨와 앉았습니다. / 그 넓고 넓은 태평양을 어떻게 건너 왔는지 / 그 사실이 기적입니다. / 주께서 붙잡아 뚝 떨어뜨려 놓으신 듯한 이 곳, / 지금은 아무 것도 보이지 않습니다. / 보이는 것은 고집스럽게 얼룩진 어둠뿐입니다 / 어둠과 가난과 인습에 묶여 있는 조선사람 뿐입니다. / 그들은 왜 묶여 있는지도, / 고통이라는 것도 모르고 있습니다. / 고통을 고통인줄 모르는 자에게 고통을 벗겨 주겠다고 하면 / 의심부터 하고 화부터 냅니다. / 조선 남자들의 속셈이 보이질 않습니다. / 이 나라 조정의 내심도 보이질 않습니다. / 가마를 타고 다니는 여자들을 영영 볼 기회가 없으면 어쩌나 합니다. / 조선의 마음이 보이질 않습니다. / 그리고 저희가 해야 할 일이 보이지 않습니다. / 그러나 주님, 순종하겠습니다. / 겸손하게 순종할 때 주께서 일을 시작하시고, / 그 하시는 일을 우리들의 영적인 눈이 볼 수 있는 날이 있을 줄 믿나이다. / "믿음은 바라는 것들의 실상이요, 보지 못하는 것들의 증거니"라고 하신 말씀을 따라 / 조선의 믿음의 앞날을 볼 수 있게 될 것을 믿습니다. / 지금은 우리가 황무지 위에 맨손으로 서 있는 것 같사오나 / 지금은 우리가 서양귀신, 양귀자라고 손가락질 받고 있사오나 / 저희들이 우리 영혼과 하나인 것을 깨닫고, / 하늘 나라의 한 백성, 한 자녀임을 알고 / 눈물로 기뻐할 날이 있음을 믿나이다. / 지금은 예배드릴 예배당도 없고 학교도 없고 / 그저 경계와 의심과 멸시와 천대함이 가득한 곳이지만 / 이곳이 머지않아 은총의 땅이 되리라는 것을 믿습니다. 주여! 오직 제 믿음을 붙잡아 주소서!

제가 군포에 처음와서 천막교회하면서 비바람 불 때 '예배드리고 평안히 잠잘 수 있는 집 주세요' 했던 생각이 납니다. 10월 하순에 내리는 비를 맞으며 천막이 넘어지는 것을 막았던 생각을 했습니다. 다윗에게 있었던 물매가 없다면 열 문둥병자가 소리쳤던 입은 있지 않습니까? 기도할 수 있는 것을 선용하시길 축원합니다.

믿음을 쓰는 사람은 택한 백성에게 큰 기쁨을 주고 하나님의 살아 계심을 나타냅니다 |

다윗은 이스라엘 백성에게 용기를 주었습니다.

> 이스라엘과 유다 사람들이 일어나서 소리 지르며 블레셋 사람들을 쫓아 가이와 에그론 성문까지 이르렀고 블레셋 사람들의 부상자들은 사아라임 가는 길에서부터 가드와 에그론까지 엎드러졌더라(17:52)

다윗은 블레셋 사람의 기세를 꺾었습니다. 믿음 있는 사람이 있으면 하나님의 백성이 힘을 얻습니다. 잘못 믿는 사람이 교회에 있으면 그 사람 때문에 교회가 욕을 먹습니다. 또 그 가족도 욕을 먹습니다. 그러나 믿음 있는 사람은 영광을 얻습니다. 또 그 가문이 영광을 얻습니다. 다윗을 통하여 아버지 이새가 영광을 받았습니다. 그는 사울왕 앞에서 존귀한 자가 되었습니다.

> ♕ 사울이 그에게 묻되 소년이여 누구의 아들이냐 하니 다윗이 대답하되 나는 주의 종 베들레헴 사람 이새의 아들이니이다(17:58)

믿음을 행할 때 핍박을 받습니다. 그러나 그것을 이겨야 영광이 있습니다. 다윗은 그 앞에 놓인 어려운 일들과 형들의 오해를 극복했습니다. 눈에 보이는 대적을 보지 않고, 전능자인 하나님을 보았습니다. 그러나 자신에게 있는 것으로 최선을 다했습니다. 모든 것은 하나님 안에서 이루어진 것입니다. 하나님은 다윗의 믿음으로 골리앗을 이기게 하셨고, 사울에게 칭찬받게 했습니다. 그리고 그의 인기가 계속 올라가게도 하셨습니다.

사랑하는 성도 여러분! 높아지길 원하십니까? 예수님을 위해 낮아지세요. 부활의 영광을 위해서입니다. 무덤으로 가는 길을 선택하십시오. 그 길은 사람을 살리는 것입니다. 영혼을 구원하는 길입니다. 예수님께서 피 흘리시고 그의 살과 피를 기념하게 하시는 그 은혜에 감격하며 믿음 있는 큰 자가 되시길 주의 이름으로 축원합니다.

40 변함없는 사랑의 조건

| 사무엘상 18:1-5 |

하나님은 사람을 창조하셨을 뿐 아니라 행복한 만남도 주선하십니다. 인간의 행복은 만남과 무관하지 않습니다. 좋은 만남은 행복을 만들고 사랑을 꽃피우게 합니다. 아담의 갈비뼈를 뽑아서 하와를 만드시고 아담에게 데려와 돕는 배필인 아내가 되게 했습니다. 그때부터 아담의 아내 하와는 아담의 사랑을 담는 그릇이 되었습니다.

우리 모두의 만남은 우연이 아닙니다. 하나님이 주선해 주신 만남입니다. 성도들의 만남은 예수 그리스도의 보혈로 죄사함 받고 한 지체가 된 형제 자매의 만남입니다. 그러므로 우리에게는 하나님과 세상에 대한 의무가 있습니다. 우리는 하나님께는 사랑의 빚을 진 자들이요, 사람들에게는 사랑을 행할 의무를 가진 자들입니다. 그래서 "서로 사랑하라"는 말씀에 순종해야 합니다.

오늘은 본문에 나타난 다윗과 사울 그리고 다윗과 요나단과의 만남이 주는 교훈을 통해 은혜를 받고자 합니다.

믿음의 사람이 가는 길

(삼상 18:1-5) 다윗이 사울에게 말하기를 마치매 요나단의 마음이 다윗의 마음과 하나가 되어 요나단이 그를 자기 생명 같이 사랑하니라 그 날에 사울은 다윗을 머무르게 하고 그의 아버지의 집으로 다시 돌아가기를 허락하지 아니하였고 요나단은 다윗을 자기 생명 같이 사랑하여 더불어 언약을 맺었으며 요나단이 자기가 입었던 겉옷을 벗어 다윗에게 주었고 자기의 군복과 칼과 활과 띠도 그리하였더라 다윗은 사울이 보내는 곳마다 가서 지혜롭게 행하매 사울이 그를 군대의 장으로 삼았더니 온 백성이 합당히 여겼고 사울의 신하들도 합당히 여겼더라

하나님은 다윗을 통해 이스라엘을 블레셋의 손에서 구원했습니다

하나님이 하시고자 하면 못할 것이 전혀 없습니다. 하나님은 목동 다윗을 통해 블레셋 장수 골리앗을 이기게 했습니다. 표면적으로 보면 물매와 돌의 능력으로 보여질 수 있습니다. 그러나 다윗의 이김은 믿음의 능력이었습니다.

> ❖ 또 여호와의 구원하심이 칼과 창에 있지 아니함을 이 무리에게 알게 하리라 전쟁은 여호와께 속한 것인즉 그가 너희를 우리 손에 넘기시리라(17:47)

하나님이 나와 함께 하심을 믿고, 주신 환경 속에서 최선을 다하면 초자연적인 능력으로 살아갈 수 있습니다. 다윗의 승리로 아버지 이새는 영광스러워졌고, 나라는 축제 분위기가 되었습니다. 다윗은 자신의 신분을 당당히 밝힐 수 있게 되었습니다.

> ❖ 사울이 그에게 묻되 소년이여 누구의 아들이냐 하니 다윗이 대답하되 나는 주의 종 베들레헴 사람 이새의 아들이니이다(17:58)

하나님께서는 여러분과 저를 통해서 얼마나 영광을 받으실까요? 또 하나님의 백성들은 우리를 통해서 얼마나 기뻐합니까? 우리의 왕 예수님이 우리를 통해서 얼마나 존귀한 분으로 보여집니까? 다시 작게 말해서, '나는 누구의 아들이다'라고 부모의 존함을 말하면서 자신의 신분을 밝힐 수 있습니까? 범죄한 상태, 믿음이 없는 행위에는 능력이 나타날 수 없고 부모님을 영광스럽게도 할 수 없습니다. 오히려 수치스럽게 말할 뿐입니다.

하나님이 허락한 새해에는 능(能)하신 하나님의 사람, 하나님이 쓰시는 의의 도구가 되길 바랍니다. 승리의 간증이 있고, 요나단 같은 친구를 만나시길 주의 이름으로 축원합니다.

장수 골리앗을 이겼을 뿐 아니라 다른 일도 잘했습니다.

> ✤ 다윗은 사울이 보내는 곳마다 가서 지혜롭게 행하매 사울이 그를 군대의 장으
> 로 삼았더니 온 백성이 합당히 여겼고 사울의 신하들도 합당히 여겼더라
> (18:5)

사울이 다윗을 인정하고 군대의 장이 되게 한 것은 자신에게 유익이 있기 때문입니다. 자신의 물질과 권력과 명예의 유익에 따라 동행하는 사람을 항상 바꿀 수 있는 사람은, 사람을 사랑하는 것이 아닙니다. 그 사람이 가진 능력이나 은사를 사랑한 것입니다. 우리나라의 한 연예인을 보고 다른 나라의 여성들이 열광하는 것을 봅니다. 그것도 그 사람이 가진 매력을 사랑하는 것입니다.

사울과 다윗의 관계는 대화가 통하는 관계입니다. 사울이 다윗을 보니 군대의 장을 삼을 만한 인재였습니다. 지금으로 말하면 국방부 장관을 삼을 만한 사람이었다는 것입니다. 사울 자신 뿐 아니라 신하들 전체에게도 인정받는 다윗이었습니다. 그러나 이 관계는 불안정한 관계이며, 세속적인 관계입니다. 혹 우리의 관계가 그렇게 된다면 헤어지든지 아니면 시기와 질투 때문에 서로 원수가 될 수도 있습니다.

그러나 요나단과 다윗의 언약은 매우 아름다운 것이었습니다. 이들의 사랑은 신분을 초월한 사랑입니다. 이 약속은 방어적 성격이 없는 언약입니다. 왕의 아들과 한 평범한 가정의 아들인 목동과의 언약이었습니다. 이들은 서로 의리를 지키며 진리대로 살기로 하였습니다. 요나단은 언약한 후 사랑의 표현을 했습니다.

> ✤ 요나단이 자기가 입었던 겉옷을 벗어 다윗에게 주었고 자기의 군복과 칼과 활
> 과 띠도 그리하였더라(18:4)

요나단은 다윗에게 왕자의 옷과 무기를 주었습니다. 사랑의 시작은 주는 것입니다. 무엇이든 가진 자가 없는 자에게 주는 것부터 사랑은 시작됩니다. 또 가지지 못한 자는 동정 받는다고 생각하기 보다는, 하나님께 받은 사랑에 감사하며 받은 사랑을 다시 주어야 합니다. 힘들고 어려운 현실 속에서 하나님과 사람에 대한 사랑의 조건들을 풍성히 가지고 살아야 행복합니다. 아무도 갈라놓을 수 없는 사랑, 마음의 연락이 있는 관계가 되어야 합니다.

사랑에는 확실한 기준이 있어야 합니다. 하나님의 말씀 안에서 서로 사랑하는 것이 필요합니다. 말씀을 떠난 사랑은 방종입니다. 십자가를 벗어버린 사랑은 당 짓고 가정을 파괴시키는 슬픔의 시작일 수 있습니다. 사랑하면 주는 것부터 배워야 합니다. 부모님의 사랑이 위대한 것은 주는 것에 익숙해 있기 때문입니다. 하나님의 사랑이 위대한 것도 독생자를 주셨기 때문입니다. 요나단과 다윗의 사랑이 큰 것은 서로 헌신하고 주는 것이 있었기 때문입니다. 성령을 충만히 받아 심령이 하나님과의 불변의 사랑에 매어 있을 때, 어떤 환경에서도 우리는 예수님을 떠날 수 없습니다. 바울이 범사에 감사하며 순교한 것도 심령에 매임을 받았기 때문입니다.

사랑하는 성도 여러분! 자신의 필요를 채우기 위해 결혼을 선택합니까? 세상 복을 받으려고 예수님을 선택합니까? 자신의 필요를 채우기 위해서 사람을 선택하는 사람은 필요가 채워지면 그 사람을 짐으로 여깁니다. 그러나 하나님을 믿는 사람은 모두에게 필요한 존재가 됩니다. 또한 세상 사람들에게도 매력 있는 존재가 됩니다. 그런 사람은 마귀와 죄의 권세에 지배되지 않습니다. 세속의 권력을 가진 자들에게도 필요를 채워주는 능력이 우리에게도 있기를 바랍니다. 그뿐 아니라 모두에게 꼭 필요한 사람이 되기를 주의 이름으로 바랍니다.

다윗과 요나단의 관계는 마음이 연락되는 관계입니다

사랑에는 마음이 연락되는 것이 첫째 조건입니다.

❁ 다윗이 사울에게 말하기를 마치매 요나단의 마음이 다윗의 마음과 하나가 되어 요나단이 그를 자기 생명 같이 사랑하니라(18:1)

마음의 연락은 말해서 되는 것이 아닙니다. 마음의 연락은 눈빛으로 가능합니다. 대화는 사울과 하지만, 마음의 연락은 요나단과 이루어집니다. 그 연락은 자기 생명같이 사랑하는 것입니다. 제일 큰 사랑은 상대를 자기처럼 사랑하는 것입니다. 따라서 사랑의 시작은 자신을 사랑하는 것부터입니다.

❁ 둘째도 그와 같으니 네 이웃을 네 자신 같이 사랑하라(마22:39)

누구나 자기를 사랑하는 자라야 남을 사랑할 수 있습니다. 자신을 사랑하고 자신의 신앙 성장을 위하는 자가 상대의 신앙 성장에도 도움을 줄 수 있습니다. 한 철학자는 '우정이란 사랑을 받기보다는 사랑을 주는 것이며, 자신보다는 타인을 위해서 자기의 힘이 미치는 한 그렇게 하는 것이 진실한 만남으로 이어진다' 고 하였습니다.

처녀 총각이 마음이 통하면 결혼을 하고, 친구 간에 마음이 통하면 보호하고 돕기로 언약을 맺습니다. 사랑의 조건들을 외모나 환경에서 찾는 수고를 버리고, 마음의 연락이 되었는지를 먼저 찾아봅시다. 신앙의 성장을 원하면 심령이 성령에 매였는지를 확인해 보아야합니다. 필요를 채우기 위한 사울의 만남은 오래 갈 수 없었으나, 마음의 연락이 이루어진 요나단과 다윗의 관계는 아무도 끊을 수 없었습니다.

올 한 해 우리 모두의 만남이 서로에게 큰 행복을 주는 사랑의 만남이 되기를 원합니다. 사랑의 조건을 오직 하나님 안에서 찾아 영원한 누림과 행복이 있기를 바랍니다.

엔돌의 신접한 여인이 불러낸 것이
정말 사무엘의 영혼일까?

사울왕은, 설령 자신이 불순종했을지라도 통치기간 동안 사무엘 선지자의 조언에 의지했습니다. 사무엘이 죽은 후 그는 하나님께 버림받았다는 느낌에 사로잡혔습니다. 이처럼 좌절감에 빠진 사울은 위기에 직면하자 신접한 여인을 찾아가 사무엘의 영혼을 불러 올 것을 요구했습니다. 이때 나타난 사무엘의 영혼은 진짜 죽은 사무엘의 영혼일까요? 아니면 단지 마귀의 조작에 의한 거짓된 환영일까요?

어떤 학자들은 엔돌의 무당이 죽은 사무엘의 영혼을 되돌아오게 만들었다고 보았습니다. 또 어떤 이들은 무당이 복화술 같은 속임수를 사용하여 선지자 사무엘의 영혼인 양 흉내를 내었다고 보았습니다. 그러나 성경은 사무엘의 영혼이 나타나서 사울에게 참된 예언을 한 것이라고 합니다.

이 사건은 하나님께서 사울의 통치와 그 가정에 임힐 심판을 신포하기 위해 음부로부터 사무엘의 영혼을 불러올리신 특별한 이적입니다. 즉, 이는 신접한 여인에게서 온 결과가 아니라, 그 자신의 길을 고집하는 왕에게 말씀하시려는 하나님의 마지막 방편으로 볼 수 있습니다.

무당 자신이 심히 놀랐다는 사실은, 죽은 사무엘의 영혼이 실제로 나타났으며 또한 그 일이 자신의 능력과 경험을 훨씬 넘어섰기 때문입니다. 또한 사무엘의 영혼이 하나님의 참된 예언을 선포했다는 것이 그의 영혼의 출현이 거짓이 아님을 증명합니다.
그렇다고 이 본문이 강신술이나 죽은 자와의 교류를 위한 근거를 마련하는 것은 아닙니다. 하나님의 율법은 죽은 자의 영혼과 교류하는 일체의 시도나 마법을 분명히 금하고 있습니다(레20:6).

41 다윗을 보는 두 가지 견해

지난 주일에는 필요에 의해서 함께 거하게 된 사울과 다윗의 관계와, 마음이 통하고 서로 사랑이 이루어진 다윗과 요나단의 관계에 대해서 말씀을 드렸습니다. 요나단은 실제로 유명한 군대장관이었습니다. 아버지 사울 다음으로 중요한 위치에 있었고, 이스라엘을 위해서 많은 전쟁을 치루었습니다. 그는 자기의 지위보다는 이스라엘이 잘 되기를 바랬습니다. 다윗이 골리앗과 싸우는 것을 보고 그의 유능함을 알아본 요나단은 자신의 지위를 다윗에게 물려주었습니다. 자기가 맡고 있는 군장의 지위를 다윗이 하면 더 잘할 수 있으리라는 확신이 있었기 때문에 모든 것을 맡겼다고 볼 수 있습니다. 이것은 형식적으로나 이론적으로는 맞는 말이지만 실제로 그렇게 하기는 어렵습니다. 요즘 남을 자기보다 낮게 여기고 사랑을 실천하는 사람이 얼마나 있겠습니까? 자신의 능력이 부족하다는 것을 알면서도 자기의 명예와 유익을 위해서 자기가 해야 한다고 욕심을 부리는 사람이 세상에는 적지 않습니다. 나보다 나은 사람이 있으면 그에게 자리를 내어주는 요나단의 행위는 참으로 하나님이 기뻐하시는 일이라 할 수 있습니다. 다윗이 하나님의 일을 맡아서 하면 잘 할 수 있으며 자신도 그

(삼상 18:6-16) 무리가 돌아올 때 곧 다윗이 블레셋 사람을 죽이고 돌아올 때에 여인들이 이스라엘 모든 성읍에서 나와서 노래하며 춤추며 소고와 경쇠를 가지고 왕 사울을 환영하는데 여인들이 뛰놀며 노래하여 이르되 사울이 죽인 자는 천천이요 다윗은 만만이로다 한지라 사울이 그 말에 불쾌하여 심히 노하여 이르되 다윗에게는 만만을 돌리고 내게는 천천만 돌리니 그가 더 얻을 것이 나라 말고 무엇이냐 하고 그 날 후로 사울이 다윗을 주목하였더라 그 이튿날 하나님께서 부리시는 악령이 사울에게 힘있게 내리매 그가 집안에서 정신없이 떠들어대므로 다윗이 평일과 같이 손으로 수금을 타는데 그 때에 사울의 손에 창이 있는지라 그가 스스로 이르기를 내가 다윗을 벽에 박

축복에 참여할 수 있으리라는 요나단의 지혜는 놀라운 것입니다.

여인들이 다윗을 보는 견해가 있습니다 │ 사울과 다윗의 관계는

서로 필요로 해서 맺어진 관계이기 때문에 언제든지 무너질 수 있었습니다.

> 무리가 돌아올 때 곧 다윗이 블레셋 사람을 죽이고 돌아올 때에 여인들이 이
> 스라엘 모든 성읍에서 나와서 노래하며 춤추며 소고와 경쇠를 가지고 왕 사울
> 을 환영하는데 여인들이 뛰놀며 노래하여 이르되 사울이 죽인 자는 천천이요
> 다윗은 만만이로다 한지라 사울이 그 말에 불쾌하여 심히 노하여 이르되 다윗
> 에게는 만만을 돌리고 내게는 천천만 돌리니 그가 더 얻을 것이 나라 말고 무
> 엇이냐(18:6-8)

여인들이 나와서 환영하면서 이 둘을 비교하며 평가를 합니다. 사울에게는
천천을 다윗에게는 만만을 돌렸습니다. 여인들의 차별로 인해서 사울이 시험에
빠지게 되었습니다. 다윗의 공로가 크지만 왕보다 더 높이 평가됨으로 왕의 마
음이 불편하게 되었습니다. 여자들의 경솔함으로 다윗은 큰 손해를 입었습니
다.

이 말씀을 통해 가정과 사회에서 사람을 비교하면 문제가 생긴다는 것을 알
수 있습니다. 동생이 형보다 낫다든지, 남편보다 아내가 낫다든지, 누구가 누구
보다 낫다든지 등의 이야기는 서로 간에 유익이 안 될 수도 있습니다. 말을 너
무 경솔하게 하면 그 말로 인하여 시험에 빠지게 됩니다. 사람이 자신을 자주

으리라 하고 사울이 그 창을 던졌으나 다윗이 그의 앞에서 두 번 피하였더라 여호와께서 사울을 떠나 다윗과 함께
계시므로 사울이 그를 두려워한지라 그러므로 사울이 그를 자기 곁에서 떠나게 하고 그를 천부장으로 삼으매 그가
백성 앞에 출입하며 다윗이 그의 모든 일을 지혜롭게 행하니라 여호와께서 그와 함께 계시니라 사울은 다윗이 크
게 지혜롭게 행함을 보고 그를 두려워하였으나 온 이스라엘과 유다는 다윗을 사랑하였으니 그가 자기들 앞에 출입
하기 때문이었더라

칭찬하고 자꾸 높이면 마귀의 역사인 줄 알아야 합니다.

이스라엘 여자들이 다윗을 사랑하고 존중히 여기는 것은 좋은 것입니다. 그러나 경솔하게 말함으로 다윗으로 시기 받게 만들었고 피해를 주었습니다. 한 사람이 시험에 들어 불만이 생기고 불만이 시기로 변하면 마지막에는 큰 죄를 짓게 될 수도 있습니다. 여인들이 다윗을 만날 때에 다윗이 훌륭하고 좋을지라도 왕을 무시해서는 안 됩니다. 왕을 존중한 후에 다윗을 존중해야 합니다. 한 사람이 너무 잘함으로 상하관계가 없어지고 질서가 파괴되고 세상에서 환난을 당하게 될 수도 있습니다.

사울이 보는 견해가 있습니다 |

다윗을 칭찬하고 자신보다 더 높임으로 불쾌해진 사울왕은 다윗에게 왕의 자리를 빼앗기지 않으려고 그를 해하려고 합니다. 사울에게 시기와 질투가 생겼을 때 하나님이 부리신 악신이 들어갔습니다. 사울은 본격적으로 마귀에게 걸려들었습니다. 사울의 집에 마귀가 날뜀으로 다윗이 전과 같이 수금을 탔는데도 사울은 창을 들고 두 번이나 다윗에게 던졌습니다. 다윗이 피하지 않았으면 죽을 뻔 하였습니다. 이것은 마귀가 사울 속에 역사하여 사울이 하나님을 생각하지 않고 지위를 지키는 데에만 급급했기 때문입니다. 그래서 마귀가 그 속에 들어가서 번민케 했습니다. 사울은 다윗을 볼 때마다 미움이 생겼습니다. 마침내는 죽여 버려야겠다는 생각을 하고 단창을 던졌습니다. 사울이 다윗을 잘했다고 칭찬하고 선용했더라면 이스라엘 나라가 더 잘 되었을 것이고 사울에게도 아주 유익했을 것인데 사울왕은 어리석게도 다윗을 죽이려고만 했습니다.

예수님이 태어날 당시에도 유대인의 왕이 태어나 로마의 속국인 이스라엘이 독립을 하는 것이 두려워 헤롯은 예수님을 찾아서 죽이려했습니다. 그래서 약 2,000년 전에 베들레헴에서 두 살 이하의 아이들이 죽임을 당한 일이 있었습니다. 자신의 권력이 위협을 받으면 세상의 권력자들은 생명을 아끼지 않고 사람들을 죽이려고 합니다. 시기하는 사람은 다 망합니다. 다니엘을 사자굴에 넣으려고 한 사람들이 오히려 어려움을 당했습니다. 하만도 권력을 이용해서 모르드개를 죽이려고 세운 장대에 자신이 달려 죽었습니다.

하나님이 함께 하는 사람을 잘 선용해야 합니다 |

하나님이 함께 하는 사람을 대적하기보다는 그 사람을 높이고 선용할 때 함께 복을 받을 수 있습니다. 다니엘서에 보면 다니엘을 등용한 왕이 있었습니다. 그 왕은 하나님이 다니엘에게 주신 실력을 잘 보살펴 줌으로써 대단한 권세를 누렸습니다. 애굽에 큰 흉년이 들었을 때에 애굽왕 바로는 하나님의 사람 요셉을 총리로 씀으로 7년의 흉년을 극복하고 당대의 최고의 왕으로 남았던 것을 역사적으로 알수 있습니다. 하나님이 함께 하는 사람, 하나님이 함께 하는 가정, 하나님이 함께 하는 교회를 미워한다면 그 지역과 개인과 시대는 파멸할 것입니다. 그러나 그런 사람들을 잘 활용하고 협력하고 동행한다면 그 사람은 영광스럽고 존귀한 사람이 될 것입니다.

오늘 본문에서 사울은 다윗을 옳게 평가하지 못하였습니다. 사울은 자신이 왕이 된 것이 하나님의 뜻이었다면 다윗이 아무리 잘해도 일평생 자신을 수종들 것이라는 믿음이 있어야 했습니다. 하나님이 하시는 것은 아무도 막을 수가 없습니다. 우리가 하나님께 복을 받고 구원 받은 것도 아무도 빼앗을 수 없습니다. 하나님이 붙잡고 있는 한 원수 마귀가 아무리 공격한다고 해도 넘어지지 않는다는 확신이 있어야 합니다. 그러나 사울은 하나님 중심으로 생각하지 않았습니다. 사울은 자기 중심으로 생각했습니다. 그래서 자기보다 나은 사람은 죽이고 자기만이 왕으로 군림하겠다는 생각을 했습니다.

일군을 키우는 나라가 되어야 합니다. 자기보다 유능한 사람을 키워야 합니다. 그러나 자기보다 유능한 사람을 매도하고 수렁에 빠뜨려서 다시는 나오지 못하게 하는 사람이 있습니다. 사울은 목표설정을 잘못했고 삐뚤어진 사고방식을 가졌습니다. 다윗을 왕으로 세우는 것이 하나님의 뜻이라면 다윗과 함께 하시는 하나님으로 인해 다윗이 죽지 않게 된다는 것을 사울은 알았어야 했습니다. 하나님께서 하시는 일을 사람이 막을 수 없습니다.

오늘 본문 말씀 속에서 우리에게 주는 교훈이 있습니다.

첫째는, 좋은 것이 있다할지라도 바로 생각하고 칭찬해야 한다는 것입니다. 그리고 비교하지 말라는 것입니다. 누구는 천천이요, 누구는 만만이라고 비교하지 말라는 것입니다. '대통령보다 국무총리가 좋다, 담임목사보다 부목사가 좋다, 형님보다 동생이 좋다' 라고 윗사람을 자극해서 아랫사람을 고통 가운데로 몰아넣지 말아야 합니다.

둘째로, 시기하는 사람에게는 사탄이 들어갈 수밖에 없다는 것입니다. 사람을 미워하는 사람, 시기하는 사람이 시험의 올무에 빠지게 되면 그 사람은 사탄의 도구가 되어 믿는 사람을 정죄하고 실패하는 길로 가게 된다는 것입니다. 모든 사람을 사랑의 대상으로 알고 사랑과 겸손과 온유로 있는 것을 나누어주면서 예수님을 닮고 성령의 감동을 받으면서 살아야 합니다.

셋째로, 하나님이 함께 하는 사람은 때로 핍박을 받을 수 있다는 것입니다. 그 뿐만 아니라 생명의 위협까지 느낄 수 있다는 것입니다. 그러나 하나님이 붙잡고 있음으로 악인에게 털끝하나 상하지 않고 어떤 환경 속에서도 돕는 자를 보내주셔서 물질적으로나 영적으로 회복시키시는 사실을 알게 하십니다. 우리가 하나님의 뜻을 따라서 살려고 하면 영적으로 경제적으로 환경적으로 시기하고 질투하는 사람들로부터 아무 이유 없이 피해를 받을 수도 있습니다. 나라와 지역을 위해서 일을 함에도 시기하고 해하려고 하는 무리가 나올 수 있다는 것입니다. 그러나 온전히 하나님을 믿으며 평강을 유지하며 아름답게 살기를 바랍니다.

올해는 좋은 해, 승리하는 해, 거룩한 해로 잘 맞이합시다. 그리고 우리가 동행해야 할 사람을 잘 찾아냅시다. 하나님이 함께 하는 사람이라고 믿어지면 그 사람과 협력하여 함께 일합시다. 하나님과 함께 한 사람은 다 복을 받았습니다. 신약에서도 믿음 좋은 사람과 함께 한 사람들은 은혜를 받았습니다. 그러나 믿음 없는 사람과 동행한 사람은 어려움을 당했습니다. 우리는 예수 그리스도를 통해서 구원을 받았고 영생을 얻었습니다. 예수 그리스도를 통해서 원수 마귀를 완전히 결박시킬 수 있는 능력도 받았습니다. 이제는 이생의 자랑과 안목의 자랑에 붙들려 있기보다는 하나님을 의지하면서 1월이 가기 전에 한해를 다시 한 번 설계하고 열심히 신앙생활 하기를 바랍니다.

42

사울과 다윗의 갈등이 주는 교훈

| 사무엘상 18:17-30 |

모든 사람은 각자 소원을 가지고 삽니다. 사랑하는 사람을 만나면 '변치 말고 행복하게 우리 살아요' 자녀에게는, '건강하고 지혜롭게 하나님의 능력을 입은 자로 살려무나', '하나님! 고통 없이 마음에 참 평안을 가지고 살도록 좋은 환경을 주세요' 라고 기도할 때도 있습니다. 그러나 우리의 원함과는 달리, 우리의 삶 속에는 고통과 고난이 꼬리를 물고 일어나며, 그 속에서 죄를 지으며 사는 것이 인간의 현실입니다.

오늘은 사울과 다윗, 임금과 신하 그리고 장인과 사위의 갈등을 보면서 은혜를 받고자 합니다.

사울이 이스라엘의 초대 왕이 되었습니다. 왕이 된 후 사울은 하나님의 말씀을 떠나 자기의 주관대로 행동하기 시작했습니다. 그 결과 하나님은 사울을 버려 왕이 되질 못하게 했습니다. 그 후 사울에게는 크고 작은 문제들이 발생하기 시작하였습니다. 그때 사울 자신의 힘으로 해결할 수 없는 일이 생겼는데 블

(삼상 18:17-30) 사울이 다윗에게 이르되 내 맏딸 메랍을 네게 아내로 주리니 오직 너는 나를 위하여 용기를 내어 여호와의 싸움을 싸우라 하니 이는 그가 생각하기를 내 손을 그에게 대지 않고 블레셋 사람들의 손을 그에게 대게 하리라 함이라 다윗이 사울에게 이르되 내가 누구며 이스라엘 중에 내 친속이나 내 아버지의 집이 무엇이기에 내가 왕의 사위가 되리이까 하였더니 사울의 딸 메랍을 다윗에게 줄 시기에 므홀랏 사람 아드리엘에게 아내로 주었더라 사울의 딸 미갈이 다윗을 사랑하매 어떤 사람이 사울에게 알린지라 사울이 그 일을 좋게 여겨 스스로 이르되 내가 딸을 그에게 주어서 그에게 올무가 되게 하고 블레셋 사람들의 손으로 그를 치게 하리라 하고 이에 사울이 다윗에게 이르되 네가 오늘 다시 내 사위가 되리라 하니라 사울이 그의 신하들에게 명령하되 너희는 다윗에게 비밀히 말하여 이르기를 보라 왕이 너를 기뻐하시고 모든 신하도 너를 사랑하나니 그런즉 네가 왕의 사위가 되는 것이 가하니라 하라 사울의 신하들이 이 말을 다윗의 귀에 전하매 다윗이 이르되 왕의 사위 되는 것을 너희는 작은

레셋이 전쟁을 걸어온 것입니다. 블레셋에서는 큰 거인 장수 골리앗이 나와 거드름을 피우며 힘자랑하고 있었고 이스라엘 군대는 그의 앞에서 떨고 있었습니다. 사울은 어려운 현실을 극복하기 위해 골리앗을 이기는 자에게 상을 내리기로 결정했습니다.

> ♕ 이스라엘 사람들이 이르되 너희가 이 올라 온 사람을 보았느냐 참으로 이스라엘을 모욕하러 왔도다 그를 죽이는 사람은 왕이 많은 재물로 부하게 하고 그의 딸을 그에게 주고 그 아버지의 집을 이스라엘 중에서 세금을 면제하게 하시리라(17:25)

그 후 이새의 아들 다윗이 나타나 하나님의 능력으로 골리앗을 죽이므로 이스라엘에게 큰 승리를 안겨다 주었습니다. 이 사건은 이스라엘 백성에게 큰 기쁨이었고 사울도 다윗의 능력을 인정하여 군대의 장(長)으로 삼았습니다. 전쟁에서 이기고 돌아왔을 때 '사울이 죽인 자는 천천이요, 다윗은 만만이로다' 라는 여인들의 노래가 들려왔습니다. 이 노래는 사울의 마음속에 시기심을 불타오르게 했고 급기야 악령이 그를 사로잡았습니다. 사울이 다윗을 죽이고자 했으니 다윗은 사울을 피하는 형편이 되었습니다. 권력에 심취된 자는 정적(政敵)에게 매우 잔인한 방법을 사용합니다. 상대를 자기의 밑에 두고 필요만을 채우려 하다가 그 사람이 잘되면 시기하고 핍박합니다. 인간 역사를 보면 정치적인 대적(對敵)이 되어 누명을 쓰고 억울한 죽음을 맞았던 사람들이 적지 않습니다.

일로 보느냐 나는 가난하고 천한 사람이라 한지라 사울의 신하들이 사울에게 말하여 이르되 다윗이 이러이러하게 말하더이다 하니 사울이 이르되 너희는 다윗에게 이같이 말하기를 왕이 아무 것도 원하지 아니하고 다만 왕의 원수의 보복으로 블레셋 사람들의 포피 백 개를 원하신다 하라 하였으니 이는 사울의 생각에 다윗을 블레셋 사람들의 손에 죽게 하리라 함이라 사울의 신하들이 이 말을 다윗에게 아뢰매 다윗이 왕의 사위 되는 것을 좋게 여기므로 결혼할 날이 차기 전에 다윗이 일어나서 그의 부하들과 함께 가서 블레셋 사람 이백 명을 죽이고 그들의 포피를 가져다가 수대로 왕께 드려 왕의 사위가 되고자 하니 사울이 그의 딸 미갈을 다윗에게 아내로 주었더라 여호와께서 다윗과 함께 계심을 사울이 보고 알았고 사울의 딸 미갈도 그를 사랑하므로 사울이 다윗을 더욱더욱 두려워하여 평생에 다윗의 대적이 되니라 블레셋 사람들의 방백들이 싸우러 나오면 그들이 나올 때마다 다윗이 사울의 모든 신하보다 더 지혜롭게 행하매 이에 그의 이름이 심히 귀하게 되니라 사울은 다윗과 국민에게 한 약속을 지키지 않았습니다. 골리앗을 이기면 딸을 주겠다고 했으나 사울은 딸 메랍을 므홀랏 사람 아드리엘에게 아내로 주었습니다.

사울왕은 타락한 정치가였습니다. 자신의 딸 미갈이 다윗을 사랑한 것을 빌미로 다윗에게 올무를 놓기로 했습니다.

> ❁ 스스로 이르되 내가 딸을 그에게 주어서 그에게 올무가 되게 하고 블레셋 사람들의 손으로 그를 치게 하리라 하고 이에 사울이 다윗에게 이르되 네가 오늘 다시 내 사위가 되리라 하니라(18:21)

위급할 때 한 약속을 그 일이 잘 끝났다고 지키지 않으면 안됩니다.

사울의 악함이 주는 교훈이 있습니다 | 악신에 사로잡힌 사울은 다윗 뿐 아니라 자신의 딸까지도 사랑할 수 없었습니다. 사람의 마음속에 악한 영이 들어오면 자신의 인생을 망쳐버리는 행위를 합니다. 마음에는 두려움으로 가득 차게 되고 잘못된 신하들의 조종을 받게 됩니다. 성령에 감동된 사람을 해하려고 수단과 방법을 가리지 않습니다. 사울은 딸의 행복은 안중에 없고 다윗을 죽이려는 생각만 가득 찼습니다. 세상에서 권력의 종과 물질의 종과 쾌락의 종 그리고 이기심의 종된 자들은 사울과 동일한 행동을 합니다. 사울은 다윗을 블레셋 사람들의 손을 붙여 죽이려고 그에게 결혼 지참금으로 블레셋 사람의 양피(陽皮) 일백을 요구했습니다.

> ❁ 사울이 이르되 너희는 다윗에게 이같이 말하기를 왕이 아무 것도 원하지 아니하고 다만 왕의 원수의 보복으로 블레셋 사람들의 포피 백 개를 원하신다 하라 하였으니 이는 사울의 생각에 다윗을 블레셋 사람들의 손에 죽게 하리라 함이라(18:25)

혹시 상대의 약점을 이용해서 상대를 고통 가운데로 몰고 가지는 않으십니까? 악인은 자신이 쳐놓은 올무에 자신이 빠지지만 의인은 악인이 쳐놓은 올무 속에서도 큰 성공을 맛봅니다. 하나님을 사랑하고 사람을 사랑함으로 마음에 큰 평안을 누리시길 바랍니다.

다윗의 순수함이 주는 교훈이 있습니다 │ 다윗은 사울의 딸 미갈

과 결혼하기 위해서는 블레셋 사람들의 양피 일백을 준비해서 사울에게 받쳐야 했습니다. 세상에 이런 폐백이 어디 있습니까? 이것이 큰 함정이었습니다. 지혜가 있고 분별력이 뛰어난 다윗이 사울의 음모를 몰랐겠습니까? 그러나 다윗은 꾀를 내지 않고 그대로 준비했습니다. 블레셋 사람의 양피 일백을 요구했음에도 다윗은 이백을 준비했습니다.

> ♕ 다윗이 일어나서 그의 부하들과 함께 가서 블레셋 사람 이백 명을 죽이고 그들의 포피를 가져다가 수대로 왕께 드려 왕의 사위가 되고자 하니 사울이 그의 딸 미갈을 다윗에게 아내로 주었더라 여호와께서 다윗과 함께 계심을 사울이 보고 알았고 사울의 딸 미갈도 그를 사랑하므로(18:27-28)

다윗은 환난 중에 가정을 이루었습니다. 왕의 사위가 된 것입니다. 하나님이 다윗과 함께함으로 사울의 죽이려는 계획은 수포로 돌아갔습니다. 하나님이 함께하는 자, 사명이 있는 자는 하나님이 보호하심으로 아무도 죽일 자가 없습니다. 믿는 성도들이 순수함을 잃어버리면 곤란합니다. 겉옷을 달라면 속옷까지 주는 수고와 오리를 가자고 하면 십리를 가는 수고가 있어야 합니다. 악한 사람이 악한 행동을 한다고 같이 악한 방법을 선택하면 하나님의 능력이 나타나지 않습니다. 우리는 성령의 능력을 의지해야 합니다. 명분과 명예를 생각하는 것보다 하나님을 사랑하고 사람도 사랑해야합니다.

다윗처럼 어려운 일이 찾아오면 그 뒤에서 역사하는 악한 영을 물리치기 위해 말씀으로 무장하며 분별력을 가져야 합니다. 기도하여 영력과 담력을 가지고 원수가 놓은 올무를 밟아 부수고 넘어가시길 바랍니다.

> 끝으로 너희가 주 안에서와 그 힘의 능력으로 강건하여지고 마귀의 간계를 능히 대적하기 위하여 하나님의 전신 갑주를 입으라 우리의 씨름은 혈과 육을 상대하는 것이 아니요 통치자들과 권세들과 이 어둠의 세상 주관자들과 하늘에 있는 악의 영들을 상대함이라 그러므로 하나님의 전신 갑주를 취하라 이는 악한 날에 너희가 능히 대적하고 모든 일을 행한 후에 서기 위함이라(엡 6:10-13)

하나님이 함께 하는 사람에게 고통을 주면 고통을 받을수록 더욱 영광스러워집니다 |

악한 사람이 활개를 칠 때 선한 사람은 더욱 돋보입니다. 가난한 사람이 많으면 부자가 더욱 높아 보이게 마련입니다. 쇠와 나무는 불을 붙여 보면 압니다. 사울의 악함은 하나님이 다윗과 함께하심을 더욱 드러나게 했습니다.

> 사울이 다윗을 더욱 더욱 두려워하여 평생에 다윗의 대적이 되니라 블레셋 사람들의 방백들이 싸우러 나오면 그들이 나올 때마다 다윗이 사울의 모든 신하보다 더 지혜롭게 행하매 이에 그의 이름이 심히 귀하게 되니라(18:29-30)

블레셋 사람의 방백이 자주 올수록 다윗은 더욱 높아갔습니다. 원수는 믿는 자를 높이는 자입니다. 바로가 모세를 좇아 홍해로 따라 들어감으로 홍해를 가르는 하나님의 능력이 나타났고 대적자를 멸하는 하나님의 역사가 드러났습니다. 고라의 큰 무리가 모세를 향해 대적 운동을 했을 때 하나님께서 모세와 함께하신다는 사실이 백성에게 더 확실하게 보여졌습니다.

오늘날도 성도나 교회는 핍박 받으면 더욱 강해집니다. 십자가에 예수님을 달아 죽인 것이 부활의 영광을 얻게 했습니다. 고난은 복의 씨앗입니다. 핍박은 성장의 에너지입니다.

　지금 사울같이 약속을 지키지 않고 약점을 잡아 멸망시키려는 이들이 있습니까? 미워함 보다 하나님을 의지해야 합니다. 하나님께서 미래에 승리의 추억을 간증할 재료로 주신 줄 알고 기뻐하시길 주의 이름으로 축원합니다.

제IV부
믿음의 길로 이끄심

43

참 사랑은 행위를 동반한다

| 사무엘상 19:1-7 |

인간 사회에서 가장 듣기 좋은 말은 '사랑한다' 라는 말일 것입니다. 그러나 그 사랑을 실천하고 유지하는 것은 생각보다 훨씬 어렵습니다. 순금이 되려면 여러 공정을 거쳐야 되는 것처럼 참 사랑도 여러 가지 시련 속에서 완성되어 갑니다. '사랑인줄 알았는데 욕심이고 진실인 줄 알았는데 위선이었다' 란 말을 종종 듣습니다.

오늘은 요나단과 다윗의 사랑에 대해 은혜를 받고자 합니다. 사무엘상 18장에는 요나단과 다윗의 사랑이 나옵니다. 요나단은 그의 마음이 다윗의 마음과 연락되어 그를 자기 생명같이 사랑했습니다.

> 다윗이 사울에게 말하기를 마치매 요나단의 마음이 다윗의 마음과 하나가 되어 요나단이 그를 자기 생명 같이 사랑하니라(18:1)

사랑의 첫 번째 조건은 마음의 연락이 있어야 합니다. 마음의 연락 없이 물질과 환경 또는 외모로 시작된 사랑은 그것을 잃어버리면 사랑까지 끝이 납니

(삼상 19:1-7) 사울이 그의 아들 요나단과 그의 모든 신하에게 다윗을 죽이라 말하였더니 사울의 아들 요나단이 다윗을 심히 좋아하므로 그가 다윗에게 말하여 이르되 내 아버지 사울이 너를 죽이기를 꾀하시느니라 그러므로 이제 청하노니 아침에 조심하여 은밀한 곳에 숨어 있으라 내가 나가서 네가 있는 들에서 내 아버지 곁에 서서 네 일을 내 아버지와 말하다가 무엇을 보면 네게 알려 주리라 하고 요나단이 그의 아버지 사울에게 다윗을 칭찬하여 이르되 원하건대 왕은 신하 다윗에게 범죄하지 마옵소서 그는 왕께 득죄하지 아니하였고 그가 왕께 행한 일은 심히 선

다. 이것이 분별된다면 그 분은 지혜로운 자입니다. 참 사랑은 상대를 행복하게
하려는 마음이므로 주면서 행복해 합니다.

위대한 사랑이 행위를 입어 가는 것을 보면서 더 큰 사랑의 깊이와 높이와
넓이를 가지시길 바랍니다.

참 사랑은 주는 것부터 시작합니다

인간을 향한 하나님의 사랑은
독생자를 주심으로 완성되었습니다. 에덴동산을 만들어 사람에게 주셨고, 가
나안 땅을 이스라엘 백성들에게 주셨고 또한 선지자를 보내어 바른 교훈을 하
셨습니다.

> ♕ 하나님이 세상을 이처럼 사랑하사 독생자를 주셨으니 이는 그를 믿는 자마다
> 멸망하지 않고 영생을 얻게 하려 하심이라(요3:16)

요나단도 다윗과 언약을 맺고 자기의 권위와 영광을 주었습니다.

> ♕ 요나단은 다윗을 자기 생명 같이 사랑하여 더불어 언약을 맺었으며 요나단이
> 자기가 입었던 겉옷을 벗어 다윗에게 주었고 자기의 군복과 칼과 활과 띠도
> 그리하였더라(18:3-4)

사울은 다윗에게 충성을 요구했습니다. 그러나 요나단은 조건 없는 사랑을
주었습니다. 조건 없는 사랑은 상대의 행복을 먼저 생각하는 참 사랑입니다. 하

함이니이다 그가 자기 생명을 아끼지 아니하고 블레셋 사람을 죽였고 여호와께서는 온 이스라엘을 위하여 큰 구원
을 이루셨으므로 왕이 이를 보고 기뻐하셨거늘 어찌 까닭 없이 다윗을 죽여 무죄한 피를 흘려 범죄하려 하시나이
까 사울이 요나단의 말을 듣고 맹세하되 여호와께서 살아 계심을 두고 맹세하거니와 그가 죽임을 당하지 아니하리
라 요나단이 다윗을 불러 그 모든 일을 그에게 알리고 요나단이 그를 사울에게로 인도하니 그가 사울 앞에 전과
같이 있었더라

나님은 독생자를 주셨습니다. 독생자 예수님은 우리의 죄 문제 해결과 구원을 위하여 십자가 위에서 자신의 몸을 주셨습니다. 가정에서 부모님이 존경받는 것도 아낌없이 주고 보살핌으로 행복을 느끼기 때문입니다.

참 사랑은 보호로써 표현됩니다

사랑은 사랑하는 사람이 인격과 경제 그리고 육체적으로 고통당하는 것을 보면 그냥 있지 않습니다. 요나단은 자신의 아버지 사울이 자신이 사랑하는 다윗을 죽이려할 때 방관하지 않았습니다.

> 그가 다윗에게 말하여 이르되 내 아버지 사울이 너를 죽이기를 꾀하시느니라 그러므로 이제 청하노니 아침에 조심하여 은밀한 곳에 숨어 있으라(19:2)

요나단은 다윗을 향하여 조심하여 은밀한 곳에 숨으라고 했습니다. 어려운 일을 당하는 것을 보고 피할 길을 알려주는 것이 사랑입니다. 길을 잃은 자에게 길을 알려 주는 것이 사랑입니다. 물에 빠진 자를 건져주는 것이 사랑입니다. 배고픈 사람에게 음식을 나눠주는 것이 사랑입니다. 병든 자를 찾아가는 것도 사랑입니다.

이스라엘 백성이 가나안을 정복할 때 먼저 여리고 성을 정복해야 했습니다. 그때 여호수아가 정탐꾼들을 여리고 성으로 보냈습니다. 정탐꾼들이 기생 라합의 집에 들어갔습니다. 라합이 그들을 숨겨주었습니다. 숨겨주는 행위는 라합의 이스라엘을 향한 사랑의 표현이었습니다. 이로 인해 정탐꾼들이 보호받았습니다. 그리하여 여리고 성이 이스라엘에 의해 점령될 때 라합의 가정은 보호를 받았습니다.

> 여호수아가 기생 라합과 그의 아버지의 가족과 그에게 속한 모든 것을 살렸으므로 그가 오늘까지 이스라엘 중에 거주하였으니 이는 여호수아가 여리고를 정탐하려고 보낸 사자들을 숨겼음이었더라(수6:25)

참 사랑은 사랑하는 자를 대변할 뿐만 아니라 악을 행하지 못하도록 사랑의 충고를 아끼지 않습니다.

> 🏵 요나단이 그의 아버지 사울에게 다윗을 칭찬하여 이르되 원하건대 왕은 신하 다윗에게 범죄하지 마옵소서 그는 왕께 득죄하지 아니하였고 그가 왕께 행한 일은 심히 선함이니이다(19:4)

요나단은 다윗을 충성된 신하로 말하고 있습니다. 요나단은 아버지 사울에게 다윗을 해하는 것은 죄를 짓는 것이라고 말하고 있습니다. 또한 다윗이 이스라엘을 위해 행한 일을 말하며 무고히 해하려한다고 사울에게 말합니다.

> 🏵 그가 자기 생명을 아끼지 아니하고 블레셋 사람을 죽였고 여호와께서는 온 이스라엘을 위하여 큰 구원을 이루셨으므로 왕이 이를 보고 기뻐하셨거늘 어찌 까닭 없이 다윗을 죽여 무죄한 피를 흘려 범죄하려 하시나이까(19:5)

요나단은 생명을 아끼지 아니하고 이스라엘을 위하여 큰 구원을 이루었으므로 다윗은 죄가 없다고 말하였습니다. 요나단의 말은 다윗을 보호할 뿐 아니라 사울도 보호하는 행위입니다.

사랑하는 성도 여러분! 하나님을 진정 사랑하십니까? 하나님의 백성을 보호해야 합니다. 몇 년 전 철길에서 위험을 당한 아이를 구하고 어머니가 죽은 사건이 있었습니다. 그것은 사랑의 열매였습니다. 하나님은 우리의 구원과 보호를 위해 지금도 성령에 감동된 자를 보내십니다. 지금 여러분의 사랑의 대상을 찾아보십시오. 하나님의 자녀된 우리에게 주어진 사랑의 대상은 세상입니다. 예수님을 알지 못하는 이들에게 믿어 구원을 받게 하는 것입니다. 가정과 개인과 사회가 구원받는 것은 예수 그리스도를 믿을 때 가능하게 됩니다.

 참 사랑은 화평
케 함으로 표현됩니다.

> 🐚 화평케 하는 자는 복이 있나니 그들이 하나님의 아들이라 일컬음을 받을 것임
> 이요(마5:9)

참 사랑은 사람을 행복하게 합니다. 참 사랑은 길과 진리와 생명되시는 예
수님께로 인도합니다. 요나단은 다윗을 사랑함으로 사울 왕과 함께 할 수 있는
길을 잠시나마 만들어 놓았습니다.

> 🐚 사울이 요나단의 말을 듣고 맹세하되 여호와께서 살아 계심을 두고 맹세하거
> 니와 그가 죽임을 당하지 아니하리라 요나단이 다윗을 불러 그 모든 일을 그
> 에게 알리고 요나단이 그를 사울에게로 인도하니 그가 사울 앞에 전과 같이
> 있었더라(19:6,7)

교회에서나 가정에서나 화평케 하는 자가 좋은 사람입니다. 어떤 목적을 가
지고 상대의 약점을 찾는 것은 사랑의 사람이 아닙니다. 상대에게 관심을 가져
달라고 하기 전에 먼저 관심을 가지는 것이 참 사랑입니다. 상대에게 이해만 구
하고 필요를 채워달라는 것보다 먼저 이해하고 상대의 필요를 채우려 노력하는
것입니다. 참 사랑의 열매는 화평으로 맺혀집니다. 성령이 임하면 모두가 평안
합니다. 함정이 제거 됩니다. 하나님은 사랑이요, 예수님도 사랑입니다. 성령님
도 사랑입니다. 그러므로 교회와 성도는 사랑을 나타내야 합니다.

사랑은 주는 것이며 보호하는 것이며 화평을 위해 노력하는 것입니다. 지난
주일에 독거어르신 한 분이 세상을 떠났습니다. 주일날 교회에 출석하지 않아
찾아갔더니 세상을 이미 떠나 있었습니다. 돌아가신지 3일 정도 되었다고 들었
습니다. 간 사람이 열쇠가 없어 들어가지 못해 119구조대원을 불러 베란다 창
문으로 들어가서 확인했다고 했습니다. 혼자 사는 분이나 해체되는 가정 그리

고 고통당하는 이들을 돌아보아야 하나님 사랑을 실천하는 것입니다. 건강할 때 봉사하고 연보할 수 있을 때 부지런히 하세요. 하나님께서 천만 배로 갚아 주실 것을 믿으십시오.

1940년 2차 대전 당시 실존했던 독일인 실업가 오스카 쉰들러는 자신의 목숨과 자신의 전 재산을 들여서 나치에 의해 학살 위기에 처했던 1,100여 명의 유대인을 구하였습니다. 쉰들러는 사람을 사랑한 결과 위대하고 아름다운 이름을 남기게 되었으며 '쉰들러 리스트'라는 영화의 주인공이 되기도 했습니다.

우리 교회 성도들은 불경기 속에서도 잘되고 있습니다. 풍랑이 일어나는 바다를 보는 것보다 물위로 걸어오시는 예수님을 보고 참 평안과 사랑으로 살아가시길 바랍니다. 말세의 징조가 처처에 나타나나 모두 하나님의 손에 붙들려 깨어있어 기도하고 감사하며 천국의 영생을 기대하며 세상을 이기시길 축원합니다.

44

사랑으로 오는 고통

| 사무엘상 19:8-17 |

구정 명절을 지내면서 행복하셨습니까? 신문을 보니 형제가 재산 갈등으로 서로 죽이고 죽는 불행한 일도 있었습니다. 덜 중요한 것 때문에 더 중요한 것을 망친 것입니다. 물질보다 육체가 귀하고, 육체보다 보이지 않는 영혼이 더 중요합니다. 순교자 주기철목사님도 영혼의 소중함을 알았음으로 영혼의 자유를 위해 육체의 자유를 포기했습니다. 사도 바울도 영원한 천국의 상급을 사랑하여 세상에서 가정을 이루는 것과 명예 등 일시적인 평안을 사양했습니다. 참된 행복은 영혼이 잘되면서 육신적으로 복을 받을 때 생겨납니다.

현재 고난이 있어도 내일의 비전이 있으면 모든 것을 기쁨으로 할 수 있는 것이 사람입니다. 인간은 미래를 위하여 노력합니다. 성령에 충만한 사람 모두가 내일을 위해 준비합니다. 그러나 그들의 준비 방법은 매우 다릅니다.

권력자의 잔인한 자신방어가 주는 교훈이 있습니다

사울은 왕의 자리를 지키기 위해 다윗을 죽이기로 마음 먹었습니다. 이는 사단에 붙잡

(삼상 19:8-17) 전쟁이 다시 있으므로 다윗이 나가서 블레셋 사람들과 싸워 그들을 크게 쳐죽이매 그들이 그 앞에서 도망하니라 사울이 손에 단창을 가지고 그의 집에 앉았을 때에 여호와께서 부리시는 악령이 사울에게 접하였으므로 다윗이 손으로 수금을 탈 때에 사울이 단창으로 다윗을 벽에 박으려 하였으나 그는 사울의 앞을 피하고 사울의 창은 벽에 박힌지라 다윗이 그 밤에 도피하매 사울이 전령들을 다윗의 집에 보내어 그를 지키다가 아침에 그를 죽이게 하려 한지라 다윗의 아내 미갈이 다윗에게 말하여 이르되 당신이 이 밤에 당신의 생명을 구하지 아니하면 내일에는 죽임을 당하리라 하고 미갈이 다윗을 창에서 달아 내리매 그가 피하여 도망하니라 미갈이 우상을 가져다

힌 사람이 미래를 준비는 방법입니다. 자기보다 더 실력 있고 인기있는 자를 보면 제거하려고 합니다. 정치적인 적은 행위와 관계없이 무조건 해하려 합니다. 국가에 유익을 주는 것도 아랑곳하지 않고 죽이려 합니다.

블레셋은 골리앗이 죽은 후에도 소규모로 이스라엘을 공격했습니다. 그때마다 다윗은 전쟁에 나가 승리를 거두었습니다. 다윗은 이스라엘 백성을 행복하게 하는 자였습니다. 오늘 본문에도 다윗은 전쟁에 나가 이스라엘과 왕을 위해 큰 공을 세웠습니다. 그러나 다윗을 기다리는 것은 악신에 붙잡혀 그를 죽이려는 사울이었습니다.

> ♕ 사울이 손에 단창을 가지고 그의 집에 앉았을 때에 여호와께서 부리시는 악령이 사울에게 접하였으므로 다윗이 손으로 수금을 탈 때에 사울이 단창으로 다윗을 벽에 박으려 하였으나 그는 사울의 앞을 피하고 사울의 창은 벽에 박힌지라 다윗이 그 밤에 도피하매(19:9-10)

사울은 자신을 위해 수금을 타는 다윗에게 창을 던지는 악한 일을 했습니다. 우리는 여기서 큰 교훈을 받습니다. 선을 행하고도 미움을 받을 수 있는 것입니다. 열심히 잘 도와주어도 그 사람에 의해 피해를 볼 수도 있습니다. 하나님께 버림받은 자는 악령의 도구가 되고 생명의 은인을 미움으로 갚을 수 있습니다.

세속에 붙잡힌 사람들에게 큰 기대하지 말고 그들의 반열에 서지 말기를 바랍니다. 사울은 자신 뿐 아니라 자신에게 속한 군대까지 동원하여 다윗을 죽이려하였습니다. 악신은 사울을 붙잡아 악한 도구가 되게 했습니다. 사울은 자신

가 침상에 누이고 염소 털로 엮은 것을 그 머리에 씌우고 의복으로 그것을 덮었더니 사울이 전령들을 보내어 다윗을 잡으려 하매 미갈이 이르되 그가 병들었느니라 사울이 또 전령들을 보내어 다윗을 보라 하며 이르되 그를 침상째 내게로 들고 오라 내가 그를 죽이리라 전령들이 들어가 본즉 침상에는 우상이 있고 염소 털로 엮은 것이 그 머리에 있었더라 사울이 미갈에게 이르되 너는 어찌하여 이처럼 나를 속여 내 대적을 놓아 피하게 하였느냐 미갈이 사울에게 대답하되 그가 내게 이르기를 나를 놓아 가게 하라 어찌하여 나로 너를 죽이게 하겠느냐 하더이다 하리라

의 신하를 통해 다윗을 죽이려는 악한 행위를 했습니다. 예수 믿는 사람은 예수님을 왕으로 모시고 권력자나 서민이나 모두를 전도의 대상으로 구원의 대상으로 알고 평범하게 대해야 합니다. 세속의 권력자와 결탁하면 진실을 왜곡하거나 분별력을 상실할 수 있는 위험이 있습니다. 매일 기도하고 성경보면서 지혜를 얻어 성령의 인도를 받아야 합니다.

진정한 사랑은 때로 큰 시련을 만납니다 | 하나님이 사랑하는 사람이나 백성은 망하지 않습니다.

> ❀ 이스라엘이여 너는 행복한 사람이로다 여호와의 구원을 너 같이 얻은 백성이
> 누구냐 그는 너를 돕는 방패시요 네 영광의 칼이시로다 네 대적이 네게 복종
> 하리니 네가 그들의 높은 곳을 밟으리로다(신33:29)

그러나 영혼구원에 힘쓰는 하나님의 사랑하는 자도 시련을 만날 때가 있습니다. 사울이 왕권을 이용해서 다윗을 죽이려 할 때 다윗을 사랑했던 몇 사람이 있었습니다. 하나님은 마음에 합한 사람을 보호하기 위해 사랑하는 사람을 주십니다. 요나단이 다윗을 사랑했습니다.

> ❀ 요나단은 다윗을 자기 생명 같이 사랑하여 더불어 언약을 맺었으며 요나단이
> 자기가 입었던 겉옷을 벗어 다윗에게 주었고 자기의 군복과 칼과 활과 띠도
> 그리하였더라(18:3-4)

사랑하는 사람이 생명의 위험을 만났을 때 그로인하여 받는 고통을 경험 해보지 못한 사람은 그 고통의 무게를 상상하지 못할 것입니다. 우리의 일상생활에서도 사랑이 염려와 고통으로 변할 때가 있습니다. 과거에 한 어머니가 아이를 품에 안고 와서 기도 부탁을 했습니다. 아이는 고열로 매우 고통스러워했습

믿음의 사람이 가는 길

니다. 아이를 품에 안는 순간 매우 심각한 상황인 것을 알게 되었습니다. 어머니는 말하기를 병원에 다녀도 별 차도가 없다고 했습니다. 어머니는 눈물을 흘렸습니다. 매우 고통스러워하면서 차라리 자신이 아프고 아이는 건강하게 될 수 있기를 원한다고 말했습니다. 기도 받은 후 그 아이는 하나님으로부터 큰 은혜를 입었습니다.

사랑하는 사람의 시련과 아픔은 자신의 고통으로 승화됩니다. 요나단은 다윗을 사랑하기 때문에 아버지 사울의 염려도 생각지 않고 다윗을 사랑했습니다. 미갈도 다윗을 보호하고 변호했습니다. 인간적으로 보면 왕이 다윗을 죽일 수 있을 것으로 생각하지만, 하나님은 다윗을 보호하기 위해 사람을 준비해 두고 있었습니다.

요나단과 미갈은 다윗을 죽이라는 아버지 사울의 말에 무조건 따르지는 않았습니다. 하나님의 공의를 생각하며 큰 뜻을 품고 사랑했습니다. 사랑의 공의를 깨달으면 혈육을 뛰어넘는 사랑을 할 수 있습니다. 그들은 다윗을 숨겨주고 그에게 부친의 정보를 알려주어 도망치게 했습니다.

♛ 사울이 전령들을 다윗의 집에 보내어 그를 지키다가 아침에 그를 죽이게 하려 한지라 다윗의 아내 미갈이 다윗에게 말하여 이르되 당신이 이 밤에 당신의 생명을 구하지 아니하면 내일에는 죽임을 당하리라 하고 미갈이 다윗을 창에서 달아 내리매 그가 피하여 도망하니라(19:11-12)

요나단과 미갈의 행위를 보면 불효처럼 보여 집니다. 그러나 그것을 불효라고 말할 수 없습니다. 사울은 악신이 접했기 때문에 혈육의 정(情)도 상실한 상태입니다. 사울은 장인이란 가족의 신분을 잃어버린 것입니다. 함께 살면서 사랑하지 않고 미워한다면 남보다 못한 자 입니다. 사울 속에 들어간 악신이 다윗을 죽여 그의 후손으로 태어나는 그리스도의 구원 사역을 방해할 계획을 가진 것입니다. 그러나 하나님은 요나단과 미갈의 마음을 움직여 다윗을 보호했습니다.

신약성경에 보면 자녀가 부모에게 순종해야 할 기준을 말해주고 있습니다.

🐚 자녀들아 주 안에서 너희 부모에게 순종하라 이것이 옳으니라 네 아버지와 어머니를 공경하라 이것은 약속이 있는 첫 계명이니(엡6:1-2)

주 안에서 순종입니다. 부모들은 자녀를 노엽게 하지 말아야 합니다. 부모님이라도 하나님의 말씀을 떠나서 명령할 때는 사랑이 아님을 알고 분별해야 합니다. 미갈은 자신이 할 수 있는 방법을 동원해서 남편인 다윗을 보호했습니다. 다윗의 침상에 인형을 만들어 사람처럼 놓았습니다. 염소털로 엮은 것을 머리에 씌우고 의복으로 덮었습니다. 다윗이 병들었다고 사울의 사자를 돌려보냈습니다.

사울은 다윗을 대적으로 여겼습니다. 악신에 붙잡히면 사람을 보는 눈도 달라집니다. 생명의 은인이 원수로 보이고 아부하는 자가 충신으로 보입니다. 때로는 망하게 하고 타락시키는 자가 귀하게 보이고 하나님의 말씀으로 행복하게 하는 자가 미울 때가 있습니다. 미갈이 아버지를 속인 것은 죄로 볼 수 없습니다. 생명을 구원하는 일을 세속적 진실보다 우선으로 보았습니다. 기생 라합이 거짓말로 여리고 성의 군대를 따돌렸습니다. 하나님의 백성을 살리기 위한 행위였으므로 후에 하나님의 위로가 있었습니다.

믿음의 사람으로 사랑하는 자를 잘 지켜야 합니다

악령이 자신을 지배하지 못하도록 해야 합니다. 마귀는 택한 백성이라도 불의의 도구로 삼고자 합니다.

🐚 근신하라 깨어라 너희 대적 마귀가 우는 사자 같이 두루 다니며 삼킬 자를 찾나니 너희는 믿음을 굳건하게 하여 그를 대적하라 이는 세상에 있는 너희 형제들도 동일한 고난을 당하는 줄을 앎이라(벧전5:8-9)

다윗과 사울 모두는 택한 백성 가운데 있었습니다. 마귀는 때때로 가장 가까운 사람을 통해 구원운동을 중단시키려 합니다. 죽이고싶도록 미운 사람은 대부분 한때 생명처럼 사랑했던 사람들입니다. 형제나 가족 그리고 이웃과 성도 등 모두 처음 사랑을 가지고 살아야 행복합니다.

악령에 지배 받는 사람이 주의 종이나 교회를 핍박할 때, 하나님은 택한 백성을 큰 환난에서 지키십니다. 저는 지난 주간 태국 카렌족의 선교 현장에 다녀왔습니다. 그 곳 교회 짜렌파치 목사님은 이번 지진 해일 피해지역에 대해 말하면서 하나님을 믿는 자는 그 지역에서 불러낸 상태였다고 말했습니다. 그 지역에 사는 사람도 주일 예배를 드리려 나온 사람은 살았다는 것입니다. 그 시간이 예배 시간이었기 때문에 교회에 참석한 자는 피해를 보지 않았던 것입니다. 불신자들은 우연이라 하지만 우리는 하나님께서 택자를 구원하고 예배하는 자를 보호하는 것을 믿습니다. 이제는 자신의 능력에 맞는 일을 찾는 것 보다 일에 맞는 능력자가 되게 해달라고 기도해서 큰 일을 감당해야 합니다.

사랑하는 성도 여러분!

하나님의 큰 사랑을 가슴에 품고 영혼구원을 위해 기도해야 합니다. 택한 백성된 우리는 담력을 가지고 다윗처럼 당당하게 살아야 합니다. 십자가를 통한 구속의 은혜를 의지하며 성령의 사람으로 살아 참된 승리를 맛보기를 주의 이름으로 축원합니다.

45

거룩한 곳으로 도피하라

│사무엘상 19:18-24│

행복에는 메아리가 있습니다. 행복한 사람은 다른 사람을 행복하게 할 수 있습니다.

다윗은 하나님의 손에 붙들려서 사용된 하나님의 의의 도구요 하나님의 일군입니다. 다윗은 블레셋 사람과의 전쟁에서 승리한 이스라엘의 영웅입니다. 다윗은 하나님의 능력을 힘입어 이스라엘을 대적하는 골리앗을 물매와 돌을 사용하여 이겼습니다. 그 일로 이스라엘 백성은 매우 기뻐했습니다. 승리의 노래가 불려졌습니다.

❧ 무리가 돌아올 때 곧 다윗이 블레셋 사람을 죽이고 돌아올 때에 여인들이 이스라엘 모든 성읍에서 나와서 노래하며 춤추며 소고와 경쇠를 가지고 왕 사울을 환영하는데 여인들이 뛰놀며 노래하여 이르되 사울이 죽인 자는 천천이요 다윗은 만만이로다 한지라 사울이 그 말에 불쾌하여 심히 노하여 이르되 다윗에게는 만만을 돌리고 내게는 천천만 돌리니 그가 더 얻을 것이 나라 말고 무엇이냐(18:6-8)

믿음의 사람이 가는 길

(삼상 19:18-24) 다윗이 도피하여 라마로 가서 사무엘에게로 나아가서 사울이 자기에게 행한 일을 다 전하였고 다윗과 사무엘이 나욧으로 가서 살았더라 어떤 사람이 사울에게 전하여 이르되 다윗이 라마 나욧에 있더이다 하매 사울이 다윗을 잡으러 전령들을 보냈더니 그들이 선지자 무리가 예언하는 것과 사무엘이 그들의 수령으로 선 것을 볼 때에 하나님의 영이 사울의 전령들에게 임하매 그들도 예언을 한지라 어떤 사람이 그것을 사울에게 알리매 사울이 다른 전령들을 보냈더니 그들도 예언을 했으므로 사울이 세 번째 다시 전령들을 보냈더니 그들도 예언을 한

이 노래는 사울의 마음에 질투심을 심는 결과를 낳았습니다. 또 하나님이 부리신 악신이 사울에게 들어와 그를 악하게 만들었습니다. 사람이 과도한 욕심을 가질 때나 사람을 미워할 때 악령에 사로잡히게 됩니다.

그 후 다윗은 사울이 원하는 대로 블레셋 사람의 양피 이백 개를 만들어 사울의 딸 미갈과 결혼을 합니다. 사위가 된 후에도 다윗을 죽이려는 사울의 마음은 변함이 없었습니다. 사울은 다윗이 자신을 위해 수금을 타는 현장에서 단창을 던졌습니다. 다윗은 그 상황을 피해 집으로 왔으나 사울의 군사들이 다윗의 집을 포위했습니다. 그들의 계획은 날이 밝으면 잡겠다는 것입니다. 그날 밤 사울의 딸이자 다윗의 아내 미갈이 다윗을 창문으로 탈출시켰습니다. 사울에게 쫓기는 다윗은 이스라엘의 위대한 영적 지도자 사무엘을 찾아갔습니다.

> ♕ 다윗이 도피하여 라마로 가서 사무엘에게로 나아가서 사울이 자기에게 행한 일을 다 전하였고 다윗과 사무엘이 나욧으로 가서 살았더라(19:18)

다윗은 찾아갈 자와 상담할 자를 잘 선택한 것입니다. 다윗의 지혜로운 선택은 오늘날도 긍정적으로 평가받고 있습니다. 어떤 사람이 사울에게 다윗의 거처를 말했습니다. 그 말을 들은 사울은 자신의 군대를 보내어 다윗을 잡기로 명령하였습니다.

> ♕ 사울이 다윗을 잡으러 전령들을 보냈더니 그들이 선지자 무리가 예언하는 것과 사무엘이 그들의 수령으로 선 것을 볼 때에 하나님의 영이 사울의 전령들에게 임하매 그들도 예언을 한지라(19:20)

사울의 사자들이 하나님의 영에 감동되어 예언을 하였습니다. 사무엘은 거기서 선지자들을 지도하고 있었습니다. 하나님은 주의 종들이 모인 곳에 성령의 능력을 주셨습니다. 사울의 사자가 사무엘을 보는 순간에 하나님의 신이 임했습니다. 그들은 악신에 감동된 사울의 사자들로부터 벗어나 선지자의 무리에 속하게 되었습니다. 그러자 사울은 두 번째 사자들을 보냈습니다. 그러나 그들도 첫 번째와 같이 되었습니다. 다윗을 잡아 오라는 사울의 명령이 이행되지 않았습니다. 세 번째도 마찬가지였습니다.

> ♕ 어떤 사람이 그것을 사울에게 알리매 사울이 다른 전령들을 보냈더니 그들도 예언을 했으므로 사울이 세 번째 다시 전령들을 보냈더니 그들도 예언을 한지라(19:21)

이 소식을 들은 사울은 자신이 직접 다윗이 있다는 곳으로 찾아갔습니다.

> ♕ 이에 사울도 라마로 가서 세구에 있는 큰 우물에 도착하여 물어 이르되 사무엘과 다윗이 어디 있느냐 어떤 사람이 이르되 라마 나욧에 있나이다 사울이 라마 나욧으로 가니라 하나님의 영이 그에게도 임하시니 그가 라마 나욧에 이르기까지 걸어가며 예언을 하였으며 그가 또 그의 옷을 벗고 사무엘 앞에서 예언을 하며 하루 밤낮을 벗은 몸으로 누웠더라 그러므로 속담에 이르기를 사울도 선지자 중에 있느냐 하니라(19:22-23)

사울 역시도 예언자의 무리 속에서 벌거벗은 몸으로 함께 있게 되었습니다. 오늘 이 본문이 우리에게 주는 교훈이 있습니다.

어려운 일이 있을 때
찾아갈 곳을 분별해야 합니다 | 다윗은 쫓기는 몸이었지만 하나님이

그와 함께 했습니다. 어려움을 당하자 다윗은 하나님이 세운 종 사무엘을 찾아
갔습니다. 그곳에서 자신의 형편을 말하고 사무엘과 함께 있었습니다.

사랑하는 성도 여러분! 여러분의 환경, 가정, 경제, 질병, 영육 간에 어려운
일이 있을 때 어디를 찾아가십니까? 어떤 분은 친구와 술 그리고 죽음의 길을
선택하는 이들이 있습니다. 그러나 믿음의 사람은 교회에 와서 하나님의 말씀
을 듣습니다. 다윗이 대제사장인 사무엘을 찾아간 것처럼 우리도 대제사장이고
유일한 구원자이신 예수님을 찾아야 합니다. 그리고 그의 품에서 쉼을 얻어야
합니다. 어려울 때 예수님을 만나시기를 바랍니다.

> ❦ 수고하고 무거운 짐진 자들아 다 내게로 오라 내가 너희를 쉬게 하리라
> (마11:28)

다윗은 악령에 사로잡힌 장인인 왕인 사울에게 쫓기고 있었으나 이 기회를
신앙성장의 기회로 삼았습니다. 여러분은 무엇에 쫓기고 있습니까? 다윗의 지
혜로운 선택이 있기를 바랍니다.

하나님이 함께 하는 곳에는
성령의 역사가 있습니다 | 하나님은 영계(靈界)의 주인이십니다. 사

람은 어떤 영을 받느냐에 따라 생각과 언어 그리고 행동이 달라집니다. 악령을
받으면 믿는 사람의 대적이 되지만 성령을 받으면 믿는 자의 친구가 됩니다. 사
울의 사자들은 선지자의 무리 속에서 예언하고 있었습니다. 하나님은 성령을
통해서 믿는 자들을 보호하십니다. 하나님은 사울로 하여금 다윗을 죽이려는
생각을 버리게 했습니다.

제가 가정집에서 개척할 때였습니다. 지금부터 약 25년 전입니다. 그때는 군포에 집이 별로 없었습니다. 안양교도소에서 나온 이들이 군포 가정집에 들려 돈을 요구하곤 했습니다. 어느 날 사택에 어떤 사람이 별이 5개라고 하면서 어디까지 가야 하는데 차비를 달라고 했습니다. 눈이 충혈되어 있었고 술이 많이 취해 있었습니다. 소름이 쫙 끼치며 살기(殺氣) 같은 것을 느꼈습니다. 그래서 제가 그 사람의 손을 잡고 예배당 방으로 들어갔습니다. 그때는 강단이 방에 있었습니다. 그가 앉을 때 십자가를 보면서 움찔하는 것을 느끼고 '이 사람이 믿음 없는 사람은 아니구나' 라는 것을 느꼈습니다. 그 사람은 '제가 죄를 지어서 형무소에 몇 번 드나들었더니 아내가 도망가고 어머니만 혼자 남아서 고생하는 것을 보았습니다. 아내가 군포 어디 식당에서 일하고 있다는 소리를 듣고 아내를 찾아서 죽이려고 식당마다 다녔습니다. 그런데 아내는 못 찾고 술에 취해서 이렇게 되었습니다' 라고 했습니다. 그래서 제가 그를 위해서 간절하게 기도를 하였습니다. 그리고 차비를 주려고 했더니 '제가 또 한 번의 죄를 지을 뻔했는데 목사님을 만나서 죄를 짓지 않고 가는 것이 감사합니다' 라고 하더니 차비도 받지 않고 갔습니다.

십자가를 볼 때 성령의 조명을 받아 과거의 모습을 돌아보고 돌이키는 것을 본 것입니다. 다윗과 사무엘도 하나님의 신의 보호가 없었다면 엄청난 어려움이 있었을 것입니다. 그때 뿐 아니라 지금도 하나님은 교회를 보호하고 있습니다. 믿는 사람을 보호하십니다. 가정파탄, 자살, 분노, 분쟁, 당 짓게 하는 악령들에게서 자유하기를 원하면 예수 그리스도 앞으로 나오시길 바랍니다. 무거운 죄의 짐 진 자는 십자가 밑에 나와 짐을 내려놓으세요. 하나님의 영이 있는 곳에는 자유와 화평과 행복이 있습니다. 세상의 악령을 두려워말고 성령 받지 못한 상태를 두려워하십시다. 핵폭탄이 문제가 아니라 사무엘 같이 하나님이 아끼는 사람이 없는 것이 문제입니다. 환경을 두려워말고 하나님을 바라보고 예수님과 동행하며 행복하시길 바랍니다.

행위가 잘못된 자는 교회 안에서도 수치를 당합니다

> 🐚 그의 옷을 벗고 사무엘 앞에서 예언을 하며 하루 밤낮을 벗은 몸으로 누웠더라 그러므로 속담에 이르기를 사울도 선지자 중에 있느냐 하니라(19:23)

옷을 벗었다는 것에 대한 해석이 다양합니다. 어떤 주석은 왕의를 벗은 것이고 어떤 주석은 너무 기분이 좋아서 옷을 벗었다고 기록한 곳도 있습니다. 사울은 악한 영에 감동된 자며 하나님이 버린 자입니다. 그런 사울에게 하나님의 영을 주신 것은 사울을 위함보다 사무엘과 다윗을 보호하기 위해서입니다. 사울은 벗은 몸으로 사무엘 앞에서 예언했습니다. 가장 경건해야 될 곳, 예복을 입어야 될 장소에서 벗고 있다는 것은 매우 수치스러운 것입니다.

하나님 앞에서 경건하게 살지 못하는 사람은 옳은 행실 없이 신앙생활 하는 것입니다. 주일에 교회에서는 성령의 감동을 받고 세상에서는 사울처럼 살며 행위도 세속적이면 벌거벗은 몸으로 신앙생활 하는 것입니다. 이렇게 존경받지 못하고 조롱 받으면서 신앙생활하면 불행합니다. "속담에 이르기를 사울도 선지자 중에 있느냐"라고 했습니다. 혹시 어떤 사람을 보고. '저 사람도 예수 믿는 사람이냐? 저 사람도 설교 듣고 찬송하느냐?' 라고 일컬어지는 대상이 되지 맙시다. 다윗처럼 의를 위해 핍박을 받으면서도 좌절하지 말고 어려움을 만났을 때 신령한 곳으로 피하시길 바랍니다. 하나님은 자기 백성을 지키신다는 것을 확실히 믿기를 주의 이름으로 축원합니다.

46 요나단과 다윗의 참된 사랑

자신을 용서하지 않는 사람은 남을 용서할 수 없습니다. 과거의 잘못을 가슴에 품고 살면 다른 사람을 용서할 수 있는 에너지가 생기지 않습니다. 성경에 "이웃을 네 몸과 같이 사랑하라"고 했습니다. 자신을 사랑하지 않는 사람은 남을 사랑할 수 없습니다. 하나님께서 회복시키신 자기의 영혼을 사랑해야 남의 영혼도 사랑할 수 있습니다.

자연은 새봄을 맞이하여 여름을 준비하고 있습니다. 겨울 동안에 쉬었던 분수대가 물을 품어 내고 사람들의 옷차림도 가볍고 화사하게 바뀌어 지고 있습니다. 사람과 자연도 때를 따라 모습이 변합니다. 모든 순간은 참으로 중요합니다. 사람은 때를 잘 만나야 됩니다. 그 때를 만드시는 분은 창조주 하나님이십니다. 요즘 말세의 징조들이 나타나고 있습니다. 이단들이 출현하고 환난이 많습니다. 그러나 때와는 관계없이 하나님 안에서 사람을 잘 만나고 예수님 안에 있으면 평강을 가지고 살 수 있습니다.

(삼상 20:1-11) 다윗이 라마 나욧에서 도망하여 요나단에게 이르되 내가 무엇을 하였으며 내 죄악이 무엇이며 네 아버지 앞에서 내 죄가 무엇이기에 그가 내 생명을 찾느냐 요나단이 그에게 이르되 결단코 아니라 네가 죽지 아니하리라 내 아버지께서 크고 작은 일을 내게 알리지 아니하고는 행하지 아니하나니 내 아버지께서 어찌하여 이 일은 내게 숨기리요 그렇지 아니하니라 다윗이 또 맹세하여 이르되 내가 네게 은혜 받은 줄을 네 아버지께서 밝히 알고 스스로 이르기를 요나단이 슬퍼할까 두려운즉 그에게 이것을 알리지 아니 하리라 함이니라 그러나 진실로 여호와의 살아 계심과 네 생명을 두고 맹세하노니 나와 죽음의 사이는 한 걸음 뿐이니라 요나단이 다윗에게 이르되 네 마음의 소원이 무엇이든지 내가 너를 위하여 그것을 이루리라 다윗이 요나단에게 이르되 내일은 초하루인즉 내가 마땅히 왕을 모시고 앉아 식사를 하여야 할 것이나 나를 보내어 셋째 날 저녁까지 들에 숨게 하고 네 아버지께

오늘은 다윗과 요나단의 아름다운 우정에 대한 말씀으로 은혜를 받고자 합니다. 당시 왕이었던 사울은 다윗을 시기하여 죽이려고 했습니다. 블레셋의 장수 거인 골리앗을 다윗이 물맷돌로 쓰러뜨리자 이 소식이 온 이스라엘에 알려졌습니다. 백성들은 기뻐하며 '사울왕의 대적을 이긴 자는 천천이요, 다윗은 만만이라'고 노래를 불렀습니다. 그때 사울은 다윗을 질시했습니다. 사울이 어떻게 하면 다윗을 죽일까 고민할 때 딸 미갈이 다윗을 사랑한다는 것을 알고 살해 목적으로 다윗을 사위로 삼고자 했습니다. 그래서 지참금으로 블레셋 사람의 양피를 베어 오라고 했습니다. 다윗은 매우 어려운 상황 속에서 시련을 당한 것입니다.

사울의 아들 요나단과 다윗은 친구가 될 수 없는 관계였지만 결국 아주 가까운 친구가 되었습니다. 그 두 사람의 관계는 마음이 통하는 사랑하는 관계입니다.

> ☖ 다윗이 사울에게 말하기를 마치매 요나단의 마음이 다윗의 마음과 하나가 되어 요나단이 그를 자기 생명 같이 사랑하니라 그 날에 사울은 다윗을 머무르게 하고 그의 아버지의 집으로 다시 돌아가기를 허락하지 아니하였고 요나단은 다윗을 자기 생명 같이 사랑하여 더불어 언약을 맺었으며 요나단이 자기가 입었던 겉옷을 벗어 다윗에게 주었고 자기의 군복과 칼과 활과 띠도 그리하였더라(18:1-4)

이 아름다운 우정은 물질과 명예 그리고 권력을 초월한 관계였습니다. 환경

서 만일 나에 대하여 자세히 묻거든 그 때에 너는 말하기를 다윗이 자기 성읍 베들레헴으로 급히 가기를 내게 허락하라 간청하였사오니 이는 온 가족을 위하여 거기서 매년제를 드릴 때가 됨이니이다 하라 그의 말이 좋다 하면 네 종이 평안하려니와 그가 만일 노하면 나를 해하려고 결심한 줄을 알지니 그런즉 바라건대 네 종에게 인자하게 행하라 네가 네 종에게 여호와 앞에서 너와 맹약하게 하였음이니라 그러나 내게 죄악이 있으면 네가 친히 나를 죽이라 나를 네 아버지에게로 데려갈 이유가 무엇이냐 하니라 요나단이 이르되 이 일이 결코 네게 일어나지 아니하리라 내 아버지께서 너를 해치려 확실히 결심한 줄 알면 내가 네게 와서 그것을 네게 이르지 아니하겠느냐 하니 다윗이 요나단에게 이르되 네 아버지께서 혹 엄하게 네게 대답하면 누가 그것을 내게 알리겠느냐 하더라 요나단이 다윗에게 이르되 오라 우리가 들로 가자 하고 두 사람이 들로 가니라

에서부터 온 관계가 아니라 마음이 연락된 관계였습니다. 그러나 이 우정에도 시련이 찾아왔습니다. 그 우정을 단절하려는 사람은 요나단에게는 아버지요, 다윗에게는 장인인 사울왕 이었습니다. 사울은 권력을 총동원해서 다윗을 죽이려했고 요나단은 지혜와 환경을 동원해서 다윗을 살리려 했습니다. 다윗과 요나단의 관계는 아주 돈독한 관계인 것입니다.

다윗과 요나단은 속마음을 나눌 수 있는 관계입니다

> 다윗이 또 맹세하여 이르되 내가 네게 은혜 받은 줄을 네 아버지께서 밝히 알고 스스로 이르기를 요나단이 슬퍼할까 두려운즉 그에게 이것을 알리지 아니하리라 함이니라 그러나 진실로 여호와의 살아 계심과 네 생명을 두고 맹세하노니 나와 죽음의 사이는 한 걸음 뿐이니라(20:3)

자신의 뜻을 마음 놓고 말할 수 있는 상대가 있다면 얼마나 좋습니까? 자신의 속마음과 심령을 토로할 수 있는 친구나 형제가 있을 때 우리는 어려운 환경을 극복할 수 있습니다. "나와 죽음의 사이는 한 걸음 뿐이니라"라는 것은 매우 절박한 심경을 말하는 것입니다. 다윗은 사울을 믿을 수 없다고 말했지만 요나단은 아버지 사울이 자신과 의논하리라고 믿고 있었습니다. 요나단은 '아버지의 입장에 서야 하는가 아니면, 다윗의 입장에 서야 하는가' 로 갈등할 수 밖에 없는 형편입니다. 보통 사람 같으면 '피는 물보다 진하다' 는 말대로 아버지 사울의 입장에 설 수 밖에 없었을 것입니다. 그러나 요나단은 다윗의 입장에 섰습니다.

그 일로 사울의 마음이 상했습니다. 요나단이 부정(父情)보다 우정을 선택한 것은 우정이 더 소중해서라기보다는 다윗을 돕는 것을 하나님이 기뻐하시기 때문입니다. 요나단은 사울이 행하는 것이 성령의 역사가 아니며 악한 본성에서 나온 행동이기 때문에 아버지 사울과 함께 하지 않았습니다. 그는 하나님이 다윗을 보호하고 있다고 믿었습니다. "네가 죽지 아니하리라"라고 요나단이 말한 것을 보면, 하나님은 다윗을 살릴 계획이셨고 사울은 다윗을 죽일 계획을 가지고 있었습니다. 요나단은 하나님의 뜻을 선택한 것입니다.

우리도 때로는 '환경을 따라 살아야 하는가 아니면 하나님 뜻을 따라 살아야 하는가?'라는 문제로 갈등할 때가 있습니다. 우리의 우정이나 사랑은 무엇에 좌우됩니까? 돈과 명예와 혈연 그리고 환경에 의해 좌우된다면 그것은 참된 것이라 할 수 없습니다. 예수 안에서 맺어져야 모든 환난을 이길 수 있습니다. 부부의 사랑도 진리 안에서 반석 위에 세워져야 악한 시대 속에서 건강한 가정을 만들어 갈 수 있습니다. 불안전한 혈육 중심보다 영원한 하나님의 말씀이 기준이 되어야 내일의 참 행복을 만들 수 있습니다. 서로가 가슴에 묻어 두는 것 보다 자신의 생각을 함께 나눌 수 있는 관계가 되어야 합니다. 현재 어려움 속에서도 함께 속마음을 나눌 수 있는 참된 친구 예수님과 동행하시길 바랍니다.

참된 우정은 상대의 필요를 먼저 채워주려고 합니다

> ❀ 요나단이 다윗에게 이르되 네 마음의 소원이 무엇이든지 내가 너를 위하여 그것을 이루리라(20:4)

참된 우정은 권력을 뛰어 넘습니다. 다윗은 사울의 권력에 위협이 되기보다는 요나단의 권력 승계에 위험한 인물입니다. 그러나 요나단은 권력의 맛보다는 진리 안에서의 우정을 선택했습니다. 다윗도 요나단을 믿어 자신의 생각과 느낌을 말할 수 있었습니다. 다윗과 요나단은 혈연과 신분과 나이를 뛰어 넘는 우정이었습니다. 요나단의 우정은 아버지의 극렬한 반대에도 유지되었습니다.

> 내 형 요나단이여 내가 그대를 애통함은 그대는 내게 심히 아름다움이라 그대가 나를 사랑함이 기이하여 여인의 사랑보다 더하였도다(삼하1:26)

두 사람의 나이 차이가 얼마인지는 성경은 말하지 않습니다. 그러나 다윗이 요나단을 형이라고 한 것을 보면 나이 차이가 있었던 것 같습니다. 서열을 중요시하는 그때에 동등한 대화와 서로의 보살핌은 매우 아름다운 것이었습니다.

참된 친구는 예수 그리스도 안에서 서로 사랑해야 합니다. 요즘 장보고를 배경으로 하는 연속극에 나오는 '자미부인'이란 여인의 모습을 보면서, 오늘의 상술(商術)과 정치판을 대변하는 듯한 비정함을 느낍니다. 그리스도인은 구원에 감사하여 헌신하겠다는 자세가 있어야 합니다.

참된 우정은 상대의 필요를 구체적으로 채워줍니다 | 다윗과

요나단에게는 서로의 필요를 채우려는 노력이 있었습니다. 골리앗을 이긴 자로서 명성에 걸맞지 않는 옷을 입고 있을 때, 요나단은 다윗에게 왕자의 옷과 물품을 주어 장군에 걸맞는 품위를 유지하게 했습니다. 이스라엘을 위하여 큰 승리를 하고 돌아왔는데 목동의 옷을 입는 것은 어울리지 않는다고 생각하여 그렇게 한 것입니다. 사랑하면 신분에 맞는 옷을 입혀주고 싶어 합니다. 또 요나단은 사울에게 미움을 받을 때 다윗을 대변해 주기도 했습니다.

> 요나단이 그의 아버지 사울에게 다윗을 칭찬하여 이르되 원하건대 왕은 신하 다윗에게 범죄하지 마옵소서 그는 왕께 득죄하지 아니하였고 그가 왕께 행한 일은 심히 선함이니이다(19:4)

악인으로 정죄되는 것을 보고 대변하는 것도 매우 아름다운 것입니다. 또 분문에 다윗이 사울왕을 두려워하고 죽음의 공포 속에 있을 때 요나단은 다윗을 위로합니다.

> 요나단이 이르되 이 일이 결코 네게 일어나지 아니하리라 내 아버지께서 너를 해치려 확실히 결심한 줄 알면 내가 네게 와서 그것을 네게 이르지

다시 말하면, 사울이 다윗을 해칠 것이라는 정보를 입수하게 되면 다윗에게 알려 피신케 하겠다는 약속입니다. 요나단은 다윗의 마음을 위로하고 여호와의 이름으로 도울 것을 약속했습니다.

참된 우정에는 상대의 필요를 채워주려는 마음이 있어야 합니다. 우리가 하나님을 믿고 순교까지도 각오하는 것은 인간을 위한 예수님의 사랑 실천이 먼저 있었기 때문입니다. 우리가 예수님을 위해 전 생애를 부어 드릴 각오를 하는 것도 예수님이 우리를 위해 생명을 주셨기 때문입니다. 예수님은 우리의 참된 친구이십니다. 또 예수님 안에서 하나 된 우리는 서로의 날개가 되어 주어야 합니다. 지금 사람들은 우리를 향해 무엇을 요구하고 있습니까? 사망의 사슬에 매여 있는 사람은 생명과 자유를 원합니다. 그 생명은 예수님으로부터 살아나고 자유는 하나님의 말씀으로 가능합니다.

☙ 너희는 내가 명하는 대로 행하면 곧 나의 친구라(요15:14)

우리의 참된 친구는 예수님이십니다. 예수님이 명하신 대로 행하여 어려운 자들을 돌아보면서 삶에 승리와 행복이 있기를 주의 이름으로 축원합니다.

47 사울과 요나단의 갈등의 원인

하나님은 우리를 택하시고 부르셨습니다. 그러므로 우리는 보통사람이 아닙니다. 하나님은 택한 백성을 사랑하심으로 구원하시고, 훈련하여 존귀한 사람이 되게 하십니다. 열을 가하여 광석에서 순금을 뽑아내듯 성도에게 환경과 사람을 통해 연단하여 온전한 믿음으로 승리하게 하십니다. 사울은 다윗을 싫어했지만 하나님은 다윗을 택하시고 마음에 합한 자라고 했습니다.

🌱 폐하시고 다윗을 왕으로 세우시고 증언하여 이르시되 내가 이새의 아들 다윗을 만나니 내 마음에 맞는 사람이라 내 뜻을 다 이루리라 하시더니(행13:22)

하나님은 자신의 마음에 합한 다윗을 평범하고 순탄한 환경으로 가게 두지 않았습니다. 다윗은 들에서 양치는 자였습니다. 하나님은 다윗이 양을 칠 때 사자와 곰을 보내어 짐승을 물리치고 양을 보호하는 야성(野性)적 신앙체험을 갖게 했습니다.

왕으로 기름 부음을 받을 때, 아버지 이새는 다윗을 왕의 자격이 있는 자로 보지 않았습니다. 사무엘 앞에 나오지 않게 하고 양치는 자리에 머물게 했습니

믿음의 사람이 가는 길

(삼상 20:30-34) 사울이 요나단에게 화를 내며 그에게 이르되 패역무도한 계집의 소생아 네가 이새의 아들을 택한 것이 네 수치와 네 어미의 벌거벗은 수치 됨을 내가 어찌 알지 못하랴 이새의 아들이 땅에 사는 동안은 너와 네 나라가 든든히 서지 못하리라 그런즉 이제 사람을 보내어 그를 내게로 끌어 오라 그는 죽어야 할 자이니라 한지라 요나단이 그의 아버지 사울에게 대답하여 이르되 그가 죽을 일이 무엇이니이까 무엇을 행하였나이까 사울이

다. 보통사람 같으면 자기를 소외시키고 업신여겼다고 시험에 빠질텐데 다윗은 그렇지 않았습니다. 하나님은 다윗에게 골리앗을 보내어 양칠 때에 체험한 믿음을 가지고 싸워 이기게 했습니다. 그 결과 다윗은 이스라엘 군대의 지도자가 되었습니다.

그러나 그 후부터 다윗은 사울왕을 통한 연단을 받게 됩니다. 사울은 다윗을 질시해서 죽이려고 올무를 놓았습니다. 사울은 블레셋 사람에 의해 죽게 하려고 결혼 지참금 대신 양피(陽皮)를 요구했습니다. 그러나 하나님이 함께 하시므로 다윗은 죽지 않았습니다.

하나님을 믿는 지금 연단이 있습니까? 그 연단 속에서 하나님의 살아계심을 체험하시길 주의 이름으로 축원합니다. 질병과 고통은 하나님을 만날 수 있는 기회인줄 알고 변함없이 기도하기를 바랍니다.

오늘 본문에 의하면 다윗을 보는 시각의 차이로 사울과 요나단의 갈등이 나옵니다. 왜일까요? 각자 가지고 있는 시각의 차이에서 오는 것입니다. 그때뿐 아니라 지금도 나라와 개인 그리고 가정에도 가치관의 차이에서 오는 갈등이 있습니다. 한·일 관계에서도 역사를 보는 시각 때문에 갈등하고 있습니다.

남을 때린 자와 맞은 자의 입장은 상당히 다릅니다. 재판관 앞에 섰을 때 서로의 주장을 증명할 자료를 준비해야 하는데, 아무리 정당하더라도 증거물을 많이 준비하지 못한 자와 자신을 정당화시킬 물증을 많이 준비한 자와의 형편이 다릅니다. 우리 성도는 영적인 전쟁에서 이길 수 있는 성령의 능력을 가져야 합니다.

사울의 사상과 행위는 사단에 의해 이루어집니다

🐚 여호와의 영이 사울에게서 떠나고 여호와께서 부리시는 악령이 그를 번뇌하
게 한지라(16:14)

악신에 붙들리면 자기만족이 없어지고 사람을 이간시킵니다. 사울은 하나
님 중심이 아니라 자기 중심의 인물입니다. 하나님의 종 사무엘과의 관계도 잘
못되었습니다. 하나님의 음성을 들을 수 있는 통로마저 막혀버린 것입니다. 사
울왕은 자신의 권력을 지키기 위해 다윗을 죽이려고 했습니다. 사울에게 다윗
은 정치적인 적으로 밖에는 보이지 않았습니다. 그 결과 부정적인 시각으로 요
나단에게 화를 내면서 말합니다.

🐚 사울이 요나단에게 화를 내며 그에게 이르되 패역무도한 계집의 소생아 네가
이새의 아들을 택한 것이 네 수치와 네 어미의 벌거벗은 수치 됨을 내가 어찌
알지 못하랴 이새의 아들이 땅에 사는 동안은 너와 네 나라가 든든히 서지 못
하리라 그런즉 이제 사람을 보내어 그를 내게로 끌어 오라 그는 죽어야 할 자
이니라 한지라(20:30-31)

이와 같이 사단의 세력은 하나님이 함께 하는 교회나 성도들을 향해 악한
평가를 하게 합니다. 자신의 나라를 세우기 위해 음해하고 죽이려합니다. 지금
세상은 사울의 지배 아래 있는 것처럼 공중 권세 잡은 자의 통치 아래 있습니
다. 물질, 명예, 쾌락 또는 권력만을 추구하는 곳에 많은 이들이 머물고 있습니
다. 백성은 배고파 죽어 가는데 통치자가 권력유지에만 혈안이 되어 있는 것을
볼 때 사단의 역사 그 자체로 밖에 이해될 수 있습니다.

우리에게 협력하라고 하는 말이 무슨 뜻인지 구별해야 합니다. 자기 중심
혹은 권력 중심인지, 아니면 하나님 뜻인지 잘 분별해서 하나님의 뜻을 이루시
길 주의 이름으로 축원합니다.

요나단의 사상과 행위는
사랑에 의해 이루어지고 있습니다 | 요나단은 아버지 편에서 보면
잘못된 것 같지만 하나님 편에서 보면 아주 잘하는 것입니다.

> ✽ 요나단이 다윗에게 이르되 이스라엘의 하나님 여호와께서 증언하시거니와 내
> 가 내일이나 모레 이맘때에 내 아버지를 살펴서 너 다윗에게 대한 의향이 선
> 하면 내가 사람을 보내어 네게 알리지 않겠느냐(20:12)

다윗과 요나단, 이 두 사람의 사랑의 뿌리는 여호와께 있습니다. 마음이 통
하고 생명처럼 사랑하는 주님 안에서의 사랑입니다. 주 안에서의 사랑은 요동
하지 않습니다. 반석 위에 세워진 사랑이므로 음부의 권세가 갈라놓을 수 없습
니다. 요나단의 다윗을 향한 사랑은 주는 사랑입니다. 혈육의 정을 거스르며 하
는 사랑이며 핍박 받는 사랑입니다. 하나님께 언약한 사랑입니다. 생명처럼 아
끼는 사랑입니다. 권력과 명예 등 모든 것을 초월한 사랑입니다.

이 땅에서 가장 위대한 사랑은 어머니의 사랑입니다. 자녀는 받으면서 사랑
을 느끼나 부모님은 주면서 사랑을 느끼고 기쁨과 감사를 얻습니다. 하나님의
사랑도 우리에게 예수님을 준 사랑입니다. 우리 교회가 세상을 사랑하는 것도
주면서 헌신하면서 하는 사랑입니다.

요나단은 아버지와 왕의 권위에 의로 도전합니다.

> ✽ 요나단이 그의 아버지 사울에게 대답하여 이르되 그가 죽을 일이 무엇이니이
> 까 무엇을 행하였나이까 사울이 요나단에게 단창을 던져 죽이려 한지라 요나
> 단이 그의 아버지가 다윗을 죽이기로 결심한 줄 알고 심히 노하여 식탁에서
> 떠나고 그 달의 둘째 날에는 먹지 아니하였으니 이는 그의 아버지가 다윗을
> 욕되게 하였으므로 다윗을 위하여 슬퍼함이었더라(20:32-34)

요나단은 하나님이 보호하는 다윗을 보호하려 했습니다. 사울이 보기에 다

윗은 적이지만, 하나님 편에서는 의인입니다. 교회를 바르게 보는 사람과 그렇지 않는 사람에게도 갈등이 있게 되어있습니다. 믿음으로 화목하기를 바랍니다. 말씀의 편에 서고 믿음의 편에 설 때 핍박을 받습니다. 그러나 하나님은 믿는 자의 손을 높이 들어 주십니다.

같은 시대 같은 집에 거하면서도 사울과 요나단처럼 다른 힘의 지배를 받아 갈등할 때가 있습니다. 진리 안에서 양보하지 말고 사람 살리는 일에 최선을 다하는 지혜자가 되시길 바랍니다.

다윗의 사상과 행위에는 하나님이 함께 하셨습니다 | 하나님이

함께 하는 자는 하나님의 능력으로 보호를 받습니다. 하나님은 다윗을 큰 자로 만들려고 연단했으며 이를 위해 여러 가지 환경을 동원했습니다. 양에 대한 애착을 더 가지게 하려고 사자와 곰을 보냈습니다. 다윗의 애국하는 모습을 모든 사람에게 알리시려고 골리앗을 보냈습니다. 엘리야가 피곤할 때 로뎀나무 밑으로 인도하시고 까마귀를 통해 떡과 고기를 공급하심 같이, 하나님의 보호는 다윗의 때나 예수 그리스도의 때나 지금도 변함없습니다. 하나님 중심의 생각은 하나님의 말씀 안에서 이루어집니다. 그러므로 말씀을 많이 읽어야 합니다. 예수님의 사상을 가져야 분별력이 생깁니다. 하나님은 성령으로 행할 길을 인도하십니다.

🌼 다윗에 대한 요나단의 사랑이 그를 다시 맹세하게 하였으니 이는 자기 생명을 사랑함 같이 그를 사랑함이었더라 요나단이 다윗에게 이르되 내일은 초하루인즉 네 자리가 비므로 네가 없음을 자세히 물으실 것이라 너는 사흘 동안 있다가 빨리 내려가서 그 일이 있던 날에 숨었던 곳에 이르러 에셀 바위 곁에 있으라(20:17-19)

하나님은 때때로 사람과 환경을 통해서 인도하십니다. 지금 우리가 이곳에 있는 것도 하나님의 선한 손길의 인도가 있었기 때문입니다.

환경 때문에 오는 고통이나 사람들과 겪는 갈등을 두려워하지 말고 내가 가진 생각과 행동이 하나님께 합한가를 살펴보시길 바랍니다. 사울 중심의 화합보다 갈등이 생겨도 요나단의 요소를 유지해야 합니다. 사람들에게 칭찬받는 것 보다 진리대로 행하다가 핍박받는 것이 행복입니다. 불의와 비진리에 타협하는 것보다 핍박을 받더라도 진리를 위해 불화하는 것이 내일의 큰 행복이 될 수 있습니다. '사울과 요나단의 갈등'이 주는 교훈을 통해 현재 일어나는 갈등을 극복하는 지혜를 가지길 바랍니다. 다윗처럼 광야로 내어 몰리는 형편이 된다 해도 하나님을 온전히 의지하는 능력이 있기를 주의 이름으로 축원합니다.

다윗과 요나단의 이별

| 사무엘상 20:35-42 |

어느 큰 회사의 상무가 되고 전무가 되는 것도 좋지만, 그 회사 사장님의 자녀가 되면 훨씬 좋습니다. 여러분은 하나님의 자녀입니다. 사람들은 만남을 통하여 위로와 행복 그리고 정보를 얻습니다. 조금 부족하게 보이는 사람도 상대를 잘 만나서 부족함이 채워질 때 갖추어진 사람으로 변합니다. 그러므로 미래를 생각하는 사람들은 만남을 매우 중요시합니다. 인생에 가장 중요한 만남은 예수님과의 만남입니다. 지옥 갈 신분에서 천국 갈 신분으로 바꾸어 놓는 만남이기 때문입니다.

이삭은 아버지 아브라함을 잘 만났고, 사무엘은 어머니 한나를 잘 만났습니다. 모세의 사역에는 여호수아와 갈렙 그리고 아론과 훌과의 좋은 만남이 있었습니다. 이스라엘 백성은 하나님의 사람 모세가 있어 출애굽을 할 수 있었습니다. 사람에게는 누구나 현재가 있기까지 수고한 이들이 있습니다. 그것을 잘 알고 행동하는 사람을 일컬어 역사성이 있다고 합니다.

오늘 본문의 사울과 다윗의 만남은 불행한 만남이었으며 요나단과 다윗의 만남은 아름다운 만남이었음을 알 수 있습니다. 악신이 사울에게 들어가 충신

믿음의 사람이 가는 길

(삼상 20:35-42) 아침에 요나단이 작은 아이를 데리고 다윗과 정한 시간에 들로 나가서 아이에게 이르되 달려가서 내가 쏘는 화살을 찾으라 하고 아이가 달려갈 때에 요나단이 화살을 그의 위로 지나치게 쏘니라 아이가 요나단이 쏜 화살 있는 곳에 이를 즈음에 요나단이 아이 뒤에서 외쳐 이르되 화살이 네 앞쪽에 있지 아니하냐 하고 요나단이 아이 뒤에서 또 외치되 지체 말고 빨리 달음질하라 하매 요나단의 아이가 화살을 주워 가지고 주인에게로 돌아왔으나 그 아이는 아무것도 알지 못하고 요나단과 다윗만 그 일을 알았더라 요나단이 그의 무기를 아이에게 주

을 역적으로 보이게 했습니다. 자기보다 인기가 더 있는 것 때문에 사울은 풍전
등화의 위기에 놓여진 나라를 구원한 다윗을 미워했습니다. 다윗과 사울의 만
남은 서로 고통을 주는 만남입니다. 사람에게 미움 받는 것도 고통스럽지만, 그
보다 더 불행한 것은 자신에게 죽이고 싶도록 미운 사람이 있는 것입니다.

그러나 다윗과 요나단의 만남은 가시밭의 백합처럼 아름다운 만남입니다.
권세와 시기가 가득한 권력자나 정치가의 틈바구니에서 곱게 피어난 백합처럼
향기 나는 만남이었습니다. 사랑을 깊이 나누며 마음을 통한 사랑의 만남이었습
니다. 그것은 상대의 필요를 먼저 채워주려는 조건 없는 만남이었습니다. 신분
과 문화와 재력을 초월한 사랑이었습니다. 주면서 행복해하는 사랑이었습니다.
요나단은 사울에게 쫓겨 다니는 사랑하는 친구 다윗에게 비전을 주었습니다.

이 두 사람은, "원수를 갚지 말며 동포를 원망하지 말며 네 이웃 사랑하기를
네 자신과 같이 사랑하라 나는 여호와이니라"(레19:18) 라는 말씀의 좋은 본보
기를 보였습니다. 하나님은 우리에게 동포를 원망하지 말고 원수를 갚지 말라
고 하셨습니다.

아름다운 사랑에 이별의 큰 시련이 찾아왔습니다. 사울왕이 악하므로 다윗
과 요나단은 헤어져야만 했습니다. 요나단은 다윗을 사울왕의 손에서 보호하려
했습니다. 사울왕이 다윗을 죽이려는 마음이 굳어진 것을 알고 요나단은 다윗
을 보내기로 마음먹었습니다. 그리고 다윗이 숨어있는 곳으로 갑니다. 요나단
과 다윗에게는 서로의 암호가 있었습니다.

🖤 아이를 보내어 가서 화살을 찾으라 하며 내가 짐짓 아이에게 이르기를 보라
화살이 네 이쪽에 있으니 가져오라 하거든 너는 돌아올지니 여호와께서 살아

계심을 두고 맹세하노니 네가 평안 무사할 것이요 만일 아이에게 이르기를 보라 화살이 네 앞쪽에 있다 하거든 네 길을 가라 여호와께서 너를 보내셨음이니라(20:21-22)

요나단은 다윗을 사랑하므로 보냅니다

❧ 아침에 요나단이 작은 아이를 데리고 다윗과 정한 시간에 들로 나가서 아이에게 이르되 달려가서 내가 쏘는 화살을 찾으라 하고 아이가 달려갈 때에 요나단이 화살을 그의 위로 지나치게 쏘니라 아이가 요나단이 쏜 화살 있는 곳에 이를 즈음에 요나단이 아이 뒤에서 외쳐 이르되 화살이 네 앞쪽에 있지 아니하냐 하고 요나단이 아이 뒤에서 또 외치되 지체 말고 빨리 달음질하라 하매 요나단의 아이가 화살을 주워 가지고 주인에게로 돌아왔으나(20:35-38)

만남은 헤어짐의 시작입니다. 헤어짐에는 자신을 위한 헤어짐도 있고 사랑하기 때문에 떠나는 것도 있습니다. 또 보내는 것도 있습니다. 요나단은 다윗이 생명을 보존하도록 떠나는 것을 도와줍니다. 우리도 가정에서 자녀를 사랑하므로 결혼, 유학 등으로 떠나보냅니다.

구약 성경 룻기에 나오미라는 여인이 나옵니다. 나오미는 베들레헴에 살다가 경제적 어려움으로 모압 땅으로 가서 살다 10년 만에 남편과 아들 둘이 다 죽습니다. 이때 나오미는 다시 고향으로 돌아오려고 마음을 먹습니다.

❧ 나오미가 두 며느리에게 이르되 너희는 각기 너희 어머니의 집으로 돌아가라 너희가 죽은 자들과 나를 선대한 것 같이 여호와께서 너희를 선대하시기를 원하며 여호와께서 너희에게 허락하사 각기 남편의 집에서 위로를 받게 하시기를 원하노라 하고 그들에게 입 맞추매 그들이 소리를 높여 울며 나오미에게 이르되 아니니이다 우리는 어머니와 함께 어머니의 백성에게로 돌아가겠나이

다 하는지라(룻1:8-10)

보내는 사랑이 위대할 때가 있습니다. 큰 사람은 상대를 중심으로 만남과 보냄을 행합니다. 악한 사람은 가족 친구를 모두 이용할 대상으로 봅니다. 자신에게 유익이 있으면 상대의 장래도 생각지 않고 붙잡아 놓는 이들도 있습니다.

참 사랑의 관계는 헤어짐도 아름답습니다 | 우리는 상대가 어떻게 사는 것이 행복한가를 생각해야 합니다. 우리가 믿는 예수님은 우리를 위해 그의 생명을 주셨습니다. 그 사람에게 줄 수 있는 최고의 사랑의 선물은 예수 믿고 구원을 받게 하는 것입니다. 신앙의 유익이 있는 길이라면 육신적인 외로움도 감수하더라도 그로 하나님과 교통하도록 하는 것입니다. 인간의 위로보다는 하나님의 큰 위로가 상대를 살리는 줄 알고 지혜롭게 생활해야 합니다.

> 🐚 아이가 가매 다윗이 곧 바위 남쪽에서 일어나서 땅에 엎드려 세 번 절한 후에 서로 입 맞추고 같이 울되 다윗이 더욱 심하더니(20:41)

사람이 떠난 후에 그 사람의 사역에 대한 평가가 나타납니다. 서로간의 가슴에 상처만 남기고 떠나는 사람이 있습니다. 어떤 사람은 좋은 감정과 그리움을 남기고 떠나는 사람이 있습니다. 요나단과 다윗의 헤어짐에는 감사와 아쉬움이 있었습니다. 엎드려 세 번 절한 후 절하는 것은 상대를 존경하고 감사하는 마음의 표현입니다. 때로 상대가 잘해주면 절하고 싶도록 존경이 갈 때가 있습니다. 입 맞추고 같이 울되 다윗이 더욱 심하더니 라고 했습니다. 이처럼 다윗과 요나단은 사랑하는 우정이지만 아버지에 의해 헤어져야만 하는 고통을 경험하고 있습니다.

인간은 육신적인 이별을 하나 모두 주안에 있습니다

> 요나단이 다윗에게 이르되 평안히 가라 우리 두 사람이 여호와의 이름으로 맹
> 세하여 이르기를 여호와께서 영원히 나와 너 사이에 계시고 내 자손과 네 자
> 손 사이에 계시리라 하였느니라 하니 다윗은 일어나 떠나고 요나단은 성읍으
> 로 들어가니라(20:42)

요나단은 "평안히 가라"라는 말로 다윗을 위로하고 보냅니다. 두 사람 사이
에는 하나님이 계셨습니다. 주 안에 있는 사람에게 영원한 이별은 없습니다. 나
라가 다르고 지역이 달라도 하나님의 통치 안에 있습니다. 죽음으로 육체가 흙
으로 돌아가도 영혼은 천국에서 만납니다. 믿는 사람들은 천국에서 만납니다.
요나단은 하나님께서 자신의 자손과 다윗의 자손 사이에 계실 것을 믿었습니
다. 참 사랑은 자신 뿐 아니라 후손들까지 관계가 유지되기를 원합니다.

사랑하는 성도 여러분! 예수 믿는 우리 모두는 믿음의 가족으로 천국에서
만나야 합니다. 이사 가는 이들이 주위에 있어도 다시 만날 줄 알고 사랑으로
대해야 합니다. 천국 간 사람도 다시 만날 줄 알고 소망을 가져야 합니다.

> 내가 들으니 보좌에서 큰 음성이 나서 이르되 보라 하나님의 장막이 사람들과
> 함께 있으매 하나님이 그들과 함께 계시리니 그들은 하나님의 백성이 되고 하
> 나님은 친히 그들과 함께 계셔서 모든 눈물을 그 눈에서 닦아 주시니 다시는
> 사망이 없고 애통하는 것이나 곡하는 것이나 아픈 것이 다시 있지 아니하리니
> 처음 것들이 다 지나갔음이러라 보좌에 앉으신 이가 이르시되 보라 내가 만물
> 을 새롭게 하노라 하시고 또 이르시되 이 말은 신실하고 참되니 기록하라 하
> 시고 또 내게 말씀하시되 이루었도다 나는 알파와 오메가요 처음과 마지막이
> 라 내가 생명수 샘물을 목마른 자에게 값없이 주리니 이기는 자는 이것들을
> 상속으로 받으리라 나는 그의 하나님이 되고 그는 내 아들이 되리라 그러나

두려워하는 자들과 믿지 아니하는 자들과 흉악한 자들과 살인자들과 음행하는 자들과 점술가들과 우상 숭배자들과 거짓말하는 모든 자들은 불과 유황으로 타는 못에 던져지리니 이것이 둘째 사망이라(계21:3-8)

저녁 때 아직 돌아오지 않은 가족을 찾아 나서듯 보이지 않는 성도를 찾아 나서야 합니다. 아름다운 만남은 실패의 큰 위기를 서로 극복케 합니다. 권력과 혈육 중심이 아닌 하나님의 말씀에 굳게 서서 사랑합시다. 우리는 죄와 사망을 생명으로 이긴 예수 그리스도의 피의 능력을 가지고 기도의 땀을 흘려야합니다. 성령의 생수를 마시면서 만나고 헤어짐을 행복과 보호의 씨로 만들기를 주의 이름으로 축원합니다.

49 다윗에게 지혜를 배우라

꽃은 필 때 아름답고 사람은 웃을 때 아름답습니다. 아무리 예쁜 얼굴이라도 찡그리면 그렇게 아름답지는 않습니다. 웃음과 배려로 편안한 교회를 만들어 봅시다. 예수님을 닮은 사람이 많은 교회를 만들어 건강한 교회가 되도록 합시다.

사람은 무엇인가를 의지하고 싶어 합니다. 또 사람은 무엇인가를 사랑하고 살 때 나름대로 행복을 느낍니다. 그 사랑의 대상이 하나님이면 행복해집니다. 그러나 사랑의 대상이 잘못되면 마음으로부터 평안이 사라지게 됩니다.

지혜로운 사람은 하나님의 음성을 듣습니다. 하나님의 판단은 완전하고 온전하며 그의 말씀은 생명입니다. 하나님은 구원 받은 제자를 향하여 말씀하셨습니다.

(삼상 21:1-15) 다윗이 놉에 가서 제사장 아히멜렉에게 이르니 아히멜렉이 떨며 다윗을 영접하여 그에게 이르되 어찌하여 네가 홀로 있고 함께 하는 자가 아무도 없느냐 하니 다윗이 제사장 아히멜렉에게 이르되 왕이 내게 일을 명령하고 이르시기를 내가 너를 보내는 것과 네게 명령한 일은 아무것도 사람에게 알리지 말라 하시기로 내가 나의 소년들을 이러이러한 곳으로 오라고 말하였나이다 이제 당신의 수중에 무엇이 있나이까 떡 다섯 덩이나 무엇이나 있는 대로 내 손에 주소서 하니 제사장이 다윗에게 대답하여 이르되 보통 떡은 내 수중에 없으나 거룩한 떡은 있나니 그 소년들이 여자를 가까이만 하지 아니하였으면 주리라 하는지라 다윗이 제사장에게 대답하여 이르되 우리가 참으로 삼 일 동안이나 여자를 가까이 하지 아니하였나이다 내가 떠난 길이 보통 여행이라도 소년들의 그릇이 성결하겠거든 하물며 오늘 그들의 그릇이 성결하지 아니하겠나이까 하매 제사장이 그 거룩한 떡을 주었으니 거기는 진설병 곧 여호와 앞에서 물려 낸 떡밖에 없었음이라 이 떡은 더운 떡을 드리는 날에 물려 낸 것이더라 그 날에 사울의 신하 한 사람이 여호와 앞에 머물러 있었는데 그는 도엑이라 이름하는 에돔 사람이요 사울의 목자장

믿는 사람들은 세상에서 빛이 되어야 합니다. 단, 선한 행실을 하는 동기는 하나님 앞에서 하는 것이어야 합니다. 하나님 앞에 하는 선을 알려서 복을 받게 하여야 합니다. 사랑하는 것과 순종하는 것 그리고 믿음을 지키는 것은 빛의 사역이므로 온전히 감당해야 합니다.

오늘 본문에 다윗이 연단 받으면서 행하는 모습을 볼 수 있습니다. 사도행전은 다윗에 대한 하나님의 평가를 이렇게 말하고 있습니다.

백성들두 다윗을 사울보다 훨씬 위대한 사람으로 평가했습니다. 그러나 사울은 권력을 가지고 다윗을 죽이려했고 다윗은 쫓겨 다니는 신세가 되었습니

이었더라 다윗이 아히멜렉에게 이르되 여기 당신의 수중에 창이나 칼이 없나이까 왕의 일이 급하므로 내가 내 칼과 무기를 가지지 못하였나이다 하니 제사장이 이르되 네가 엘라 골짜기에서 죽인 블레셋 사람 골리앗의 칼이 보자기에 싸여 에봇 뒤에 있으니 네가 그것을 가지려거든 가지라 여기는 그것밖에 다른 것이 없느니라 하는지라 다윗이 이르되 그같은 것이 또 없나니 내게 주소서 하더라 그 날에 다윗이 사울을 두려워하여 일어나 도망하여 가드 왕 아기스에게로 가니 아기스의 신하들이 아기스에게 말하되 이는 그 땅의 왕 다윗이 아니니이까 무리가 춤추며 이 사람의 일을 노래하여 이르되 사울이 죽인 자는 천천이요 다윗은 만만이로다 하지 아니하였나이까 한지라 다윗이 이 말을 그의 마음에 두고 가드 왕 아기스를 심히 두려워하여 그들 앞에서 그의 행동을 변하여 미친 체하고 대문짝에 그적거리며 침을 수염에 흘리매 아기스가 그의 신하에게 이르되 너희도 보거니와 이 사람이 미치광이로다 어찌하여 그를 내게로 데려왔느냐 내게 미치광이가 부족하여서 너희가 이 자를 데려다가 내 앞에서 미친 짓을 하게 하느냐 이 자가 어찌 내 집에 들어오겠느냐 하니라

다. 때로는 믿음있는 자가 믿음없는 자에게, 성령에 감동된 자가 악신에게 사로잡힌 자에 의해 고통당할 때도 있습니다. 그러나 나중까지 견디는 자는 승리하게 됩니다.

성경은 믿음의 사람들의 실수와 범죄 행위에 대해서 적나라하게 기록하고 있습니다. 실패를 덮는 것이 아니라 훗날의 큰 교훈으로 삼기 위해 다윗의 실패, 소돔과 고모라의 실패 그리고 선악과를 따먹은 인간의 본성 등을 기록했습니다. 인간의 실패를 기록하므로 하나님의 위대하심을 알게 하고, 인간의 전적 부패도 알게 하여 우리를 겸손하게 합니다.

역사는 바르게 기록해야 합니다. 역대 대통령의 행적들을 알리는 역사관을 만들어 잘한 것은 잘했다고 하고 못한 것은 못했다고 해야 합니다. 좋은 것은 덮고 잘못한 것만 드러내는 것도 잘못이요, 잘된 것만 드러내는 것도 잘못입니다. 6?25 전쟁도 그때의 상황을 후손에게 알려 다시는 동족상잔의 비극이 없도록 해야 합니다. 민족의 화해라는 것 때문에 덮어버리면 나중에는 예상치 못한 결과를 낳을 수도 있습니다. 부끄러운 역사도 역사입니다.

다윗은 살아남기 위해 육성(肉性)으로 행하였습니다

본문에 사울왕의 칼날을 피해 이곳저곳을 방황하면서 살아남기 위한 다윗의 몸부림이 기록되어 있습니다. 다윗은 남을 해할 목적으로 거짓말을 한 것이 아니라 자기의 생명을 유지하기 위해서 거짓말을 했습니다. 다윗에게서 인간의 나약함이 보여 집니다.

> ❦ 네 아버지께서 만일 나에 대하여 자세히 묻거든 그 때에 너는 말하기를 다윗이 자기 성읍 베들레헴으로 급히 가기를 내게 허락하라 간청하였사오니 이는 온 가족을 위하여 거기서 매년제를 드릴 때가 됨이니이다 하라(20:6)

진실을 말하기 보다는 자신에게 유익하도록 사울에게 잘 말해달라는 것입

니다. 다윗이 제사장 아히멜렉을 찾아 간 것은 하나님의 뜻을 알기 위해서 간
것 같습니다. 다윗은 아히멜렉에게 거짓말을 하였습니다.

> ❀ 다윗이 제사장 아히멜렉에게 이르되 왕이 내게 일을 명령하고 이르시기를 내
> 가 너를 보내는 것과 네게 명령한 일은 아무것도 사람에게 알리지 말라 하시
> 기로 내가 나의 소년들을 이러이러한 곳으로 오라고 말하였나이다(21:2)

아히멜렉은 다윗의 요구대로 거룩한 떡을 주었고 성막에 있던 골리앗의 칼
을 다윗에게 주었습니다. 믿는 사람도 생명의 위협을 받을 때 양심을 팔 수도
있습니다.

그러나 거기에는 사울의 신하요 목자장인 에돔 사람 도엑이 있었습니다. 다
윗은 제사장에게 와서 필요한 것을 얻기는 했으나 사울의 신하 도엑이 있었음
으로 본의 아니게 자신의 모든 것을 말할 수 없었고 하나님께 물을 수도 없었습
니다.

다윗은 사울왕에게 쫓겨 원수의 나라로 갔습니다

다윗이 피한
나라는 블레셋입니다. 블레셋은 골리앗의 고향입니다. 다윗은 사울을 두려워
하여 가드 왕 아기스에게로 갔습니다. 그의 신하들이 다윗에 대하여 말하였습
니다.

> ❀ 아기스의 신하들이 아기스에게 말하되 이는 그 땅의 왕 다윗이 아니니이까 무
> 리가 춤추며 이 사람의 일을 노래하여 이르되 사울이 죽인 자는 천천이요 다
> 윗은 만만이로다 하지 아니하였나이까 한지라(21:11)

이 때 다윗의 마음에 두려움이 생겼습니다. 세상이 그를 알아보게 되자, 다
윗은 정신이 온전치 못한 자처럼 행동을 다르게 했습니다.

아기스 왕은 다윗을 외모로 판단하였습니다. 다윗을 미친 사람으로 보고 내몰았습니다. 세상은 외모를 취함으로 사람을 분별하지 못하는 약점이 있습니다. 세상은 당당한 사람이나 잘난 사람이나 부자들을 우대합니다.

다윗은 위기 속에서도 그 환경을 잘 극복한 것입니다. 겸손하며 낮아질 수 있으며 자신의 나약함을 인정할 때도 있어야 합니다.

사랑하는 성도 여러분! 여러분도 다윗처럼 환경과 사건과 악령에 쫓기고 있습니까? 지금 염려와 걱정으로 마음에 두려움이 있습니까? 인내하며 하나님을 가까이 하시길 바랍니다.

다윗의 모습 속에서 우리의 모습을 찾아야 합니다 |

다윗은 마음에 두려움이 있었고 이방인에게 미친 사람으로 취급 받음으로 버림받아 갈 곳이 없는 환경이 되었습니다. 시편 34편은 다윗이 아히멜렉 앞에서 미친 체하다가 쫓겨나서 지은 시라고 기록되어 있습니다. 이 시의 배경을 알면 더욱 은혜가 됩니다. "내가 여호와를 항상 송축함이여" 한 것을 보면 위기 속에서도 다윗이 가진 신앙의 불은 꺼지지 않았습니다. "내가 여호와께 구하매 내게 응답하시고 내 모든 두려움에서 나를 건지셨도다"라고 했습니다. 다윗은 넘어져도 기도와 찬송을 했습니다. 말할 수 없는 자리, 넘어지고 낮은 자리, 헤매이는 자리에서도 기도와 찬송으로 일어났습니다.

그들이 주를 앙망하고 광채를 내었으니 그들의 얼굴은 부끄럽지 아니하리로

다 이 곤고한 자가 부르짖으매 여호와께서 들으시고 그의 모든 환난에서 구원하셨도다(시34:5-6)

하나님은 자기를 향한 자에게 은혜를 주십니다. 일어나게 하십니다. 성경은 하나님의 말씀입니다. 예수님을 통해 우리의 죄와 허물이 해결되었다고 하신 말씀을 믿어야 합니다. 그리고 진토에서 일으키시는 하나님을 믿고 자신을 미워하지 말아야 합니다. 자신이 가진 은사와 실력과 환경을 귀히 여기면서 당당하게 살아야 합니다.

우리가 다윗에게 배울 것은 실패 속에서도 하나님을 찾고 그분을 향하는 믿음과 지혜입니다. 그리고 환경에 지배받는 거짓된 부분과 두려워하는 부분이 없도록 기도하고 회개하며 성령충만으로 무장해야 합니다. 다윗을 보면서 신앙인이라도 환경에 붙잡혀 방황할 수 있다는 것을 이해해야 합니다. 환경에 빠져 진실된 삶을 살지 못하는 이들을 향해 정죄하지 말고, 그들이 고통 속에서도 기도하고 회개하며 성전을 찾도록, 택한 백성으로 행복하도록 도와주어야 합니다. 인간의 의지와 지식과 신념은 삶의 위험 앞에서 무너집니다. 그러나 성령의 능력을 믿으면 마귀와 환경을 이기고 권력자 앞에서도 당당하고 비굴하지 않습니다. 성령의 사람이 되어 항상 승리하시길 축원합니다.

50

다윗에게 모인 사람들

| 사무엘상 22:1-5 |

'나무는 고요히 있고자 하나 바람이 그냥 두지 않는다' 라는 말에 모두가 공감하듯이 사람이 평안하게 살려하나 환경이 그냥 두지 않을 때가 많습니다. 지난 주 기도원에 가는 길에 어느 집사님의 전화를 받았습니다. 자신은 건강하고 싶은데 몸이 너무 아파 고통스럽다면서 기도를 부탁했습니다. 운전 중이라 길가에 차를 세우고 전화로 기도했습니다. 성도들이 고통스러워하는 모습을 볼 때 죄 아래 있는 사람은 누구나 고통을 피할 수 없음을 새삼 느낍니다. 사람은 살아가는 동안 기쁨과 고난과 질병에 매입니다. 생로병사의 시련의 짐을 지고 사는 우리에게 예수님은 행복을 약속하셨습니다.

🌱 너희 중에 고난 당하는 자가 있느냐 그는 기도할 것이요 즐거워하는 자가 있느냐 그는 찬송할지니라 너희 중에 병든 자가 있느냐 그는 교회의 장로들을 청할 것이요 그들은 주의 이름으로 기름을 바르며 그를 위하여 기도할지니라 믿음의 기도는 병든 자를 구원하리니 주께서 그를 일으키시리라 혹시 죄를 범하였을지라도 사하심을 받으리라(약 5:13-15)

(삼상 22:1-5) 그러므로 다윗이 그 곳을 떠나 아둘람 굴로 도망하매 그의 형제와 아버지의 온 집이 듣고 그리로 내려가서 그에게 이르렀고 환난 당한 모든 자와 빚진 모든 자와 마음이 원통한 자가 다 그에게로 모였고 그는 그들의 우두머리가 되었는데 그와 함께 한 자가 사백 명 가량이었더라 다윗이 거기서 모압 미스베로 가서 모압 왕에게 이르되 하나님이 나를 위하여 어떻게 하실 지를 내가 알기까지 나의 부모가 나와서 당신들과 함께 있게 하기를

환경을 이기고 참 평안을 얻는 길은 오직 하나님 밖에 없습니다.

다윗은 사울왕의 시기 질투로 인해 쫓기는 형편이 되었습니다. 세속 권력의 특성은 자신의 자리를 넘볼 만한 실력자를 어떤 방법으로든지 제거하려고 합니다. 결국 사울은 그를 죽이기 위해 군대를 동원하여 추적했습니다. 다윗이 사울을 피해 여러 곳으로 도피하는 중에 많은 사람들이 그에게 모였습니다.

> ♕ 환난 당한 모든 자와 빚진 모든 자와 마음이 원통한 자가 다 그에게로 모였고 그는 그들의 우두머리가 되었는데 그와 함께 한 자가 사백 명 가량이었더라 (22:2)

그들은 사울왕정 아래에서 고통당하는 자들이었습니다. 잘못된 지도자 사울이 통치함으로 환난을 당하는 자가 많이 생겼습니다. 역사적으로 볼 때 지식인이 수난을 당하는 때가 있고 부자가 수난을 당하는 때도 있었습니다. 사울 시대는 바른 사람이 환난을 당하는 때였습니다. 다윗도 애국애족한 자로 백성의 존경을 받음으로 도망 다니는 신세가 되었습니다.

경제 정책을 잘못하여 경기가 안 좋으면 남의 빚을 지게 됩니다. 빚진 자는 채무에 의해 재산과 인격까지도 무너져버립니다. 도피 생활을 하는 다윗도 유사한 경험을 했습니다.

남의 악함으로 인해 자신에게 불이익이 왔을 때 우리는 원통해 합니다. 공의가 없어지고 불의와 간신들만 득세하는 때에는 원통함을 호소하는 사람이 많습니다. 재판을 한 후 진실이 무시되고 거짓이 승소했을 때의 서러움과 원통함은 오랫동안 가슴 속 깊이 자리 잡게 됩니다. 그러한 자들도 다윗에게로 모였습니다. 그들은 모두 사백 명 가량 되었는데 다윗을 그들의 장관으로 삼았습니다.

🐚 다윗이 거기서 모압 미스베로 가서 모압 왕에게 이르되 하나님이 나를 위하여 어떻게 하실 지를 내가 알기까지 나의 부모가 나와서 당신들과 함께 있게 하기를 청하나이다(22:3)

다윗은 미스베로 모압 왕을 찾아갔습니다. 다윗은 모압과 인연이 있습니다. 다윗의 증조모인 룻의 고향이 모압입니다. 다윗은 모압으로 가면 사울의 칼날을 피할 수 있으리라고 생각했습니다.

"하나님이 나를 위하여 어떻게 하실 것을 내가 알기까지"에서 다윗의 믿음이 보여집니다. 이 말씀은 하나님의 사람으로서의 삶의 태도를 보여줍니다. 자신의 생각보다도 하나님의 생각을 우선하는 것이 지혜입니다. 다윗은 모압왕에게 하나님의 뜻을 알기까지 자신의 부모로 그들과 함께 있게 하기를 청했습니다. 부모와 친척들을 하나님 중심으로 보호하겠다는 의지입니다. 그러나 하나님은 선지자 갓을 통해 다윗에게 요새에 있지 말고 유다 땅으로 들어가라고 합니다. 오늘 이 말씀 속에서 하나님의 뜻을 깊이 깨닫고 참 행복을 가지시길 축원합니다.

잘 속하는 자에게 미래가 있습니다 │

다윗을 찾아간 자들은 지혜로운 선택을 한 자들입니다. 이들은 현재 매우 고통당하는 자들입니다. "환난 당한 모든 자와 빚진 자와 마음이 원통한 자"는 오늘 말로 표현하면 실패자들이라는 것입니다. 정치적으로 사업적으로 억울함을 호소하는 자들입니다. 그러나 이들은 역사적으로 보면 사울왕에게 속한 이들보다 행복한 사람들이었습니다. 불의한 사람에게 속하여 부와 권력을 누리는 것 보다 실패자의 모습이지만 예수님께 속하고 하나님이 기뻐하는 사람의 편에 서는 것이 훨씬 아름답습니다.

여러분의 마음에 환난이 있습니까? 고난을 받고 있습니까? 사업에 실패하셨나요? 정말로 참지 못할 정도로 분합니까? 지금 속해 있는 곳을 점검해 보시기를 바랍니다. 하나님은 여러분에게 복 주시기 위해 연단하실 때도 있습니다. 소속을 바꾸어 주시는 사건일 수도 있습니다. 요나를 바다 위에 던진 것은 선지자의 사역을 회복시켜 니느웨로 가게 하는 사건입니다. 아브람에게 본토 친척 아비 집을 떠나라하심은 믿음의 조상으로 만들려는 하나님의 사랑과 보살핌의 시작입니다. 욥에게 주신 시련은 사단의 생각이 잘못된 것임을 증명하기 위한 하나님의 보살핌입니다.

때로는 환난과 실패와 원통함이 좋은 환경에 속하게 되는 전환의 기회가 됩니다. 이들이 어려움 속에서 다윗을 찾아감 같이 예수님을 찾으시길 바랍니다. 예수님은 우리를 부르고 있습니다.

✧ 수고하고 무거운 짐진 자들아 다 내게로 오라 내가 너희를 쉬게 하리라 나는 마음이 온유하고 겸손하니 나의 멍에를 메고 내게 배우라 그리하면 너희 마음이 쉼을 얻으리니 이는 내 멍에는 쉽고 내 짐은 가벼움이라 하시니라(마 11:28-30)

좋은 지도자는 하나님의 뜻을 알려고 합니다

다윗은 자신을 찾아오는 사람들을 받아들였습니다. 아둘람 굴로 은신처를 떠나면서도 자신을 찾은 부모와 친척과 환난 당하는 자들을 잘 돌보았습니다. 하나님을 알면 전능자의 지혜와 능력과 사랑을 깨닫게 됩니다. 하나님은 창조한 사람에게 계획을 갖고 계십니다. 다윗을 향한 하나님의 계획이 있음같이 우리에게도 하나님의 섭리가 있습니다. 하나님은 다윗에게 기름을 부어 이스라엘의 왕으로 예정했습니다. 궁중 악사가 되게 하고 골리앗을 이기게 하고 백성들에게 인정받고 또 왕의 시기 받아 도망도 다니게 했습니다. 또 살아남기 위해 인간의 방법도 사용했으며 거짓말도 하고 미친 짓도 했습니다. 그러나 환난 당한 자와 빚진 자와 원통한 자의 장관된 후에는 하나님의 뜻을 알려고 했습니다.

성숙한 신자는 하나님의 뜻을 알려고 노력합니다. 말씀과 기도를 생활화합니다. 여호와께 묻고 가는 자가 좋은 지도자입니다. 하나님의 생각과 사람의 생각은 차이가 있습니다. 하나님의 판단은 영원하고 사람의 생각은 영원하지 못합니다. 하나님의 지식이 반석이라면 사람의 생각은 모래입니다. 다윗은 하나님의 뜻을 높이며 따르며 기다리며 바른 신앙을 가졌습니다.

- ❧ 내가 주의 인자하심을 기뻐하며 즐거워할 것은 주께서 나의 고난을 보시고 환난 중에 있는 내 영혼을 아셨으며(시31:7)
- ❧ 여호와께서 환난 날에 나를 그의 초막 속에 비밀히 지키시고 그의 장막 은밀한 곳에 나를 숨기시며 높은 바위 위에 두시리로다(시27:5)
- ❧ 내가 환난 중에 다닐지라도 주께서 나를 살아나게 하시고 주의 손을 펴사 내 원수들의 분노를 막으시며 주의 오른손이 나를 구원하시리이다(시138:7)

하나님의 뜻이 성도의 중심에 서게 되면 하나님이 친히 책임집니다. 종이 주인에게 순종하고 행한 일이라면 결과는 주인이 책임집니다.

하나님은 선지자를 통해 말씀하십니다

- ❧ 선지자 갓이 다윗에게 이르되 너는 이 요새에 있지 말고 떠나 유다 땅으로 들어가라 다윗이 떠나 헤렛 수풀에 이르니라(22:5)

인간의 짧은 생각으로는 모압이 안전합니다. 사울이 쳐들어 올 수 없는 곳이기 때문입니다. 그러나 하나님은 갓을 통하여 유다 땅으로 들어가라고 하십니다. 유다는 은신할 만한 땅이 없습니다. 기름을 가지고 불 속으로 들어가는 것과 같습니다. 인간의 이성으로는 용납이 되지 않습니다.

부자 청년이 예수님께 나와 구원에 대하여 물을 때 주님은 이렇게 대답하셨습니다.

청년은 근심하여 돌아갔습니다. 부자 청년의 요새는 물질이었습니다. 지식, 명예, 권력 그리고 물질 등으로 요새를 삼으려는 이들은 예수님을 요새로 삼으라는 음성을 들어야 합니다. 하나님이 보시기에 모압은 다윗에게 평안의 장소가 아닙니다. 인간을 의지하면 위험합니다. 우리에게는 미국이나 중국도 요새가 될 수 없습니다. 혈육은 물론 심지어 자기 자신도 의지의 대상이 아닙니다. 하나님이 말씀 하실 때는 '예' 만 해야 합니다.

하나님은 선지자와 사도들을 통해 말씀 하십니다. 성경은 하나님의 말씀입니다. 주의 종을 통해 우리의 행할 길을 가르쳐주십니다. 다윗에게 속한 사람들이 복 있는 자들이었습니다. 그러나 그 시대에는 문제자들의 모임처럼 보였으나 그들은 매우 귀한 사람이었습니다. 예수님의 제자들이 무식한 것처럼 보이나 그들은 아주 지혜로운 자입니다. 오늘날 성도들이 악해 보이나 세상에서 가장 지혜롭고 아름다운 사람입니다. 영생을 얻은 자의 반열, 예수님을 왕으로 삼은 그리스도의 지체로 함께 행복을 일구어 가시길 주의 이름으로 축원합니다.

51

모든 사람 죽은 것이 나의 연고로다

| 사무엘상 22:20-23 |

어느 시대든지 선한 사람이 있는가 하면 악한 사람이 있습니다. 권력을 쓰는 사람이 있는가 하면 권력에 의해 미움을 받는 사람이 있습니다. 사람들이 타락하면 잘못된 결과에 대해 침묵하고 그 잘못을 상대에게 돌리는 죄를 짓습니다. 이는 우리나라를 보아도 알 수 있습니다. 경제, 안보 또는 외교적인 문제에 대한 미흡함을 책임지는 사람이 없습니다. 예를 들면, 촛불 시위로 반미를 했던 사람들이 지금은 침묵하고 있습니다. 미흡한 정치 신인들은 자신의 독주로 인해 고통 받는 백성들을 향해 이제는 내가 다윗처럼 잘못했다고 고백하고 더 좋은 내일을 위해 비전을 제시해야 합니다. 생명을 사랑하는 이들이라면 무기든 몇 명의 생명도 소중하지만 수 백 만의 인질을 먼저 생각해야 할 것입니다.

오늘은 자신의 행함에 책임을 느끼고 잘못을 시인하는 다윗의 위대함을 보면서 은혜를 받고자 합니다.

자신의 복을 지키지 못한 사울이 주는 교훈이 있습니다 |

사울은 오직 권력만을 위해 살다가

(삼상 22:20–23) 아히둡의 아들 아히멜렉의 아들 중 하나가 피하였으니 그의 이름은 아비아달이라 그가 도망하여 다윗에게로 가서 사울이 여호와의 제사장들 죽인 일을 다윗에게 알리매 다윗이 아비아달에게 이르되 그 날에 에돔 사람 도엑이 거기 있기로 그가 반드시 사울에게 말할 줄 내가 알았노라 네 아버지 집의 모든 사람 죽은 것이 나의 탓이로다 두려워하지 말고 내게 있으라 내 생명을 찾는 자가 네 생명도 찾는 자니 네가 나와 함께 있으면 안전하리라 하니라

모든 것을 잃어버렸습니다.

당시 왕으로서 군대를 동원할 수 있는 상당한 권력을 가지고 있었지만 사울은 항상 불안해하고 있었습니다. "너희가 다 공모하여 나를 대적하며"라고 말할 정도로 신하들을 믿지 못하였습니다. 사울은 불안과 공포로 떨고 있었고 권력을 지키기 위해 아들과 대립하고 딸을 이용하고, 왕이 가진 모든 힘을 동원하여 왕권을 지키려고 했습니다. 사울의 인생은 저주받은 인생이요, 하나님께 버림 받은 자의 삶이었습니다. 사울은 자기 성찰 없이 오직 하나님의 택한 사람 다윗을 죽이려는 일에 혈안이 되어 있었습니다. 누구라도 다윗을 도우면 죽이려고 했습니다.

우리는 어떻습니까? 무엇을 구하고 무엇을 지키려하고 있습니까? 물질, 명예 그리고 건강입니까? 하나님의 말씀을 떠나서는 아무 것도 지켜 낼 수가 없습니다. 그러나 여호와 앞에 있으면 지킬 수 있습니다. 예수님은 우리의 참된 평안의 반석이요, 승리의 능력입니다. 하나님이 지키시도록 모든 것을 하나님께 맡기기를 주의 이름으로 축원합니다.

두 종류의 사람, 죽는 자와 죽이는 사람이 있습니다. 사울의 목자장 도엑이라는 사람이 있었습니다. 사울의 신하들은 하기 싫어하는 일도 해야 했습니다.

> 왕이 좌우의 호위병에게 이르되 돌아가서 여호와의 제사장들을 죽이라 그들도 다윗과 합력하였고 또 그들이 다윗이 도망한 것을 알고도 내게 알리지 아니하였음이니라 하나 왕의 신하들이 손을 들어 여호와의 제사장들 죽이기를 싫어한지라(22:17)

하나님이 없는 자는 자기의 이익을 제일 먼저 생각합니다. 도엑은 사울에게 다윗과 아히멜렉에 대한 것을 말했습니다.

> 그 때에 에돔 사람 도엑이 사울의 신하 중에 섰더니 대답하여 이르되 이새의 아들이 놉에 와서 아히둡의 아들 아히멜렉에게 이른 것을 내가 보았는데 아히멜렉이 그를 위하여 여호와께 묻고 그에게 음식도 주고 블레셋 사람 골리앗의 칼도 주더이다(22:9-10)

도엑은 자신의 출세욕을 채우기 위해 이기적인 행동으로 왕의 관심을 끌려 했습니다. 그는 하나님을 마음에 두지 않았음으로 택한 백성 다윗에게와 제사장에게 불이익이 되는 행동을 하였습니다. 불의의 도구로 사용되는 사람은 하나님을 두려워하지 않습니다. 도엑과 사울은 악령에 사로잡혀서 하나님의 사람을 핍박하였습니다. 영혼과 육체를 함께 주관하시는 하나님을 알지 못하는 사람은 미련한 자입니다. 이 둘은 하나님의 택한 자 제사장까지도 해하기를 두려워하지 아니하였습니다.

> 왕이 도엑에게 이르되 너는 돌아가서 제사장들을 죽이라 하매 에돔 사람 도엑

이 돌아가서 제사장들을 쳐서 그 날에 세마포 에봇 입은 자 팔십오 명을 죽였
고 제사장들의 성읍 놉의 남녀와 아이들과 젖 먹는 자들과 소와 나귀와 양을
칼로 쳤더라(22:18-19)

하나님이 함께 하는 자는 악을 행치 않습니다. 하나님이 부른 자는 하나님
중심으로 선택을 합니다.

> ♜ 주의 궁정에서의 한 날이 다른 곳에서의 천 날보다 나은즉 악인의 장막에 사
> 는 것보다 내 하나님의 성전 문지기로 있는 것이 좋사오니(시84:10)

하나님의 법 아래 살지 않는 사람이 있는가 하면, 하나님의 사람을 돕다가
죽는 사람도 있습니다. 육(肉)을 가진 모든 사람은 죽습니다. 죽음은 한 길이지
만 삶은 천태만상입니다. 사람으로 태어났지만 맹수처럼 살다가 가는 사람, 사
람으로 태어나 사람답게 살고 가는 사람 또는 사람으로 태어나 성자처럼 살다
가는 사람이 있습니다. 아히멜렉의 죽음은 값진 것입니다. 다윗을 돕다가 죽임
을 당했습니다. 바른 말을 하고 죽었습니다.

> ♜ 아히멜렉이 왕에게 대답하여 이르되 왕의 모든 신하 중에 다윗 같이 충실한
> 자가 누구인지요 그는 왕의 사위도 되고 왕의 호위대장도 되고 왕실에서 존귀
> 한 자가 아니니이까(22:14)

아히멜렉은 다윗을 변호하고 사울에게 바른 말을 함으로 죽었습니다. 또 타
인을 위해 기도하고 선을 행함으로 죽임을 당했습니다. 표면적으로는 실패한
사람처럼 보이나 아히멜렉의 죽음은 신약의 스데반의 죽음처럼 아름답습니다.
여러분과 저도 늦기 전에 의인의 삶과 죽음의 반열을 선택하는 지혜가 있기를
바랍니다.

하나님의 뜻대로 살아가는 다윗이 주는 교훈이 있습니다 │

다윗은 아히멜렉과 그의 가족 85명이 죽었다는 소식을 들었습니다. 그 죄목은 다윗을 선대했다는 것입니다. 하나님은 아히멜렉의 아들 중 한 사람을 살려 주었습니다. 살아난 아비아달이 그 당시의 상황을 보고하자 다윗은 말했습니다.

> 다윗이 아비아달에게 이르되 그 날에 에돔 사람 도엑이 거기 있기로 그가 반드시 사울에게 말할 줄 내가 알았노라 네 아버지 집의 모든 사람 죽은 것이 나의 탓이로다(22:22)

도엑이 사울에게 고할 줄 알았다고 했습니다. 그리고 "네 아비집의 모든 사람 죽은 것이 나의 연고로다"라고 했습니다. 보통 사람 같으면, '사울이 너무 악하다. 그 사람 미친 사람이다. 도엑이 고하였구나'라며 자신의 실수를 덮어 버리고 상대의 악한 점만 드러내려고 할 것입니다. 특별히 요즘에는 교육, 경제, 사회의 현상 그리고 저출산 등으로 몸살을 앓는 사람이 많은데 그 문제에 대해 책임지는 사람이 없습니다. 교계의 원로들의 '내가 잘못했다' 는 고백운동을 보면서 위로가 되기는 합니다. 젊은 사람들은 다윗처럼 잘못한데 대한 책임을 질 줄 알아야 합니다. 가정의 문제도 온 가족의 책임임을 알아야 합니다. 나라와 교회도 문제를 볼 때 자신의 잘못처럼 책임을 통감해야 합니다. 그렇지 않으면 농부가 밭에 잡초가 있다고 불평하는 것과 같습니다. 그리고 다윗은 대적을 분명히 알았습니다. 그뿐 아니라 하나님이 자신을 보호해 주시고 자신과 함께 하는 사람도 보호받을 수 있다는 확신이 있었습니다.

> 두려워하지 말고 내게 있으라 내 생명을 찾는 자가 네 생명도 찾는 자니 네가 나와 함께 있으면 안전하리라(22:23)

다윗은 자신의 연고로 아히멜렉이 부모와 온 가족을 잃은 것을 알고 아비아달에게 보호를 약속했습니다. 잘못을 고백할 뿐 아니라 그 잘못 때문에 상처 입은 이들을 보호하는 자가 되었습니다.

사랑하는 성도 여러분! 우리 사회에서 일어나는 문제는 우리에게도 책임이 있습니다. 교회나 가정에 문제가 보여질 때 자신의 연고로 알고 회개합시다. 저는 요즘 감사기도를 드립니다. 제가 목회하는 목양지가 아름답게만 보여 집니다. 제 자신을 알게 된 후 더욱 행복해졌습니다. 나는 부족하고 내 몸 하나도 내 마음대로 못합니다. 그런데 사람들을 보내 주시는 하나님께 얼마나 감사한지 모릅니다. 자신의 몸과 환경도 마음에 들지 않을 때가 있는데 상대가 자신의 마음에 들기는 더 힘든 것입니다. 더불어 살고 함께 가는 자체가 은혜인 줄 알고 감사하시길 주의 이름으로 축원합니다.

52

여호와께 묻고 행하는 다윗

| 사무엘상 23:1-14 |

하나님은 사람을 남자와 여자로 만드시고 두 사람이 한 몸 이루어 가정을 이루어 살게 하셨습니다. 그리고 생육하고 번성하는 것과 땅을 정복하고 다스리는 권세를 주셨습니다. 사람은 땅에 있는 모든 것을 정복해야 하고, 자연과 짐승은 사람에게 다스림을 받아야 합니다. 하나님의 형상으로 창조된 사람은 하나님이 주신 권세를 갖고 살게 되어있었으나, 하나님과 단절됨으로 인해 불행해졌습니다. 자연으로 인해 어려운 환경을 만나고 사람으로 인해 서로 아파하고 속고 속이는 악순환 속에서 인생은 불행을 호소하게 되었습니다.

사울왕 당시 다윗의 고통도 죄의 결과의 하나로 볼 수 있습니다. 사울왕이 권력에 매이고 악신의 지배를 받아 선을 악으로 악을 선으로 행하여 백성들을 힘들게 했습니다. 사울왕이 자신의 욕구를 위해 충신을 죽이려고 군사를 동원하는 것을 보면 정치적으로 얼마나 악한 환경인지 짐작할 수 있습니다.

백성들 중에 어려움을 당하는 자들은 다윗에게로 도피하였습니다. 다윗은

(삼상 23:1-14) 사람들이 다윗에게 전하여 이르되 보소서 블레셋 사람이 그일라를 쳐서 그 타작 마당을 탈취하더이다 하니 이에 다윗이 여호와께 묻자와 이르되 내가 가서 이 블레셋 사람들을 치리이까 여호와께서 다윗에게 이르시되 가서 블레셋 사람들을 치고 그일라를 구원하라 하시니 다윗의 사람들이 그에게 이르되 보소서 우리가 유다에 있기도 두렵거든 하물며 그일라에 가서 블레셋 사람들의 군대를 치는 일이리이까 한지라 다윗이 여호와께 다시 묻자온대 여호와께서 대답하여 이르시되 일어나 그일라로 내려가라 내가 블레셋 사람들을 네 손에 넘기리라 하신지라 다윗과 그의 사람들이 그일라로 가서 블레셋 사람들과 싸워 그들을 크게 쳐서 죽이고 그들의 가축을 끌어 오니라 다윗이 이와 같이 그일라 주민을 구원하니라 아히멜렉의 아들 아비아달이 그일라 다윗에게로 도망할 때에 손에 에봇을 가지고 내려왔더라 다윗이 그일라에 온 것을 어떤 사람이 사울에게 알리매 사울이 이르되 하나님이 그를 내 손에 넘기셨도다 그가 문과 문 빗장이 있는 성읍에 들어갔으니 갇혔도다 사울이 모든 백성을 군사로 불러모

그들의 장관이 되었습니다. 이제 다윗은 자신만을 위하여 사는 자가 아니라 무리의 지도자가 되었습니다. 좋은 지도자는 자신보다 자신을 따르는 사람을 먼저 생각합니다. 좋은 목자는 몸은 초원에 있어도 마음은 병든 양에게 있습니다. 학교 선생님의 마음은 공부 잘하는 학생에게 있으나 부모는 병들어 신음하는 아이에게 있습니다. 오늘은 사울왕을 피하여 도망 다니면서도 하나님을 요새삼고 다니는 다윗을 통해 은혜 받고자 합니다.

　　♛ 선지자 갓이 다윗에게 이르되 너는 이 요새에 있지 말고 떠나 유다 땅으로 들어가라 다윗이 떠나 헤렛 수풀에 이르니라(22:5)

자신이 선택한 요새에서 떠나라는 하나님의 말씀에 순종함으로 다윗은 계속 하나님의 인도하심을 받았습니다. 아브라함이 본토 친척 아비 집을 떠날 때 하나님의 인도가 시작되었습니다. 베드로와 요한과 야고보도 그물을 버려두고 예수님을 따를 때 예수님의 인도함을 받았습니다. 환경과 물질과 자신의 배경이 요새가 되어 자신을 보호하여 주리라는 확신에서 벗어나 하나님의 인도를 받기 바랍니다. 하나님의 인도를 받는 사람은 어떤 일을 하든지 여호와께 묻고 가는 사람입니다. 또 변함없이 하나님의 백성을 사랑하는 사람이요, 대적에 대해 일관성이 있는 사람입니다. 이스라엘의 지도지 다윗은 미움을 받으면서도 이스라엘이 블레셋에 의해 피해 보는 것을 용납지 않는 사람입니다. 또 자신 까닭에 그일라 사람들이 사울에게 피해를 볼까 염려하면서 그들을 보호하려고 했습니다.

으고 그일라로 내려가서 다윗과 그의 사람들을 에워싸려 하더니 다윗은 사울이 자기를 해하려 하는 음모를 알고 제사장 아비아달에게 이르되 에봇을 이리로 가져오라 하고 다윗이 이르되 이스라엘 하나님 여호와여 사울이 나 때문에 이 성읍을 멸하려고 그일라로 내려오기를 꾀한다 함을 주의 종이 분명히 들었나이다 그일라 사람들이 나를 그의 손에 넘기겠나이까 주의 종이 들은대로 사울이 내려 오겠나이까 이스라엘의 하나님 여호와여 원하건대 주의 종에게 일러 주옵소서 하니 여호와께서 이르시되 그가 내려오리라 하신지라 다윗이 이르되 그일라 사람들이 나와 내 사람들을 사울의 손에 넘기겠나이까 하니 여호와께서 이르시되 그들이 너를 넘기리라 하신지라 다윗과 그의 사람 육백 명 가량이 일어나 그일라를 떠나서 갈 수 있는 곳으로 갔더니 다윗이 그일라에서 피한 것을 어떤 사람이 사울에게 말하매 사울이 가기를 그치니라 다윗이 광야의 요새에도 있었고 또 십 광야 산골에도 머물렀으므로 사울이 매일 찾되 하나님이 그를 그의 손에 넘기지 아니하시니라

 다윗은 블레셋 사람들이 그
일라를 쳐서 타작마당을 탈취했다는 소식을 듣고 하나님께 물었습니다. "내가
가서 블레셋 사람을 치리이까" 할 때, 하나님은 "블레셋 사람을 치고 그일라를
구원하라"고 하셨습니다. 다윗은 응답을 받고 사람들을 만났습니다. 그때 그들
은 이렇게 말했습니다.

> ❦ 다윗의 사람들이 그에게 이르되 보소서 우리가 유다에 있기도 두렵거든 하물
> 며 그일라에 가서 블레셋 사람들의 군대를 치는 일이리이까 한지라(23:3)

그러나 다윗은 사람들에게 굴복하지 않고 기도했습니다.

> ❦ 다윗이 여호와께 다시 묻자온대 여호와께서 대답하여 이르시되 일어나 그일
> 라로 내려가라 내가 블레셋 사람들을 네 손에 넘기리라 하신지라(23:4)

하나님의 응답은 사람의 생각과 차이가 있습니다. 하나님은 불가능한 것을
가능하게 합니다. 신구약 시대 뿐 아니라 지금도 하나님은 우리들의 기도를 들
어주십니다. 하나님의 말씀대로 다윗은 600명의 군사들과 함께 블레셋과 싸
워 이겨 그일라를 구원했습니다.

다윗이 그일라에 있는 것을 알고 사울이 군사를 모아서 그일라로 온다는 소
식을 다윗이 들었습니다. 그때도 다윗은 하나님께 물어보았습니다.

> ❦ 다윗이 이르되 이스라엘 하나님 여호와여 사울이 나 때문에 이 성읍을 멸하려
> 고 그일라로 내려오기를 꾀한다 함을 주의 종이 분명히 들었나이다 그일라 사
> 람들이 나를 그의 손에 넘기겠나이까 주의 종이 들은대로 사울이 내려 오겠나
> 이까 이스라엘의 하나님 여호와여 원하건대 주의 종에게 일러 주옵소서 하니
> 여호와께서 이르시되 그가 내려오리라 하신지라(23:10-11)

모든 사람에게 물어보는 것 보다 하나님께 물어보는 것이 가장 확실합니다. 성경 말씀은 능력, 지혜, 반석 그리고 빛이시므로 말씀을 따를 때 승리할 수 있습니다. 상담자를 찾아다니기 보다는 성경 말씀 속에서 묻고 행해야 합니다.

하나님의 사람은 환경과 사람에 의해 실망하지 말아야 합니다

하나님은 만드신 세상에서 인간과 자연이 어우러져 행복하게 살기를 원하십니다. 그러나 인간의 범죄로 인해 사람뿐 아니라 자연까지 고통스러운 가운데 있습니다.

또 사람은 위기 속에 있는 그 누구도 보호할 능력이 없습니다. 다윗이 하나님께, "나로 통해 그일라 주민들이 큰 기쁨을 얻고 블레셋 사람들이 빼앗아간 것을 도로 찾게 했는데 그들이 나를 사울의 손에 붙이겠나이까"라고 물어 보았습니다. 하나님은 대답하셨습니다.

> 다윗이 이르되 그일라 사람들이 나와 내 사람들을 사울의 손에 넘기겠나이까 하니 여호와께서 이르시되 그들이 너를 넘기리라 하신지라 다윗과 그의 사람 육백 명 가량이 일어나 그일라를 떠나서 갈 수 있는 곳으로 갔더니 다윗이 그일라에서 피한 것을 어떤 사람이 사울에게 말하매 사울이 가기를 그치니라 (23:12-13)

그 말을 들은 다윗은 그일라를 떠나 다른 곳으로 피했습니다. 다윗은 늘 하나님께 물어보았습니다. 하나님이 생각과 환경을 좌우하시는 것을 알았기 때문입니다. 사람은 자신의 장래를 알지 못하며 자신의 행위 자체를 주장할 수 없는 연약한 존재입니다. 바른 신앙을 고백했었던 베드로도 예수님을 부인하지 않겠다고 다짐했지만, 생명의 위협을 받게 되자 자신의 마음과는 달리 세 번씩이나 주님을 부인했습니다. 그일라 사람들도 다윗을 통해 은혜를 받았을 때는 고마움을 느끼지만, 사울의 군대가 와서 에워싸면 그들도 다윗을 보호해 줄 수 없음을 하나님이 아신 것입니다.

우리가 아무리 은혜를 입히고 희생하고 생명을 주었다 해도 생명의 위협을 당하면 당장에 자신의 유익을 먼저 생각하는 것이 사람입니다. 그러므로 혈육 지간이나 국가 간에도 믿을 수 없음을 알아야 합니다. 빙산 위에 집을 지어 놓고 안전하다고 생각하는 사람을 보고 어리석다고 합니다. 사람을 의지하면서 평안을 꿈꾸는 사람은 어리석은 자입니다. 사람이 나빠서가 아니라 사람에게는 사람을 보호할 능력이 없기 때문입니다.

> 여호와께서 이와 같이 말씀하시니라 무릇 사람을 믿으며 육신으로 그의 힘을 삼고 마음이 여호와에게서 떠난 그 사람은 저주를 받을 것이라 그는 사막의 떨기나무 같아서 좋은 일이 오는 것을 보지 못하고 광야 간조한 곳, 건건한 땅, 사람이 살지 않는 땅에 살리라(렘17:5-6)

사람은 돌봄과 사랑의 대상입니다. 돌보고 사랑하는 자체가 행복이며 누림이며 보상임을 알아 사랑하고 함께 거하면서 행복하기를 바랍니다.

하나님의 보호를 받으면 실패하지 않습니다

> 다윗이 광야의 요새에도 있었고 또 십 광야 산골에도 머물렀으므로 사울이 매일 찾되 하나님이 그를 그의 손에 넘기지 아니하시니라(23:14)

사울은 매일 다윗을 찾아다녔습니다. 그러나 하나님은 다윗을 사울의 손에 붙이지 않았습니다. 사울의 군사의 눈을 어둡게 한 것입니다. 600명이 함께 생활하는데도 다윗의 사람들을 찾지 못했습니다.

> 여호와는 나의 목자시니 내게 부족함이 없으리로다 그가 나를 푸른 풀밭에 누

이시며 쉴 만한 물가로 인도하시는도다 내 영혼을 소생시키시고 자기 이름을 위하여 의의 길로 인도하시는도다 내가 사망의 음침한 골짜기로 다닐지라도 해를 두려워하지 않을 것은 주께서 나와 함께 하심이라 주의 지팡이와 막대기가 나를 안위하시나이다(시23:1-4)

여호와를 요새 삼고 살았던 출애굽한 이스라엘 백성은 광야에서도 음식과 물을 먹고 마시면서 40년을 보낼 수 있었습니다. 예수 그리스도의 말씀을 믿고 사는 사람은 마음에 요동함 없이 살 수 있습니다. 지난주에 어느 청년이 '직장에서 짐승 같은 취급을 받습니다. 매우 힘이 듭니다. 기도해 주세요' 라는 내용으로 상담을 해왔습니다. 우리를 위해서 피 흘리신 예수님을 생각하면서 아무리 힘든 환경이 온다할지라도 이겨내야 합니다.

비와 창수를 탓하기보다 반석 위에 집 짓지 못한 자신을 탓해야 발전이 있고 해결책이 있습니다. 반석 위에 집 짓는 것은 자신이 죄인임을 알고 우리의 죄를 대신 지신 예수님을 구주로 믿는 것입니다. 죄를 해결 받아야 하고 성령충만의 사람이 되어야 하는 것입니다. 하나님의 영인 성령의 거룩한 능력을 받아 사는 것입니다. 성령의 능력 안에서 살면 행복해 집니다. 이번 6·25집회를 통해 성령충만을 받고 자신과 환경을 싸워 이길 수 있기를 축원합니다.

53 하나님의 보호 받는 다윗

사람은 하나님의 형상으로 창조되었습니다. 그래서 사람은 하나님의 성품을 따라 거룩해지고 사랑하며 살아야 합니다. 그러나 죄로 인한 하나님과 단절로 사람은 선 대신 악을 행하면서 살고 있습니다. 권세 가진 사람이 타락하게 되면 사람을 힘들게 합니다. 사람을 이간질 시키고 넘어지게 하는 것이 마귀의 속성입니다. 사탄에게 붙들린 사람은 자기만 살피지 남에 대한 배려가 없습니다. 사울이 그러했습니다.

다윗은 하나님이 함께 하심으로 능력있는 사람이 되었습니다. 또 하나님이 인정하여 왕으로 택함을 입었습니다. 백성들의 마음에도 사울보다 다윗이 귀한 자로 보였습니다. 사울은 왕이 가진 권세를 총동원하여 나라도 생각지 않고 다윗만 잡으려고 했습니다. 다윗은 이 곳 저 곳으로 피신하였습니다. 사울에게 도망 다닐 때도 환난 당하는 자와 원통한 자와 빚진 자들이 다윗을 찾아와 그를 장관으로 삼았습니다. 사울은 정보원을 두어서 다윗이 있는 곳을 알아내었지만

(삼상 23:15-29) 다윗이 사울이 자기의 생명을 빼앗으려고 나온 것을 보았으므로 그가 십 광야 수풀에 있었더니 사울의 아들 요나단이 일어나 수풀에 들어가서 다윗에게 이르러 그에게 하나님을 힘 있게 의지하게 하였는데 곧 요나단이 그에게 이르기를 두려워하지 말라 내 아버지 사울의 손이 네게 미치지 못할 것이요 너는 이스라엘 왕이 되고 나는 네 다음이 될 것을 내 아버지 사울도 안다 하니라 두 사람이 여호와 앞에서 언약하고 다윗은 수풀에 머물고 요나단은 자기 집으로 돌아가니라 그 때에 십 사람들이 기브아에 이르러 사울에게 나아와 이르되 다윗이 우리와 함께 광야 남쪽 하길라 산 수풀 요새에 숨지 아니하였나이까 그러하온즉 왕은 내려오시기를 원하시는 대로 내려오소서 그를 왕의 손에 넘길 것이 우리의 의무니이다 하니 사울이 이르되 너희가 나를 긍휼히 여겼으니 여호와께 복 받기를 원하노라 어떤 사람이 내게 말하기를 그는 심히 지혜롭게 행동한다 하나니 너희는 가서 더 자세히 살펴서 그가 어디에 숨었으며 누가 거기서 그를 보았는지 알아보고 그가 숨어 있는 모든 곳을 정탐하고 실상을 내

다윗은 하나님께 물으면서 움직였습니다. 유다의 한 성읍 그일라가 블레셋 사람들에게 고통을 당하자 다윗은 돕고자 하는 마음이 들었습니다. 그때 다윗은 여호와께 "내가 가서 이 블레셋 사람을 치리이까" 하고 물었고, 하나님은 "블레셋 사람을 네 손에 붙이리라" 라고 응답하셨습니다. 또 "사울이 그일라로 내려 오겠나이까"라고 물었을 때도 하나님은 "그가 내려 오리라"고 하셨습니다. 그러나 하나님은 다윗을 사울의 손에 붙이지 않으셨습니다.

> 🐚 다윗이 광야의 요새에도 있었고 또 십 광야 산골에도 머물렀으므로 사울이 매일 찾되 하나님이 그를 그의 손에 넘기지 아니하시니라(23:14)

하나님은 다윗의 요새였으며 목자이자 보호자이셨습니다. 다윗이 십 황무지 수풀에 숨어 있었을 때 사울의 아들 요나단이 수풀에 들어가 다윗을 만났습니다.

> 🐚 곧 요나단이 그에게 이르기를 두려워하지 말라 내 아버지 사울의 손이 네게 미치지 못할 것이요 너는 이스라엘 왕이 되고 나는 네 다음이 될 것을 내 아버지 사울도 안다 하니라(23:17)

그러나 다윗이 수풀에 숨어있는 것을 사울에게 알려주는 사람도 있었습니다.

게 보고하라 내가 너희와 함께 가리니 그가 이 땅에 있으면 유다 몇 천 명 중에서라도 그를 찾아내리라 하더라 그들이 일어나 사울보다 먼저 십으로 가니라 다윗과 그의 사람들이 광야 남쪽 마온 광야 아라바에 있더니 사울과 그의 사람들이 찾으러 온 것을 어떤 사람이 다윗에게 아뢰매 이에 다윗이 바위로 내려가 마온 황무지에 있더니 사울이 듣고 마온 황무지로 다윗을 따라가서는 사울이 산 이쪽으로 가매 다윗과 그의 사람들은 산 저쪽으로 가며 다윗이 사울을 두려워하여 급히 피하려 하였으니 이는 사울과 그의 사람들이 다윗과 그의 사람들을 에워싸고 잡으려 함이더라 전령이 사울에게 와서 이르되 급히 오소서 블레셋 사람들이 땅을 침노하나이다 이에 사울이 다윗 뒤쫓기를 그치고 돌아와 블레셋 사람들을 치러 갔으므로 그 곳을 셀라하마느곳이라 칭하니라 다윗이 거기서 올라가서 엔게디 요새에 머무니라 사울은 하나님의 복을 빌어줄 위치가 되지 않으면서도 여호와의 복을 빌고 있습니다. 사울의 명을 받들어 다윗을 잡으러 선발대가 다윗이 숨어있는 곳으로 갔습니다. 사울과 다윗은 이산 저산으로 진지를 옮겨 다니면서 대치하게 되었습니다. 사울이 다윗을 에워싸자 다윗은 두려워했습니다. 그때 하나님은 유다에 블레셋이 쳐들어오게 했습니다.

사울은 블레셋 사람의 침공으로 인하여 다윗을 잡는 것을 중단하고 블레셋 사람을 치러 올라갔습니다. 본문이 우리에게 주는 교훈을 통해 은혜를 받고자 합니다.

하나님께 버림 받은 사울은 자신의 뜻을 이룰 수가 없습니다

당시에 권세자였던 사울은 악신의 지배를 받는 사람이었습니다. 악신의 지배를 받으면 모든 권세와 물질을 악하게 사용합니다. 사울은 왕권과 군사력을 선한 사람을 죽이는데 동원하였습니다. 그러나 그의 수고는 모두 헛수고가 되었습니다.

하나님이 버린 사람은 협력자를 잃어버립니다. '친구를 보면 그 사람을 안다' 라는 말이 있습니다. 성경에도, 복 있는 사람은 복 있는 사람의 반열에 서있다고 했습니다. 나와 가까이 하는 사람이 어떤 사람인가를 구별해야 합니다. 사울과 가까이 하는 사람, 그에게 정보를 제공하는 사람은 악한 사람입니다. 도엑처럼 제사장의 생명을 아끼지 않는 사람입니다. 하나님의 뜻을 벗어난 사람은 뜻을 이루려는 순간 그 일은 물론 다른 일까지 실패합니다. 다윗을 잡으려는 순간에 사울은 블레셋에 의해 뜻을 이루지 못하고 돌아갔습니다.

힘들고 어려운 현실과 질병과 고통의 환경만을 보는 것 보다 왜 이 환경이 왔는가를 살펴보아야 합니다. 실패의 원인을 찾아야 합니다. 나뭇잎이 시들고 있을 때 그 나뭇잎만 보고 접근하면 문제를 해결할 수 없습니다. 포도나무 가지가 원줄기에 붙어 있으면 과실을 맺을 수 있습니다. 그러나 원줄기에서 분리되면 그때부터는 열매를 맺을 수 없습니다. 땅이 가시와 엉겅퀴를 내는 것을 보고 낙심하십니까? 선악을 알게 하는 나무의 실과를 먹음으로 하나님과 단절된 것을 먼저 회개해야 합니다.

사람의 마음을 주장하시는 분은 하나님이십니다. 성공과 실패의 문제는 영적인 것에서부터 찾으면 회복 가능합니다.

요나단은 지연과 혈연에 의해 좌우되지 않습니다

요나단은 부친의 뜻을 따르기 보다는 하나님의 뜻을 먼저 생각했습니다. 아버지는 다윗을 원수로 여겼으나, 요나단은 그를 친구로 사랑했습니다. 생명처럼 아꼈습니다. 자신을 주면서 행복해 하였습니다.

요나단의 지혜로운 선택은 먼 훗날 그의 아들이 은혜를 입는 결과로 나타납니다. 하나님 중심의 사람은 큰 인물이 됩니다. 예수님도 지연과 혈연보다는 하나님의 뜻을 먼저 생각했습니다. 사랑하는 어머니 마리아를 모시는 것을 보아도 알 수 있습니다. 육신의 형제들에게 어머니 마리아를 모시라 하지 않고 수제자 사도 요한에게 부탁했습니다. 어머니 마리아도 위대하고 사도 요한도 위대합니다. 진리 따르는 길에서 말씀 이상으로 육신의 가치관이 강조되면 넘어지기 시작합니다. 진리를 따르면 영도 세워지고 육신의 삶도 아름다워집니다. 지연은 파벌을 만들고 혈연은 눈을 어둡게 합니다. 학연은 우월의식을 조장합니다. 그러나 진리를 따르면 용서와 화합과 미래의 행복을 만들 수 있습니다.

여러분의 감정은 무엇에 의해 좌우됩니까? 진리에 의해 좌우된다면 여러분과 저는 큰 자입니다. 그러나 우리는 때때로 출생지나 과거의 관계로 인해 사람을 대할 때가 있습니다. 요나단이 명예와 신분과 권력을 초월하여 주 안에서 사람을 대한 지혜를 가지시길 주의 이름으로 축원합니다.

하나님의 보호 받는 다윗을 아무도 해할 수 없습니다

하나님의 미련한 것이 사람보다 지혜롭고 하나님의 약한 것이 사람보다 강합니다. 하나님이 보호하는 사람은 실패 같은 성공을 하고, 약한 것 같으나 강하고 가난한 것 같으나 매우 부유한 사람입니다. 하나님은 광야를 통과하는 이스라엘 백성을 불기둥과 구름기둥으로 보호하셨습니다. 다니엘에게는 사자굴을 통해 원수를 갚아주셨습니다. 하나님께서 보호하는 방법은 인간으로는 측량할 수 없습니다. 다윗이 사울에 의해 붙잡힐 수밖에 없는 형편에 이르렀을 때 하나님은 블레셋 군대를 보내어 위기를 면케 했습니다.

과거에 간판업을 하는 한 집사가 있었습니다. 88년 올림픽 때 거리 정화를 위해 간판들을 개조하는데 정부지원이 있었습니다. 그런데 시청에서 간판 제작을 어느 한 집에만 주고 그 집사 집에는 주지 않았습니다. 그래서 그는 기도를 했습니다. 그런데 처음에 간판 주문을 받은 사람이 다른 곳에 정신이 팔려 그 일을 제대로 하지 못하게 되자 기도하는 그 집사에게로 그 일이 오게 되었습니다. 일이 안될 때나 고통이 오면 하나님의 뜻을 알기 위해 기도해야 합니다. 가난이 타락을 막아주는 보호의 은총이 될 수도 있습니다. 탕자에게 찾아온 극한 흉년은 아버지 집을 찾게 하는 인도자요 아버지의 집의 부유함을 알리는 스승일 수 있습니다. 다윗의 피신과 연단은 좋은 왕으로 훈련하는 과정일 수 있습니다.

사랑하는 성도 여러분! 우리나라의 어려움은 타락한 성도가 회개하고 돌아오게 하는 사건일 수 있습니다. 신앙생활하면서 예수 그리스도를 의지하며 여러 환경을 이기시길 바랍니다.

54

사울을 보는 두 견해가 주는 교훈

| 사무엘상 24:1-7 |

　사람마다 서로 얼굴이 다르고 지문이 다른 것처럼 생각도 다르고 개성도 다릅니다. 내가 보기에는 틀린 것 같아도 상대가 보기에는 맞는 것이 있습니다. 같은 시간에 같은 사건을 보고도 다른 견해를 가질 수 있습니다.

　구원 받은 사람들의 가치관과 불신자의 가치관도 다릅니다. 그것은 '천국이 있다, 또는 없다'로 표현됩니다. 어떤 사람은 천국이 있는 것으로 믿고 그 나라에서 면류관을 받기 위해 열심히 복음 전하고 순종의 삶을 살아갑니다. 반면에 천국이 없다는 사람은 환경과 불신의 종노릇하다가 힘들면 자살의 길을 선택하는 사람도 있고, 반면 인내로 극복하며 나름대로 육신적으로 성공을 거두는 사람도 있습니다. 장례식장에서 곡(哭)하는 사람이 있는가 하면 '천국에서 만나보자'라고 기쁘게 찬송을 부르는 사람이 있습니다. 또 구원 받은 사람들 중에도 믿음이 큰 사람과 적은 사람, 두 종류의 사람이 있습니다. 하나님을 믿지만 환경을 이기지 못하고 환경에 의해 삶이 지배당하는 사람이 있습니다. 그런 사람은 예수 그리스도를 하나님의 아들로 고백하고도 잡히는 것이 두려워 세 번씩이나 주님을 부인했던 성령 받기 전의 베드로와 같은 사람입니다. 그러

(삼상 24:1-7) 사울이 블레셋 사람을 쫓다가 돌아오매 어떤 사람이 그에게 말하여 이르되 보소서 다윗이 엔게디 광야에 있더이다 하니 사울이 온 이스라엘에서 택한 사람 삼천 명을 거느리고 다윗과 그의 사람들을 찾으러 들염소 바위로 갈새 길 가 양의 우리에 이른즉 굴이 있는지라 사울이 뒤를 보러 들어가니라 다윗과 그의 사람들이 그 굴 깊은 곳에 있더니 다윗의 사람들이 이르되 보소서 여호와께서 당신에게 이르시기를 내가 원수를 네 손에 넘기리니 네 생각에 좋은 대로 그에게 행하라 하시더니 이것이 그 날이니이다 하니 다윗이 일어나서 사울의 겉옷 자락

나 생명의 위협을 당해도 죽기를 작정하고 믿음을 지키는 사람도 있습니다. 구약의 다니엘은 사자굴로 들어간다는 것을 알면서도 기도하는 것을 중단하지 않았습니다. 기독교 역사를 통해 보면, 믿음이 좋은 사람들로 인해 역사가 이루어져 왔음을 봅니다. 좋은 가정이나 나라 역시 믿음 있는 자를 통해 이끌어집니다. 그 과정 속에서 당장은 고통처럼 보이지만 아름다운 미래를 만들어 가고 있는 것입니다. 믿음 없는 자의 화려함은 꺾여진 꽃봉오리에 불과합니다. 예수 믿는 사람은 늘 실패 같은 성공을 체험하며 삽니다.

하나님께 버림 받은 사울은 하나님이 함께 하는 다윗을 시기하여 군대를 동원하여 체포 작전을 합니다. 사울이 다윗의 무리를 포위했으나 블레셋의 침공으로 철수했다가 다시 다윗을 잡으려고 출동했습니다. 사울왕은 다윗이 엔게디 황무지에 있다는 정보를 입수하고 삼 천명을 거느리고 다윗이 있는 곳으로 갔습니다. 가는 길에 양의 우리가 있었습니다. 그 곳은 동굴이었습니다. 사울은 낮잠을 자기 위해 그 굴로 들어갔습니다. 그러나 그 굴 깊은 곳에 다윗과 그의 사람들이 숨어 있었습니다. 그것을 알지 못하고 사울은 깊이 잠들었습니다. 그 때에 다윗과 그를 따르는 자들 사이에 의견이 오고 갔습니다. 원수 사울을 보면서 의견이 완전히 갈리었습니다. 오늘은 이 두 견해가 주는 교훈을 통해 은혜를 받고자 합니다.

다윗을 따르는 자의 견해가 주는 교훈이 있습니다

🐚 다윗의 사람들이 이르되 보소서 여호와께서 당신에게 이르시기를 내가 원수

을 가만히 베니라 그리 한 후에 사울의 옷자락 벰으로 말미암아 다윗의 마음이 찔려 자기 사람들에게 이르되 내가 손을 들어 여호와의 기름 부음을 받은 내 주를 치는 것은 여호와께서 금하시는 것이니 그는 여호와의 기름 부음을 받은 자가 됨이니라 하고 다윗이 이 말로 자기 사람들을 금하여 사울을 해하지 못하게 하니라 사울이 일어나 굴에서 나가 자기 길을 가니라

를 네 손에 넘기리니 네 생각에 좋은 대로 그에게 행하라 하시더니 이것이 그 날이니이다 하니 다윗이 일어나서 사울의 겉옷 자락을 가만히 베니라(24:4)

다윗의 사람들은 사울왕이 굴에 들어와 잠자는 것을 보고 하나님이 원수 갚을 기회를 주셨다고 말하고 있습니다. "여호와께서 이르시기를 내가 원수를"라고 표현했습니다. 이 같은 갈등은 오늘날 믿는 사람들 안에서도 일어나고 있습니다.

다윗을 따르는 자들은 사울의 악한 행동만 보았습니다. 군대를 동원해 자신들을 잡으려는 것만 보았습니다. 하나님을 알기는 했으나 깊은 뜻을 알지 못하고 눈에 보이는 대로 말하고 해석했습니다. 기도없이 환경을 통해 보이는대로 자기들의 이성의 잣대로 사람을 평가한 것입니다. 그리고 자신들의 뜻을 따라 다윗이 행동해 주기를 원했습니다. 그러나 다윗은 그들의 권면을 따르지 않고 하나님을 생각했습니다.

구약성경에 노아와 세 아들이 나옵니다. 대홍수 후에 노아가 포도주에 취하여 장막에서 벌거벗고 잠을 잤습니다. 그때 그 모습을 본 세 명의 아들들의 행위가 각각 달랐습니다. 이 사건에서 노아가 복을 빌 수 있는 아들과 그렇지 않는 아들이 결정되었습니다. 하나님이 은혜의 기관으로 세운 권위자인 아버지의 행위만 보고 형제들에게 전한 자의 누림과 그것을 덮어 준 자의 누림에 큰 차이가 있습니다. 자녀에게는 아버지의 연약과 실수를 덮어 주어야 하고 보호해 주어야 할 사명이 있습니다. 그와 같이 하나님의 종은 그를 세운 자의 권위 아래 있습니다. 그러나 다윗을 따르는 자들은 사울이 하나님의 섭리에 의해 세워진 것을 망각하고 있었습니다. 주의 종을 세우고 폐함은 주인인 하나님의 손에 있습니다.

❧ 남의 하인을 비판하는 너는 누구냐 그가 서 있는 것이나 넘어지는 것이 자기 주인에게 있으매 그가 세움을 받으리니 이는 그를 세우시는 권능이 주께 있음이라(롬14:4)

부모를 아저씨나 아주머니처럼 대하면서 살 수 없습니다. 주의 종을 학교 선생님으로 대하면서 신앙생활을 한다면 은혜가 없을 것입니다. 다윗을 따르는 자들은 하나님을 생각하고 권위를 인정하며 여호와께 묻고 가는 다윗에게 속함으로 행복한 자가 되었습니다. 그들은 다윗의 말에 순종함으로 행복자가 되었습니다.

다윗이 사울왕을 보는 견해가 있습니다 | 다윗은 자기를 따르는 자들의 압박을 뿌리치는 결단을 했습니다.

> ♕ 자기 사람들에게 이르되 내가 손을 들어 여호와의 기름 부음을 받은 내 주를 치는 것은 여호와께서 금하시는 것이니 그는 여호와의 기름 부음을 받은 자가 됨이니라 하고(24:6)

다윗은 사울을 "내 주라"고 말하면서, 여호와의 기름 부음 받은 자로 표현했습니다. 그는 행위 보다 그의 신분과 소속을 먼저 보았습니다. 영적인 길을 가는 사람의 모습입니다.

지혜로운 사람은 나타나는 것은 물론 나타나지 않는 것까지 봅니다. 강아지 한 마리를 보아도 그 주인이 누구인가를 생각합니다. 나무 한 그루를 보아도 만드신 분을 생각합니다. 한 아이를 보아도 부모를 생각합니다. 보이지 않는 부모를 보는 사람이 지혜로운 사람입니다. 다른 사람이 보지 않는 것을 보는 것이 지혜입니다. 성도와 교회를 보면서도 예수님이 피 흘려 사신 것을 생각하고 주님이 세운 교회라는 것을 생각해야 합니다. 그렇게 될 때 하나님의 능력은 계속 임하게 되고 하나님과 동행할 수 있습니다.

> ♕ 그리 한 후에 사울의 옷자락 벰으로 말미암아 다윗의 마음이 찔려(24:5)

작은 죄에 대해서도 아파하는 다윗의 마음을 닮아야 합니다. 영적인 사람은 민감합니다. 양심이 살아 있습니다. 하나님의 말씀이 임하면 잘못을 금방 깨닫습니다. 다른 사람 같으면 그냥 넘어 갈 수 있는 것들도 다윗에게는 고통이었습니다. 사울왕의 겉옷자락을 벤 작은 실수가 죄임을 깨닫고 다윗은 하나님께 자복했습니다. 우리는 다른 사람을 선도할 줄 알아야 하며 받아들여야 할 것과 받아들이지 말아야 할 것을 분별할 줄 알아야 합니다.

악한 일 보다 선한 일에 힘을 쏟아야합니다

자기를 따르는 자들이 범죄하는 것을 막아야 합니다. 영적인 사람은 악한 군중까지도 하나님의 권위를 인정하는 자로 만듭니다.

나만 죄짓지 않는다고 해서 가정과 사회가 바르게 됩니까? 자신 뿐 아니라 나에게 속한 모두를 선한 길로 인도해야 참된 지도자입니다. 사울왕은 성공자 같은 실패자라면, 다윗은 실패자 같은 성공자입니다. 사울이 꺾여진 나무라면, 다윗은 돋아나는 새싹입니다. 바른 곳에 속해야 내일이 있고 미래가 있습니다.

예수 그리스도의 십자가의 길에 속하면 부활을 체험하고 영생을 맛봅니다. 칠흑 같은 세상에서 분별력을 잃어버리고 분노에 쌓인 이들이 있다면 하나님께 속한 사람에게 속하세요. 잘 속했으면 자신을 부인하고 순종하세요. 누림이 지속됩니다. 다윗과 그에게 속한 사람이 함께 잘되는 것은 그에게 속한 사람들이 자신들의 생각을 버리고 다윗의 인도를 따름으로 인해 함께 누리는 분복입니다. 신앙생활의 기본은 자기를 부인하고 순종하는 것입니다.

성경이 동쪽이라고 하면 서쪽으로 가다가도 동쪽으로 가야합니다. 모든 고통은 잠시뿐입니다. 고통은 믿음을 키우는 용광로입니다. 믿음 때문에 오는 고통은 인내하고 죄 때문에 오는 아픔은 회개해야 합니다.

�}) 나로 말미암아 너희를 욕하고 박해하고 거짓으로 너희를 거슬러 모든 악한 말을 할 때에는 너희에게 복이 있나니 기뻐하고 즐거워하라 하늘에서 너희의 상

이 큼이라 너희 전에 있던 선지자들도 이같이 박해하였느니라(마5:11-12)

⚜ 네가 말하기를 나는 그것을 알지 못하였노라 할지라도 마음을 저울질하시는 이가 어찌 통찰하지 못하시겠으며 네 영혼을 지키시는 이가 어찌 알지 못하시겠느냐 그가 각 사람의 행위대로 보응하시리라(잠24:12)

오늘은 지혜의 결단을 해야 합니다. 복수하지 맙시다. 작은 죄도 회개합시다. 하나님의 명령 따라 반석 위에 집을 건축해야 세상의 유혹을 물리칠 수 있습니다.

⚜ 환난 날에 나를 부르라 내가 너를 건지리니 네가 나를 영화롭게 하리로다 (시50:15)

믿는 자에게도 환난이 옵니다. 그때 하나님의 이름을 부르라고 하십니다. 이 시대 속에 빛이 되시길 바랍니다. 온 교회가 기도하고 교회의 꿈을 바르게 갖는 능력을 갖추어 한국과 세계 속으로 복음을 알리는 열정을 갖기를 축원합니다.

55

악은 악인에게서 나온다

| 사무엘상 24:8-15 |

대부분의 사람들에게는 선을 행하려는 마음이 있습니다. 그러나 환경과 욕심에 결박되어 행하지 못하고 삽니다. 선은 예수 그리스도 안에 있는 사랑의 열매입니다. 하나님과 단절된 상태에서 행하는 것이 악이요, 하나님의 말씀을 받아들이지 않는 것도 악입니다. 하나님의 존재를 믿지 않는 것이 악이고, 믿는다고 하면서 그 뜻을 거역하며 살아가는 것이 악입니다.

악은 내면적인 것이 있고, 밖으로 표현되는 것도 있습니다. 오늘 본문의 사울은 악령이 들어와서 내면적인 악을 표면적으로 드러냈습니다. 그는 주의 종 사무엘을 등졌으며 다윗을 위해 기도하고 떡과 칼을 준 제사장들과 그에 속한 사람들을 죽였습니다. 사울은 다윗을 체포하기 위해 삼 천 명의 군사를 동원하여 쫓았습니다. 그러나 다윗은 사울이 무방비 상태로 노출되었을 때 그의 행위를 미워하기보다는 하나님의 기름부음을 받았다는 것 때문에 자신에게 속한 사람들로부터 사울을 보호했습니다. 다윗은 왕의 옷자락을 제시하면서 자신의 결백을 주장했습니다. 왕을 충분히 해할 수도 있었다는 것을 보여준 것입니다. 왕의 행위에 대해 보복함이 마땅해도 다윗은 믿음으로 하나님의 판단에 맡기었습

(삼상 24:8-15) 그 후에 다윗도 일어나 굴에서 나가 사울의 뒤에서 외쳐 이르되 내 주 왕이여 하매 사울이 돌아보는지라 다윗이 땅에 엎드려 절하고 다윗이 사울에게 이르되 보소서 다윗이 왕을 해하려 한다고 하는 사람들의 말을 왕은 어찌하여 들으시나이까 오늘 여호와께서 굴에서 왕을 내 손에 넘기신 것을 왕이 아셨을 것이니이다 어떤 사람이 나를 권하여 왕을 죽이라 하였으나 내가 왕을 아껴 말하기를 나는 내 손을 들어 내 주를 해하지 아니하리니 그는 여호와의 기름 부음을 받은 자이기 때문이라 하였나이다 내 아버지여 보소서 내 손에 있는 왕의 옷자락을 보소서 내가 왕을 죽이지 아니하고 겉옷 자락만 베었은즉 내 손에 악이나 죄과가 없는 줄을 오늘 아실지니이다 왕

니다. 그것은 왕을 해하여 자신의 손에 피를 묻히지 않겠다는 것입니다.

> 🐚 여호와께서는 나와 왕 사이를 판단하사 여호와께서 나를 위하여 왕에게 보복하
> 시려니와 내 손으로는 왕을 해하지 않겠나이다 옛 속담에 말하기를 악은 악인
> 에게서 난다 하였으니 내 손이 왕을 해하지 아니하리이다 이스라엘 왕이 누구
> 를 따라 나왔으며 누구의 뒤를 쫓나이까 죽은 개나 벼룩을 쫓음이다 그런즉
> 여호와께서 재판장이 되어 나와 왕 사이에 심판하사 나의 사정을 살펴 억울함
> 을 풀어 주시고 나를 왕의 손에서 건지시기를 원하나이다 하니라(24:12-15)

다윗은 의로운 재판장이신 하나님의 판결을 기대하며 의로운 길을 묵묵히 걷고 있습니다. 오늘 본문이 우리에게 주는 교훈이 있습니다.

악인은 자신이 가진 모든 것을 악하게 사용합니다

같은 물을 먹어도 독사는 독을 만들어내고 양은 젖을 만듭니다. 땅의 거름과 물로 좋은 나무는 좋은 열매를 만듭니다. 그러나 열매를 만들지 못하는 나무도 있습니다. "악은 악인에게서 난다"(24:13) 라는 말은 참 많은 것을 생각하게 합니다.

요즘에 사람들이 남을 죽이는 것을 보고 그 문제의 원인을 환경과 죽은 사람에게서 찾는 이들이 종종 봅니다. 그러나 그것은 사람이 어떤 존재인지, 악이 무엇인지를 알지 못하는 사탄의 시각이라고 봅니다. 지난 번 군인의 총기 난사 사건에 대하여 언어폭력과 감금 등을 원인으로 말하는 사람도 있습니다. 범죄

자를 보면서 사회와 단체에 책임을 전가하려고 합니다. 그래서 자꾸 환경만을 바꾸려고 합니다. 그러나 그것은 인간을 바로 알지 못하는 것입니다. 환경을 바꾸려고 하기 전에 사람의 마음을 바꾸어야 합니다. 마음은 예수 그리스도를 믿을 때 변화됩니다. 마음이 바뀌어지지 않으면 어떠한 환경 속에서도 불안해합니다. 쉬지 말고 기도하기를 주의 이름으로 축원합니다.

이번 런던 테러에 관여된 사람들은 영국 사람이었고, 가난한 사람이거나 배우지 못한 사람이 아니었다고 합니다. 그러나 그들의 마음이 병듦으로 불의의 병기가 되었습니다. 본문의 사울을 보십시오. 그는 권력을 가진 만큼 많은 사람에게 피해를 주었습니다.

산길을 가다가 잘못하여 독사를 밟으면 독사에게 물리게 되어 치명상을 입습니다. 그러나 독이 없는 뱀을 밟으면 깜짝 놀라기는 해도 생명의 위협을 느끼지는 않을 것입니다. 상대가 원인 제공을 했다고 해서 죄를 지었다면 그 역시 마음 속에 죄와 분노가 있던 사람입니다. 다윗은 사울이 자기를 따라 다니면서 죽이려고 했으나 복수하지 않았습니다. 상대가 원인을 제공하여 죄를 지을 수밖에 없었다고 함께 죄 짓고 복수를 했다면 그 사람도 악한 사람입니다.

> 복 있는 사람은 악인들의 꾀를 따르지 아니하며 죄인들의 길에 서지 아니하며 오만한 자들의 자리에 앉지 아니하고 오직 여호와의 율법을 즐거워하여 그의 율법을 주야로 묵상하는도다 그는 시냇가에 심은 나무가 철을 따라 열매를 맺으며 그 잎사귀가 마르지 아니함 같으니 그가 하는 모든 일이 다 형통하리로다 악인들은 그렇지 아니함이여 오직 바람에 나는 겨와 같도다 그러므로 악인들은 심판을 견디지 못하며 죄인들이 의인들의 모임에 들지 못하리로다 무릇 의인들의 길은 여호와께서 인정하시나 악인들의 길은 망하리로다(시1:1-6)

작은 일에도 분노합니까? 남을 원망하고 사람에게 시험이 자주 듭니까? 남이 잘되는 것에 대해 시기나 질투가 생깁니까? 때때로 소외감을 느낍니까? 하나님을 떠난 사람들의 이론에 동조하십니까? 자신을 교회에 맞추지 않고 교회를 자신에게 맞추려합니까? 그러는 사람 속에는 예수 그리스도의 보혈의 큰 사랑이 있어야만 자신과 상대가 변화됩니다. 회개하여 새롭게 되어야 합니다.

🐚 너희가 회개하고 돌이켜 너희 죄 없이 함을 받으라 이같이 하면 새롭게 되는 날이 주 앞으로부터 이를 것이요(행3:19)

의인은 자신이 가진 것으로 의를 행합니다 | 의인은 예수 그리스도를 믿고 진리의 말씀을 삶의 기준으로 삼습니다. 좋은 사람이 권력을 잡으면 백성은 평안해하고 악인은 두려워합니다. 그러나 악인이 권력을 잡으면 악인은 유익을 얻고 선한 사람은 피해를 봅니다. 권력을 얻은 후 중심의 이동을 볼 때 그 정권의 순수성과 노선을 알 수 있습니다. 신문 인터뷰에서 미국 국무장관 콘돌리자 라이스는 '나의 뜻대로 하게 하지 말고 하나님의 뜻대로 해 주시옵소서' 라고 기도한다고 했습니다. 의인은 자신의 분수를 알고 자신의 뜻을 버릴뿐 아니라 권위에 따라 순종할 줄 압니다.

🐚 다윗이 이 말로 자기 사람들을 금하여 사울을 해하지 못하게 하니라 사울이 일어나 굴에서 나가 자기 길을 가니라(24:7)

다윗의 말에 무리들이 순종했습니다. 이들이 의인의 무리요, 축복받은 무리입니다. 의인은 자신의 존재를 작게 표현하고 심판주가 하나님인 것을 인정합니다. 또한 선인은 하나님께 맡기는 생활을 하면서 악한 권면을 따르지 않습니다. 복 있는 사람은 악인의 꾀를 좇지 아니하며 죄인의 길에 서지 아니하며 오만한 자의 자리에 앉지 않습니다. 의인은 작은 죄에 대하여도 아파하는 자입니다. 무리를 선도할 줄 아는 사람입니다. 군중 심리에 편승해서 악을 행하지 않고 화평을 만들어 갑니다. 복수하지 않습니다. 회개하는 것을 생활화합니다. 다윗은 표면화된 죄로 인해 마음에 찔림을 받았을 뿐 아니라 그 이상으로 마음에 품은 죄까지 회개하는 자였습니다. 행하여진 것만 죄가 아니라 행하여지지 않은 마음의 악도 죄입니다. 예수님은 자신의 죄를 고백하고 빚진 것을 갚는 자를 의롭다 하셨습니다. 자신만 아는 죄를 회개하고 우리를 새롭게 하시는 성령의 사람으로 거듭나기를 바랍니다.

악인을 의인되게 하시는 하나님께 속하시길 바랍니다 |

성경은 모든 사람은 다 죄인이라고 했습니다.

> ❦ 의인은 없나니 하나도 없으며(롬3:10)

모든 사람은 다 사망 아래서 죽었습니다. 그러므로 예수님 안에만 생명의 소망이 있습니다. 예수님을 믿는 것이 삶의 기준이며 첫 단추를 잘 끼우는 것입니다. 예수님 안에 평안과 화목이 있으며 행복의 기본적인 요소들이 다 있습니다.

> ❦ 그는 허물과 죄로 죽었던 너희를 살리셨도다 그 때에 너희는 그 가운데서 행하여 이 세상 풍조를 따르고 공중의 권세 잡은 자를 따랐으니 곧 지금 불순종의 아들들 가운데서 역사하는 영이라 전에는 우리도 다 그 가운데서 우리 육체의 욕심을 따라 지내며 육체와 마음이 원하는 것을 하여 다른 이들과 같이 본질상 진노의 자녀이었더니 긍휼이 풍성하신 하나님이 우리를 사랑하신 그 큰 사랑을 인하여(엡2:1-4)

죽은 사람에게 선물을 주는 것이 무슨 의미가 있습니까? 죽은 상태에서 많은 축복을 받는 것은 아무런 의미가 없습니다. 예전에 입관 예배를 인도하러 갔는데 딸이 울면서, '어머니 평소에 잘못했어요. 노자에 보태 쓰세요' 라고 하며 돈을 관에 집어넣었습니다. 딸이 나가자마자 염하는 사람이 그 돈을 갖는 것을 보았습니다. 물에 빠져 있는 사람에게 음식과 좋은 옷을 던져 주는 것은 아무런 의미가 없습니다. 먼저 살려낸 후에 주어야 행복합니다. 구원 받은 자에게 입히는 모든 환경은 행복이 될 수 있습니다. 믿는 사람은 행복합니다. 예수 안에는 문제 해결이 있습니다.

우리는 악인의 행위를 보고 분노하는 것 보다, 배후의 조종자가 마귀임을 알고 영적전쟁을 시작해야 합니다. 행위를 고치려는 것 이상으로 사람의 마음을 고치시는 하나님께로 인도해야 합니다. 바울과 베드로는 감옥에서도 단잠을 자고 찬송 부르고 기도를 했으나, 사울은 왕궁에서도 두려워했습니다. 환경에서 문제를 찾는 자가 되지 말고 내 속에 악령이 지배하지 못하도록 탄식하고 회개합시다. 학생들은 학원에서 배우는 것 이상으로 교회에서 성경을 배우도록 하고, 하나님께 속하는 지혜를 배우는 능력자가 되기를 바랍니다. 행위를 고치려는 것보다 먼저 선행해야 하는 것이 믿음의 회복입니다. 다윗은 악은 악인에게서 나온다고 했습니다. 악행을 멈추기 전에 예수 그리스도를 믿으며 살면 어떤 환경에도 좌절하지 않습니다. 자기의 열심이나 지혜를 의지하기보다 기도하며 하나님을 의지해야 큰 자가 됩니다.

사랑하는 성도 여러분! 예수 그리스도가 나의 구주인 것을 고백하십시오. 그것이 하나님을 나의 아버지로 얻는 권세입니다. 신분의 변화는 가치의 변화입니다. 전능자를 아버지로 모신 자녀라면 생사의 갈림길에서도 평안을 얻을 수 있습니다.

56

선으로 악을 이긴 자의 누림

| 사무엘상 24:16-22 |

지난 며칠 동안 무더위로 인해 많은 분들이 고생을 했습니다. 물가에 심기운 나무와 그렇지 않은 곳에 심기운 나무의 차이를 느끼는 기간이기도 했습니다. 물가에 심기운 나무는 아무 걱정이 없습니다. 잎도 청청하고 열매의 당도(糖度)도 높아 훗날 극상품의 과일을 맺습니다. 성경은 나무의 비유를 통해 하나님의 말씀을 순종하는 사람과 불순종하는 사람을 표현하기도 합니다.

오늘 본문에 나타난 사울과 다윗은 그 시대에 두 종류의 나무이며 각각 악과 선에 뿌리내린 사람들입니다. 사울은 하나님의 은혜로 왕이 된 후 교만해졌습니다. 마음에 하나님의 자리를 비워 놓았어야 하는데, 자기가 그 자리에 앉았습니다. 하나님의 말씀을 들으려고 하지 않았습니다. 사울은 순종하지 않음으로 하나님께 버림받고 사무엘에게도 외면당했습니다. 그의 마음 속에는 시기와 질투로 가득 차 있었습니다. 하나님이 사랑하는 다윗을 죽이려고 왕권을 동원하여 쫓아 다녔습니다. 그러나 하나님은 선한 사람을 악인의 권력과 손에 붙이지 않았습니다. 사울은 사단의 도구가 되었고 다윗은 능력의 사람이 되어 살았습니다. 표면적으로 보면 사울이 복받은 사람처럼 보이지만 그는 불행한 사람이었습니다.

믿음의 사람이 가는 길

(삼상 24:16-22) 다윗이 사울에게 이같이 말하기를 마치매 사울이 이르되 내 아들 다윗아 이것이 네 목소리냐 하고 소리를 높여 울며 다윗에게 이르되 나는 너를 학대하되 너는 나를 선대하니 너는 나보다 의롭도다 네가 나 선대한 것을 오늘 나타냈나니 여호와께서 나를 네 손에 넘기셨으나 네가 나를 죽이지 아니하였도다 사람이 그의 원수를 만나면 그를 평안히 가게 하겠느냐 네가 오늘 내게 행한 일로 말미암아 여호와께서 네게 선으로 갚으시기를

사울이 다윗을 쫓다가 굴에 들어가 잠을 자게 되었습니다. 다윗과 따르는 자들도 그 굴 속에 있었습니다. 그때 다윗은 하나님의 말씀을 따라 여호와의 기름부음 받은 자를 해하지 말라는 명을 내려 사울을 보호했습니다. 다윗은 자신을 죽이려고 따라다니는 사울을 원수로 보지 않고 선대했습니다. 하나님은 다윗에게 사울의 행위 이상의 것, 곧 사울의 신분을 보도록 했습니다. 현재 보여지는 행위로만 판단하면 문제가 생길 수 있습니다. 하나님의 섭리하심을 믿을 때 지혜로운 판단을 할 수 있습니다. 오늘 본문이 우리에게 주는 교훈대로 선으로 악을 이기는 큰 지혜를 가지시길 바랍니다.

하나님은 우리의 모든 것을 알고 계십니다 |

다윗은 하나님의 뜻을 알았기 때문에 사울을 사랑할 수 있었습니다. 승리를 믿을 때 바른 판단이 나올 수 있습니다. 한 자녀가 나쁜 친구들에게 어려움을 당했을 때 부모님께 말합니다. 그 후 아들은 처벌에 대해서는 왈가불가 하지 않습니다. 부모님이 자기를 대신해서 잘못에 대한 공의로운 징벌을 해 줄 것을 알기 때문입니다. 다윗도 그와 같은 마음으로 확신에 찬 목소리로 말했습니다.

> 여호와께서는 나와 왕 사이를 판단하사 여호와께서 나를 위하여 왕에게 보복하시려니와 내 손으로는 왕을 해하지 않겠나이다 옛 속담에 말하기를 악은 악인에게서 난다 하였으니 내 손이 왕을 해하지 아니하리이다 이스라엘 왕이 누구를 따라 나왔으며 누구의 뒤를 쫓나이까 죽은 개나 벼룩을 쫓음이니이다 그런즉 여호와께서 재판장이 되어 나와 왕 사이에 심판하사 나의 사정을 살펴 억울함을 풀어 주시고 나를 왕의 손에서 건지시기를 원하나이다 하니라(24:12-15)

이 말을 들은 사울은 말했습니다.

> ♕ 다윗에게 이르되 나는 너를 학대하되 너는 나를 선대하니 너는 나보다 의롭도
> 다(24:17)

'나는 너를 죽이려하는데 너는 나를 살리는구나' 라는 말입니다. 선으로 악을 이기고 대적자를 감동시키는 다윗의 지혜는 하나님의 말씀에 순종한데서 나온 것입니다. 원수 갚는 것은 하나님이 하십니다. 그러므로 택한 백성은 하나님의 진노하심을 믿고 사랑하고 기도하면 되는 것입니다. 그 이후는 하나님의 영역입니다. 사울이 감동하여 다윗을 축복했습니다.

> ♕ 사람이 그의 원수를 만나면 그를 평안히 가게 하겠느냐 네가 오늘 내게 행한
> 일로 말미암아 여호와께서 네게 선으로 갚으시기를 원하노라 보라 나는 네가
> 반드시 왕이 될 것을 알고 이스라엘 나라가 네 손에 견고히 설 것을 아노니 그
> 런즉 너는 내 후손을 끊지 아니하며 내 아버지의 집에서 내 이름을 멸하지 아
> 니할 것을 이제 여호와의 이름으로 내게 맹세하라 하니라(24:19-21)

하나님은 인간의 모든 것을 감찰하시는 분이십니다. 다윗에게는 하나님께서 헌신하고 순종하는 자를 버리지 않고 형제와 후손과 내세까지 갚아주시리라는 믿음이 있었습니다. 그리고 그러한 확신에서 오는 참된 평안이 있었습니다. 상대가 악하게 대적해도 분노할 이유가 없습니다. 하나님께서 친히 심판하시기 때문입니다.

> ♕ 인자가 아버지의 영광으로 그 천사들과 함께 오리니 그 때에 각 사람이 행한
> 대로 갚으리라(마16:27)

원수를 사랑하고 그를 위하여 기도하는 것은 우리의 실력으로 되는 것이 아

닙니다. 저도 화가 나면 성을 내며, 복수하고 싶은 생각이 들기도 합니다. 그러나 말씀을 보며 순종하고 자신을 다스릴 뿐입니다.

하나님의 말씀에 순종해야 선이 악을 이깁니다 ｜ 자신의 의에

의존하여 참으려하면 속병이 생깁니다. 그러나 말씀에 순종하면 성령의 역사로 평안이 있고 상대도 감동을 받습니다. 때로는 하나님이 침묵하는 것 같을 때가 있습니다. 악인의 기세가 꺾이지 않을 것 같고, 믿음으로 사는 사람이 계속 고난을 당할 것 같은 때도 있습니다. 그러나 인간의 눈에 보기에 그렇게 보일 뿐이지 하나님은 결코 침묵하지 않으십니다. 악인이 잘되는 것 같이 보이나 사막의 신기루와 같은 것입니다. 결코 잘되는 것이 아닙니다. 하나님을 온전히 믿으면 원수에게 복수하는 것이 더 어렵습니다. 이유는 그것이 하나님의 말씀에 불순종하는 것이기 때문입니다. 하나님은 행하신 대로 갚아 주십니다. 선으로 악을 이긴 선행은 영원히 기억될 만한 사건이자 영원한 보배가 됩니다. 하나님께 속한 사람은 죄를 짓지 않았다는 것으로 끝이 아닙니다. 그 이상으로 이웃을 내 몸같이 사랑해야 합니다. 지금 우리는 우리의 삶을 살펴보아야 합니다.

로마시대에 일어났던 실화입니다. 16세 된 영국 소년이 야만인들에게 납치되어 노예로 끌려가게 되었습니다. 그때까지 그 소년은 신앙생활을 하지 않았는데, 너무나 처절한 현실 앞에서 그는 매일 하나님께 기도를 드렸습니다. 5년 후 소년은 탈출하여 320km를 걸어서 부모님의 품으로 돌아갔습니다. 그 후 그는 하나님이 비전을 주어 납치되었던 곳에 도로 가서 그리스도를 전하는 선교사가 되었습니다. 그가 바로 성 패트릭입니다. 그는 아일랜드의 성자로서 존경을 받고 있습니다. 그러나 그 전에는 납치되었던 영국의 한 청년이었습니다. 하나님의 인도하심은 이성을 넘어설 때가 많습니다. 그러나 순종하면 아름다운 인생을 살아갈 수 있습니다. 창세기에 자기를 학대하고 팔아버린 형들 앞에서 요셉은 말합니다.

어둠에 속한 자는 권력을 잡으려고 과거의 잘못까지 들추어 복수하려는 특징이 있습니다. 그러나 그것은 결국 적만 만들고, 그 일로 실패의 늪에 빠지게 됩니다.

옛날 헬라시대 육상경기가 성할 때 실력이 비슷한 선수들이 있었습니다. 그들은 경쟁자가 되었고, 그 중에 한 사람이 승리함으로 영광을 얻고 동상이 세워졌습니다. 승리하지 못한 자는 동상이 보기 싫어서 아무도 보지 않는 시간에 그 동상을 넘어뜨리기 위해 기초를 팠습니다. 마침내 계획했던 대로 동상을 넘어뜨렸습니다. 그러나 그 동상에 깔려 죽고 말았습니다. 지혜로운 사람은 사람들과 바른 관계 속에서 살아갑니다. 세상에는 좋은 사람도 있고 나쁜 사람들도 있습니다. 하나님은 이 조화 속에서 행복한 인생을 만들기를 원하십니다. 좋은 사람을 만나면 함께 행복해하고, 나쁜 사람을 만나면 불쌍히 여겨 복음 전하고 기도하며 하나님 앞에 순종하는 것을 배우면서, 고해(苦海) 속에서 작은 배로 파도를 헤쳐 나가며 천국으로 가는 것입니다.

인간과의 관계는 하나님과의 관계 속의 한 축입니다 |

하나님과의 관계가 좋으면 사람과의 관계도 좋아집니다. 처음에는 오해하고 대적하지만 시간이 지나면 그 진가는 귀한 것으로 드러납니다. 하나님의 뜻은 하나님 자신과 관계를 잘 맺을 뿐 아니라 자신의 형상으로 창조된 사람들 간에도 좋은 관계를 맺는 것입니다. 예수님께서 말씀하셨습니다.

라(마5:24)

예물을 드리는 것은 예배를 드리며 마음을 드리는 것입니다. 행위도 중요하지만 형제와의 화목도 중요합니다. 사람과 화해해야 하나님이 기뻐하는 삶을 살 수 있습니다.

> 🔅 누구든지 하나님을 사랑하노라 하고 그 형제를 미워하면 이는 거짓말하는 자니 보는 바 그 형제를 사랑하지 아니하는 자는 보지 못하는 바 하나님을 사랑할 수 없느니라(요일4:20)

사람 사이의 관계는 하나님과의 관계와 직결되어 있습니다. 인간관계에서 불화하는 자는 하나님과의 관계도 불화합니다. 사람에 대한 사랑이 있다는 것은 곧 믿음이 있다는 것입니다. 믿음은 사람 사랑으로 보여지게 됩니다. 오늘날 성도가 사람보다 그 무엇을 더 사랑하면 그는 하나님을 믿는다고 하면서 자신에게 속고 있는 것입니다. 이 시간 다윗처럼 사울의 생명을 아끼고 사랑해서 대적자에게도 능력을 인정받는 지혜를 소유하시길 바랍니다.

믿지 않는 자와 대적하는 자도 여러분의 삶에 감동을 받아 친해지고 싶어 하는 영적으로 실력 있는 성도가 되시길 바랍니다. 하나님은 지금도 살아계셔서 불꽃같은 눈으로 여러분을 보고 있습니다. 오늘 말씀을 듣고 자신을 표현해 봅시다. 오늘 말씀을 듣고 사람들과 화해하기를 원하며 참된 성도로 살아보려는 마음을 가진 분들은 마음에 손을 모으고 조용히 기도합시다. 선을 알게 하시고 악을 알게 하심을 감사하며 내 힘으로는 할 수 없으나, 성령님이 여러분에게 은혜를 주어 원수를 사랑하고 이웃을 내 몸처럼 사랑하시기를 예수 그리스도의 이름으로 축원합니다.

제V부
믿음의 사람은 믿음의 길로

57

물질을 선용하라

태풍이 지난 후 잔잔한 바다를 바라보고 있노라면 우리의 가정과 환경 속에 태풍과 돌풍이 온다고 할지라도 조금만 인내하면 잠잠할 날이 오리라는 생각이 듭니다. 한 세대가 가면 다음 세대가 옵니다. 고통과 좌절의 때가 있는 가 하면 기쁨과 소망이 넘치는 때도 옵니다. 갈등의 때가 있는가 하면 막을 내리는 때도 있습니다. 다윗은 선으로 악을 이겼고 사울은 다윗의 행위에 감동을 받아 이렇게 말했습니다.

🐚 사람이 그의 원수를 만나면 그를 평안히 가게 하겠느냐 네가 오늘 내게 행한 일로 말미암아 여호와께서 네게 선으로 갚으시기를 원하노라 보라 나는 네가 반드시 왕이 될 것을 알고 이스라엘 나라가 네 손에 견고히 설 것을 아노니 (24:19-20)

(삼상 25:1-17) 사무엘이 죽으매 온 이스라엘 무리가 모여 그를 두고 슬피 울며 라마 그의 집에서 그를 장사한지라 다윗이 일어나 바란 광야로 내려가니라 마온에 한 사람이 있는데 그의 생업이 갈멜에 있고 심히 부하여 양이 삼천 마리요 염소가 천 마리므로 그가 갈멜에서 그의 양 털을 깎고 있었으니 그 사람의 이름은 나발이요 그의 아내의 이름은 아비가일이라 그 여자는 총명하고 용모가 아름다우나 남자는 완고하고 행실이 악하며 그는 갈렙 족속이었 더라 다윗이 나발이 자기 양 털을 깎는다 함을 광야에서 들은지라 다윗이 이에 소년 열 명을 보내며 그 소년들에 게 이르되 너희는 갈멜로 올라가 나발에게 이르러 내 이름으로 그에게 문안하고 그 부하게 사는 자에게 이르기를 너는 평강하라 네 집도 평강하라 네 소유의 모든 것도 평강하라 네게 양 털 깎는 자들이 있다 함을 이제 내가 들 었노라 네 목자들이 우리와 함께 있었으나 우리가 그들을 해하지 아니하였고 그들이 갈멜에 있는 동안에 그들의 것을 하나도 잃지 아니하였나니 네 소년들에게 물으면 그들이 네게 말하리라 그런즉 내 소년들이 네게 은혜를 얻 게 하라 우리가 좋은 날에 왔은즉 네 손에 있는 대로 네 종들과 네 아들 다윗에게 주기를 원하노라 하더라 하라 다윗의 소년들이 가서 다윗의 이름으로 이 모든 말을 나발에게 말하기를 마치매 나발이 다윗의 사환들에게 대답하

이 일이 있은 후 이스라엘에 큰 변화가 있었습니다. 마지막 사사요 제사장인 사무엘이 하나님의 부름을 받았습니다. 하나님 보시기에 아름답게 자란 사무엘도 육체의 종말을 맞이하게 되었습니다.

> ♔ 사무엘이 죽으매 온 이스라엘 무리가 모여 그를 두고 슬피 울며 라마 그의 집에서 그를 장사한지라 다윗이 일어나 바란 광야로 내려가니라(25:1)

사람은 모두 세상을 떠납니다. 떠난 후 그의 삶은 평가를 받습니다. 사무엘은 존경받은 자로 세상을 떠났습니다. 우리나라도 손양원목사님, 한경직목사님 그리고 별세목회를 하신 이중표목사님이 가셨을 때 모든 성도들이 마음 아파했습니다. 그러나 북한의 어떤 사람이 죽었을 때는 '축 사망'이라는 표를 내걸고 하루 동안 음식값을 받지 않은 음식점도 있었습니다.

우리는 교회와 가정의 역사 속에서 얼마나 필요한 사람으로 자리 잡고 있습니까? 교회에서 인정받고 사는 사람이라면 하나님의 나라에서도 큰 자가 될 것입니다. 오늘은 마온의 한 부자의 사건이 우리에게 주는 교훈을 통해 은혜 받으려고 합니다.

여 이르되 다윗은 누구며 이새의 아들은 누구냐 요즈음에 각기 주인에게서 억지로 떠나는 종이 많도다 내가 어찌 내 떡과 물과 내 양 털 깎는 자를 위하여 잡은 고기를 가져다가 어디서 왔는지도 알지 못하는 자들에게 주겠느냐 한지라 이에 다윗의 소년들이 돌아서 자기 길로 행하여 돌아와 이 모든 말을 그에게 전하매 다윗이 자기 사람들에게 이르되 너희는 각기 칼을 차라 하니 각기 칼을 차매 다윗도 자기 칼을 차고 사백 명 가량은 데리고 올라가고 이백 명은 소유물 곁에 있게 하니라 하인들 가운데 하나가 나발의 아내 아비가일에게 말하여 이르되 다윗이 우리 주인에게 문안하러 광야에서 전령들을 보냈거늘 주인이 그들을 모욕하였나이다 우리가 들에 있어 그들과 상종할 동안에 그 사람들이 우리를 매우 선대하였으므로 우리가 다치거나 잃은 것이 없었으니 우리가 양을 지키는 동안에 그들이 우리와 함께 있어 밤낮 우리에게 담이 되었음이라 그런즉 이제 당신은 어떻게 할지를 알아 생각하실지니 이는 다윗이 우리 주인과 주인의 온 집을 해하기로 결정하였음이니이다 주인은 불량한 사람이라 더불어 말할 수 없나이다 하는지라

나발의 사건이 우리에게 큰 교훈을 주고 있습니다 | 하나님이

어떤 사건을 성경에 기록하게 하신 것은 그 속에 계시와 교훈이 있기 때문입니다. 신약의 탕자의 비유는 기다리고 용서하는 아버지의 마음을 담고 있습니다. 이는 곧 하나님 아버지의 마음입니다. 나발은 마온의 부자입니다. 그는 심히 부(富)하여 여러 명의 종을 두었습니다. 양이 삼천 마리, 염소가 일천 마리나 되는 부자였습니다. 그는 부자일 뿐만 아니라 결혼도 잘 하였습니다. 그의 아내 아비가일은 매우 지혜로운 여인이요 예쁜 여인이었습니다. 그러나 나발 자신은 완고하고 행사가 악한 갈멜족속에 속한 자였습니다.

나발의 양떼가 풀을 뜯고 있는 곳에 다윗의 사람들이 있었습니다. 다윗의 사람들이 그 곳에 있는 기간 동안에는 나발의 양떼나 염소에는 피해가 없었습니다. 오히려 다윗의 사람들이 나발의 목장의 울타리가 되어 그의 재산을 보호해 주었습니다. 그 후 다윗은 나발이 양털을 깎을 때 사람을 보내어 먹을 것을 달라고 하였습니다.

> ❦ 다윗이 이에 소년 열 명을 보내며 그 소년들에게 이르되 너희는 갈멜로 올라가 나발에게 이르러 내 이름으로 그에게 문안하고 그 부하게 사는 자에게 이르기를 너는 평강하라 네 집도 평강하라 네 소유의 모든 것도 평강하라 네게 양 털 깎는 자들이 있다 함을 이제 내가 들었노라 네 목자들이 우리와 함께 있었으나 우리가 그들을 해하지 아니하였고 그들이 갈멜에 있는 동안에 그들의 것을 하나도 잃지 아니하였나니 네 소년들에게 물으면 그들이 네게 말하리라 그런즉 내 소년들이 네게 은혜를 얻게 하라 우리가 좋은 날에 왔은즉 네 손에 있는 대로 네 종들과 네 아들 다윗에게 주기를 원하노라 하더라 하라(25:5-8)

농부의 좋은 날은 타작하는 날이요, 목동의 좋은 날은 양의 털을 깎는 날입니다. 그때 나발의 반응은 다윗을 자극할 만큼 냉랭하였습니다.

> ❦ 나발이 다윗의 사환들에게 대답하여 이르되 다윗은 누구며 이새의 아들은 누

구냐 요즈음에 각기 주인에게서 억지로 떠나는 종이 많도다 내가 어찌 내 떡
과 물과 내 양 털 깎는 자를 위하여 잡은 고기를 가져다가 어디서 왔는지도 알
지 못하는 자들에게 주겠느냐 한지라(25:10-11)

나발은 물질을 선용하지 못했습니다 |

요청을 거절하고 냉대한 것
에 대한 보고를 들은 다윗은 나발을 치기 위해 사람들을 무장시켰습니다.

> 다윗이 자기 사람들에게 이르되 너희는 각기 칼을 차라 하니 각기 칼을 차매
> 다윗도 자기 칼을 차고 사백 명 가량은 데리고 올라가고 이백 명은 소유물 곁
> 에 있게 하니라(25:13)

나발은 자신의 가정에 재앙을 불러들였습니다. 하나님이 주신 것을 하나님
의 의도대로 쓰지 못하면 나발처럼 재앙을 부를 수 있습니다. 물질이 있는 자는
가난한 자를 위해서 선용해야 합니다. 아브라함이나 롯은 손님 대접하기를 힘
쓴 결과 부지중에 천사에게 환대를 베풀었습니다. 이처럼 주린 자와 목마른 자
와 나그네된 자와 벗은 자와 병든 자와 옥에 갇힌 자를 따뜻하게 대접하는 자를
주님이 칭찬하고 영광을 얻게 하십니다. 그러나 물질에 종노릇하는 자는 하나
님과 상대의 마음을 상하게 하기 때문에 불행해집니다. 하나님의 것을 잘못 사
용하면 황충이 붙습니다. 그러나 하나님의 것을 선용하면 하나님께서 복을 약
속하셨습니다.

> 너희 곧 온 나라가 나의 것을 도둑질하였으므로 너희가 저주를 받았느니라 만
> 군의 여호와가 이르노라 너희의 온전한 십일조를 창고에 들여 나의 집에 양식
> 이 있게 하고 그것으로 나를 시험하여 내가 하늘 문을 열고 너희에게 복을 쌓
> 을 곳이 없도록 붓지 아니하나 보라(말3:9-10)

하나님은 우리 각 사람에게 남이 필요로 하는 것을 가지게 할 때가 있습니다. 나발에게는 먹을 것을 가지게 했습니다. 사울에게는 권력을 가지게 했습니다. 어떤 사람에게는 기능과 힘을 가지게 합니다. 남보다 많이 가지고 있는 것과 남이 못 가진 것을 내가 가지고 있다는 것은 곧 필요한 자에게 빚졌다는 것입니다. 다윗의 일행에 의해 양떼를 보호받은 것은, 나발이 다윗에게 빚진 것입니다. 그러므로 다윗이 먹을 것을 요청했을 때 나발은 응당 주었어야 했습니다. 정부나 회사 등이 권력과 물질을 선하게 사용해서 모든 국민이 잘 살게 하는 것은 그들의 의무입니다. 자신만을 위해서 쓴다면 불행해집니다. 나발의 악행 때문에 무장한 다윗의 군사 400명이 나발을 멸하려는 형편이 되었습니다.

나발의 아내 아비가일이 주는 교훈이 있습니다 |

이 재앙을 막 아내는 지혜로운 여인의 운동이 있습니다. 나발의 아내 아비가일은 소년들의 말을 듣는 여인입니다. 아래 사람들에게 마음이 열린 자요, 문제의 심각성을 빨리 깨닫는 여인입니다.

> 하인들 가운데 하나가 나발의 아내 아비가일에게 말하여 이르되 다윗이 우리 주인에게 문안하러 광야에서 전령들을 보냈거늘 주인이 그들을 모욕하였나이다 우리가 들에 있어 그들과 상종할 동안에 그 사람들이 우리를 매우 선대하였으므로 우리가 다치거나 잃은 것이 없었으니 우리가 양을 지키는 동안에 그들이 우리와 함께 있어 밤낮 우리에게 담이 되었음이라 그런즉 이제 당신은 어떻게 할지를 알아 생각하실지니 이는 다윗이 우리 주인과 주인의 온 집을 해하기로 결정하였음이니이다 주인은 불량한 사람이라 더불어 말할 수 없나이다 하는지라(25:14-17)

나발의 아내는 남편과 다윗과 소년들에 대해 바른 평가를 할 수 있는 지혜로운 여인이었습니다. 다음 시간에 아비가일의 선행으로 재앙을 물리친 지혜를 배우고, 오늘은 물질과 환경에 종노릇한 나발의 형편을 살펴보고 은혜를 받고자 합니다.

나발은 하나님이 주신 복을 누리지 못했습니다. 나발은 세상을 바로 알지 못해 왕이 될 다윗을 대접하는 기회를 놓쳤습니다. 그는 아내의 지혜로운 판단을 활용하지 못했습니다. 나발은 자신의 종들에게도 불량한 사람이라고 외면당했습니다.

여러분은 어떻습니까? 하나님이 주신 좋은 환경에 의를 겸하고 있습니까? 물질과 환경과 권력을 바르게 사용하고 있습니까? 지금 지식, 정보, 물질 또는 권력을 잘못 사용한 이들이 어려움을 당하고 있습니다. 신앙의 성장 없는 축복은 재앙을 부를 수 있습니다. 하나님이 주신 아내와 남편과 서로 사랑하고 의논합니까? 지식을 주 안에서 함께 나누면 더 좋은 결정을 할 수 있습니다. 나발이 다윗의 사람들에게 부탁을 받고 아내와 상의했다면 더 좋았을 것입니다. 아마도 종들에게 다윗의 무리에 대해 알아보게 했더라면 더 좋았을 것입니다. 독선과 욕심은 판단을 흐리게 만듭니다. 나발의 완악함이 자신을 스스로 외롭게 만들었습니다.

사랑하는 성도 여러분! 우리 속에 들어 있는 나발의 요소를 없애고 그의 불행을 교훈삼아 행복을 만들어가기를 바랍니다. 우리가 받은 구원은 예수 그리스도의 피 값으로 얻은 것입니다. 그러므로 성령충만으로 인생을 신령하게 만들어야 합니다. 우리의 몸이 하나님의 거룩한 전(殿)이 되게 하고, 성령의 열매를 가득 채우는 자가 되시길 바랍니다. 하나님은 구원 받은 성도가 누리기를 원하셔서 이 실패한 사건을 기록하게 하셨습니다. 이 사건을 통해 큰 교훈과 지혜를 얻기를 주님의 이름으로 축원합니다.

58

다윗의 분노를 진정시키는 아비가일

| 사무엘상 25:18-28 |

　　무더운 여름은 겨울의 추위를 잊고 살게 합니다. 그러나 여름에 겨울을 준비하는 지혜가 있어야 한 해를 고통 없이 보낼 수 있습니다. 인생에도 봄, 여름, 가을, 겨울 4계절이 있습니다. 비바람 눈서리가 몰아치는 인생의 겨울이 올 것을 알고 준비하는 사람이 지혜자입니다. 지혜로운 사람은 부자가 되었을 때 그것을 선용하기 위해 고민하고 거룩하게 사용합니다. 그러나 미련한 자는 자기의 부(富)를 쾌락과 타락의 에너지로 사용합니다. 부와 권력이 행복의 재료가 되기도 하지만 때로는 불행의 씨가 되기도 합니다.

　　오늘은 같은 시대, 같은 곳에서 한 몸을 이루고 살아온 부부 나발과 아비가일의 모습 속에서 은혜를 받고자 합니다. 마온의 나발은 양이 삼천이요 염소가 일천이나 되는 부자였습니다. 나발은 사울에 이어 이스라엘 왕이 될 다윗과 그의 부하들의 보호를 받았습니다. 이 만남은 매우 행복한 만남입니다. 좋은 사람과 만난다는 것은 매우 중요합니다. 그러나 한 사건이 좋은 날 좋은 사람을 원

믿음의 사람이 가는 길

(삼상 25:18-28) 아비가일이 급히 떡 이백 덩이와 포도주 두 가죽 부대와 잡아서 요리한 양 다섯 마리와 볶은 곡식 다섯 세아와 건포도 백 송이와 무화과 뭉치 이백 개를 가져다가 나귀들에게 싣고 소년들에게 이르되 나를 앞서 가라 나는 너희 뒤에 가리라 하고 그의 남편 나발에게는 말하지 아니하니라 아비가일이 나귀를 타고 산 호젓한 곳을 따라 내려가더니 다윗과 그의 사람들이 자기에게로 내려오는 그들과 마주치니라 다윗이 이미 말하기를 내가 이 자의 소유물을 광야에서 지켜 그 모든 것을 하나도 손실이 없게 한 것이 진실로 허사라 그가 악으로서 나의 선을 갚는도다 내가 그에게 속한 모든 남자 가운데 한 사람이라도 아침까지 남겨 두면 하나님은 다윗에게 벌을 내리시고 또 내리시기를 원하노라 하였더라 아비가일이 다윗을 보고 급히 나귀에서 내려 다윗 앞에 엎드려 그의 얼굴을 땅에 대니라 그가 다윗의 발에 엎드려 이르되 내 주여 원하건대 이 죄악을 나 곧 내게로 돌리시고 여종에게 주의

수로 만들었습니다. 좋은 사람 다윗은 털 깎는 날 자신들이 은혜를 입은 나발의 목장으로 소년들을 보내어 평강으로 찾아가 먹을 것을 요청했습니다.

음식이 있는 날 즉 베풀 수 있는 좋은 날에 찾아온 것입니다. 그러나 나발은 다윗의 사람들에게 주기를 거절했을 뿐 아니라 그들의 마음을 상하게 했습니다.

> 나발이 다윗의 사환들에게 대답하여 이르되 다윗은 누구며 이새의 아들은 누구냐 요즈음에 각기 주인에게서 억지로 떠나는 종이 많도다 내가 어찌 내 떡과 물과 내 양 털 깎는 자를 위하여 잡은 고기를 가져다가 어디서 왔는지도 알지 못하는 자들에게 주겠느냐 한지라(25:10-11)

나발은 다윗의 실체를 알지 못함으로 무시했습니다. 다윗의 사람들을 주인에게 쫓겨난 종들의 무리처럼 대우했습니다. 나발은 물질을 선용할 기회를 놓쳤습니다. 이스라엘의 왕이 될 사람과의 관계 유지에 실패했을 뿐 아니라 다윗이 분노를 발하도록 했습니다. 다윗은 400명을 무장시켜 나발의 집으로 향했습니다. 나발에게 속한 이들을 죽이기 위해서 입니다.

얼마 있지 않으면 나발에 속한 사람과 소유물은 초토화 될 수밖에 없는 형편입니다. 저수지의 둑이 무너져 동리를 향하여 물이 쏟아져 내려오는 것과 같은 위기입니다. 또 숨을 곳이 없는 초원에서 배고픈 맹수를 만난 것 같은 위기가 나발의 집을 향하고 있었습니다. 모두가 불행해질 순간에 나발의 아내 아비가일의 지혜로 피 흘림없이 가정은 평안하게 되었습니다. 오늘 말씀을 통해 현

귀에 말하게 하시고 이 여종의 말을 들으소서 원하옵니다 내 주는 이 불량한 사람 나발을 개의치 마옵소서 그의 이름이 그에게 적당하니 그의 이름이 나발이라 그는 미련한 자니이다 여종은 내 주께서 보내신 소년들을 보지 못하였나이다 내 주여 여호와께서 살아 계심을 두고 맹세하노니 내 주도 살아 계시거니와 내 주의 손으로 피를 흘려 친히 막으셨으니 내 주의 원수들과 내 주를 해하려 하는 자들은 나발과 같이 되기를 원하나이다 여종이 내 주께 가져온 이 예물을 내 주를 따르는 이 소년들에게 주게 하시고 주의 여종의 허물을 용서하여 주옵소서 여호와께서 반드시 내 주를 위하여 든든한 집을 세우시리니 이는 내 주께서 여호와의 싸움을 싸우심이요 내 주의 일생에 내 주에게서 악한 일을 찾을 수 없음이니이다

숙한 여인의 영육간의 민감성을 본받아 살기를 바랍니다.

아비가일은 하인들의 말을 들을 수 있는 열린 마음을 가졌습니다

나발이 하인들의 말을 들을 수 없는 사람이라면, 아비가일은 듣는 귀를 가진 사람입니다.

> 그런즉 이제 당신은 어떻게 할지를 알아 생각하실지니 이는 다윗이 우리 주인과 주인의 온 집을 해하기로 결정하였음이니이다 주인은 불량한 사람이라 더불어 말할 수 없나이다 하는지라(25:17)

소년은 주인이 고집스러운 사람임으로 자신들의 말을 듣지 않는다고 말하고 있습니다. 불량한 사람의 특징은 자신의 주장만 고집하고 상대의 말이나 환경에 대해서는 관심이 없습니다. 그러나 지혜로운 사람은 자기보다 못한 사람의 말이라도 중요한 정보에 대해서 귀가 열려있으며, 복음에 대하여 귀가 열려 있고, 또한 하나님의 음성을 듣고 순종의 삶을 삽니다. 소년이 아비가일에게 전해주는 말은 매우 중요한 정보였습니다. 그 정보는 생명의 위협을 느끼기에 충분한 것이었습니다. 피하면 살고, 가만히 있으면 남편 뿐 아니라 나발에게 속한 모두가 죽임을 당할 수 있는 것이었습니다.

우리도 매우 중요한 정보를 접할 때가 있습니다. 바로 복음입니다. 복음은 우리의 영원한 생명과 관련된 매우 중요한 정보입니다. 그 복음을 듣고 믿는 사람과 그냥 지나쳐버리는 사람이 있습니다. 별 것 아닌 것 같지만 믿는 사람은 천국이요, 안 믿는 사람은 지옥입니다.

구약성경에 나아만이라는 장군이 나옵니다. 그는 유다에서 포로로 잡혀온 몸종에게서 이스라엘에 능력있는 선지가가 있다는 정보를 듣게 됩니다. 그는 그 정보에 따라 이스라엘에 가서 선지자를 만나 문둥병을 고침 받습니다.

사랑하는 성도 여러분! 지금 우리에게 들려오는 말을 잘 분별해서 들어야 합니다. 예수님에 관한 소식, 하나님의 백성에 대한 소식을 경청해야 합니다. 바른 정보가 있어야 바르게 행할 수 있습니다. 아비가일에게 전달된 말은 바른 정보였습니다.

아비가일은 사태의 심각성을 알고 바로 행동했습니다

> 아비가일이 급히 떡 이백 덩이와 포도주 두 가죽 부대와 잡아서 요리한 양 다섯 마리와 볶은 곡식 다섯 세아와 건포도 백 송이와 무화과 뭉치 이백 개를 가져다가 나귀들에게 싣고 소년들에게 이르되 나를 앞서 가라 나는 너희 뒤에 가리라 하고 그의 남편 나발에게는 말하지 아니하니라(25:18-19)

아비가일은 급히 자신이 가진 물질을 선용할 준비를 했습니다. 그녀는 남편에게 말하지 않고 소년들의 안내를 받아 다윗을 찾아갔습니다. 때로는 상의할 시간이 없을 때도 있고, 상의해서는 안 될 일도 있습니다. 여기에서 나발과 상의했다면 어떻게 되었을 것 같습니까? 영적으로 깨어있지 못한 사람과 상의하여 주의 일을 하려 한다면 매일 싸우고 필경에는 영적으로 한 발자국도 나아가지 못하였을 것입니다. 또 그 일로 함께 실패자의 수렁에서 고생하였을 것입니다. 아비가일은 분노의 칼을 가지고 달려오는 다윗에게로 마주 대하여 나아갔습니다. 문제를 피한 것이 아니라 남편이 만들어 놓은 난관을 해결하기 위해 맞선 것입니다.

아비가일은 다윗을 보고 급히 말에서 내려 엎드려 말하였습니다.

> 원하옵니다 내 주는 이 불량한 사람 나발을 개의치 마옵소서 그의 이름이 그에게 적당하니 그의 이름이 나발이라 그는 미련한 자니이다 여종은 내 주께서 보내신 소년들을 보지 못하였나이다(25:25)

아비가일은 공평한 판단을 했습니다. 남편을 변호하지 않고 있는 그대로 말했습니다. 문제해결을 위해 남의 마음을 돌릴 때에 자신에게 속한 사람들의 잘못을 시인할 줄 알아야 합니다. 미련한 사람은 자신에게 속한 사람은 다 좋은 사람이고, 상대편은 다 잘못한 사람으로 정죄합니다. 자신에게 속한 사람들의 잘못을 자신의 잘못으로 인정하고 회개하는 자세가 필요합니다. 그리고 도피보다는 상대의 요구를 복음 안에서 해결하는 지혜를 가져야 합니다.

아비가일은 물질을 선용했습니다. 하나님께서 주신 환경을 사람 살리는데 이용했습니다. 나발과 그에 속한 자를 보호할 뿐 아니라 다윗을 보호했습니다. 사람이 분노를 하면 실수 합니다. 상대의 분노를 가라앉게 하는 것은 그 사람에게 큰 선물을 주는 것입니다. 목회를 하다 보면 성도들의 보고 스타일이 다름을 알 수 있습니다. 어떤 사람은 같은 상황을 부정적 입장에서 보고하여 저의 마음을 상하게 하는데, 어떤 사람의 보고는 긍정적 해석을 담고 있어 힘이 되기도 합니다. 한 가정의 아이가 싸움을 했습니다. 그때 피해를 준 아이의 어머니가 피해자 어머니에게, '우리 아이는 착한 아이인데 우리 아이가 화가나 때린 것을 보니 당신의 아들이 먼저 화나게 했나 보다' 라고 말을 함으로 일이 더 커지는 것을 본 일이 있습니다. 타락한 인간은 자신의 잘못에 대해서는 관대하고 남의 잘못은 크게 보는 속성이 있습니다. 그러나 아비가일은 남편의 문제를 바르게 보는 지혜가 있었습니다.

아비가일은 다윗이 하나님 앞에 죄를 범치 않기를 원했습니다

❧ 내 주여 여호와께서 살아 계심을 두고 맹세하노니 내 주도 살아 계시거니와 내 주의 손으로 피를 흘려 친히 보복하시는 일을 막으셨으니 내 주의 원수들과 내 주를 해하려 하는 자들은 나발과 같이 되기를 원하나이다(25:26)

아비가일은 다윗에게 여호와의 이름으로 접근하여, 하나님은 다윗이 피 흘리는 것을 자신을 통하여 막으신다고 했습니다. 이 현숙한 여인은 자신이 하나님 손에 붙잡혀 일하는 것을 확신했습니다. 그녀는 요구한 음식을 다윗에게 주었고, 그뿐 아니라 다윗을 향한 하나님의 비전을 표명했습니다.

> 주의 여종의 허물을 용서하여 주옵소서 여호와께서 반드시 내 주를 위하여 든든한 집을 세우시리니 이는 내 주께서 여호와의 싸움을 싸우심이요 내 주의 일생에 내 주에게서 악한 일을 찾을 수 없음이니이다(25:28)

아비가일은 남편의 허물을 자신의 허물로 인정하고 용서를 빌었습니다. 그리고 다윗과 함께하는 하나님을 보며 여호와께서 다윗의 집을 든든히 세우시리라는 것을 믿었습니다.

물질을 가지고 남의 양심이나 분노를 삭히는데 쓰려는 세속적인 방법은 잘못입니다. 물질을 가지고 판결을 굽게 하고 상대에게 피해를 주는 결정을 하게 하는 것은 하나님이 기뻐하지 않습니다. 하나님의 사람에게 속한 이들을 위해 물질을 선용한다면 잘한 것입니다. 아비가일은 자신이 가진 것으로 배고픈 사람들의 배를 채워주었습니다. 저에게도 여기저기서 도와달라는 전화나 편지가 많이 옵니다. 우리 교회는 떡집이 되어서 배고픈 사람들에게 먹을 것을 많이 주고 있습니다. 아비가일의 영적인 민감함이 화(禍)를 복(福)의 씨로 바꾸어 놓았습니다. 우리도 이 시대 속에서 하나님의 뜻을 이루고 살아야 합니다. 우리에게는 천국이 있고 신랑되신 예수님이 있습니다. 젊은이들에게는 하나님이 주신 꿈이 있습니다. 심령의 건강을 유지하기 위해 말씀에 굳게 서고 하나님의 뜻을 이루는 큰 지혜의 사람이 될 때 우리의 인생이 멋있게 될 줄 믿습니다.

59

평안히 올라가라

모든 사람은 평안을 갈구합니다. 그리고 자유와 독립을 원합니다. 우리 민족은 타국에 의해 압박을 받은 경험을 가지고 있습니다. 우리 조상들은 가난을 물리치기 위해 많은 일을 했습니다. 그 뿐 아니라 자유를 얻기 위해 독립운동도 했습니다. 올해가 광복 60주년입니다. 광복의 세대는 현역에서 물러나고 역사 속에서 지식으로만 아는 이들이 광복의 행사를 하고 역사를 재조명 하겠다고 합니다. 우리는 광복의 기쁨을 다시 한 번 생각하고 모두가 잘 사는 통일의 기쁨을 만들어 내는 참 지혜가 요구되는 때에 살고 있습니다. 생일을 맞는 자녀가 부모에게 선물을 사달라고 떼를 쓴다면 아직 어린 자녀입니다. 생일은 부모의 수고를 알아주는 날이어야 합니다. 광복절은 광복을 위해 수고한 이들의 아픔과 정신을 알아주는 날이어야 합니다.

우리 민족은 광복의 기쁨이 채 가시기 전에 전쟁을 경험하는 큰 혼돈을 맛보기도 했습니다. 그때도 하나님은 우리나라를 붙잡아 주었습니다. 지금도 그때처럼 혼돈스럽다 해도 하나님의 능력으로 바로 세워질 것입니다. 많은 죄가

(삼상 25:29-38) 사람이 일어나서 내 주를 쫓아 내 주의 생명을 찾을지라도 내 주의 생명은 내 주의 하나님 여호와와 함께 생명 싸개 속에 싸였을 것이요 내 주의 원수들의 생명은 물매로 던지듯 여호와께서 그것을 던지시리이다 여호와께서 내 주에 대하여 하신 말씀대로 모든 선을 내 주에게 행하사 내 주를 이스라엘의 지도자로 세우실 때에 내 주께서 무죄한 피를 흘리셨다든지 내 주께서 친히 보복하셨다든지 함으로 말미암아 슬퍼하실 것도 없고 내 주의 마음에 걸리는 것도 없으시리니 다만 여호와께서 내 주를 후대하실 때에 원하건대 내 주의 여종을 생각하소서 하니라 다윗이 아비가일에게 이르되 오늘 너를 보내어 나를 영접하게 하신 이스라엘의 하나님 여호와를 찬송할지로다 또 네 지혜를 칭찬할지며 또 네게 복이 있을지로다 오늘 내가 피를 흘릴 것과 친히 복수하는 것을 네가

나라를 망하게 하는 것이 아니라 소수의 의(義)가 없어 나라가 망합니다. 소돔과 고모라가 죄 때문에 망했다기 보다는 의인이 없어서 망한 것입니다.

오늘은 위기를 행복의 기회로 만든 아비가일의 지혜를 통해 은혜를 받고자 합니다. 여자는 어떤 남편을 만나느냐에 따라 인생의 행복과 불행이 좌우됩니다. 행복은 우연히 임하는 것이 아니라 예수 그리스도 안에서 만들어지는 것입니다.

나발의 실패가 주는 교훈이 있습니다 │

나발은 많은 부를 가지고 있었습니다. 그런데 그 부는 다윗의 사람들에 의해 유지되고 있었습니다. 나발은 양털을 깎으면서 행복해 했고, 그 부로 인해 음식을 요구 받는 입장, 즉 주는 자의 복을 누릴 수 있는 위치에 있었습니다. 그러나 그는 하나님이 주신 것을 가지고 하나님의 의도대로 사용하지 않고 자기만을 위해 사용했습니다. 그는 부자였지만 지혜와 분별력이 없었고 사환들과 아내의 마음도 얻지 못했습니다. 그뿐 아니라 하나님의 사람 다윗의 마음에 분노를 일으켰습니다. 나발은 자신에게 큰 화가 올 것도 모르고 자신을 위해서 큰 잔치를 배설했습니다.

▨ 아비가일이 나발에게로 돌아오니 그가 왕의 잔치와 같은 잔치를 그의 집에 배설하고 크게 취하여 마음이 기뻐하므로 아비가일이 밝은 아침까지는 아무 말도 하지 아니하다가 아침에 나발이 포도주에서 깬 후에 그의 아내가 그에게 이 일을 말하매 그가 낙담하여 몸이 돌과 같이 되었더니 한 열흘 후에 여호와

결국 나발은 여호와의 치심으로 죽었습니다. 오늘날에도 나발이 있습니다. 권력을 가지고도 하나님께 영광 돌리지 못하고 하나님의 사람을 위해 사용하지도 않는 사람들, 많은 지식을 가졌음에도 사회에 봉사하지도 않고 교만하며 죄 가운데 사는 사람들은 21세기의 나발의 반열에 선 사람들입니다. 그들의 종말은 결코 순탄하지 못할 것입니다. 권력에 취해서 백성은 안중에도 없는 이들과 쾌락에 빠져 자기에게 속한 이들이 죽음에 이르는 것도 모르고 있는 이들은 그들 속에 있는 나발의 요소를 빨리 회개해야 합니다. 회개하면 좋은 날을 볼 수 있습니다. 모든 것이 하나님의 권위 아래 있는 것을 알고 하나님의 의도대로 가진 것을 사용하면 곧 행복이 찾아올 것입니다. 또 하나님의 보호를 믿고 평안을 유지하는 것입니다. 그 뿐 아니라 말씀대로 천국을 소유한 자의 행위를 가져야 합니다. 나발은 천국을 소유하지 않았기 때문에 하나님이 아끼지 않았습니다.

> 그 때에 임금이 그 오른편에 있는 자들에게 이르시되 내 아버지께 복 받을 자들이여 나아와 창세로부터 너희를 위하여 예비된 나라를 상속받으라 내가 주릴 때에 너희가 먹을 것을 주었고 목마를 때에 마시게 하였고 나그네 되었을 때에 영접하였고 헐벗었을 때에 옷을 입혔고 병들었을 때에 돌보았고 옥에 갇혔을 때에 와서 보았느니라 이에 의인들이 대답하여 이르되 주여 우리가 어느 때에 주께서 주리신 것을 보고 음식을 대접하였으며 목마르신 것을 보고 마시게 하였나이까 어느 때에 나그네 되신 것을 보고 영접하였으며 헐벗으신 것을 보고 옷 입혔나이까 어느 때에 병드신 것이나 옥에 갇히신 것을 보고 가서 뵈었나이까 하리니 임금이 대답하여 이르시되 내가 진실로 너희에게 이르노니 너희가 여기 내 형제 중에 지극히 작은 자 하나에게 한 것이 곧 내게 한 것이니라 하시고(마25:34-40)

지극히 작은 자에게 행한 것이 곧 하나님께 한 것임을 알아야 나발의 종말을 면할 수 있습니다. 어제 아프리카 사람이 교회가 찾아와서 2만원을 달라고 했다는 소리를 들었습니다. 그 외국인이 어느 사람에게 도와 달라고 했더니 우리 교회로 가라고 해서 왔다고 하여 주님이 보내신 줄 알고 주라고 했습니다. 영원한 부자도 없고 영원히 가난한 자도 없습니다. 있을 때 나누어야 합니다.

아비가일의 성공이 주는 교훈이 있습니다 |

아비가일은 매우 힘든 상황에 있었습니다. 남편은 불량자라 자기 밖에 모르고, 종들에게도 무시를 당하는 자였습니다. 아내인 아비가일도 그를 의논할 상대로 여기지 않았습니다. 남편의 경솔함이 온 가정을 죽음의 구렁텅이로 몰아가고 있었습니다. 자신을 위해서는 왕처럼 잔치를 배설하고 술독에 빠진 상태로 살아가는 실정입니다. 그러나 아비가일은 자신의 인생을 포기하지 않았습니다. 남편의 잘못을 수습하기 위해 물질과 사환과 환경과 지혜를 총동원하여 분노한 다윗에게로 마주 달렸습니다. 아비가일은 영적으로 민감했습니다. 그뿐 아니라 상대를 정확하게 읽었습니다. 다윗이 이스라엘의 왕이 될 것을 의심없이 믿었습니다. 그리고 여호와의 이름으로 접근했습니다.

> 여호와께서 내 주에 대하여 하신 말씀대로 모든 선을 내 주에게 행하사 내 주를 이스라엘의 지도자로 세우실 때에 내 주께서 무죄한 피를 흘리셨다든지 내 주께서 친히 보복하셨다든지 함으로 말미암아 슬퍼하실 것도 없고 내 주의 마음에 걸리는 것도 없으시리니 다만 여호와께서 내 주를 후대하실 때에 원하건대 내 주의 여종을 생각하소서 하니라(25:30-31)

아비가일은 다윗이 나중에 후회할 일을 하지 말도록 지혜롭게 권면하였습니다. 뿐만 아니라 성공하고 잘되었을 때 여종을 생각해 달라고 미래를 위한 당부까지 해놓았습니다. 아비가일은 자신이 도울 자를 잘 분별했습니다.

지금 여러분의 형편은 어떻습니까? 혹시 부부가 서로 실패의 원인을 떠넘기고 있지는 않습니까? '나는 불행하다. 결혼을 잘못했다' 고 탄식하지는 않습니까? 현재의 성공이 미래의 실패가 될 수 있고, 현재의 실패가 미래의 큰 성공이 될 수도 있습니다. 현재의 어려움과 고통이 하나님을 의지하게 하고 좁은 길로 가게 하는 형통의 길일 수도 있습니다. 아비가일은 남편의 권위에 매여 머뭇거리지 않고 다윗을 도왔습니다. 그리고 자기의 미래를 부탁했습니다. 다윗을 위하는 것이 남편을 위하는 것이었고 가족을 위한 것이었습니다. 그녀의 행동은 다윗에게 뿐 아니라 이스라엘 백성 전부에게 유익을 주었습니다. 이는 아비가일에게도 행복의 사건이 되었습니다. 이 시대에도 아비가일과 같은 성도가 필요합니다. 가정과 교회와 사회 속에서 싸움을 막고 피흘림을 막는 성도가 되시기를 주의 이름으로 축원합니다.

위대한 지도자 다윗의 지혜가 주는 교훈이 있습니다

다윗이 아비가일에게 이르되 오늘 너를 보내어 나를 영접하게 하신 이스라엘의 하나님 여호와를 찬송할지로다 또 네 지혜를 칭찬할지며 또 네게 복이 있을지로다 오늘 내가 피를 흘릴 것과 친히 복수하는 것을 네가 막았느니라 나를 막아 너를 해하지 않게 하신 이스라엘의 하나님 여호와의 살아 계심을 두고 맹세하노니 네가 급히 와서 나를 영접하지 아니하였다면 밝은 아침에는 과연 나발에게 한 남자도 남겨 두지 아니하였으리라 하니라(25:32-34)

대장부 다윗은 하나님의 이름으로 나발의 집에 속한 남자들을 내일 아침까지 살려두면 하나님이 자신에게 벌을 내리시고 또 내리시기를 원한다고 말했습니다. 그는 아비가일의 말에 하나님의 뜻을 깨달아 자신의 잘못된 것을 깨닫고 돌아서는 지혜자입니다. 다윗은 아비가일의 말을 듣고 하나님께 영광을 돌린 것입니다. 훌륭한 지도자는 자기 주장만을 고집하지 않습니다. 잘못된 것을 깨달았을 때 바로 고칠 줄 아는 사람이 큰 지도자입니다. 대장부가 결정하였다고 하여도 하나님의 뜻이 아니라는 것을 알면 돌이켜야 합니다. 다윗은 하나님이 그 여인을 사용한다는 것을 알았습니다. 그 여인의 정성도 받았습니다.

위대한 지도자는 하나님을 두려워합니다. 그리고 하나님의 사람을 알아봅니다. 교만이나 고집이 없습니다. 평안을 위해 기도하는 사람입니다. 우리나라와 세계의 지도자들과 목회자와 가장들이 다윗 같기를 기도합니다. 우리의 위대한 지도자는 예수님이십니다. 주님은 우리의 기도와 정성을 다 받으시고 영원한 영광에 들어가게 하십니다. 우리 신랑 예수님을 의지하며 기도의 사람이 되고 평안과 의로움을 가지고 나발처럼 사는 자의 반열에서 벗어나 다윗의 반열에 서서 예수 그리스도를 온전히 믿음으로 평안하기를 주의 이름으로 축원합니다.

60

다윗의 아내가 되는 아비가일

세상에 살면서 보고 들어도 말하고 싶지 않는 것이 있습니다. 그러나 말해야 할 때가 있습니다. 강해설교를 하다가 보면 넘어가고 싶은 본문이나 사건이 있습니다. 그러나 성경 전체에는 하나님의 뜻이 담겨져 있기 때문에 그대로 전해야 합니다. 약을 먹을 때도 쓴 것을 빼고 먹으면 효과가 떨어지듯이, 성경도 그대로 전하고 그대로 믿어야 합니다.

오늘 본문이 그 중에 하나가 아닌가 생각합니다. 한 가정이 해체되고 한 가정이 굳건해지는 사건을 보며 나발에 대하여 동정이 가기도 합니다. 재산도 있고 결혼도 잘했던 나발이지만 그의 인격과 신앙이 반듯하지 못해 하인들에게 불량한 사람이라는 평가를 받았습니다. 아내에게는 상의할 수 없는 사람이었으며, 다윗에게는 마땅히 죽여야 될 사람으로 여겨졌습니다. 나발은 하나님과 사람에게 정죄된 사람이었습니다.

🐚 한 열흘 후에 여호와께서 나발을 치시매 그가 죽으니라(25:38)

하나님께서 치시므로 나발이 죽었습니다. 생명은 하나님의 손에 있습니다.

(삼상 25:39-44) 나발이 죽었다 함을 다윗이 듣고 이르되 나발에게 당한 나의 모욕을 갚아 주사 종으로 악한 일을 하지 않게 하신 여호와를 찬송할지로다 여호와께서 나발의 악행을 그의 머리에 돌리셨도다 하니라 다윗이 아비가일을 자기 아내로 삼으려고 사람을 보내어 그에게 말하게 하매 다윗의 전령들이 갈멜에 가서 아비가일에게 이르러 그에게 말하여 이르되 다윗이 당신을 아내로 삼고자 하여 우리를 당신께 보내더이다 하니 아비가일이 일어나

나발의 인생은 죽음으로 막이 내려집니다. 그러나 그의 아내 아비가일은 자유를 누리기 시작하였습니다. 하나님에 의해 남편의 굴레에서 벗어난 것입니다. 아비가일은 다시 결혼할 수 있는 신분이 되었고 다윗도 그것을 알았습니다.

> ✾ 나발이 죽었다 함을 다윗이 듣고 이르되 나발에게 당한 나의 모욕을 갚아 주사 종으로 악한 일을 하지 않게 하신 여호와를 찬송할지로다 여호와께서 나발의 악행을 그의 머리에 돌리셨도다 하니라 다윗이 아비가일을 자기 아내로 삼으려고 사람을 보내어 그에게 말하게 하매(25:39)

다윗은 자신의 수치를 하나님이 갚아준 것을 알게 되었고, 나발을 향하여 분노하지 않게 하신 하나님을 찬양했습니다. 그는 자신에게 악을 행하지 않도록 한 아비가일에게 청혼했습니다.

> ✾ 다윗의 전령들이 갈멜에 가서 아비가일에게 이르러 그에게 말하여 이르되 다윗이 당신을 아내로 삼고자 하여 우리를 당신께 보내더이다 하니 아비가일이 일어나 몸을 굽혀 얼굴을 땅에 대고 이르되 내 주의 여종은 내 주의 전령들의 발 씻길 종이니이다(25:40-41)

아비가일은 겸손하고 자신의 분수를 아는 여인이었습니다. 겸손은 인격이고 능력이고 사랑받는 비결입니다. 아비가일은 머뭇거리지 않고 급히 일어나 다윗을 따랐습니다. 이제 아비가일은 왕후의 인생길을 누리게 되었습니다. 그녀는 인생의 전반기 보다 후반기가 더 아름다운 삶을 살게 되었습니다.

인생은 노년이 평안해야 행복합니다. 여행도 돌아올 곳이 있어야 평안하고 집에 도착한 후 만족이 있어야 좋은 여행입니다. 나발로 인하여 한 때 어려웠으나, 하나님으로 인하여 아비가일은 중반기부터 삶의 질이 좋아졌습니다. 하나님은 복 받을 사람에게는 행복을 준비해 놓고 있습니다. 지혜로운 사람은 미련한 사람의 지배 아래 오래 두지 않고 하나님의 방법으로 복을 주십니다.

사람이 등불을 등경 위에 두는 것처럼 하나님께서는 시대 속에 빛이 되는 사람을 세우십니다. 하나님의 능력을 가진 지혜로운 사람을 실패된 자리나 고생하는 자리나 멸시받는 자리에 오래 두지 않고 하나님의 방법으로 높여 놓습니다. 하나님은 버린 사람에게는 침묵하시지만 택한 백성을 향해서는 삶속에 벌어지는 사건이나, 주의 종을 통해 회개를 촉구하고 바르게 살게 하십니다. 혹 나발처럼 하나님을 알지 못하고 자기만을 위하고 술 취하고 방탕에 빠져 사는 사람이 있다면 회개하는 지혜가 있기를 바랍니다. 또 아비가일처럼 위기와 어려운 환경 속에 있어도 낙심하지 말고 하나님은 인간이 측량할 수 없는 환경으로 복 주시는 분임을 깨닫고 범사에 감사하면서 살기를 축원합니다.

때로 한 사건에서 한 사람이 웃으면 한 사람이 울 수가 있습니다. 또 한 사람이 잘되면 다른 편의 사람은 잘못될 때가 있습니다. 자리는 하나인데 두 사람이 있다면, 한 사람은 낙오자가 될 것입니다. 다윗이 지혜로운 아내 아비가일을 맞아들일 때에 전에 있던 아내 미갈은 다윗의 장인 사울을 통해 갈림에 사는 라이스의 아들 발디에게 가게 되었습니다. 미갈은 아버지 때문에 왕후의 누림에서 실패하는 자가 되었습니다. 에스더서에 나오는 왕후 와스디가 물러나고 에스더가 그 자리를 얻게 되는 사건과도 같습니다. 현재 좋은 위치에 있다 해도 복을 잘 관리하지 못하면 빼앗길 수 있음을 보여줍니다. 하나님의 목적대로 생명이나 권세 그리고 물질과 환경을 잘 관리하는 사람에게는 영광스러운 자리와 머리가 되는 곳으로 인도하십니다. 그러나 하나님의 뜻을 버리고 정욕으로 사는 사람은, 그 생명 뿐 아니라 그가 지닌 모든 것을 거두어 가기도 하십니다. 부귀와 장수의 주인되신 예수님 안에서 영생하길 바랍니다.

아비가일처럼 하나님의 사람이
넘어지지 않도록 지혜를 써야 합니다 ┃ 다윗이 혈기대로 행하였다

면 왕이 된 후에 나발의 피 흘린 그 일로 인하여 하나님과 사람 그리고 역사 속에 큰 오명을 남겼을 것입니다. 그러나 아비가일의 지혜로운 행위가 다윗을 보호했습니다. 다윗은 아비가일을 고맙게 생각했습니다.

> 🐚 네 지혜를 칭찬할지며 또 네게 복이 있을지로다 오늘 내가 피를 흘릴 것과 친히 복수하는 것을 네가 막았느니라(25:33)

여자로 인하여 큰 사랑의 보호를 깨닫게 될 때 남자의 마음에는 사랑이 싹트게 됩니다. 저의 목회에도 아내의 역할이 매우 컸습니다. 목회하다가 좌절할 때, 아내는 강단에서 끝이 안 보일 만큼의 많은 성도들에게 제가 설교하는 모습을 하나님이 보여 주셨으니 힘을 내라고 했습니다. 그리고 좋은 목사님으로 승리할 수 있다고 했습니다. 가난과 좌절이 올 때도 불평 없이 긍정적인 말과 기도를 아끼지 않아 사랑이 더욱 깊어졌습니다. 사랑과 관심을 하나님의 말씀 안에서 심으면 30, 60, 100배의 열매를 맺는 것이 진리입니다.

하나님께 속한 사람을 도우면
더불어 누리는 은혜를 받습니다 ┃ 아비가일의 신분으로 보면 나발을

도와야 했습니다. 그러나 하나님의 공의에서 보면 다윗을 보호해야 합니다. 만약 나발 편에서 문제를 해결하려 했다면 나발 뿐 아니라 집안의 모든 남자들을 다 죽음으로 내몰 수밖에 없었을 것입니다. 그러나 다윗을 보호하려 한 것이 모두가 평안한 길을 가게 했습니다. 하나님이 보호하는 사람을 보호하면 하나님이 기뻐하십니다. 그런 사람을 하나님이 쓰십니다. 보호하는 것도 주 안에서 보호요, 따르는 것도 주안에서 따르는 것입니다.

돕는 우선순위도 믿음의 가정에게 먼저 하는 것이 좋습니다. 예수 잘 믿는 사람이나 나라를 가까이 해야 하나님이 더 큰 복을 주십니다. 믿는 사람을 핍박하고 하나님조차 대적하는 나라 편에 서면 같이 어려움을 당합니다. 믿는 사람을 험담하고 핍박하고 교회를 대적하는 것은 사울 운동입니다. 이런 사람에게 형통은 없습니다. 요즘에 이단에 속한 사람들이 교회에 들어와 분란을 일으킨다는 소식이 있습니다. 화평운동을 부수고 분쟁운동을 부축이는 것은 사단의 운동입니다. 그러한 일에 쓰임 받지 말고 화평운동에 쓰임 받아 현재보다 더 좋은 환경을 만들어 나가기를 바랍니다.

아비가일이 다윗의 아내가 된 것은 그리스도의 신부인 성도의 모형입니다 |

'신랑되신 예수께서 다시 오실 때 밝은 등불 들고 나갈 준비 됐느냐' 라는 찬송가가 있습니다. 다윗을 하나님의 사람으로 믿는 믿음의 사람 아비가일은 하나님의 종을 믿는 믿음과 하나님의 계획을 깨닫고 혈육을 초월한 분별력으로 다윗을 감동시키고 그의 아내로 초청을 받습니다.

나발과 같은 사람을 신랑으로 모시고 사는 것처럼 세상에 매여 사는 우리에게 예수님이 찾아오셨습니다. 믿음을 가지라고 주의 종들을 보내어 죄인된 우리를 초청해 주셨습니다. 예수를 믿는 자는 그리스도의 신부요 주님은 신랑이십니다. 또한 왕이요 심판주입니다. 이 세상에서 가장 큰 이름을 남긴 사람이 있다면 예수님의 제자들일 것입니다. 그들의 특징은 주님이 불렀을 때 주저하지 않고 '예' 하고 따랐다는 것입니다. 우리도 주님이 부르시면 '예' 하고 따라나서기 바랍니다. 기도하고 전도하고 말씀으로 무장하고 꿈을 가져 시절을 좇아 과실을 맺는 은혜를 경험해야 합니다. 학생 때는 공부하는 것을 과실로 삼아야 합니다. 청년 때는 경건과 거룩한 열정으로 주님을 섬겨야 어른이 되어서 그 힘 가지고 주의 일을 합니다. 2007년에는 건축을 시작할 수 있도록 합시다. 장애인시설과 어린이집도 이 땅에서 하나님의 뜻이 이루어지도록 합시다. 그 무엇보다도 9월부터는 한 사람이 한 사람씩 전도할 수 있도록 기도합시다. 일 년에 한 명이라도 전도해야 영적으로 좋은 때를 가집니다. 육신의 자녀를 잉태할 때 기쁨을 경험하듯이 영적인 생명을 탄생시키면서 얻는 즐거움은 그 무엇으로도 비교할 수 없습니다. 온 성도들이 아비가일처럼 인생의 후반기에 더 행복해지기를 주의 이름으로 축원합니다.

61

죄를 멀리하는 다윗

| 사무엘상 26:1-12 |

요즘에는 아침저녁으로 가을의 서늘한 기운이 옷깃을 파고듭니다. 며칠 만 지나면 황금 들녘에서 추수하는 농부의 땀의 결실을 누리게 됩니다. 한 해 동안 계획했던 것을 다시 돌아보면서, 아직도 4개월이나 남았다는 긍정적인 생각으로 재도전을 하기를 바랍니다. 이제부터 시작이라고 생각하고 다시 한 번 열심히 살면 인생을 아름답게 보낼 수 있습니다. 말씀을 들을 때가 행복한 삶의 출발인 것을 깨닫고 다시 시작해 봅시다. 모세는 80세에 사역을 시작하였고 아브라함은 후손에 대한 기쁨을 100세에 맛보았습니다.

오늘은 사울과 다윗에 대한 말씀을 들으면서 은혜를 받고자 합니다. 사울을 연구하다 보면 때때로 측은한 생각이 들기도 합니다. 사울은 처음에는 성령의 역사로 이스라엘의 왕이 되었습니다. 그때는 사무엘과의 관계가 좋았습니다. 그러나 왕권이 안정되고 자신의 주관이 나오면서 하나님의 말씀을 벗어났습니다.

❧ 사무엘이 이르되 여호와께서 번제와 다른 제사를 그의 목소리를 청종하는 것

(삼상 26:1-12) 십 사람이 기브아에 와서 사울에게 말하여 이르되 다윗이 광야 앞 하길라 산에 숨지 아니하였나이까 하매 사울이 일어나 십 광야에서 다윗을 찾으려고 이스라엘에서 택한 사람 삼천 명과 함께 십 광야로 내려가서 사울이 광야 앞 하길라 산 길가에 진 치니라 다윗이 광야에 있더니 사울이 자기를 따라 광야로 들어옴을 알고 이에 다윗이 정탐꾼을 보내어 사울이 과연 이른 줄 알고 다윗이 일어나 사울이 진 친 곳에 이르러 사울과 넬의 아들 군사령관 아브넬이 머무는 곳을 본즉 사울이 진영 가운데에 누웠고 백성은 그를 둘러 진 쳤더라 이에 다윗이 헷 사람 아히멜렉과 스루야의 아들 요압의 아우 아비새에게 물어 이르되 누가 나와 더불어 진영에 내려가서 사울에게 이르겠느냐 하니 아비새가 이르되 내가 함께 가겠나이다 다윗과 아비새가 밤에 그 백성에게 나아가 본즉 사울이 진영 가운데 누워 자고 창은 머리 곁 땅에 꽂혀 있고 아브넬과 백성들은 그를 둘러 누웠는지라 아비새가 다윗에게

을 좋아하심 같이 좋아하시겠나이까 순종이 제사 보다 낫고 듣는 것이 숫양의 기름보다 나으니 이는 거역하는 것은 점치는 죄와 같고 완고한 것은 사신 우상에게 절하는 죄와 같음이라 왕이 여호와의 말씀을 버렸으므로 여호와께서도 왕을 버려 왕이 되지 못하게 하셨나이다 하니(15:22-23)

하나님께 버림을 받음으로 주의 종과의 관계도 끊어졌습니다. 하나님께 버림받자 악령이 사울에게는 역사하였습니다. 사울 왕정은 계속해서 문제 속으로 빠져 들었습니다. 국민의 여론이 골리앗을 이긴 다윗에게로 돌아가자 사울에게 시기심이 생겼습니다. 사울은 하나님이 함께 하는 다윗을 죽이기 위해 왕권을 동원했습니다. 다윗을 미워하고 죽이려할 때 아들 요나단이 반대했지만 그의 말도 듣지 않았습니다. 그 후 다윗을 쫓다가 다윗의 진실함을 보고 감동을 받기도 했습니다.

다윗에게 이르되 나는 너를 학대하되 너는 나를 선대하니 너는 나보다 의롭도다 네가 나 선대한 것을 오늘 나타냈나니 여호와께서 나를 네 손에 넘기셨으나 네가 나를 죽이지 아니하였도다 사람이 그의 원수를 만나면 그를 평안히 가게 하겠느냐 네가 오늘 내게 행한 일로 말미암아 여호와께서 네게 선으로 갚으시기를 원하노라 보라 나는 네가 반드시 왕이 될 것을 알고 이스라엘 나라가 네 손에 견고히 설 것을 아노니 그런즉 너는 내 후손을 끊지 아니하며 내 아버지의 집에서 내 이름을 멸하지 아니할 것을 이제 여호와의 이름으로 내게 맹세하라 하니라(24:17-21)

이르되 하나님이 오늘 당신의 원수를 당신의 손에 넘기셨나이다 그러므로 청하오니 내가 창으로 그를 찔러서 단번에 땅에 꽂게 하소서 내가 그를 두 번 찌를 것이 없으리이다 하니 다윗이 아비새에게 이르되 죽이지 말라 누구든지 손을 들어 여호와의 기름 부음 받은 자를 치면 죄가 없겠느냐 하고 다윗이 또 이르되 여호와께서 살아 계심을 두고 맹세하노니 여호와께서 그를 치시리니 혹은 죽을 날이 이르거나 또는 전장에 나가서 망하리라 내가 손을 들어 여호와의 기름 부음 받은 자를 치는 것을 여호와께서 금하시나니 너는 그의 머리 곁에 있는 창과 물병만 가지고 가자 하고 다윗이 사울의 머리 곁에서 창과 물병을 가지고 떠나가되 아무도 보거나 눈치 채지 못하고 깨어 있는 사람도 없었으니 이는 여호와께서 그들에게 깊이 잠들게 하셨으므로 그들이 다 잠들어 있었기 때문이었더라 사울은 다윗이 선하다고 말했습니다. 이스라엘의 왕이 되리라는 것도 알았다고 했습니다. 그러면서 자신의 후손을 끊지 말아 달라고 당부했습니다. 이 정도 했으면 자신의 잘못을 깨닫고 다윗을 쫓는 것을 중단해야 했습니다. 그러나 오늘 본문에 보면 다시 다윗을 잡으려고 군사 삼천 명을 동원하여 수색에 나섰습니다. 누가 보아도 이해가 되지 않는 일입니다. 그러나 영적인 세계를 알면 이해됩니다.

과거에 어떤 사람이 도박에 빠져 소유하고 있던 땅을 다 잃었습니다. 그는 다시는 도박을 하지 않겠다는 각오로 손가락을 잘랐습니다. 그러나 그는 도박의 버릇을 끝까지 버리지 못하고 가정을 파탄시키고 인생의 실패자가 되었습니다. 사람의 의지로 안되는 것이 있습니다. 신앙 행위도 의지로 되는 것이 아닙니다. 하나님의 영의 역사가 있어야 가능합니다. 사울의 행위는 악령이 지배함으로 그 악의 의도대로 움직이는 것입니다. 생각이 바뀌어져야 행동이 변합니다. 가치관을 바꾸지 않고 행위만 바꾸려하면 어렵습니다. 성령이 인간의 생각에 임할 때 거룩한 생각을 하게 됩니다. 영의 변화가 있어야 행복해집니다. 사람을 바꾸려는 것보다 성령을 받도록 해야 합니다. 악령의 흉악의 결박에 매여 있는 한 사람은 바뀌어지지 않습니다. 악령은 사람을 악하게 사용합니다.

악령에 잡힌 자는 자신의 사람들에게까지 보호를 받지 못합니다

🌱 다윗과 아비새가 밤에 그 백성에게 나아가 본즉 사울이 진영 가운데 누워 자고 창은 머리 곁 땅에 꽂혀 있고 아브넬과 백성들은 그를 둘러 누웠는지라 아비새가 다윗에게 이르되 하나님이 오늘 당신의 원수를 당신의 손에 넘기셨나이다 그러므로 청하오니 내가 창으로 그를 찔러서 단번에 땅에 꽂게 하소서 내가 그를 두 번 찌를 것이 없으리이다 하니(26:7-8)

사울을 지켜야 될 사람들이 잠에 취하여 있습니다. 사울은 완전히 노출되어 있었습니다. 여기서 사울을 보는 시각의 차이를 발견할 수 있습니다. 아비새는 "당신의 원수를 당신의 손에 넘기셨나이다"라고 말하며 사울을 죽여야 될 사람으로 보았습니다. 그러나 다윗은 여호와의 기름 부은 자로 대우했습니다.

> ✥ 다윗이 아비새에게 이르되 죽이지 말라 누구든지 손을 들어 여호와의 기름 부음 받은 자를 치면 죄가 없겠느냐 하고(26:9)

사울은 여호와의 기름 부음을 받은 자이며 죽이지 말아야 될 자로 그를 치면 하나님 앞에 죄가 된다고 했습니다. 아비새는 사울의 행위만 보았고 다윗은 하나님 앞에서의 그의 신분을 보았습니다. 개인의 주관적 시선이 아니라 하나님 편에서 사울을 보았던 것입니다. 가정의 행복과 사회의 질서도 하나님의 섭리편에서 보면 선악을 구별할 수 있습니다. 남편과 남자, 아내와 여자 그리고 부모와 노인을 보는 눈도 달라야 합니다. 교회에서도 신분을 보는 지혜가 있어야 건강한 교회가 되고 죄에 빠지지 않습니다. 다윗이 사울을 보호한 것은 하나님을 생각했기 때문이지 사울을 사랑해서가 아닙니다. 하나님 중심으로 사는 사람은 원수까지 사랑할 수 있는 여유가 있습니다.

악령은 다윗으로 하여금 여호와의 기름 부음 받은 자를 해할 수 있는 환경을 만들고 있습니다

> ✥ 내가 손을 들어 여호와의 기름 부음 받은 자를 치는 것을 여호와께서 금하시나니 너는 그의 머리 곁에 있는 창과 물병만 가지고 가자하고 다윗이 사울의 머리 곁에서 창과 물병을 가지고 떠나가되 아무도 보거나 눈치 채지 못하고 깨어 있는 사람도 없었으니 이는 여호와께서 그들에게 깊이 잠들게 하셨으므로 그들이 다 잠들어 있었기 때문이었더라(26:11-12)

다윗에게 사울을 죽일 수 있는 기회가 여러 번 왔었습니다. 다윗의 사람들도 죽이자고 했습니다. 아비새도 죽이자고 했습니다. 그러나 다윗은 하나님의 기름부음 받은 자를 해하는 죄를 멀리했습니다. 모든 사람들이 깊은 잠에 빠져 있을 때 다윗은 사울의 머리 곁에 있는 창과 물병만 가져왔습니다. 다윗이 마음만 먹으면 사울을 죽이고 왕에 오를 수 있는 기회가 왔던 것입니다. 그러나 다윗은 그 길을 선택하지 않았습니다.

때로 악한 영은 믿는 사람을 죄에 빠지게 하기 위해 주의 종을 타락시킬 때도 있습니다. 눈에 좋은 것을 따르게도 합니다. 사단은 삼손을 넘어뜨리기 위해 들릴라란 예쁜 여인을 준비했습니다. 그 여인과 사랑에 빠져 사사의 직분에 실패했고 눈도 뽑혔습니다.

우리 앞에 놓여 있는 환경, 사람, 돈 또는 명예가 혹시 하나님이 금하는 것은 아닌지 살펴보아야 합니다. 환경을 따라 엘리멜렉의 가정이 모압으로 이사한 결과, 10년 후에는 나오미와 룻, 두 명의 과부만이 베들레헴으로 돌아왔습니다. 돈을 하나님 보다 더 사랑하다가 큰 시험을 받을 수도 있습니다.

하나님은 다윗을 시험에서 이기게 했습니다 |

다윗은 어떻게 이겼습니까? 다윗은 성령의 사람이요 환경보다 위에서 역사하시는 하나님을 보는 사람입니다.

> 사무엘이 기름 뿔병을 가져다가 그의 형제 중에서 그에게 부었더니 이 날 이후로 다윗이 여호와의 영에게 크게 감동되니라 사무엘이 떠나서 라마로 가니라(16:13)

하나님의 성령이 임하면 죄를 범하지 않도록 인도하십니다. 분별력이 생깁니다. 하나님의 뜻을 알 수 있습니다. 다윗은 사울에게 임할 하나님의 심판을 알았습니다.

우리가 살아가는 세상은 매우 힘들고 어렵습니다. 무엇이 진리인지 하나님의 뜻이 어디에 있는지 모를 때가 많습니다. 그러므로 인간의 이성과 판단을 십자가에 못 박아 버려야 합니다. 내 자신의 뜻을 세우려 하면 육신을 붙잡고 일하는 공중의 권세 잡은 악령의 지배를 받습니다. 자신을 버리고 하나님을 의지하면 사울처럼 되지 않고 죄를 피해 갈 수 있습니다. 오랜 세월 후에도 후회 없는 삶을 살 수 있습니다. 이젠 다윗처럼 여호와의 신으로 크게 감동 받는 자가 되십시다. 바람과 생수같이 역사하시는 성령님이 우리 가운데 계십니다. 순종하면 기적을 볼 수 있습니다. 원수의 행위를 보지 말고 하나님을 보는 눈으로 죄를 피하고, 하나님의 공의의 심판을 기다리는 지혜를 가집시다. 잘못된 사람은 그냥 두어도 하나님이 심판하십니다. 행위 이상으로 중요한 것이 성령충만한 생활입니다. 선으로 악을 이김으로 승리의 노래를 부르시길 축원합니다.

62

자신의 범죄를 깨닫는 사울

| 사무엘상 26:21-25 |

모든 사람이 지혜롭게 살기를 원합니다. 그러나 자신의 생각대로 아름다운 삶이 이루어지지 않는 것 또한 현실입니다. 자신의 삶을 평가하면서 후회하는 사람이 있습니다. 자신의 삶을 후회하는 사람은 현재 뿐 아니라 과거에도 있었고 미래도 있을 것입니다.

이스라엘의 초대 왕 사울도 자기의 삶을 돌아보면서 후회합니다.

> 🐚 사울이 이르되 내가 범죄하였도다 내 아들 다윗아 돌아오라 네가 오늘 내 생명을 귀하게 여겼은즉 내가 다시는 너를 해하려 하지 아니하리라 내가 어리석은 일을 하였으니 대단히 잘못되었도다 하는지라(26:21)

사울의 이 말은 준비된 말이 아닙니다. 오랜 시간 생각한 것이 아니라 자신을 선대한 다윗의 행위를 보고 감동 받아 마음에서 나온 말입니다. 이 말은 진심이요 그의 삶의 고백이었습니다. 사울이 어떻게 하여 어리석은 자가 되었습니까? 그 이유가 무엇입니까? 사람이 실패하는 데는 나름대로 이유가 있습니다.

(삼상 26:21-25) 사울이 이르되 내가 범죄하였도다 내 아들 다윗아 돌아오라 네가 오늘 내 생명을 귀하게 여겼은즉 내가 다시는 너를 해하려 하지 아니하리라 내가 어리석은 일을 하였으니 대단히 잘못되었도다 하는지라 다윗이 대답하여 이르되 왕은 창을 보소서 한 소년을 보내어 가져가게 하소서 여호와께서 사람에게 그의 공의와 신실을 따라 갚으시리니 이는 여호와께서 오늘 왕을 내 손에 넘기셨으되 나는 손을 들어 여호와의 기름 부음을 받은 자

❀ 이는 거역하는 것은 점치는 죄와 같고 완고한 것은 사신 우상에게 절하는 죄
와 같음이라 왕이 여호와의 말씀을 버렸으므로 여호와께서도 왕을 버려 왕이
되지 못하게 하셨나이다 하니(15:23)

버려야 될 것이 있고 버리지 말아야 할 것이 있습니다. 물질은 버려도 사람
은 버리면 안됩니다. 미움은 버려야하지만 사랑은 그렇지 않습니다. 사울은 버
리지 말아야 할 것을 버렸습니다. 하나님의 말씀을 버린 것입니다. 그는 하나님
을 버리고 자기 운동을 시작했습니다.

나무가 자라 아무리 무성해도 원줄기에서 꺾어지면 그때부터는 시들기 마
련입니다. 잎이 떨어지고 달린 열매도 떨어집니다. 얼마 가지 않아서 그 가지는
죽고 맙니다. 그와 같이 택한 백성으로 하나님 앞에서 살아야 될 사람이 하나님
의 말씀 듣지 못하고 성령에 감동된 생활을 중단하면, 그때부터는 어리석은 삶
으로 살 수 밖에 없는 형편이 됩니다.

❀ 또 내가 내 영혼에게 이르되 영혼아 여러 해 쓸 물건을 많이 쌓아 두었으니 평
안히 쉬고 먹고 마시고 즐거워하자 하리라 하되 하나님은 이르시되 어리석은
자여 오늘 밤에 네 영혼을 도로 찾으리니 그러면 네 준비한 것이 누구의 것이
되겠느냐 하셨으니 자기를 위하여 재물을 쌓아 두고 하나님께 대하여 부요하
지 못한 자가 이와 같으니라(눅12:19-21)

하나님이 어리석다고 하는 사람이 있습니다. 주님이 세상의 썩어 없어질 것
들에만 마음에 두고 영원한 행복이 무엇인지를 깨닫지 못하고, 염려와 근심과
교만과 착각에 빠진 것을 어리석은 삶이라고 나무라는 것입니다. 표면적으로

보면 이 사람은 부자요, 행복자처럼 보이나 어리석은 자입니다. 사울도 마찬가
지입니다. 세속의 눈으로 보면 사울은 모두에게 부러움을 살 정도로 멋진 사람
입니다. 그러나 사울이 어리석고 잘못된 행위를 했다고 고백할 수밖에 없었습
니다. 이는 자신을 왕으로 삼으신 하나님을 떠난 것에 대한 후회와 자책감일 것
입니다.

사울은 육신적으로는 행복의 조건을 갖춘 자입니다 │

사울은 유력한 가문의 출신입니다.
그의 부친 기스는 재물이 많았고 사회적 영향력을 가진 유력한 사람이었습니
다. 사울은 좋은 가정에 태어났을 뿐 아니라 건장한 체격을 가졌습니다. 미모와
체격은 하나님의 일반 은총입니다.

> ✤ 기스에게 아들이 있으니 그의 이름은 사울이요 준수한 소년이라 이스라엘 자
> 손 중에 그보다 더 준수한 자가 없고 키는 모든 백성보다 어깨 위만큼 더 컸더
> 라(9:2)

사울은 부모님의 말씀에 순종하였고 겸손한 성품의 소유자였습니다. 또한
남자답고 용기있는 사람이었습니다.

> ✤ 사울의 아버지 기스가 암나귀들을 잃고 그의 아들 사울에게 이르되 너는 일어
> 나 한 사환을 데리고 가서 암나귀들을 찾으라 하매 그가 에브라임 산지와 살
> 리사 땅으로 두루 다녀 보았으나 찾지 못하고 사알림 땅으로 두루 다녀 보았
> 으나 그 곳에는 없었고 베냐민 사람의 땅으로 두루 다녀 보았으나 찾지 못하
> 니라(9:3-4)

평소에 조용히 밭을 갈다가도 나라가 위험에 처하면 달려가 싸우는 용감한

애국자였습니다. 그러나 그는 "내가 어리석었으니 대단히 잘못되었도다"는 말을 할 수밖에 없는 비극의 주인공이 되었습니다.

사울은 하나님께 특별한 복을 받아 기름부음을 받아 왕이 된 자입니다 |

사울은 그 시대에 최고의 복을 받은 자였습니다. 그는 하나님의 절대주권에 의해 사람들의 상상을 초월할 정도의 복을 받았습니다. 그의 왕권은 백성의 생사(生死)를 한마디로 좌우할 수 있습니다. 그는 또한 하나님의 뜻을 잘 알 수 있는 위치에 있었습니다. 하나님과 교통하는 선지자 사무엘이 그의 가까이에 있어 그와 교제할 수 있었습니다.

불리한 환경이나 사회적 지위나 물질적인 이유 때문에 사울이 불행한 사람이 된 것은 아닙니다. 모든 것을 완벽하게 갖추고 출발하였지만 사울의 정권은 실패로 끝이 났습니다.

어떤 일을 저지르면서 자신이 무엇을 하고 있는지 깨닫지 못하고 있는 이들이 있습니다. 왕권을 사용하여 다윗을 죽이려고 쫓아다니고 제사장들을 죽이면서도 사울은 자신의 잘못을 알지 못했습니다.

사울이 실패한 이유가 있습니다 |

사울의 첫 번째 잘못은 영적인 것부터 시작되었습니다. 사무엘은 사울에게 길갈에서 7일간 기다리라고 했습니다. 그런데 7일이 지나도 사무엘이 오지 않았습니다. 사무엘이 와서 번제를 드려야 하는데 사무엘은 오지 않고 모인 백성은 뿔뿔이 흩어질 것 같았습니다. 이에 조급해진 사울은 자신이 번제를 드렸습니다.

> 🐚 사무엘이 이르되 왕이 행하신 것이 무엇이냐 하니 사울이 이르되 백성은 내게서 흩어지고 당신은 정한 날 안에 오지 아니하고 블레셋 사람은 믹마스에 모였음을 내가 보았으므로 이에 내가 이르기를 블레셋 사람들이 나를 치러 길갈

로 내려오겠거늘 내가 여호와께 은혜를 간구하지 못하였다 하고 부득이 하여 번제를 드렸나이다 하니라 사무엘이 사울에게 이르되 왕이 망령되이 행하였도다 왕이 왕의 하나님 여호와께서 왕에게 내리신 명령을 지키지 아니하였도다 그리하였더라면 여호와께서 이스라엘 위에 왕의 나라를 영원히 세우셨을 것이거늘(13:11-13)

사무엘의 지시를 어긴 것은 곧 하나님의 율법을 어긴 것입니다. 원인 제공은 사무엘이 했을지라도 제사장의 사역을 왕이 하는 것은 죄입니다. 영적인 일에는 부득이함이 통하지 않습니다. 겸손했던 사울도 시간이 갈수록 점점 목소리도 커지고 단독으로 무언가를 하려 했습니다.

사울처럼 아무리 유리한 조건을 가졌다 하더라도 그것이 꼭 성공으로 직결되는 것은 아닙니다. 훌륭한 가문과 원만한 성격과 튼튼한 체력과 용기와 많은 재물을 가졌다고 인생의 성공이 꼭 보장되는 것은 아닙니다. 반면, 힘들게 살아도 악인에게 감동을 주는 복 있는 자가 있습니다. 다윗이 그렇습니다.

꩜ 여호와께서 사람에게 그의 공의와 신실을 따라 갚으시리니 이는 여호와께서 오늘 왕을 내 손에 넘기셨으되 나는 손을 들어 여호와의 기름 부음을 받은 자 치기를 원하지 아니하였음이니이다 오늘 왕의 생명을 내가 중히 여긴 것 같이 내 생명을 여호와께서 중히 여기셔서 모든 환난에서 나를 구하여 내시기를 바라나이다 하니라 사울이 다윗에게 이르되 내 아들 다윗아 네게 복이 있을지로다 네가 큰 일을 행하겠고 반드시 승리를 얻으리라 하니라 다윗은 자기 길로 가고 사울은 자기 곳으로 돌아가니라(26:23-25)

다윗의 정신은 하나님 중심이었습니다. 사울을 볼 때 그를 악을 행하는 왕으로 보기 보다는 하나님의 통치 가운데 있는 왕으로 보았습니다. 사울의 행동보다는 그의 왕된 신분을 먼저 보았던 것입니다. 성공과 실패의 요소는 하나님 안에 있느냐 아니냐에 달려 있을 뿐 아니라 성령의 지배를 받느냐 악령의 지배를 받느냐에 달려있습니다. 하나님의 영을 충만히 받으면 그 자체가 능력이고 행복입니다. 살아서도 행복을 맛 볼 뿐 아니라 세상 떠나면서도 하나님의 나라에서 영생함으로 행복하게 살아갈 수 있습니다. 담대하게 능력자로 살기 원하는 자는 하나님의 말씀 안에 있어야합니다. 기도하는 장소에 와서 성령충만 받기를 주의 이름으로 축원합니다.

63

망명하는 다윗이 주는 교훈

| 사무엘상 27:1-12 |

사람이 살다 보면 자기의 잘못을 뉘우칠 때가 있습니다. 그러나 잘못을 뉘우침에도 행위를 고치지 못하는 사람이 있습니다. 사울 왕은 다윗의 선대에 감동을 받아 잘못을 뉘우칩니다. 그러나 이 말을 들었음에도 다윗은 달려가 선뜻 그의 품에 안길 수 없었습니다. 사울이 자신의 잘못을 인정하고 다윗을 높였으나 그의 말과 행동은 전연 달랐기 때문입니다.

🐚 다윗이 사울에게 이같이 말하기를 마치매 사울이 이르되 내 아들 다윗아 이것이 네 목소리냐 하고 소리를 높여 울며 다윗에게 이르되 나는 너를 학대하되 너는 나를 선대하니 너는 나보다 의롭도다 네가 나 선대한 것을 오늘 나타냈나니 여호와께서 나를 네 손에 넘기셨으나 네가 나를 죽이지 아니하였도다 사람이 그의 원수를 만나면 그를 평안히 가게 하겠느냐 네가 오늘 내게 행한 일로 말미암아 여호와께서 네게 선으로 갚으시기를 원하노라 보라 나는 네가 반드시 왕이 될 것을 알고 이스라엘 나라가 네 손에 견고히 설 것을 아노니 그런즉 너는

(삼상 27:1-12) 다윗이 그 마음에 생각하기를 내가 후일에는 사울의 손에 붙잡히리니 블레셋 사람들의 땅으로 피하여 들어가는 것이 좋으리로다 사울이 이스라엘 온 영토 내에서 다시 나를 찾다가 단념하리니 내가 그의 손에서 벗어나리라 하고 다윗이 일어나 함께 있는 사람 육백 명과 더불어 가드 왕 마옥의 아들 아기스에게로 건너가니라 다윗과 그의 사람들이 저마다 가족을 거느리고 가드에서 아기스와 동거하였는데 다윗이 그의 두 아내 이스르엘 여자 아히노암과 나발의 아내였던 갈멜 여자 아비가일과 함께 하였더니 다윗이 가드에 도망한 것을 어떤 사람이 사울에게 전하매 사울이 다시는 그를 수색하지 아니하니라 다윗이 아기스에게 이르되 바라건대 내가 당신께 은혜를 입었다면 지방 성읍 가운데 한 곳을 내게 주어 내가 살게 하소서 당신의 종이 어찌 당신과 함께 왕도에 살리이까 하니 아기스가 그 날에 시글락을 그에게 주었으므로 시글락이 오늘까지 유다 왕에게 속하니라 다윗이 블레셋 사람

내 후손을 끊지 아니하며 내 아버지의 집에서 내 이름을 멸하지 아니할 것을 이
제 여호와의 이름으로 내게 맹세하라 하니라 다윗이 사울에게 맹세하매 사울은
집으로 돌아가고 다윗과 그의 사람들은 요새로 올라가니라(24:16-22)

소리 높여 울면서 다윗을 아들이라고 했으나 사울은 변화되지 않았습니다.
사울의 약속은 믿을 수가 없었습니다. 사울을 붙잡고 역사하는 악령이 있음으
로 그는 자신의 마음을 자기의 뜻대로 할 수 없었습니다. 행동을 바꾸기 전에
마음과 가치관을 바꾸어야 합니다. 그것은 성령님이 임해야 바뀌어 집니다.

사울의 행위가 바뀌지 않는 것은 악령의 역사 때문입니다. 그러나 다윗의
변함없는 신앙은 하나님의 영의 역사로 볼 수 있습니다. 사울과 다윗은 서로 이
해 못하는 부분을 가지고 살아가고 있습니다. 그들뿐만 아니라 이 땅에서 많은
사람들도 서로 이해하지 못하고 사상과 가치관 그리고 종교 간의 충돌을 하면
서 살아가고 있습니다.

다윗은 사울 왕이 왜 자기를 죽이려고 쫓아다니는지 알지 못했습니다. 그는
사울 왕에게 항변했습니다.

♕ 내 아버지여 보소서 내 손에 있는 왕의 옷자락을 보소서 내가 왕을 죽이지 아
니하고 겉옷 자락만 베었은즉 내 손에 악이나 죄과가 없는 줄을 오늘 아실지
니이다 왕은 내 생명을 찾아 해하려 하시나 나는 왕에게 범죄한 일이 없나이
다(24:11)

❦ 그런즉 청하건대 여호와 앞에서 먼 이 곳에서 이제 나의 피가 땅에 흐르지 말
게 하옵소서 이는 산에서 메추라기를 사냥하는 자와 같이 이스라엘 왕이 한
벼룩을 수색하러 나오셨음이니이다(26:20)

다윗은 악의가 없고 별것 아닌 메추라기와 벼룩 같은 자기를 왜 쫓는지를
묻고 있습니다. 사울은 다윗을 보고 말합니다.

❦ 사람이 그의 원수를 만나면 그를 평안히 가게 하겠느냐 네가 오늘 내게 행한
일로 말미암아 여호와께서 네게 선으로 갚으시기를 원하노라(24:19)

사울은 다윗을 죽이려하는데 다윗은 사울을 평안하게 한데에 감동을 받은
것입니다. 그러나 공중의 권세 잡은 자를 따라 사는 자들은 잘해 주면 그때뿐이
며, 빛과 선을 미워하는 마음은 변하지 않습니다. 믿는 사람 즉 성령의 사람은
변함없이 사랑해야 합니다. 다윗뿐만 아니라 우리 교회도 종종 듣는 말입니다.
'노인복지를 하면 전도에 도움이 됩니까? 감사도 모르는데 왜 잘하십니까?' 라
는 질문도 받습니다. 미래가 없는 노인복지에 너무 많은 투자와 신경을 쓴다고
합니다.
하나님은 영혼구원을 위해 독생자를 주셨습니다. 교회와 성도는 하나님의
성품으로 사람을 사랑해야 할 사명을 가졌습니다. 다윗도 하나님의 뜻 때문에
원수까지 사랑하였습니다. 하나님의 뜻이 이루어지는 사회가 복된 사회요, 하
나님의 뜻을 이루는 일에 협력하는 자가 좋은 지도자입니다.

이스라엘은 슬픈 나라가 되었습니다 │ 지도자의 말과 행동이 일치

하지 못했습니다. 신하가 그 말을 진실로 믿지 않게 되었습니다.

❦ 다윗이 그 마음에 생각하기를 내가 후일에는 사울의 손에 붙잡히리니 블레셋

사람들의 땅으로 피하여 들어가는 것이 좋으리로다 사울이 이스라엘 온 영토 내에서 다시 나를 찾다가 단념하리니 내가 그의 손에서 벗어나리라 하고(27:1)

다윗은 사울의 사랑의 메시지가 있어도 믿지 않았습니다. 상대의 언어는 듣는 사람의 생각을 바꾸는 힘이 있음에도 사울의 언어는 다윗의 생각을 바꾸지 못했습니다. "내가 후일에는 사울의 손에 붙잡히리니" 이 말은 사울이 해하지 않는다고 하지만 자신을 해할 것으로 믿어졌기 때문에 한 말입니다. 지도자의 말을 믿지 못하는 것 자체가 백성의 슬픔입니다. 정책이나 약속을 믿지 못할 때 그 나라에 대한 신뢰는 없어진 것입니다. 다윗은 사울의 돌아오라는 요청에도 불구하고 블레셋 땅으로 피하였습니다. 하나님이 축복한 이스라엘의 백성의 반열에서 적국 블레셋으로 정치적 망명을 하는 것은 참 슬프며 비참한 일입니다. 지도자에 대한 신뢰 부족과 자신의 생각과의 차이점 때문에 다윗은 망명하였습니다.

미국에서 유학하는 234개 국가 중 한국 유학생이 72,987명으로 전체의 12.5% 차지함으로 1등이고 2, 3등은 인도와 중국이 차지했다는 보고서가 있습니다. 인구밀도로 따지면 대단한 것입니다. 우리나라의 교육 현장을 말하는 것으로 보아도 무리가 아닌 듯합니다. 이스라엘이 슬픈 나라가 된 것은 다윗과 같은 애국자를 다른 나라로 보냈기 때문입니다. 우리나라도 애국자가 잘 살도록 해야 합니다. 이스라엘의 왕은 질투의 사람이요, 관리들은 권위를 잃어버렸습니다. 더욱이 충성된 사람 하나님이 함께하는 사람은 적국으로 망명을 해야 하는 안타까운 나라가 되었습니다.

사랑하는 성도 여러분! 우리 교회와 우리나라가 사울 시대의 모습을 가지고 있지 않은지 살피고 회개하는 지혜가 있기를 바랍니다.

사울의 역사와 행위를 보고 대처하는 다윗입니다 | 다윗은 사울

의 말을 그대로 믿지 않았습니다. 그는 분별력을 가지고 있었습니다. 남의 말만 믿고 행했다가 낭패를 당하는 사람이 많이 있습니다. 그 사람의 살아온 역사 속에서 역사하는 영의 역사를 볼 때 분별력을 가질 수 있습니다. 다윗은 자기를 따르는 사람을 책임지는 사람입니다. 망명을 할 때 600명을 데리고 갔습니다. 다윗을 따르는 사람은 해할 자가 없습니다. 좋은 현상입니다. 다윗이 블레셋으로 망명했다는 사실을 알고 사울은 더 이상 수색하지 않았습니다. 다윗은 아기스에게 은혜를 입어 시글락에서 일 년 넉달을 유했습니다. 그곳에 있으면서도 단합된 힘으로 옛적부터 사이가 별로 좋지 않았던 그술과 기르스 사람과 아멜렉 사람을 침노하였습니다.

사랑하는 성도 여러분! 남의 말을 들을 때 바른 분별을 하시길 바랍니다. 거짓말이 너무 많습니다. 나무는 열매를 보면 알듯이 그 사람의 삶을 보면 그 사람을 알 수 있습니다.

다윗은 적국에 가서도 잘 적응했습니다 |

다윗이 블레셋에서 무사할 수 있었다는 것은 기적에 가까운 것입니다. 이유는 블레셋 장수 골리앗과 블레셋 백성을 죽인 자이기 때문입니다.

> ❀ 블레셋 사람이 일어나 다윗에게로 마주 가까이 올 때에 다윗이 블레셋 사람을 향하여 빨리 달리며 손을 주머니에 넣어 돌을 가지고 물매로 던져 블레셋 사람의 이마를 치매 돌이 그의 이마에 박히니 땅에 엎드러지니라(17:48-49)
> ❀ 다윗이 일어나서 그의 부하들과 함께 가서 블레셋 사람 이백 명을 죽이고 그들의 포피를 가져다가 수대로 왕께 드려 왕의 사위가 되고자 하니 사울이 그의 딸 미갈을 다윗에게 아내로 주었더라(18:27)

이런 적국에 다윗이 600명의 가족을 이끌고 간 것은 하나님의 특별한 역사입니다. 기름부음을 받은 후에도 계속 성령께서 다윗에게 역사했습니다. 성령은 분별의 영, 사랑의 영, 감사의 영, 기쁨의 영, 온유의 영 그리고 희락의 영입니다. 인간적인 방법으로 고민하지 말고 성령충만을 받으십시오. 그리고 그분과 동행하십시오. 성령의 역사가 있으면 아무도 해할 수 없습니다. 모세가 하나님의 영의 감동을 받고 지팡이 하나 들고 애굽으로 들어갔지만 아무도 손대지 못했습니다. 아무 가진 것 없어도 우리가 하는 것이 하나님의 뜻이라면 아무도 막지 못합니다. 오히려 막는 자는 하나님의 대적이 되어 죽임을 당하든지 부끄러움을 당합니다. 하나님께 순종하는 사람은 복을 안고 다니는 사람이요, 불순종하고 하나님의 날과 하나님의 것을 도적질하는 자는 저주를 안고 다니는 자입니다.

다윗 같은 사람을 대적하고 쫓아다니는 이스라엘에게는 환난의 시작이나 다윗이 거하는 나라는 행복합니다. 자신을 과소평가하지 말고 하나님의 자녀됨을 기뻐하면서 성령의 사람, 능력의 사람 그리고 기도의 사람이 되기를 바랍니다. 하나님이 함께 하시면 승리할 수 있습니다.

64

사울에게 침묵하신 하나님

| 사무엘상 28:1-14 |

어느 나라에나 지도자가 있습니다. 지도자 중에는 성공하는 자도 있고 실패하는 자도 있습니다. 다윗의 성공 부분과 사울의 실패 요소를 보면서 은혜 받기를 원합니다.

사울은 하나님의 은혜로 이스라엘의 초대 왕이 되었습니다. 하나님이 사울과 함께 하는 동안에는 나라가 평안했습니다. 사울이 교만해지고 하나님이 그를 떠나자, 인접 국가인 블레셋이 전쟁을 걸어 왔습니다. 그때 하나님은 사울을 폐하고 새 왕을 세우기 위해 사무엘을 통해 다윗에게 은밀하게 기름을 부었습니다. 하나님은 이스라엘을 향하여 골리앗이라는 블레셋 장수를 보냈습니다. 성령에게 감동된 다윗은 의분이 발동하여 하나님의 이름으로 자신이 가진 기능을 동원하여 골리앗을 쳐서 이스라엘의 승리를 이끌었습니다. 그 후 다윗의 인기는 사울 왕보다 훨씬 높아졌습니다. 그때부터 사울은 다윗을 죽이기 위해 온갖 수단을 다 동원했습니다. 사위가 되는 조건으로 블레셋 사람의 양피를 요구

(삼상 28:1-14) 그 때에 블레셋 사람들이 이스라엘과 싸우려고 군대를 모집한지라 아기스가 다윗에게 이르되 너는 밝히 알라 너와 네 사람들이 나와 함께 나가서 군대에 참가할 것이니라 다윗이 아기스에게 이르되 그러면 당신의 종이 행할 바를 아시리이다 하니 아기스가 다윗에게 이르되 그러면 내가 너를 영원히 내 머리 지키는 자를 삼으리라 하니라 사무엘이 죽었으므로 온 이스라엘이 그를 두고 슬피 울며 그의 고향 라마에 장사하였고 사울은 신접한 자와 박수를 그 땅에서 쫓아내었더라 블레셋 사람들이 모여 수넴에 이르러 진 치매 사울이 온 이스라엘을 모아 길보아에 진 쳤더니 사울이 블레셋 사람들의 군대를 보고 두려워서 그의 마음이 크게 떨린지라 사울이 여호와께 묻자오되 여호와께서 꿈으로도, 우림으로도, 선지자로도 그에게 대답하지 아니하시므로 사울이 그의 신하들에게 이르되 나를 위하여 신접한 여인을 찾으라 내가 그리로 가서 그에게 물으리라 하니 그의 신하들이 그에게 이르되 보소서 엔돌에 신접한 여인이 있나이다 사울이 다른 옷을 입어 변장하고 두 사람과 함께 갈새 그들이 밤에 그 여인

하기도 했습니다. 식탁에서 창을 던지기도하고 나라의 평안은 안중에도 없이 군대를 동원하여 잡으려고 했습니다. 결국 다윗은 사울의 핍박과 추적을 따돌리기 위해 사랑하는 이스라엘을 떠나 적국인 블레셋으로 정치적 망명길에 올랐습니다.

> ♕ 다윗이 그 마음에 생각하기를 내가 후일에는 사울의 손에 붙잡히리니 블레셋 사람들의 땅으로 피하여 들어가는 것이 좋으리로다 사울이 이스라엘 온 영토 내에서 다시 나를 찾다가 단념하리니 내가 그의 손에서 벗어나리라 하고(27:1)

그 후 사울은 다시는 추격하지 않았습니다. 이스라엘은 슬픔이 가득한 나라가 되었습니다. 하나님이 함께 하는 사람, 다윗을 쫓아내는 사울이 있었기 때문입니다. 시대가 악하고 미련한 사람이 정권을 잡으면 의인이 고통을 당합니다. 다윗이 블레셋으로 쫓겨 가는 것은 다윗의 죄 때문이 아닙니다. 사울의 미련함 때문에 다윗이 수난을 당하는 것입니다. 한편으로 사울은 자신의 권력에 경쟁자가 없어졌다고 생각했을지도 모릅니다. 그러나 이스라엘은 위대한 지도자를 쫓아내는 실수를 범한 것입니다. 다윗이 떠난 후 얼마 있지 않아서 블레셋과 이스라엘의 전쟁이 시작되었습니다. 사울의 마음은 블레셋 군대로 인하여 두려움에 붙잡혔습니다. 그때 사울이 기도해도 응답이 없었습니다. 사울은 세상을 떠난 사무엘이 생각났습니다. 사울은 변장하고 과거에 쫓아내었던 신접한 여인을 찾아갔습니다.

에게 이르러서는 사울이 이르되 청하노니 나를 위하여 신접한 술법으로 내가 네게 말하는 사람을 불러 올리라 하니 여인이 그에게 이르되 네가 사울이 행한 일 곧 그가 신접한 자와 박수를 이 땅에서 멸절시켰음을 아나니 네가 어찌하여 내 생명에 올무를 놓아 나를 죽게 하려느냐 하는지라 사울이 여호와의 이름으로 그에게 맹세하여 이르되 여호와께서 살아 계심을 두고 맹세하노니 이 일로는 벌을 당하지 아니하리라 하니 여인이 이르되 내가 누구를 네게로 불러 올리랴 하니 사울이 이르되 사무엘을 불러 올리라 하는지라 여인이 사무엘을 보고 큰 소리로 외치며 사울에게 말하여 이르되 당신이 어찌하여 나를 속이셨나이까 당신이 사울이시니이다 왕이 그에게 이르되 두려워하지 말라 네가 무엇을 보았느냐 하니 여인이 사울에게 이르되 내가 영이 땅에서 올라오는 것을 보았나이다 하는지라 사울이 그에게 이르되 그의 모양이 어떠하냐 하니 그가 이르되 한 노인이 올라오는데 그가 겉옷을 입었나이다 하더라 사울이 그가 사무엘인 줄 알고 그의 얼굴을 땅에 대고 절하니라

🐚 여인이 그에게 이르되 네가 사울이 행한 일 곧 그가 신접한 자와 박수를 이 땅에서 멸절시켰음을 아나니 네가 어찌하여 내 생명에 올무를 놓아 나를 죽게 하려느냐 하는지라 사울이 여호와의 이름으로 그에게 맹세하여 이르되 여호와께서 살아 계심을 두고 맹세하노니 이 일로는 벌을 당하지 아니하리라 하니 (28:9-10)

그녀는 사울의 요구대로 사무엘을 불러올리다가 사울의 존재를 알게 되었습니다. 사울은 사무엘을 보았다는 말 때문에 신접한 여인 앞에 얼굴을 땅에 대고 절하는 처지가 되었습니다.

하나님이 함께 하는 사람을 쫓아내면 결국 자기도 환난 당하게 됩니다

블레셋은 과거에도 쳐들어왔으나 다윗이 이스라엘에 있을 동안에는 이길 수 없었습니다. 그러나 사울은 자신보다 더 능력있는 자를 핍박하는 세속 정치인의 속성을 가졌음으로 위기를 극복할 능력이 없었습니다.

구약성경에 요셉이란 사람이 나옵니다. 그는 야곱의 열한번째 아들이었습니다. 형제들에 의해 애굽으로 팔려간 그는 보디발 장군의 집에 종으로 들어갔습니다. 그러나 하나님이 그와 함께 하셨고 그를 보시고 보디발의 집에 복을 주었습니다.

🐚 여호와께서 요셉과 함께 하시므로 그가 형통한 자가 되어 그의 주인 애굽 사람의 집에 있으니 그의 주인이 여호와께서 그와 함께 하심을 보며 또 여호와께서 그의 범사에 형통하게 하심을 보았더라 요셉이 그의 주인에게 은혜를 입어 섬기매 그가 요셉을 가정 총무로 삼고 자기의 소유를 다 그의 손에 위탁하니 그가 요셉에게 자기의 집과 그의 모든 소유물을 주관하게 한 때부터 여호와께서 요셉을 위하여 그 애굽 사람의 집에 복을 내리시므로 여호와의 복이

그의 집과 밭에 있는 모든 소유에 미친지라 주인이 그의 소유를 다 요셉의 손
에 위탁하고 자기가 먹는 음식 외에는 간섭하지 아니하였더라 요셉은 용모가
빼어나고 아름다웠더라(창39:2-6)

요셉으로 인하여 보디발의 가정이 복을 받았습니다. 그러나 음란한 여주인
이 동침을 요구하자 요셉은 하나님께 죄를 범할 수 없어 거절했습니다. 그 결과
그는 누명을 쓰고 감옥에 갔습니다. 그 후 하나님의 선한 인도로 애굽의 총리가
되었습니다. 때로 하나님의 백성을 시련의 구렁텅이로 몰아넣는 사람이 승리한
것처럼 보이나, 결국 하나님의 백성을 대적하는 이들은 망하게 됩니다. 사울도
귀한 사람을 밖으로 몰아 버리는 죄를 짓게 된 것입니다.

하나님은 버린 사람에게는 침묵하십니다 | 블레셋이 침략해 오자

사울은 두려움에 사로잡혀 하나님께 자신이 행하여야할 일을 물어보지만 하나
님은 그에게 침묵했습니다.

> 사울이 여호와께 묻자오되 여호와께서 꿈으로도, 우림으로도, 선지자로도 그
> 에게 대답하지 아니하시므로(28:6)

사울은 그 시대에 하나님이 함께 하는 사람을 죽이고 쫓아내었습니다. 하나
님은 시대마다 사람을 통하여 일하십니다. 이스라엘 역사를 보면 하나님은 그
시대마다 선지자를 통해서 자신의 뜻을 알려 위기를 극복할 수 있도록 하였습
니다. 엘리사, 엘리야, 나단, 예레미야 등 하나님은 선지자들을 통해서 죄를 회
개하게 하고 의를 행하도록 하였습니다. 히스기야가 죽을 병에 걸렸을 때도 선
지자를 통해 수명이 연장되었음을 알려주었습니다.

> 히스기야가 낯을 벽으로 향하고 여호와께 기도하여 이르되 여호와여 구하오

니 내가 진실과 전심으로 주 앞에 행하며 주께서 보시기에 선하게 행한 것을
기억하옵소서 하고 히스기야가 심히 통곡하더라 … 내가 네 날에 십오 년을
더할 것이며 내가 너와 이 성을 앗수르 왕의 손에서 구원하고 내가 나를 위하
고 또 내 종 다윗을 위하므로 이 성을 보호하리라 하였다 하라 하셨더라
(왕하20:2-6)

말씀하실 때 잘 들어야 하고 빛이 있을 때 빛의 인도를 받아야 합니다. 그러
나 악인이 득세하면 침묵하십니다. 하나님의 침묵은 수분을 공급받지 못하는 꺾
여진 가지와 같습니다. 택한 백성의 생명은 하나님께 있습니다. 악한 영은 하나
님과의 관계 회복을 방해합니다. 주일에 좋은 일이나 급한 일을 만들어 하나님
의 말씀을 듣지 못하도록 합니다. 말씀에 순종하지 못하게 합니다. 하나님께 마
음이 드려지지 못하도록 합니다. 과거에는 선지자와 사도들을 통해 말씀하셨습
니다. 오늘날은 설교자를 통해 성경을 해석하여 알기 쉽게 말씀해 주십니다. 듣
고 순종하면 위기를 기회로 바꾸고 성령의 인도함을 받아 살아갈 수 있습니다.

하나님이 버린 자는
마귀의 권세 아래 엎드려집니다 |

사울은 신접한 여인을 찾아갔습니
다. 과거에는 잘못된 자로 알고 신접한 자와 박수들을 쫓아냈지만 위기를 만난
후 사울은 그들의 신통력에 의지해서라도 사무엘을 만나기를 원했습니다. 하나
님을 떠난 자들은 배교자를 만납니다.

> 사울이 그에게 이르되 그의 모양이 어떠하냐 하니 그가 이르되 한 노인이 올
> 라오는데 그가 겉옷을 입었나이다 하더라 사울이 그가 사무엘인 줄 알고 그의
> 얼굴을 땅에 대고 절하니라(28:14)

사울은 신접한 여인 앞에 엎드렸습니다. 이스라엘의 왕으로서 할 일이 아니

었습니다. 하나님이 버리면 자신의 신분의 권세를 누리고 살 수 없습니다. 집 나간 탕자는 종들보다 비참하게 살았습니다.

사랑하는 성도 여러분!

귀하게 여길 자를 귀하게 여겨야 합니다. 나라를 지키는 파수꾼을 아끼는 자는 전쟁에 승리하고 열심히 일하여 잘 사는 사람을 귀히 여기면 경제가 발전 됩니다. 하나님이 함께 하는 교회를 귀히 여기면 그 시대의 백성이 행복해집니 다. 사울의 불행은 성령이 역사하는 사람들을 품지 못함으로 두려움에 사로잡 히고 무당에게 머리 숙이는 신세가 되었습니다. 좋은 정권이 되려면 인재를 키 우고 자기보다 나은 사람까지 품어야 합니다. 우리가 살고 있는 이 시대가 사울 시대와 비슷하다면 침묵하고 때를 기다리는 지혜를 가질 수밖에 없습니다. 그 러나 하나님이 함께 하면 어떤 형편에서도 승리합니다. 적진 속에서 은혜 입는 환경이 옵니다.

사울과 다윗의 삶을 보면서 어떻게 살아갈 것인가를 잘 분별하여 세속에 물 들지 않고 시대 속에 빛이 되는 사람이 되어야 합니다. 문제는 우리에게서 찾아 야 합니다. 그리고 나라를 위해 기도하는 우리 모두가 되길 바랍니다.

65

하나님 떠난 자의 형편

| 사무엘상 28:15-25 |

열매의 계절, 10월이 되었습니다. 가을은 나무의 본성이 드러나는 계절이기도 합니다. 단풍나무는 빨간 잎을 보이고 은행나무는 노란 잎을 보여줍니다. 열심히 일한 사람에게 보람을 안겨 주는 이 계절에, 인생의 가을을 준비하고 영원을 준비하는 지혜를 소유하시길 바랍니다.

오늘은 사울의 현재 형편과 과거의 삶을 조명해 보려고 합니다. 하나님을 떠난 자의 형편이 주는 큰 교훈이 있습니다. 사울 왕은 하나님이 주신 권력을 자신을 위해서 사용했습니다. 나라의 현재와 미래에 대한 준비 보다는 자신의 권력과 정욕과 시기심을 만족시키기 위해 정적(政敵)에 대한 분노로 살았습니다. 나라에 큰 공을 세운 사람도 자신과 정치적 대적 관계에 놓여질 때는 과감히 상대를 해치려는 세속 정치인의 행위를 서슴치 않았습니다. 위기상황에 놓여있는 나라를 구원한 다윗을 원수로 여겨 왕권을 동원하여 잡으려고 했습니다. 다윗은 사울의 핍박에 급기야 블레셋으로 정치적 망명을 했습니다. 하나님

믿음의 사람이 가는 길

(삼상 28:15-25) 사무엘이 사울에게 이르되 네가 어찌하여 나를 불러 올려서 나를 성가시게 하느냐 하니 사울이 대답하되 나는 심히 다급하니이다 블레셋 사람들은 나를 향하여 군대를 일으켰고 하나님은 나를 떠나서 다시는 선지자로도, 꿈으로도 내게 대답하지 아니하시기로 내가 행할 일을 알아보려고 당신을 불러 올렸나이다 하더라 사무엘이 이르되 여호와께서 너를 떠나 네 대적이 되셨거늘 네가 어찌하여 내게 묻느냐 여호와께서 나를 통하여 말씀하신 대로 네게 행하사 나라를 네 손에서 떼어 네 이웃 다윗에게 주셨느니라 네가 여호와의 목소리를 순종하지 아니하고 그의 진노를 아말렉에게 쏟지 아니하였으므로 여호와께서 오늘 이 일을 네게 행하셨고 여호와께서 이스라엘을 너와 함께 블레셋 사람들의 손에 넘기시리니 내일 너와 네 아들들이 나와 함께 있으리라 여호와께서 또 이스라엘 군대를 블레셋 사람들의 손에 넘기시리라 하는지라 사울이 갑자기 땅에 완전히 엎드러지니 이는 사무엘의 말

은 블레셋 왕으로 하여금 다윗에게 은혜를 입히도록 했습니다.

> ♕ 다윗이 아기스에게 이르되 그러면 당신의 종이 행할 바를 아시리이다 하니 아기스가 다윗에게 이르되 그러면 내가 너를 영원히 내 머리 지키는 자를 삼으리라 하니라(28:2)

하나님은 망명한 다윗을 블레셋 왕의 경호 책임자가 되게 하셨고 그와 함께 한 사람들도 시글락에서 평안히 지낼 수 있도록 인도하셨습니다. 하나님이 함께 하는 사람은 어디로 가든지 보호하십니다. 하나님은 약속의 말씀 그대로 행하십니다.

> ♕ 여호와를 의지하는 자는 시온 산이 흔들리지 아니하고 영원히 있음 같도다 산들이 예루살렘을 두름과 같이 여호와께서 그의 백성을 지금부터 영원까지 두르시리로다(시125:1-2)

다윗을 쫓아냄으로 다윗이 불행해 진 것이 아니라 이스라엘이 불행해졌습니다. 사랑 받아야 될 장소에서 사랑을 입지 못하면 다른 곳에서 은혜를 입습니다. 이스라엘 왕은 다윗을 죽이려 했으나 원수의 나라에서는 다윗을 살려주고 믿어주었습니다.

믿음 생활하다가 힘들고 어려운 일이 있습니까? 힘들고 어려운 일은 여러

로 말미암아 심히 두려워함이요 또 그의 기력이 다하였으니 이는 그가 하루 밤낮을 음식을 먹지 못하였음이니라 그 여인이 사울에게 이르러 그가 심히 고통 당함을 보고 그에게 이르되 여종이 왕의 말씀을 듣고 내 생명을 아끼지 아니하고 왕이 내게 이르신 말씀을 순종하였사오니 그런즉 청하건대 이제 당신도 여종의 말을 들으사 내가 왕 앞에 한 조각 떡을 드리게 하시고 왕은 잡수시고 길 가실 때에 기력을 얻으소서 하니 사울이 거절하여 이르되 내가 먹지 아니하겠노라 하니라 그의 신하들과 여인이 강권하매 그들의 말을 듣고 땅에서 일어나 침상에 앉으니라 여인의 집에 살진 송아지가 있으므로 그것을 급히 잡고 가루를 가져다가 뭉쳐 무교병을 만들고 구워서 사울 앞에와 그의 신하들 앞에 내놓으니 그들이 먹고 일어나서 그 밤에 가니라

분을 더 강하게 하는 하나님의 사랑입니다. 애굽에 있는 이스라엘 백성의 고역과 핍박은 하나님을 찾게 하는 사건이었습니다. 오히려 이스라엘 백성들은 학대를 받을수록 더욱 번식하고 창대하였습니다. 하나님이 함께 하는 백성은 복을 받되 핍박도 겸하여 받습니다. 믿음의 사람은 핍박과 고난이 찾아올 때, '나를 향해 오거라 하나님이 나와 함께 하시니 나는 너를 넉넉히 이길 수 있다 어떤 환경에서도 너를 온전히 이길 수 있다' 라고 말하며 정면으로 맞섭니다. 여러분, 환경이 우리를 불행하게 하는 것이 아니라 하나님의 품을 떠난 것이 인생을 불행하게 합니다.

사울의 불행의 원인은 하나님의 말씀을 버린 것입니다 ｜ 사울

이 하나님의 말씀을 버림으로 하나님도 그를 버렸습니다. 그 결과 사무엘도 사울과의 만남을 중단했습니다. 사울은 하나님께 드리는 제사를 중요하게 여기지 않았습니다. 하나님의 제사장도 귀히 여기지 않았습니다. 또 하나님이 함께 하는 사람을 자신의 나라에서 쫓아내었습니다. 이 모든 죄가 사울의 마음을 사로잡았습니다.

　사울은 항상 블레셋으로 인하여 불안했습니다. 시험에 들고 죄 아래 있는 사람들도 어려우면 기도하는 것을 봅니다. 사울도 블레셋으로 인하여 하나님을 찾게 되었습니다. 그러나 하나님은 사울에게 침묵했습니다. 사울은 너무 두려웠으므로 사무엘 선지자를 만나기를 원했습니다. 그래서 변장하고 죽은 사람을 불러낸다는 여자를 찾아 갔습니다. 신접한 여인을 통해 죽은 사무엘을 불러내어 자신의 문제 해결의 길을 알려고 했던 것입니다. 그 신접한 여자가 말하는 사람이 사무엘인줄 알고 사울은 얼굴을 신접한 여인 앞에서 얼굴을 땅에 대고 절을 했습니다. 하나님의 말씀을 떠나면 신분적으로도 매우 천한 사람이 됩니다.

 '신접한 여인이 사무엘을 어떻게 불러 올 수가 있는가, 여기에 나타난 사람은 사무엘이 아니다' 라는 주장도 있습니다. 그러나 이 본문은 하나님이 사람뿐 아니라 마귀와 귀신도 그의 사역을 위해 사용하셨다는 것으로 이해하면 좋을 것 같습니다. 베드로를 회개시킬 때는 닭의 울음소리를 들려주었습니다. 발람이 잘못된 길을 갈 때도 나귀를 통해 책망했습니다. 하나님은 신접한 여인을 통해서 사울에게 말씀하신 것입니다. 사울은 "나는 심히 다급하나이다"라고 했습니다. 블레셋 사람을 두려워하는 마음 때문에 사무엘을 찾았지만 오히려 사울은 하나님의 저주의 말을 듣게 됩니다.

> 🐚 사무엘이 이르되 여호와께서 너를 떠나 네 대적이 되셨거늘 네가 어찌하여 내게 묻느냐 여호와께서 나를 통하여 말씀하신 대로 네게 행하사 나라를 네 손에서 떼어 네 이웃 다윗에게 주셨느니라 네가 여호와의 목소리를 순종하지 아니하고 그의 진노를 아말렉에게 쏟지 아니하였으므로 여호와께서 오늘 이 일을 네게 행하셨고 여호와께서 이스라엘을 너와 함께 블레셋 사람들의 손에 넘기시리니 내일 너와 네 아들들이 나와 함께 있으리라 여호와께서 또 이스라엘 군대를 블레셋 사람들의 손에 넘기시리라 하는지라(28:16-19)

한 사람의 대적도 불안한데 천지만물을 창조하신 하나님이 대적이 되었다는 말은 사울을 크게 불안하게 하는 소리였습니다. 사울의 죄가 확실하게 지적되었고, 죄의 결과로 블레셋으로 인해 멸망할 것을 말하고 있습니다. 지도자의 잘못은 온 백성의 어려움으로 이어진다는 것을 알고 지도자를 위해서 기도해야 합니다.

하나님이 버린 사람에게는 위로가 없고 정죄만 있습니다. 심령의 낙이 없으면 성령의 지배를 벗어난 것임으로 회개할 기회를 얻길 바랍니다. 하나님은 우리를 사랑하심으로 말씀하십니다. 회개의 기회를 주십니다. 더욱 큰 믿음으로 예수 그리스도가 나의 죄를 위해 죽으신 것을 믿고 죄 용서받으시길 바랍니다.

사람은 급하면 신접한 사람을 찾아갑니다. 과거 우리 어머님이 예수님을 믿기 전, 제가 월남전에 참전하고 있을 때 어머님이 신접한 사람에게 가서 부적을 받아서 편지와 함께 보내 왔습니다. 점쟁이가 저의 이름을 대니 무척이나 무서운 사람이라면서 부적을 써 주었다고 했습니다. 저는 무심코 어머니가 보냈다는 것 때문에 너무나 소중하게 간직했습니다. 그러던 어느 날 낮잠을 자다가 악몽을 꾼 후에 부적을 태운 일이 있었습니다.

사울은 신접한 여인을 통하여 나타난 사무엘의 말을 들은 후 땅에 엎드러졌습니다.

> 사울이 갑자기 땅에 완전히 엎드러지니 이는 사무엘의 말로 말미암아 심히 두려워함이요 또 그의 기력이 다하였으니 이는 그가 하루 밤낮을 음식을 먹지 못하였음이니라(28:20)

사울이 가진 왕권과 명예는 전쟁이 일어나기도 전에 무너졌습니다. 사람의 실패는 영의 실패에서 시작하여 마음과 육체의 실패 그리고 환경의 실패로 연결됩니다. 그러므로 영혼의 승리 없이 육체의 승리를 기대하는 것은 매우 어리석은 것입니다. 하나님과의 관계가 단절된 사울의 왕권은 결국 신접한 여인 앞에서 무너졌습니다. 음식을 먹고 돌아가라는 신하와 여인의 권면을 받을 정도로 그는 초라한 사람이 되었습니다.

우리는 건강할 때 죽음을 준비해야 할 것입니다. 그리고 여러 환경 속에서도 기쁨을 잃지 않는 큰 믿음이 있어야 합니다. 자기 중심과 권력중심으로 살아가는 사울의 형편을 보면서 큰 교훈을 얻습니다. 사울 왕의 타락은 자신만의 실패가 아니라, 이스라엘 백성의 큰 실패입니다. 하나님이 세운 한 사람의 순종이 나라를 살립니다. 한 가정에서 한 사람이 하나님께 바로 서면 그 가문이 잘됩니다. 또 교회와 나라도 지도자가 바로 서야 백성이 행복합니다. 그러므로 나라의 지도자를 위하여 기도하라고 했습니다.

☙ 그러므로 내가 첫째로 권하노니 모든 사람을 위하여 간구와 기도와 도고와 감사를 하되 임금들과 높은 지위에 있는 모든 사람을 위하여 하라 이는 우리가 모든 경건과 단정함으로 고요하고 평안한 생활을 하려 함이라 이것이 우리 구주 하나님 앞에 선하고 받으실 만한 것이니(딤전2:1-3)

다윗이 하나님과 맺은 언약의 관계는 그를 따르는 자들에게 큰 보호의 씨앗이 되었습니다. 그러나 사울의 하나님과의 단절은 많은 사람들에게 죽음의 고통을 맛보게 했습니다. 많은 사람들이 블레셋과의 전쟁에서 죽었습니다. 우리는 성령의 사람이 되어야 합니다. 아무리 어려워도 신접한 사람을 찾아가서 점(占)치지 말아야 합니다. 그들은 찾아오는 자들에게 공포 분위기를 조성하여 마음에 고통을 심어주고 인생을 비참하게 합니다. 그러나 예수님께 나아오면 용서와 천국의 소망이 있습니다. 예수 안에서 열려지는 낙원의 길을 보면서 신령한 가족으로 참된 행복을 누리시길 주의 이름으로 축원합니다.

66

선한 길로 인도하시는 하나님의 섭리

| 사무엘상 29:1-11 |

아기 때의 사진을 소중히 여기면서 부모님의 사랑을 기억하는 사람은 사람답게 살며, 결혼사진을 잘 간직하는 사람은 행복한 가정을 꾸며갑니다. 성공한 줄 알았는데 지나고 보면 실패와 고통의 시작되는 경우도 있습니다. 또 실패인 줄 알았는데 그 사건이 성공의 시작이 된 때도 있습니다. '실패는 성공의 어머니' 라는 말도 있습니다. 실패 속에서 바른 깨달음을 가진 사람은 성공이라는 축복된 시간을 맞이합니다.

사람 편에서는 고통이지만 하나님 편에서는 사랑이요, 살리는 사건이요 또한 보호의 시간일 경우가 있습니다. 자녀가 어릴 때 아파서 병원에 데려가면 부모를 원수처럼 생각하는 철없는 아이들도 있습니다. 그러나 나이가 들고 철이 들면 미래의 건강을 위해 아픔을 참아냅니다. 신앙이 장성해지면 모든 사건 속에 개입하시는 하나님의 섭리를 깨닫게 됩니다. 하나님은 성공을 통해 개입하시기도 하시며, 대적을 통해서도 보호의 은혜를 입히시기도 합니다. 모세는 동

(삼상 29:1-11) 블레셋 사람들은 그들의 모든 군대를 아벡에 모았고 이스라엘 사람들은 이스르엘에 있는 샘 곁에 진 쳤더라 블레셋 사람들의 수령들은 수백 명씩 수천 명씩 인솔하여 나아가고 다윗과 그의 사람들은 아기스와 함께 그 뒤에서 나아가더니 블레셋 사람들의 방백들이 이르되 이 히브리 사람들이 무엇을 하려느냐 하니 아기스가 블레셋 사람들의 방백들에게 이르되 이는 이스라엘 왕 사울의 신하 다윗이 아니냐 그가 나와 함께 있은 지 여러 날 여러 해로되 그가 망명하여 온 날부터 오늘까지 내가 그의 허물을 보지 못하였노라 블레셋 사람의 방백들이 그에게 노한지라 블레셋 방백들이 그에게 이르되 이 사람을 돌려보내어 왕이 그에게 정하신 그 처소로 가게 하소서 그는 우리와 함께 싸움에 내려가지 못하리니 그가 전장에서 우리의 대적이 될까 하나이다 그가 무엇으로 그 주와 다시 화합하리이까 이 사람들의 머리로 하지 아니하겠나이까 그들이 춤추며 노래하여 이르되 사울이 죽인 자는 천천이요 다윗은 만만이로다 하던 그 다윗이 아니니이까 하니 아기스가 다윗을 불러 그에게 이르되 여호와께서 살아

족의 배신으로 인해 광야로 가게 되었지만 그 40년은 이스라엘의 지도자로 수업하게 되는 기간이 된 것입니다. 하나님의 섭리는 막대기와 지팡이로 보호하십니다.

오늘 본문에 이스라엘에서 인기가 높아진 다윗은 사울의 칼날을 피하여 블레셋으로 망명한 내용을 담고 있습니다. 그는 이스라엘의 애국자요 하나님이 동행하는 자이었으나 믿지 않는 블레셋 왕의 사랑을 받으면서 지내게 되었습니다. 블레셋이 이스라엘과 전쟁을 하게 되자, 아기스왕은 다윗을 전쟁터로 데려가서 자기를 보호하기를 원했습니다. 그러자 블레셋 방백들이 반대하고 나섰습니다.

> ✤ 블레셋 사람들의 방백들이 이르되 이 히브리 사람들이 무엇을 하려느냐 하니 아기스가 블레셋 사람들의 방백들에게 이르되 이는 이스라엘 왕 사울의 신하 다윗이 아니냐 그가 나와 함께 있은 지 여러 날 여러 해로되 그가 망명하여 온 날부터 오늘까지 내가 그의 허물을 보지 못하였노라(29:3)

반대하는 신하들에게 아기스는, "오늘날까지 내가 그의 허물을 보지 못하였노라"고 했습니다. 예수님을 믿는 우리가 직장에서도 허물을 보이지 않는 것이 중요합니다. 하나님의 사람으로 자신의 신분을 잊지 말아야 합니다. 다윗은 적국의 사람들 앞에서도 허물을 보이지 않았습니다. 그러나 왕의 뜻과는 달리 방백들의 뜻이 받아들여졌습니다.

계심을 두고 맹세하노니 네가 정직하여 내게 온 날부터 오늘까지 네게 악이 있음을 보지 못하였으니 나와 함께 진중에 출입하는 것이 내 생각에는 좋으나 수령들이 너를 좋아하지 아니하니 그러므로 이제 너는 평안히 돌아가서 블레셋 사람들의 수령들에게 거슬러 보이게 하지 말라 하니 다윗이 아기스에게 이르되 내가 무엇을 하였나이까 내가 당신 앞에 오늘까지 있는 동안에 당신이 종에게서 무엇을 보셨기에 내가 가서 내 주 왕의 원수와 싸우지 못하게 하시나이까 하니 아기스가 다윗에게 대답하여 이르되 네가 내 목전에 하나님의 전령 같이 선한 것을 내가 아나 블레셋 사람들의 방백들은 말하기를 그가 우리와 함께 전장에 올라가지 못하리라 하니 그런즉 너는 너와 함께 온 네 주의 신하들과 더불어 새벽에 일어나라 너희는 새벽에 일어나서 밝거든 곧 떠나라 하니라 이에 다윗이 자기 사람들과 더불어 아침에 일찍이 일어나서 떠나 블레셋 사람들의 땅으로 돌아가고 블레셋 사람들은 이스르엘로 올라가니라

　역사는 사람을 평가하게 만듭니다. 과거는 현재를 낳고 현재는 미래를 낳습니다. 지금 변화되었다 해도 과거의 잘못이 그 사람을 평가하는 소재가 됩니다. "사울이 죽인자는 천천이요 다윗의 죽인자는 만만이로다"라는 이스라엘의 백성의 노래가 블레셋 방백들에게는 다윗을 배제시키는 이유가 되었습니다. 아기스왕은 장관들의 말을 받아들였습니다.

> ※ 아기스가 다윗에게 대답하여 이르되 네가 내 목전에 하나님의 전령 같이 선한 것을 내가 아나 블레셋 사람들의 방백들은 말하기를 그가 우리와 함께 전장에 올라가지 못하리라 하니 그런즉 너는 너와 함께 온 네 주의 신하들과 더불어 새벽에 일어나라 너희는 새벽에 일어나서 밝거든 곧 떠나라 하니라 이에 다윗이 자기 사람들과 더불어 아침에 일찍이 일어나서 떠나 블레셋 사람들의 땅으로 돌아가고 블레셋 사람들은 이스르엘로 올라가니라(29:9-11)

　다윗은 이스라엘 왕 사울의 군대와 싸우지 않고 다시 블레셋 땅으로 돌아왔습니다. 이 사건 속에서 하나님의 선하신 섭리가 들어 있습니다.

사울과 이스라엘은 전쟁으로 망하게 됩니다 ｜

하나님께서는 블레셋으로 하여금 이스라엘을 치도록 하셨습니다. 사울은 패하고, 다윗에게 나라가 주어지는 큰 사건의 전쟁입니다.

> ※ 네가 여호와의 목소리를 순종하지 아니하고 그의 진노를 아말렉에게 쏟지 아니하였으므로 여호와께서 오늘 이 일을 네게 행하셨고 여호와께서 이스라엘을 너와 함께 블레셋 사람들의 손에 넘기시리니 내일 너와 네 아들들이 나와 함께 있으리라 여호와께서 또 이스라엘 군대를 블레셋 사람들의 손에 넘기시리라 하는지라(28:18-19)

하나님의 보호가 없으면 백성은 목자 잃은 양과 같아집니다. 하나님은 전쟁의 승패를 좌우합니다. 지혜로운 자는 칼이나 사람이나 환경 등을 의지하지 않습니다. 칼을 의지하면 칼에 망하고 핵을 의지하면 핵으로 파괴됩니다. 권력을 의지하면 권력 때문에 부끄러움을 당합니다. 사울 정권은 하나님의 말씀에 불순종한 정권입니다. 선한 사람을 죽이고 쫓아내는 정권입니다. 정적에게 너무나 잔인하게 하는 정권입니다. 사울은 지금 나라 밖의 일은 생각지 않고 내부에만 신경 쓰다가 블레셋의 침략을 받아 불안에 떨고 있습니다.

하나님을 믿어야 소망이 있습니다. 하나님이 함께 하시면 전쟁에 승리합니다. 여호수아가 여리고를 점령할 때 믿음과 순종으로 승리했습니다. 출애굽 때의 이스라엘과 아말렉의 전쟁에서는 모세의 기도가 있었습니다. 모세가 손을 들면 이스라엘이 이기고 손을 내리면 아말렉이 이겼습니다.

> ❧ 모세가 손을 들면 이스라엘이 이기고 손을 내리면 아말렉이 이기더니 모세의 팔이 피곤하매 그들이 돌을 가져다가 모세의 아래에 놓아 그가 그 위에 앉게 하고 아론과 훌이 한 사람은 이쪽에서, 한 사람은 저쪽에서 모세의 손을 붙들어 올렸더니 그 손이 해가 지도록 내려오지 아니한지라(출17:11-12)

열매는 전쟁터에서 나타나지만 과정은 기도하는 손에 달려있습니다.

실패의 원인을 영적인 것에서 찾아야 회복이 가능합니다. 탕자의 안식은 일해서 되는 것이 아니라, 아버지 집에 돌아오는 것입니다. 사랑하는 사람을 만나면 교회로 인도하는 것이 사랑의 표현입니다.

하나님이 사랑하는 자는
악한 일에 손대지 않게 하십니다 |

하나님은 다윗을 사울 다음의 이스라엘의 왕으로 세우려 하셨습니다. 그런데 다윗이 블레셋 편에서 이스라엘과 전쟁을 하면 다윗은 왕이된 후 백성들로부터 큰 실패를 맛보게 될 것입니다. 다윗은 하나님의 기름부음을 받은 왕의 군대를 해하는 자체를 죄로 여겼습니다. 그러나 다윗이 아기스 왕의 뜻대로 하면 자기 백성을 해하고 할례 없는 블레셋 왕을 지키는 싸움을 싸워야 합니다. 그러나 하나님은 다윗을 블레셋 장관들을 통해 보호해 주셨습니다. 표면적으로 보면 불신받는 것처럼 보여졌지만 다윗의 신앙과 후일을 보면 아주 복된 사건입니다. 하나님은 다윗이 당당히 전쟁터에서 나올 수 있도록 했습니다. 하나님의 보호는 현실적인 보호 이상 미래의 행복을 더욱 원하십니다.

현재 고난이 없고 영광만 있으면 좋겠지만 그것은 하나님의 뜻이 아닙니다. 살아서는 부자처럼 죽어서는 나사로처럼 되면 얼마나 좋겠습니까? 십자가 지지 않고 부활만 있으면 좋겠지만 십자가의 죽음이 있어야 부활이 있습니다. 혹시 불신자들에게 외면당하고 있습니까? 영원을 생각하면 세상에 빠지는 것 보다 외톨이가 되는 것이 더 큰 행복일 수 있습니다. 사업하다가 망했습니까? 배신당했습니까? 사람에게 실망했습니까? 이 모든 것들을 하나님을 더욱 의지하게 하는 하나님의 섭리로 알면 불평이 없습니다.

얼마 전 군포시 장애인복지관 위탁운영을 위해 접수했으나 허락을 받지 못했습니다. 불교, 천주교, 기독교 이렇게 세 곳이 접수를 하였는데 불교 조계종이 운영하게 되었습니다. 그 일에 대해서도 하나님의 섭리가 있었음을 알고 범사에 감사했습니다. 제가 가난하여서 가난한 사람의 마음을 알게 된 것이 감사하고, 중병을 앓아 일찍이 죽음이라는 것을 생각하게 됐으니 감사하고, 권세있는 자가 도와 줄 배경도 없어 열심히 기도해서 하나님의 능력을 입게 하신 것도 감사할 뿐입니다. 예수 믿는 여러분 중에 만일 큰 부자가 되면 예수 믿지 않고 죄 짓고 살 사람도 있을 것입니다. 이젠 하나님의 섭리를 깨닫고 범사에 감사하고 승리하기를 바랍니다.

하나님의 진리를 따르는 자는 죄악에 손을 대지 않도록 하십니다

다윗이 나발에게 화가나 그에

게 속한 사람들을 죽이려할 때도 하나님은 나발의 아내인 아비가일을 통해 피 흘림을 막아 주었습니다.

> 🐚 여호와를 의지하는 자는 시온 산이 흔들리지 아니하고 영원히 있음 같도다 산들이 예루살렘을 두름과 같이 여호와께서 그의 백성을 지금부터 영원까지 두르시리로다 악인의 규가 의인들의 땅에서는 그 권세를 누리지 못하리니 이는 의인들로 하여금 죄악에 손을 대지 아니하게 함이로다(시125:1-3)

> 🐚 여호와께서 내 주에 대하여 하신 말씀대로 모든 선을 내 주에게 행하사 내 주를 이스라엘의 지도자로 세우실 때에 내 주께서 무죄한 피를 흘리셨다든지 내 주께서 친히 보복하셨다든지 함으로 말미암아 슬퍼하실 것도 없고 내 주의 마음에 걸리는 것도 없으시리니 다만 여호와께서 내 주를 후대하실 때에 원하건대 내 주의 여종을 생각하소서 하니라(25:30-31)

하나님은 블레셋 장관들을 통해 다윗을 보호하여 자기 백성과 전쟁하는 전사(戰士)로 참가하지 않도록 했습니다. 이것은 큰 보호요, 복 중에 복입니다.

사랑하는 성도 여러분! 하나님의 사람이나 교회를 대적하는 무리 속에 들어가 협력하는 것은 매우 큰 불행입니다. 예배당 짓는 것에 반대하는 서명에 협력하는 사람은 불행합니다. 국회로 가서 택한 백성을 곤경에 빠뜨리는 데에 힘을 발휘하고 협력하는 것도 불행입니다. 대통령이 되겠다고 군대 목사의 수를 줄이는 잘못된 전통을 만드는 것도 불행입니다. 차라리 이런 일로부터 빠지는 것이 복입니다. 하나님은 택한 백성을 보호하라고 말씀하십니다.

하나님은 예수님을 통해서 성도를 모으시고 예수 그리스도의 지체가 되게 했습니다. 말씀 선포될 때 회개와 성령의 역사가 일어납니다. 특별히 이번 주간은 창립주간입니다. 신앙강좌를 통해 은혜를 받게 될 것입니다. 하나님은 지금도 살아계셔서 목회자를 통해 말씀하시고 계십니다. 선한 일을 위해 준비하고 집회 참석하여 큰 승리 얻기를 주의 이름으로 축원합니다.

67

여호와를 힘입고 용기를 얻으라

| 사무엘상 30:1-10 |

하나님은 지금도 닭이 새끼를 품는 것 같이 택한 백성을 보호하고 있습니다. 병아리는 어미 닭의 품안이 얼마나 안전한지 모르고 당연시 할 수도 있으나, 어미 닭에게 그 품은 생명을 보호하려는 큰 사랑의 장소입니다.

🐚 우리가 알거니와 하나님을 사랑하는 자 곧 그의 뜻대로 부르심을 입은 자들에게는 모든 것이 합력하여 선을 이루느니라(롬8:28)

이 말씀은 진리입니다. 하나님은 우리를 사랑하여 우리의 병을 고쳐주길 원하십니다. 그러므로 고난과 질병 중에서도 좌절하지 말고 합력하여 선을 이루시길 바랍니다. 믿음의 사람은 자신을 부인하고 하나님의 선하심을 믿습니다. 또한 인내하면서 하루하루를 충실하게 살아갑니다. 다윗을 따르는 무리들이 말할 수 없는 어려움 가운데서도 변치않는 하나님의 은혜를 찾을 때, 환난이 소망으로 바뀌어지고 나아가서 믿음의 길을 걸어가는 자에게 주시는 상급에 대한 확신을 지니게 되었습니다.

(삼상 30:1-10) 다윗과 그의 사람들이 사흘 만에 시글락에 이른 때에 아말렉 사람들이 이미 네겝과 시글락을 침노하였는데 그들이 시글락을 쳐서 불사르고 거기에 있는 젊거나 늙은 여인들은 한 사람도 죽이지 아니하고 다 사로잡아 끌고 자기 길을 갔더라 다윗과 그의 사람들이 성읍에 이르러 본즉 성읍이 불탔고 자기들의 아내와 자녀들이 사로잡혔는지라 다윗과 그와 함께 한 백성이 울 기력이 없도록 소리를 높여 울었더라 (다윗의 두 아내 이스르엘 여인 아히노암과 갈멜 사람 나발의 아내였던 아비가일도 사로잡혔더라) 백성들이 자녀들 때문에 마음이 슬퍼서 다윗을 돌로 치자 하니 다윗이 크게 다급하였으나 그의 하나님 여호와를 힘입고 용기를 얻었더라 다윗이 아히멜렉의

다윗은 이스라엘에서 명장으로 이름을 날렸지만 사울의 시기심에 견디지 못해 블레셋으로 정치적 망명을 했습니다. 그는 블레셋 왕 아기스에게 은혜를 입음으로 시글락에서 살게 되었습니다. 아기스는 다윗을 신뢰하여 이스라엘과 전쟁을 하면서도 경호원으로 데리고 갈 정도였습니다. 다윗은 아기스 왕에게는 사랑을 받았지만 장관들은 그를 결코 좋아하지 않았습니다. 그러므로 사울왕과의 전쟁에 참전하지 못하고 시글락으로 돌아왔습니다. 시글락에서는 다윗과 그 따르는 무리들이 자리를 비운 사이에 아말렉 사람이 침략하여 처자들을 포로로 사로잡아 갔습니다. 성읍은 불에 타 버리고 폐허가 되었습니다. 다윗을 따라 블레셋 군대에 속했던 것이 다윗의 사람들에게는 큰 재앙이었습니다.

> 🐚 다윗과 그와 함께 한 백성이 울 기력이 없도록 소리를 높여 울었더라(30:4)

다윗을 따르는 자들의 고통은 극에 달했습니다. 남자들은 자녀와 아내를 사랑하는 마음이 큽니다. 이는 아내와 자녀를 잃은 아버지의 울음입니다. 그것은 무리가 경험했던 총체적인 고통이었습니다.

> 🐚 백성들이 자녀들 때문에 마음이 슬퍼서 다윗을 돌로 치자 하니 다윗이 크게 다급하였으나 그의 하나님 여호와를 힘입고 용기를 얻었더라(30:6)

지도자는 환난 때에 백성들로부터 외면을 당할 때가 있습니다. 가장(家長)은 사업을 하다가 환난이 와도 힘을 잃어서는 안됩니다. 오히려 하나님을 힘입는 기회로 삼아야 합니다. 회사가 어려움을 당할 때 사장에게 책임이 돌아오기

아들 제사장 아비아달에게 이르되 원하건대 에봇을 내게로 가져오라 아비아달이 에봇을 다윗에게로 가져가매 다윗이 여호와께 묻자와 이르되 내가 이 군대를 추격하면 따라 잡겠나이까 하니 여호와께서 그에게 대답하시되 그를 쫓아가라 네가 반드시 따라잡고 도로 찾으리라 이에 다윗과 또 그와 함께 한 육백 명이 가서 브솔 시내에 이르러 뒤떨어진 자를 거기 머물게 했으되 곧 피곤하여 브솔 시내를 건너지 못하는 이백 명을 머물게 했고 다윗은 사백 명을 거느리고 쫓아가니라

도 합니다. "다윗을 돌로 치자 하니 다윗이 크게 다급하였으나"라고 했습니다. 믿음의 사람도 다급할 때가 있습니다. 그러나 다윗은 여호와를 힘입어 용기를 얻었습니다. 그리고 하나님을 상담의 대상으로 삼고 회복의 길을 선택했습니다. 응답을 받은 후 육백 명 가운데 피곤에 지친 이백은 머물게 하고, 사백인을 거느리고 아말렉을 쫓아갔습니다. 이 사건이 주는 교훈이 있습니다.

믿음의 사람 다윗과 같은 처지에 있다고 생각하는 분이 있습니까? 블레셋 장관들로부터 외면당하고 아내와 물질과 환경을 모두 잃어버렸고 자신을 따르는 자들은 폭도로 변하여 돌로 치려는 위급한 상황과 같지는 않으십니까? 다윗은 위로를 받을 곳이 없었으나 하나님을 힘입었습니다. 세상에서 환난을 당한 자의 피할 길은 오로지 여호와를 의지하고 의뢰하는 것입니다. 이 사건을 해결하는 다윗의 지혜를 배우는 시간이 되시길 축원합니다.

하나님께 속한 사람도 연단 받고 환난을 당할 수 있습니다

성경은 다윗을 가리켜서 하나님 마음에 합한 자라고 하였습니다.

> 🌱 폐하시고 다윗을 왕으로 세우시고 증언하여 이르시되 내가 이새의 아들 다윗을 만나니 내 마음에 맞는 사람이라 내 뜻을 다 이루리라 하시더니(행13:22)

하나님은 다윗을 높이시기도 하시고 낮추시기도 하시며 강하게 연단하였습니다. 다윗은 아기스왕에게 인정받은 반면 장관들로부터 불신을 받았습니다. 전쟁에서 소외되어 돌아온 다윗은 가족이 아말렉에 잡혀간 사실을 알게되어 구출하게 됩니다. 이 모든 사건은 하나님의 보호와 은총이었습니다. 육체가 약하게 되면 영적으로 강건해지는 사건이 되듯 다윗에게 다급한 일이 생긴 것은 하나님을 더욱 의지하게 하는 사건이 된 것입니다.

환난 당하는 것은 하나님을 만날 수 있는 기회입니다. 하나님께서 그분의 능력을 나타내 보일 때입니다. 풍랑은 물위로 걸어오시는 예수님을 만날 수 있는 기회였습니다. 풀무불과 사자굴은 하나님이 그들과 함께 하는 것을 모두에게 보여 줄 수 있는 사건이었습니다. 환난을 무서워하지 말고 내가 하나님과 동행하지 못하는 것을 두려워하시길 바랍니다. 다윗의 사람들이 당하는 환난은 회복 가능한 사건입니다. 하나님이 함께 하시면 회복되지 않을 것이 없습니다. 나라가 어렵고 불경기가 올 때 그리스도인들의 가치가 나타납니다. 우리는 좌절이나 포기하지 말고 기도하며 극복합시다.

하나님께 속한 사람은 여호와를 힘입고 삽니다

사울은 권력을 의지했지만 다윗은 여호와를 의지하면서 살았습니다. 신앙 있는 사람은 용기 있는 사람입니다. 여호와를 힘입는 사람은 물가에 심기운 나무 같아서, 더위가 올지라도 과실을 맺는 능력을 갖습니다.

링컨은 기도하는 지도자였습니다. 남북 전쟁 때 그는 북군의 장군들을 모으고 '하나님이 우리 편에 서기를 기도하지 말고, 우리가 하나님의 편에 서기를 기도합시다' 라고 말했습니다. 먼저 하나님의 계획을 알고 하나님의 의(義)의 도구가 되기를 바라는 말입니다. '이 전쟁에서 하나님이 우리와 함께 하셔서 승리하게 하소서' 라고 기도를 했습니다. 그리고 전쟁을 마친 후 링컨 대통령은, '북군의 승리는 기도의 승리였습니다. 우리에게 남군의 로버트 리와 같은 명장이 없었음이 오히려 다행이었습니다' 라고 고백했습니다. 그 이유는 온전히 하나님만을 의지할 수 있었기 때문입니다.

다윗은 절망 속에서도 하나님을 의지했습니다. 비난 속에서도 하나님을 힘입었습니다. 심신이 지친 상태에서도 하나님을 의지했습니다. 우리의 삶 가운데도 세상에서의 절망과 어려움의 한계 상황이 올 수도 있습니다. 믿음의 사람은 하나님을 바라볼 때 소망이 생깁니다. 신앙으로 승리한 사람들은 하나님을 의뢰하였습니다.

🌿 형제들아 우리가 아시아에서 당한 환난을 너희가 모르기를 원하지 아니하노
니 힘에 겹도록 심한 고생을 당하여 살 소망까지 끊어지고 우리는 우리 자신
이 사형 선고를 받은 줄 알았으니 이는 우리로 자기를 의지하지 말고 오직 죽
은 자를 다시 살리시는 하나님만 의지하게 하심이라(고후1:8-9)

하나님의 사람들은 환경과 사람 그 어느 것을 보고도 실망하지 않습니다.
하나님의 사람은 어려운 환경을 해결하시는 하나님께 묻고 행동합니다.

하나님은 기도하는 자에게 응답하시고 행할 것을 알게 하십니다

하나님이 모두에게 응답하시는 것은 아닙니다. 하나님께서는 죄의 담에 막혀있는 자의 기도를 듣지 않습니다. 하나님은 사울에게는 침묵하셨습니다.

🌿 사무엘이 사울에게 이르되 네가 어찌하여 나를 불러 올려서 나를 성가시게 하
느냐 하니 사울이 대답하되 나는 심히 다급하니이다 블레셋 사람들은 나를 향
하여 군대를 일으켰고 하나님은 나를 떠나서 다시는 선지자로도, 꿈으로도 내
게 대답하지 아니하시기로 내가 행할 일을 알아보려고 당신을 불러 올렸나이
다 하더라(28:15)

하나님은 사울에게는 침묵했으나 다윗에게는 응답하셨습니다.

🌿 다윗이 아히멜렉의 아들 제사장 아비아달에게 이르되 원하건대 에봇을 내게
로 가져오라 아비아달이 에봇을 다윗에게로 가져가매 다윗이 여호와께 묻자
와 이르되 내가 이 군대를 추격하면 따라 잡겠나이까 하니 여호와께서 그에게
대답하시되 그를 쫓아가라 네가 반드시 따라잡고 도로 찾으리라(30:7-8)

하나님이 허락하신 길을 최선을 다해 행함으로 포로로 잡혀간 가족을 찾고 실패를 성공으로 바꿀 수가 있었습니다. 언제나 하나님께 묻고 가는 사람은 하나님의 지혜로 싸웁니다. 하나님의 지식과 지혜는 영원한 것이요 완전한 것입니다. 하나님은 오늘도 우리에게 명하셨습니다.

🐚 구하라 그리하면 너희에게 주실 것이요 찾으라 그리하면 찾아낼 것이요 문을 두드리라 그리하면 너희에게 열릴 것이니(마7:7)

하나님의 뜻을 구합시다. 하나님의 영광이 이 땅에 이루어지기를 위해서 기도합시다. 나라와 민족을 위해 기도합시다. 군포를 아름답게 하고 지역을 온전히 변화시키도록 하나님의 능력으로 기도하며 하나님을 힘입고 사는 지혜를 가지길 축원합니다.

68

여호와를 힘입는 자의 삶

| 사무엘상 30:11-25 |

사람이 살아가노라면 생로병사의 여정 속에서 희로애락의 터널을 통과하게 됩니다. 과학의 발달로 달나라 별나라를 오가지만, 내일의 삶은 하나님께서 숨겨 놓으셨습니다. 달나라에 갈 실력은 있지만 언제 죽을지는 아무도 모릅니다. 단 몇 분 후의 일을 확실히 안다면 세계를 지배할 것입니다. 하나님은 사람을 사랑하시므로 미래에 대한 꿈을 주시지만 생사에 대해서는 우리에게 비밀로 하셨습니다. 그러나 성경을 통해 살아가는 법을 가르쳐 주셨습니다.

오늘은 블레셋에 망명한 다윗과 아말렉에 대하여 생각하면서 성공자와 실패자가 지닌 삶의 자세를 배우면서 은혜 받고자 합니다. 다윗이 블레셋 왕 아기스를 따라 전쟁터에 참여하기 위해 여자와 아이만 두고 잠시 비운 사이에 아말렉 사람이 시글락에 와서 다윗에 속한 무리를 다 포로로 잡아 갔습니다. 이 광경을 본 사람들은 불타버린 동리와 잡혀간 가족을 생각하면서 울었습니다.

(삼상 30:11-25) 무리가 들에서 애굽 사람 하나를 만나 그를 다윗에게로 데려다가 떡을 주어 먹게 하며 물을 마시게 하고 그에게 무화과 뭉치에서 뗀 덩이 하나와 건포도 두 송이를 주었으니 그가 밤낮 사흘 동안 떡도 먹지 못하였고 물도 마시지 못하였음이니라 그가 먹고 정신을 차리매 다윗이 그에게 이르되 너는 누구에게 속하였으며 어디에서 왔느냐 하니 그가 이르되 나는 애굽 소년이요 아말렉 사람의 종이더니 사흘 전에 병이 들매 주인이 나를 버렸나이다 우리가 그렛 사람의 남방과 유다에 속한 지방과 갈렙 남방을 침노하고 시글락을 불살랐나이다 다윗이 그에게 이르되 네가 나를 그 군대로 인도하겠느냐 하니 그가 이르되 당신이 나를 죽이지도 아니하고 내 주인의 수중에 넘기지도 아니하겠다고 하나님의 이름으로 내게 맹세하소서 그리하면 내가 당신을 그 군대로 인도하리이다 하니라 그가 다윗을 인도하여 내려가니 그들이 온 땅에 편만하여 블레셋 사람들의 땅과 유다 땅에서 크게 약탈하였음으로 말미암아 먹고 마시며 춤추는지라 다윗이 새벽부터 이튿날 저물 때까지 그들을 치매 낙타를 타고 도망한 소년 사백 명 외에는 피한 사람이 없었더라 다윗이 아말렉 사람들이 빼앗아 갔던 모든 것을 도로 찾고 그의 두 아

절망에 사로잡힌 이들은 다윗을 돌로 치자고 했습니다. 다윗은 다급했으나 여호와를 힘입고 용기를 얻었습니다. 실망과 절망이 올 때는 여호와를 힘입을 기회입니다. 다윗은 환경과 사람을 보고 실망하지 않았습니다. 하나님을 힘입고 용기를 얻어 하나님께 자신이 행할 것을 물어 보았습니다.

다윗이 여호와께 묻자와 이르되 내가 이 군대를 추격하면 따라 잡겠나이까 하니 여호와께서 그에게 대답하시되 그를 쫓아가라 네가 반드시 따라잡고 도로 찾으리라(30:8)

하나님의 뜻대로 행하는 것이 진정한 용기입니다. 하나님의 의도대로 사용되는 용기는 큰 힘을 발휘할 수 있습니다. 물질도 하나님의 뜻대로 쓰여질 때 선한 일을 할 수 있습니다. 다윗의 손에 들린 물매도 하나님의 뜻대로 사용되었을 때 기적을 일으켰습니다. 다윗은 하나님께 묻고 지혜를 얻어 아말렉을 추격하여 자신의 가족을 찾으러 갔습니다. 전쟁을 할 수 있는 육백 명 중에 피곤하여 지친 이백 명은 남겨 두고 사백 명만 데리고 아말렉을 쫓아갔습니다. 가는 길에 주인에게 버림받은 애굽 소년을 만났는데, 그는 아말렉 사람의 종이었습니다. 다윗은 그에게 물을 마시우고 먹을 것을 주며 버려진 종을 잘 붙들고 도와주었습니다. 그리하여 그는 다윗의 안내자가 되었습니다.

내를 구원하였고 그들이 약탈하였던 것 곧 무리의 자녀들이나 빼앗겼던 것은 크고 작은 것을 막론하고 아무 것도 잃은 것이 없이 모두 다윗이 도로 찾아왔고 다윗이 또 양떼와 소 떼를 다 되찾았더니 무리가 그 가축들을 앞에 몰고 가며 이르되 이는 다윗의 전리품이라 하였더라 다윗이 전에 피곤하여 능히 자기를 따르지 못하므로 브솔 시내에 머물게 한 이백 명에게 오매 그들이 다윗과 그와 함께 한 백성을 영접하러 나오는지라 다윗이 그 백성에게 이르러 문안하매 다윗과 함께 갔던 자들 가운데 악한 자와 불량배들이 다 이르되 그들이 우리와 함께 가지 아니하였은즉 우리가 도로 찾은 물건은 무엇이든지 그들에게 주지 말고 각자의 처자만 데리고 떠나가게 하라 하는지라 다윗이 이르되 나의 형제들아 여호와께서 우리를 보호하시고 우리를 치러 온 그 군대를 우리 손에 넘기셨은즉 그가 우리에게 주신 것을 너희가 이같이 못하리라 이 일에 누가 너희에게 듣겠느냐 전장에 내려갔던 자의 분깃이나 소유물 곁에 머물렀던 자의 분깃이 동일할지니 같이 분배할 것이니라 하고 그 날부터 다윗이 이것으로 이스라엘의 율례와 규례를 삼았더니 오늘까지 이르니라

🐚 다윗이 그에게 이르되 네가 나를 그 군대로 인도하겠느냐 하니 그가 이르되
당신이 나를 죽이지도 아니하고 내 주인의 수중에 넘기지도 아니하겠다고 하
나님의 이름으로 내게 맹세하소서 그리하면 내가 당신을 그 군대로 인도하리
이다 하니라(30:15)

오늘 이 사건이 주는 교훈을 통하여 주시는 지혜가 있습니다.

다윗은 버림 받은 사람들을 조건 없이 돌보았습니다

성공하는 사람과 실패하는 사람은 그 나름대로 이유가 있습니다. 현재 성공하여 먹고 마시고 춤추고 있어도 하나님 보시기에는 크게 실패한 사람이 있을 수 있습니다. 그러나 현재는 핍박받고 쫓기고 억압당해도 감사하며 웃을 수 있는 때를 기다리는 이들도 있습니다. 아말렉 사람들은 유다와 블레셋을 침략하여 많은 물건과 사람을 잡아감으로 기뻐했으나 자신들에게 충성했던 병든 종을 버렸습니다. 이때 다윗은 그 버림받은 종을 잘 돌봐주었고 결국 그 종이 다윗에게 충성함으로 아말렉 군대가 크게 피해를 보았습니다. 공부 잘하는 사람도 키 큰 사람도 예쁜 사람 모두도 자신의 노력으로 된 것이 아닙니다. 하나님의 은혜로 된 것입니다. 우리가 하나님을 믿는 것도 자랑할 것이 없습니다. 은혜로 받은 선물입니다.

여러분과 함께 한 이들이 병들고 실패했다거나 나이가 들었다고 여러분은 버리나요? 그러면 실패의 씨가 될 것입니다. 친구를 버리고 우방(友邦)을 버리고 부모를 버리는 등 힘들었을 때 함께 한 이들을 버리면서까지 얻은 성공은 결코 오래가지 못합니다. 사회에 소외계층을 만들면서까지 자기만 잘 살기 원하면 불행해집니다.

다윗은 전쟁을 하려다가 탈진한 사람을 죽음에서 구해주는 선행을 했습니다. 쉽게 지나쳐 버릴 수도 있는 대상이었습니다. 그러나 다윗은 그를 잘 돌보았습니다. 바로 그가 아말렉을 치고 다윗의 가족을 찾아오는데 인도자가 되었

습니다. 사람을 살릴 때 목적을 가지고 살리는 것 보다 그 사람 자체를 사랑하고 돌볼 때 하나님은 그를 통해 은혜 입히고 더불어 잘 살게 하십니다. 행복하시기를 원하십니까? 힘없고 병들고 생존경쟁에서 실패한 자들과 도움의 손길을 원하는 이들을 살리고 도우십시오. 말씀대로 네 원수가 주리거든 먹이고 목마르거든 마시우게 하십시오.

조건 없이 도울 수 있는 힘이 있으면 돕고 영혼을 구원해야 합니다. 사랑의 빚진 자가 되었으니 복음으로 갚아야 합니다. 우리는 물질에 빚진 자요, 복음에 빚진 자입니다. 그러므로 가난한 나라를 돕고 선교사를 보내어 영생의 길을 열어 주어야 합니다.

다윗은 승리케 하신 분이
하나님인 것을 믿었습니다 |

전쟁에 능하신 하나님! 그 하나님이 복의 문을 열면 닫을 자가 없고 닫으면 열 자가 없습니다. 복의 근원을 알면 바른 분별력을 가질 수 있습니다. 하나님께로부터 승리가 온 것을 고백할 때는 그분의 의도대로 승리를 관리하게 되고 교만하거나 인색하지 않습니다. 하나님이 악인과 선인에게도 햇빛과 비를 내리우심같이 우리는 넓은 마음을 가져야 합니다. 그러나 자신의 행위로 인해 복을 받은 줄로 알면 교만해집니다.

인간에게 교만하지 말아야 될 몇 가지가 있습니다. 남자와 여자로 태어난 것은 자신의 노력이 아닙니다. 좋은 환경에 태어난 것 또한 자기 노력이 아닙니다. 잘 생긴 것 역시 자신의 노력으로 된 것이 아닙니다. 이 모든 것은 자랑할 것이 없습니다. 그러므로 몸이 약하고 장애가 있는 이들을 업신여길 수 없습니다. 우리가 남보다 무엇을 더 가졌다면 하나님의 은혜가 아닌 것이 없습니다. 공부 잘하는 것이나 머리가 좋은 사람으로 태어나게 한 것은 감사할 조건이지 자랑의 조건이 아닙니다. 그러므로 우리는 사랑만 해야 합니다.

♨ 사랑은 오래 참고 사랑은 온유하며 시기하지 아니하며 사랑은 자랑하지 아니

하며 교만하지 아니하며 무례히 행하지 아니하며 자기의 유익을 구하지 아니하며 성내지 아니하며 악한 것을 생각하지 아니하며 불의를 기뻐하지 아니하며 진리와 함께 기뻐하고 모든 것을 참으며 모든 것을 믿으며 모든 것을 바라며 모든 것을 견디느니라(고전13:4-7)

다윗은 비류들의 말을 수용하지 않았습니다

세상에는 듣고 행해야 될 말과 들어도 따르지 말아야 될 말이 있습니다. 다윗은 이 말을 분별하였습니다.

다윗과 그의 군대는 버림받았다가 살아난 아말렉 종의 인도를 받아 아말렉 군대가 있는 곳으로 갔습니다. 새벽에 다윗의 군대가 공격하여 포로로 잡혀간 가족을 구원하고 탈취당했던 양떼와 소떼까지 다시 찾아 시글락으로 돌아왔습니다. 전쟁에 참여하지 못한 이백 명이 이들을 영접했습니다. 다윗은 전쟁에서 취한 물건을 이들과 더불어 모든 사람과 함께 분배하기를 원했습니다.

> 다윗과 함께 갔던 자들 가운데 악한 자와 불량배들이 다 이르되 그들이 우리와 함께 가지 아니하였은즉 우리가 도로 찾은 물건은 무엇이든지 그들에게 주지 말고 각자의 처자만 데리고 떠나가게 하라 하는지라 다윗이 이르되 나의 형제들아 여호와께서 우리를 보호하시고 우리를 치러 온 그 군대를 우리 손에 넘기셨은즉 그가 우리에게 주신 것을 너희가 이같이 못하리라 이 일에 누가 너희에게 듣겠느냐 전장에 내려갔던 자의 분깃이나 소유물 곁에 머물렀던 자의 분깃이 동일할지니 같이 분배할 것이니라 하고(30:22-24)

지도자는 때때로 바르지 못한 이들의 건의나 압력을 받을 때가 있습니다. 다윗을 따르는 무리 중에도 비류자들이 있었습니다. 자신들의 노력만 크게 보이게 하여 수고의 영광을 자신들만 가지려 하고 상대에게는 아주 인색한 이들이 있습니다. 비류자들은 자신의 생각을 관철시키기 위해서 건의하고 약한 자

믿음의 사람이 가는 길

들을 돌보지 않습니다. 비류자들이 이방인의 방법에 길들여진 자들이라면, 다 윗은 하나님의 뜻대로 자신의 무리를 가족처럼 대하는 자입니다. 힘이 없어서 전쟁에 나가지 못했다고 그들에게는 주지 말자고 하는 것은 옳지 않은 것입니 다. 때때로 가족의 한 사람이 노력해서 모두가 먹고 살기도 합니다. 병들어 일 을 못하는 가족이 있어도 가족은 함께 먹고 살며 소외시키지 않습니다. 비류자 들의 지식을 가지면 다윗의 무리는 존재할 수 없었을 것입니다.

사랑하는 성도 여러분! 일하기 싫어서 노는 사람은 도와줄 필요가 없습니 다. 그러나 몸이 약하거나 장애를 가졌다거나 체질 때문에 일을 못하는 사람들 에게는 있는 자가 도와야합니다. 나라가 가정처럼, 교회가 가정처럼 되면 이 사 회는 아름다워집니다. 하나님이 함께 하는 자는 그 삶 역시도 하나님이 기뻐하 시게 됩니다. 가난하고 병든 사람을 찾아가 도와줌으로 축복 받는 삶을 사시길 바랍니다.

69

승리를 함께 하는 다윗

| 사무엘상 30:26-31 |

세월은 물레방아처럼 돌아갑니다. 이 험한 세상 사는 동안 말씀을 통하여 승리하시길 바랍니다. 육성을 가진 사람의 생각과 사상은 수시로 변합니다. 예수님께서 나귀 타고 예루살렘 입성하실 때 사람들은 호산나를 크게 부르며 주님을 좇았습니다.

> 무리의 대다수는 그들의 겉옷을 길에 펴고 다른 이들은 나뭇가지를 베어 길에 펴고 앞에서 가고 뒤에서 따르는 무리가 소리 높여 이르되 호산나 다윗의 자손이여 찬송하리로다 주의 이름으로 오시는 이여 가장 높은 곳에서 호산나 하더라 예수께서 예루살렘에 들어가시니 온 성이 소동하여 이르되 이는 누구냐 하거늘 무리가 이르되 갈릴리 나사렛에서 나온 선지자 예수라 하니라(마21:8-11)

사람들은 예수를 높이며 '호산나'라고 소리를 지르며 온 성이 소동할 정도로 야단법석이었습니다. 그러나 다른 곳의 여론은 전혀 달랐습니다. 빌라도 법정에서 재판할 때 사람들이 예수님을 죽이려 하였습니다.

(삼상 30:26-31) 다윗이 시글락에 이르러 전리품을 그의 친구 유다 장로들에게 보내어 이르되 보라 여호와의 원수에게서 탈취한 것을 너희에게 선사하노라 하고 벧엘에 있는 자와 남방 라못에 있는 자와 얏딜에 있는 자와 아로엘에 있는 자와 십못에 있는 자와 에스드모아에 있는 자와 라갈에 있는 자와 여라므엘 사람의 성읍들에 있는 자와 겐 사람의 성읍들에 있는 자와 홀마에 있는 자와 고라산에 있는 자와 아닥에 있는 자와 헤브론에 있는 자에게와 다윗과 그의 사람들이 왕래하던 모든 곳에 보내었더라

🐚 빌라도가 이르되 그러면 그리스도라 하는 예수를 내가 어떻게 하랴 그들이 다 이르되 십자가에 못 박혀야 하겠나이다 빌라도가 이르되 어찜이냐 무슨 악한 일을 하였느냐 그들이 더욱 소리질러 이르되 십자가에 못 박혀야 하겠나이다 하는지라(마27:22-23)

사람의 평가와 여론은 바다 물결과 같은 것입니다. 잔잔하다가도 바람에 의해 언제 요동할 지 알 수 없으며 큰 물결이 일어나 배를 삼켜 버리기도 합니다. 하나님은 택한 백성에게 예레미야를 통해 오직 여호와만을 의지할 것을 당부합니다.

🐚 여호와께서 이와 같이 말씀하시니라 무릇 사람을 믿으며 육신으로 그의 힘을 삼고 마음이 여호와에게서 떠난 그 사람은 저주를 받을 것이라 그는 사막의 떨기나무 같아서 좋은 일이 오는 것을 보지 못하고 광야 간조한 곳, 건건한 땅, 사람이 살지 않는 땅에 살리라 그러나 무릇 여호와를 의지하며 여호와를 의뢰하는 그 사람은 복을 받을 것이라 그는 물가에 심어진 나무가 그 뿌리를 강변에 뻗치고 더위가 올지라도 두려워하지 아니하며 그 잎이 청청하며 가무는 해에도 걱정이 없고 결실이 그치지 아니함 같으리라(렘17:5-8)

사막의 떨기나무란 죽지 못해 사는 사람, 또 매일같이 실망하고 좌절하는 사람을 가리킵니다. 사람을 의지하면 항상 외롭고 환경의 지배를 받게 됩니다. 육성을 가진 사람은 어떻습니까? 잘되면 교만해지고 안되면 좌절하고 어려움이 오면 남에게 화풀이하고, 분노한 만큼 배신감을 느낍니다. 그러나 하나님을 믿는 사람은 어려운 일이 있으면 기도하고 회개합니다. 여호와를 의지하여 위기 속에서도 평안 가운데 길을 찾고 지도자의 리더십을 발휘합니다.

다윗은 난관을 하나님을 의지하는 기회로 삼았습니다

다윗은 사람의 생각으로 보면 슬픈 지도자였습니다. 자기를 따르는 자들을 짝사랑했기 때문입니다. 블레셋의 아기스왕은 다윗을 전쟁터로 데리고 가려 했으나 장관들의 반대로 집으로 귀가시켰습니다. 다윗과 무리의 남자들이 시글락을 비운 사이 아말렉 사람이 침공하여 아내와 자녀들을 포로로 잡아갔고 가옥은 전소되어 온 마을은 폐허가 되었습니다. 살다가 보면 마음의 사형선고를 받을 때가 있습니다.

🐚 다윗과 그와 함께 한 백성이 울 기력이 없도록 소리를 높여 울었더라(30:4)

다윗은 실패를 성공의 기회로 삼았으나, 환난 당한 이들은 슬픔을 다윗에게 쏟아 부었습니다.

🐚 백성들이 자녀들 때문에 마음이 슬퍼서 다윗을 돌로 치자 하니 다윗이 크게 다급하였으나 그의 하나님 여호와를 힘입고 용기를 얻었더라(30:6)

화가 나면 누구에게 화풀이를 합니까? 비류자와 악한 자는 자신의 슬픔을 스스로 삭이지 못하고 상대에게 쏟아 부었고 지도자를 원망하였습니다. 서로 원망하는 자는 작은 자이며 비류자에 속한 자입니다. 하나님께 속한 자는 어떤 환경 속에서도 책임질 줄 아는 사람이며 실패와 고통을 하나님께 힘입는 기회로 삼는 자입니다. 신자는 주님을 의지하여 영적 수렁, 지적 수렁, 가난과 질병의 수렁에서 나와야 합니다.

🐚 네가 네 하나님 여호와의 말씀을 삼가 듣고 내가 오늘 네게 명령하는 그의 모든 명령을 지켜 행하면 네 하나님 여호와께서 너를 세계 모든 민족 위에 뛰어나게 하실 것이라 네가 네 하나님 여호와의 말씀을 청종하면 이 모든 복이 네게 임하며 네게 이르리니 성읍에서도 복을 받고 들에서도 복을 받을 것이며

네 몸의 자녀와 네 토지의 소산과 네 짐승의 새끼와 소와 양의 새끼가 복을 받을 것이며(신28:1-4)

다윗은 주님의 마음을 가진 자였습니다 |

궁지에 빠진 다윗은 여호와를 의지하고 그분께 물었습니다.

> ❧ 다윗이 여호와께 묻자와 이르되 내가 이 군대를 추격하면 따라 잡겠나이까 하니 여호와께서 그에게 대답하시되 그를 쫓아가라 네가 반드시 따라잡고 도로 찾으리라(30:8)

아말렉을 쫓아가는 길에 다윗의 군대는 그들에게 버림받은 종을 만나 살려주었습니다. 위기가 올 때 앉아있거나 남의 실수 보면서 돌을 던지는 것은 하나님의 뜻이 아닙니다. 위급할 때일수록 생명을 귀중하게 여겨야 하는 것입니다.

> ❧ 네 원수가 주리거든 먹이고 목마르거든 마시게 하라 그리함으로 네가 숯불을 그 머리에 쌓아 놓으리라(롬12:20)

원수를 사랑하는 행위는 주님을 닮은 모습입니다. 아말렉은 병든 종을 버렸으나 다윗은 원수의 종, 버림받은 종을 살렸습니다. 그는 다윗의 군대에 큰 유익을 주고 승리하는데 기여하였습니다. 설령 상대가 감사의 메아리를 보내지 않는다 하더라도 신자는 하나님을 생각하며 도와야 합니다. 사랑과 보살핌과 주님의 말씀에 순종하는 열매는 매우 아름다운 것입니다.

다윗은 모든 것을 따르는 자들과 함께 나누었습니다 |

승리를 자축하는 아말렉은 다윗의 무리에 의해 패했으며 다윗은 승리하여 가족을 찾았음은 물론이고 잃은 것 보다 더 많은 것을 얻었습니다. 그러나 전리품 앞에서 다시 비류자와 악인들의 발동이 시작되었습니다.

> ♔ 다윗과 함께 갔던 자들 가운데 악한 자와 불량배들이 다 이르되 그들이 우리
> 와 함께 가지 아니하였은즉 우리가 도로 찾은 물건은 무엇이든지 그들에게 주
> 지 말고 각자의 처자만 데리고 떠나가게 하라 하는지라(30:22)

좋은 일이 있을 때 악인이 발동하므로 축복 받을 때에 조심해야 합니다. 가난할 때는 부부와 동기간이 사이가 좋다가도 부자가 되면 갈등하는 경우도 종종 있습니다. 피곤하여 전쟁에 참여하지 못한 이백 명에게는 아내와 자녀만 주어 떠나게 했고, 전리품은 전쟁에 참여한 사백 명에게만 분배하자는 건의가 들어왔지만 다윗은 단호히 거절했습니다.

> ♔ 다윗이 이르되 나의 형제들아 여호와께서 우리를 보호하시고 우리를 치러 온
> 그 군대를 우리 손에 넘기셨은즉 그가 우리에게 주신 것을 너희가 이같이 못
> 하리라(30:23)

그는 전쟁에 참여한 자나 그렇지 못한 자 모두에게 같이 분배하려했습니다. 다윗은 사랑의 법을 세웠고 승리를 잘 관리했습니다. 부와 권력을 잘 관리해야 행복해지는 것입니다. 아름다운 외모와 좋은 환경도 잘 관리해야 합니다. 신약에 나오는 부자 청년은 물질 때문에 예수님을 따르지 못하고 근심하고 돌아갔습니다. 히틀러는 권력을 잘못 이용하여 전범이 되었고, 링컨은 권력을 선하게 사용함으로 위대한 인물이 되었습니다. 아름다운 미모는 유혹의 올무에 쉽게 걸릴 수 있고, 좋은 환경은 타락의 씨가 될 수도 있습니다. 또 반대로 환난이 감사의 씨가 될 수도 있습니다. 승리를 고통으로 맞이할 뻔한 이백 명은 식구들만 데리고 쫓겨 날 뻔했고, 무리가 나누어 질 뻔했습니다. 그러나 다윗이 내린 사랑의 결단이 좋은 전통을 만들었습니다.

🐚 그 날부터 다윗이 이것으로 이스라엘의 율례와 규례를 삼았더니 오늘까지 이르니라(30:25)

구원 받은 하나님의 사람 다윗처럼, 하나님이 복 주신 줄 알아 하나님 중심으로 그 복을 관리하며 약한 사람을 돌보아야 합니다. 탕자를 맞이하는 아버지 맘을 품고 모든 사람과 편견 없이 함께 나누어야 좋은 전통을 만들 수 있습니다. 다윗은 무리뿐 아니라 유대에 있는 장로들에게도 선물을 보내며 함께 기뻐했습니다.

🐚 다윗이 시글락에 이르러 전리품을 그의 친구 유다 장로들에게 보내어 이르되 보라 여호와의 원수에게서 탈취한 것을 너희에게 선사하노라 하고(30:26) 홀마에 있는 자와 고라산에 있는 자와 아닥에 있는 자와 헤브론에 있는 자에게와 다윗과 그의 사람들이 왕래하던 모든 곳에 보내었더라(30:30)

사랑하는 성도 여러분! 어떻게 승리와 축복의 관리하십니까? 하나님께서 큰 권력을 주신다면 어떻게 관리하시겠습니까? 부유하게 된 후에 고난을 함께한 이들을 버리십니까? 복을 받았으면 이제는 하나님께 영광 돌리고 하나님의 백성을 행복케 하며, 마음을 모아 고아와 과부를 돌보는 기회로 삼아야 합니다. 다윗처럼 물질을 선용하고 모두가 함께 나눔으로 더욱 행복해지길 원합니다. 지금도 성령의 은혜로 심령의 낙을 얻고, 실패와 질병과 고난 가운데 소망을 보며 영광 돌리기를 주의 이름으로 축원합니다

70

사울왕 가정의 종말

| 사무엘상 31:1-13 |

한 세대가 가면 또 한 세대가 옵니다. 봄이 가면 여름을 거쳐 가을을 지나 겨울을 맞습니다. 젊음이 가고 노년이 오듯 나무들도 씨를 남기고 흙으로 돌아갑니다. 복 받은 사람은 후손을 남긴 후 육체는 흙으로, 영혼은 하나님 나라로 갑니다. 복 받은 가정은 신앙, 부, 명예 그리고 권력 등이 대물림 됩니다. 그러나 사울의 가정은 온 가족이 함께 죽임을 당합니다.

이스라엘 왕 사울은 블레셋과의 전쟁에서 패하였습니다. 이스라엘은 도망하고 블레셋 군인들이 사울왕에게 미쳤습니다.

🐚 블레셋 사람들이 사울과 그의 아들들을 추격하여 사울의 아들 요나단과 아비나답과 말기수아를 죽이니라(31:2)

사울은 활에 맞아 중상을 입자 병기든 자에게 자신을 죽이라고 말합니다.

(삼상 31:1-13) 블레셋 사람들이 이스라엘을 치매 이스라엘 사람들이 블레셋 사람들 앞에서 도망하여 길보아 산에서 엎드려 죽으니라 블레셋 사람들이 사울과 그의 아들들을 추격하여 사울의 아들 요나단과 아비나답과 말기수아를 죽이니라 사울이 패전하매 활 쏘는 자가 따라잡으니 사울이 그 활 쏘는 자에게 중상을 입은지라 그가 무기를 든 자에게 이르되 네 칼을 빼어 그것으로 나를 찌르라 할례 받지 않은 자들이 와서 나를 찌르고 모욕할까 두려워하노라 하나 무기를 든 자가 심히 두려워하여 감히 행하지 아니하는지라 이에 사울이 자기의 칼을 뽑아서 그 위에 엎드러지매 무기를 든 자가 사울이 죽음을 보고 자기도 자기 칼 위에 엎드러져 그와 함께 죽으니라 사울과 그의 세 아들과 무기를 든 자와 그의 모든 사람이 다 그날에 함께 죽었더라 골짜기 저쪽에 있는 이스라엘 사람과 요단

❧ 그가 무기를 든 자에게 이르되 네 칼을 **빼어** 그것으로 나를 찌르라 할례 받지 않은 자들이 와서 나를 찌르고 모욕할까 두려워하노라 하나 무기를 든 자가 심히 두려워하여 감히 행하지 아니하는지라 이에 사울이 자기의 칼을 **뽑아서** 그 위에 엎드러지매(31:4)

그가 순종하지 않자, 사울은 자기 칼 위에 엎드러져 죽었습니다. 이스라엘 백성들은 사울과 그 아들들의 시체를 남기고 도망갔습니다. 사울은 죽어서도 수난을 당했습니다.

❧ 사울의 머리를 베고 그의 갑옷을 벗기고 자기들의 신당과 백성에게 알리기 위하여 그것을 블레셋 사람들의 땅 사방에 보내고 그의 갑옷은 아스다롯의 집에 두고 그의 시체는 벧산 성벽에 못 박으매(31:9-10)

하나님을 떠난 사울의 형편이 있습니다 |

사람은 누구나 행복하기를 원하며 전쟁에서 승리하기를 원합니다. 사울 역시 블레셋과의 전쟁에서 승리하길 원했으나 패했습니다. 전쟁의 승패는 무기와 인원 그리고 전술에 있는 것이 아니라 하나님이 함께 하느냐에 달려있습니다. 사울의 길보아산 전투는 택한 백성의 수치 그 자체였습니다.

❧ 블레셋 사람들이 이스라엘을 치매 이스라엘 사람들이 블레셋 사람들 앞에서

건너쪽에 있는 자들이 이스라엘 사람들이 도망한 것과 사울과 그의 아들들이 죽었음을 보고 성읍들을 버리고 도망하매 블레셋 사람들이 이르러 거기에서 사니라 그 이튿날 블레셋 사람들이 죽은 자를 벗기러 왔다가 사울과 그의 세 아들이 길보아 산에서 죽은 것을 보고 사울의 머리를 베고 그의 갑옷을 벗기고 자기들의 신당과 백성에게 알리기 위하여 그것을 블레셋 사람들의 땅 사방에 보내고 그의 갑옷은 아스다롯의 집에 두고 그의 시체는 벧산 성벽에 못 박으매 길르앗 야베스 주민들이 블레셋 사람들이 사울에게 행한 일을 듣고 모든 장사들이 일어나 밤새도록 달려가서 사울의 시체와 그의 아들들의 시체를 벧산 성벽에서 내려 가지고 야베스에 돌아가서 거기서 불사르고 그의 뼈를 가져다가 야베스 에셀나무 아래에 장사하고 칠 일 동안 금식하였더라

도망하여 길보아 산에서 엎드려 죽으니라(31:1)

이 전쟁에서 그토록 총명한 아들들인 요나단과 아비나답과 말기수아가 죽음을 당하였습니다. 사울은 자살을 택하였습니다. 사울 가정의 파멸의 순간입니다. 자살로 자신을 죽이는 것은 큰 악이요 큰 불행입니다. 자기의 몸을 아끼지 않고 자살할 수 있는 자는 상대를 죽일 수도 있는 자입니다.

실패하는 사람을 보고 실패의 요소로부터 돌아서는 것이 중요합니다. 병이 깊어지기 전에 병의 요소를 찾아내어 치료해야 건강을 되찾게 됩니다. 사울의 실패는 하나님이 세운 사무엘을 통하여 말씀하신 것을 지키지 않았기 때문입니다.

사울은 스스로 교만해졌습니다. 사울은 하나님 앞에서 회개하기 보다는 사람 앞에서 높아지기를 원했습니다. 하나님이 함께 하는 사람은 다른 사람을 칭찬합니다. 그러나 하나님이 함께 하지 않는 사람은 시기를 합니다. 사울은 다윗을 시기하여 죽이려 했을뿐 아니라 다윗을 도와 준 사람에게까지 분노하여 죽이라는 명령을 내렸습니다.

王 왕이 도엑에게 이르되 너는 돌아가서 제사장들을 죽이라 하매 에돔 사람 도엑이 돌아가서 제사장들을 쳐서 그 날에 세마포 에봇 입은 자 팔십오 명을 죽였고 제사장들의 성읍 놉의 남녀와 아이들과 젖 먹는 자들과 소와 나귀와 양을 칼로 쳤더라(22:18-19)

개인이나 나라나 하나님의 말씀을 벗어나면 우산 없이 비 오는 들판에 서 있는 것 같고, 암탉의 품을 떠난 병아리 같고, 좋은 환경인 에덴을 떠난 아담과 하와 같습니다. 하나님의 뜻을 벗어나면 철로를 벗어난 기관차와 같습니다. 이는 스스로 교만하여 패망으로 가는 길에 들어서는 것입니다. 하나님의 사람을 아끼지 않는 자들의 말로는 고통과 죽음과 좌절을 경험하는 것입니다. 그러나 하나님을 의지하는 자에게는 악인의 손이 미치지 못합니다.

하나님을 떠난 사울에 속한 아들 요나단의 형편이 있습니다 |

요나단은 성령의 사람 다윗을 보호하기 위해 부자간의 불화를 선택한 후, 자신이 지닌 것을 다윗에게 주었습니다.

❦ 다윗이 사울에게 말하기를 마치매 요나단의 마음이 다윗의 마음과 하나가 되어 요나단이 그를 자기 생명 같이 사랑하니라 그 날에 사울은 다윗을 머무르게 하고 그의 아버지의 집으로 다시 돌아가기를 허락하지 아니하였고 요나단은 다윗을 자기 생명 같이 사랑하여 더불어 언약을 맺었으며 요나단이 자기가 입었던 겉옷을 벗어 다윗에게 주었고 자기의 군복과 칼과 활과 띠도 그리하였더라(18:1-4)

❦ 그가 다윗에게 말하여 이르되 내 아버지 사울이 너를 죽이기를 꾀하시느니라 그러므로 이제 청하노니 아침에 조심하여 은밀한 곳에 숨어 있으라(19:2)

요나단은 다윗을 사랑했으나 잘못 속하였습니다. 그는 왕인 아버지의 명령을 따라 움직이다가 전쟁터에서 죽었습니다. 때로는 인간의 소속이 인격, 누림, 권력, 영광 또는 생사를 결정하기도 합니다. 좋은 사람도 나쁜 무리 속에 속하면 함께 정죄되나 바른 집단에 소속되면 행복해집니다. 이단에 속하면 그 사람이 순수해도 고통의 미래를 맞이합니다. 소속이 매우 중요합니다. 잘 속해야 합니다. 세상에서도 잘 속해야 하듯 신앙생활 속에서도 교회 선택도 하나님의 말씀에 근거해야 합니다. 잘 속하려면 바른 지식이 있어야 합니다. 그래야 바른 판단을 할 수 있습니다.

하나님께로 돌아와야 승리할 수 있습니다 |

사울은 닮아서는 안 될 대상이요 사울의 길은 피할 길입니다. 요나단의 죽음은 소속의 심각성을 보여 줍니다. 우리의 살 길은 진리 안으로 들어가는 것입니다.

신약에 몸소 실패를 체험한 후 돌아온 탕자의 이야기가 있습니다. 탕자는 자신의 방법대로 살려는 생각에 자신에게 돌아올 분깃을 요구하여 먼 나라에 가서 허랑방탕한 생활을 하면서 재산을 탕진하였습니다. 흉년 만나 고통당한 후 그는 주려 죽는 위기감에 붙잡혀 탄식했습니다.

> 🐚 이에 스스로 돌이켜 이르되 내 아버지에게는 양식이 풍족한 품꾼이 얼마나 많은가 나는 여기서 주려 죽는구나(눅15:17)

그는 비록 탕자였으나 해결 방법을 잘 선택하여 아버지께 돌아옴으로 아들의 신분을 회복하고 행복을 맛보았습니다.

> 🐚 이 내 아들은 죽었다가 다시 살아났으며 내가 잃었다가 다시 얻었노라 하니 그들이 즐거워하더라(눅15:24)

혹시 인생의 문제 속에 빠져있지는 않습니까? 불순종의 길로 갔다면 돌아와야 합니다. 지식, 가치관 또는 소망이 병들었다면 실패가 도래하기 전 돌이켜야 합니다. 잘못된 소속에서 빠져 나와야 합니다.

하나님의 부르심에 응답하시길 바랍니다. 불행의 늪에서 헤쳐 나올 수 있는 유일한 길은 예수 그리스도를 통하는 것입니다. 예수님의 보혈로 속죄되어 그 영생에 참여하는 것이 최고의 행복입니다. 성찬도 주님과 하나 되는 것으로써 그의 살과 피를 먹고 마시는 것은 언약백성의 누림입니다. 한 해가 다 가기 전에 주님 품에서 그 분이 주시는 행복을 누리시기를 축원합니다.